GW00363347

Italia

Italien · Italy · Itália
Italie · Italië · Włochy
Itálie · Olaszország

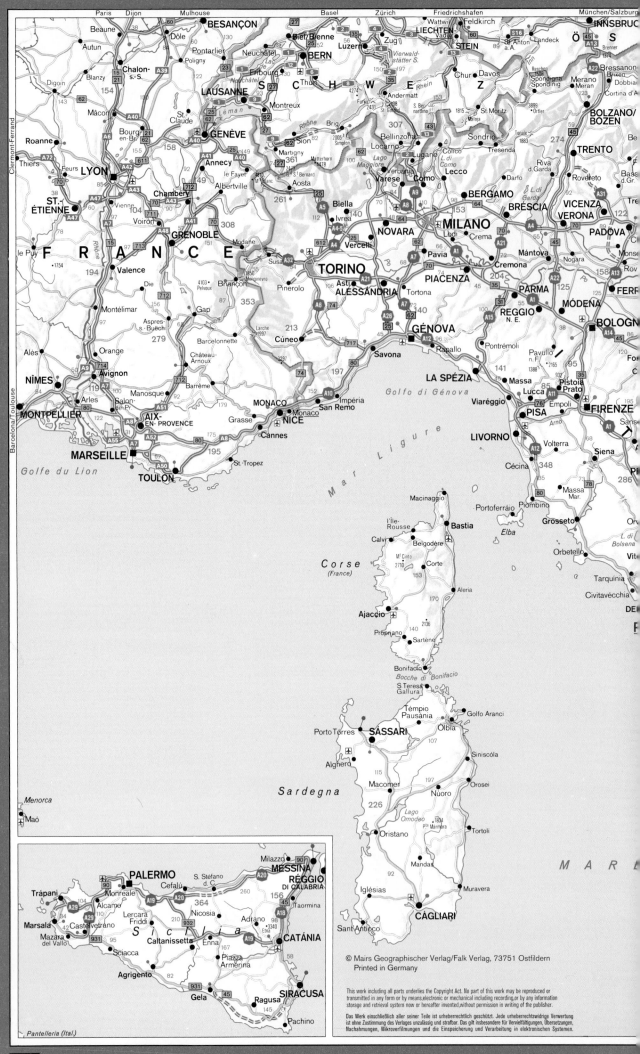

Segni convenzionali · Zeichenerklärung
Legend · Signos convencionales
1:300.000

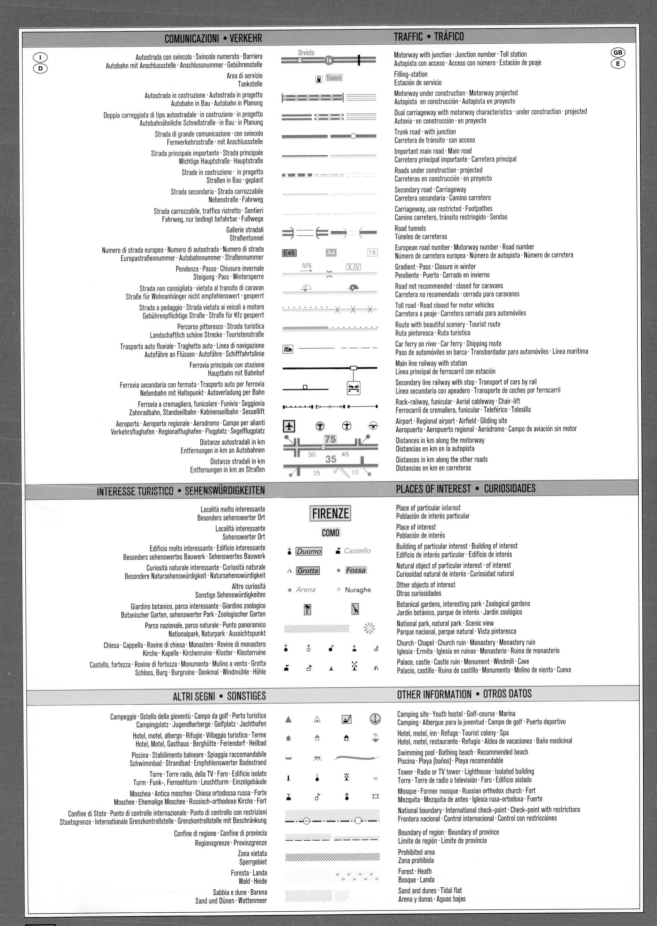

COMUNICAZIONI · VERKEHR		TRAFFIC · TRÁFICO

(I) (D) / (GB) (E)

Autostrada con svincolo · Svincolo numerato · Barriera
Autobahn mit Anschlussstelle · Anschlussnummer · Gebührenstelle
Orvieto · 16
Motorway with junction · Junction number · Toll station
Autopista con acceso · Acceso con número · Estación de peaje

Area di servizio
Tankstelle
Tevere
Filling-station
Estación de servicio

Autostrada in costruzione · Autostrada in progetto
Autobahn in Bau · Autobahn in Planung
Motorway under construction · Motorway projected
Autopista en construcción · Autopista en proyecto

Doppia carreggiata di tipo autostradale · in costruzione · in progetto
Autobahnähnliche Schnellstraße · in Bau · in Planung
Dual carriageway with motorway characteristics · under construction · projected
Autovía · en construcción · en proyecto

Strada di grande comunicazione · con svincolo
Fernverkehrsstraße · mit Anschlussstelle
Trunk road · with junction
Carretera de tránsito · con acceso

Strada principale importante · Strada principale
Wichtige Hauptstraße · Hauptstraße
Important main road · Main road
Carretera principal importante · Carretera principal

Strade in costruzione · in progetto
Straßen in Bau · geplant
Roads under construction · projected
Carreteras en construcción · en proyecto

Strada secondaria · Strada carrozzabile
Nebenstraße · Fahrweg
Secondary road · Carriageway
Carretera secundaria · Camino carretero

Strada carrozzabile, traffico ristretto · Sentieri
Fahrweg, nur bedingt befahrbar · Fußwege
Carriageway, use restricted · Footpathes
Camino carretero, tránsito restringido · Sendas

Gallerie stradali
Straßentunnel
Road tunnels
Túneles de carreteras

Numero di strada europea · Numero di autostrada · Numero di strada
Europastraßennummer · Autobahnnummer · Straßennummer
E45 · A4 · 16
European road number · Motorway number · Road number
Número de carretera europea · Número de autopista · Número de carretera

Pendenza · Passo · Chiusura invernale
Steigung · Pass · Wintersperre
10% · X-IV
Gradient · Pass · Closure in winter
Pendiente · Puerto · Cerrado en invierno

Strada non consigliata · vietata al transito di caravan
Straße für Wohnanhänger nicht empfehlenswert · gesperrt
Road not recommended · closed for caravans
Carretera no recomendada · cerrada para caravanes

Strada a pedaggio · Strada vietata ai veicoli a motore
Gebührenpflichtige Straße · Straße für Kfz gesperrt
Toll road · Road closed for motor vehicles
Carretera a peaje · Carretera cerrada para automóviles

Percorso pittoresco · Strada turistica
Landschaftlich schöne Strecke · Touristenstraße
Route with beautiful scenery · Tourist route
Ruta pintoresca · Ruta turística

Trasporto auto fluviale · Traghetto auto · Linea di navigazione
Autofähre an Flüssen · Autofähre · Schifffahrtslinie
Car ferry on river · Car ferry · Shipping route
Paso de automóviles en barca · Transbordador para automóviles · Línea marítima

Ferrovia principale con stazione
Hauptbahn mit Bahnhof
Main line railway with station
Línea principal de ferrocarril con estación

Ferrovia secondaria con fermata · Trasporto auto per ferrovia
Nebenbahn mit Haltepunkt · Autoverladung per Bahn
Secondary line railway with stop · Transport of cars by rail
Línea secundaria con apeadero · Transporte de coches por ferrocarril

Ferrovia a cremagliera, funicolare · Funivia · Seggiovia
Zahnradbahn, Standseilbahn · Kabinenseilbahn · Sessellift
Rack-railway, funicular · Aerial cableway · Chair-lift
Ferrocarril de cremallera, funicular · Teleférico · Telesilla

Aeroporto · Aeroporto regionale · Aerodromo · Campo per alianti
Verkehrsflughafen · Regionalflughafen · Flugplatz · Segelflugplatz
Airport · Regional airport · Airfield · Gliding site
Aeropuerto · Aeropuerto regional · Aeródromo · Campo de aviación sin motor

Distanze autostradali in km
Entfernungen in km an Autobahnen
75 · 30 · 45
Distances in km along the motorway
Distancias en km en la autopista

Distanze stradali in km
Entfernungen in km an Straßen
35 · 25 · 10
Distances in km along the other roads
Distancias en km en carreteras

INTERESSE TURISTICO · SEHENSWÜRDIGKEITEN		PLACES OF INTEREST · CURIOSIDADES

Località molto interessante
Besonders sehenswerter Ort
FIRENZE
Place of particular interest
Población de interés particular

Località interessante
Sehenswerter Ort
COMO
Place of interest
Población de interés

Edificio molto interessante · Edificio interessante
Besonders sehenswertes Bauwerk · Sehenswertes Bauwerk
Duomo · Castello
Building of particular interest · Building of interest
Edificio de interés particular · Edificio de interés

Curiosità naturale interessante · Curiosità naturale
Besondere Naturesehenswürdigkeit · Naturesehenswürdigkeit
Grotta · Fossa
Natural object of particular interest · of interest
Curiosidad natural de interés · Curiosidad natural

Altre curiosità
Sonstige Sehenswürdigkeiten
Arena · Nuraghe
Other objects of interest
Otras curiosidades

Giardino botanico, parco interessante · Giardino zoologico
Botanischer Garten, sehenswerter Park · Zoologischer Garten
Botanical gardens, interesting park · Zoological gardens
Jardín botánico, parque de interés · Jardín zoológico

Parco nazionale, parco naturale · Punto panoramico
Nationalpark, Naturpark · Aussichtspunkt
National park, natural park · Scenic view
Parque nacional, parque natural · Vista pintoresca

Chiesa · Cappella · Rovine di chiesa · Monastero · Rovine di monastero
Kirche · Kapelle · Kirchenruine · Kloster · Klosterruine
Church · Chapel · Church ruin · Monastery · Monastery ruin
Iglesia · Ermita · Iglesia en ruinas · Monasterio · Ruina de monasterio

Castello, fortezza · Rovine di fortezza · Monumento · Mulino a vento · Grotta
Schloss, Burg · Burgruine · Denkmal · Windmühle · Höhle
Palace, castle · Castle ruin · Monument · Windmill · Cave
Palacio, castillo · Ruina de castillo · Monumento · Molino de viento · Cueva

ALTRI SEGNI · SONSTIGES		OTHER INFORMATION · OTROS DATOS

Campeggio · Ostello della gioventù · Campo da golf · Porto turistico
Campingplatz · Jugendherberge · Golfplatz · Jachthafen
Camping site · Youth hostel · Golf-course · Marina
Camping · Albergue para la juventud · Campo de golf · Puerto deportivo

Hotel, motel, albergo · Rifugio · Villaggio turistico · Terme
Hotel, Motel, Gasthaus · Berghütte · Feriendorf · Heilbad
Hotel, motel, inn · Refuge · Tourist colony · Spa
Hotel, motel, restaurante · Refugio · Aldea de vacaciones · Baño medicinal

Piscina · Stabilimento balneare · Spiaggia raccomandabile
Schwimmbad · Strandbad · Empfehlenswerter Badestrand
Swimming pool · Bathing beach · Recommended beach
Piscina · Playa (baños) · Playa recomendable

Torre · Torre radio, della TV · Faro · Edificio isolato
Turm · Funk-, Fernsehturm · Leuchtturm · Einzelgebäude
Tower · Radio or TV tower · Lighthouse · Isolated building
Torre · Torre de radio o televisión · Faro · Edificio aislado

Moschea · Antica moschea · Chiesa ortodossa russa · Forte
Moschee · Ehemalige Moschee · Russisch-orthodoxe Kirche · Fort
Mosque · Former mosque · Russian orthodox church · Fort
Mezquita · Mezquita de antes · Iglesia rusa-ortodoxa · Fuerte

Confine di Stato · Punto di controllo internazionale · Punto di controllo con restrizioni
Staatsgrenze · Internationale Grenzkontrollstelle · Grenzkontrollstelle mit Beschränkung
National boundary · International check-point · Check-point with restrictions
Frontera nacional · Control internacional · Control con restricciónes

Confine di regione · Confine di provincia
Regionsgrenze · Provinzgrenze
Boundary of region · Boundary of province
Límite de región · Límite de provincia

Zona vietata
Sperrgebiet
Prohibited area
Zona prohibida

Foresta · Landa
Wald · Heide
Forest · Heath
Bosque · Landa

Sabbia e dune · Barena
Sand und Dünen · Wattenmeer
Sand and dunes · Tidal flat
Arena y dunas · Aguas bajas

Sinais convencionais · Légende
Legenda · Objaśnienia znaków
1:300.000

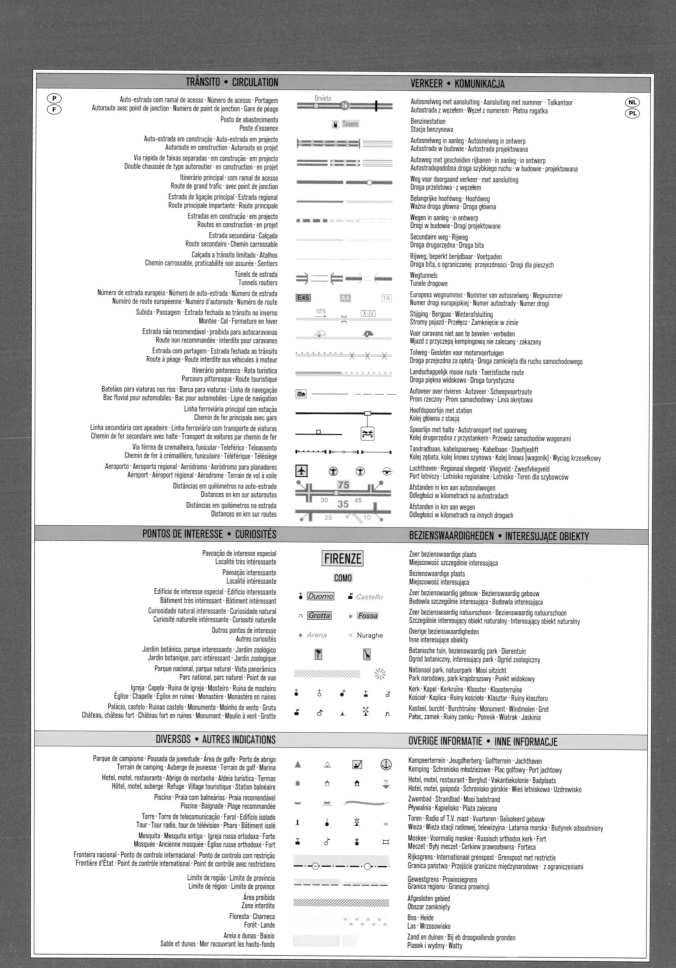

TRÂNSITO · CIRCULATION · VERKEER · KOMUNIKACJA

P / F · NL / PL

Auto-estrada com ramal de acesso · Número de acesso · Portagem
Autoroute avec point de jonction · Numéro de point de jonction · Gare de péage
Orvieto — 16
Autosnelweg met aansluiting · Aansluiting met nummer · Tolkantoor
Autostrada z węzłem · Węzeł z numerem · Płatna rogatka

Posto de abastecimento
Poste d'essence — Tevere
Benzinestation
Stacja benzynowa

Auto-estrada em construção · Auto-estrada em projecto
Autoroute en construction · Autoroute en projet
Autosnelweg in aanleg · Autosnelweg in ontwerp
Autostrada w budowie · Autostrada projektowana

Vía rápida de faixas separadas · em construção · em projecto
Double chaussée de type autoroutier · en construction · en projet
Autoweg met gescheiden rijbanen · in aanleg · in ontwerp
Autostradopodobna droga szybkiego ruchu · w budowie · projektowana

Itinerário principal · com ramal de acesso
Route de grand trafic · avec point de jonction
Weg voor doorgaand verkeer · met aansluiting
Droga przelotowa · z węzłem

Estrada de ligação principal · Estrada regional
Route principale importante · Route principale
Belangrijke hoofdweg · Hoofdweg
Ważna droga główna · Droga główna

Estradas em construção · em projecto
Routes en construction · en projet
Wegen in aanleg · in ontwerp
Drogi w budowie · Drogi projektowane

Estrada secundária · Calçada
Route secondaire · Chemin carrossable
Secundaire weg · Rijweg
Droga drugorzędna · Droga bita

Calçada a trânsito limitado · Atalhos
Chemin carrossable, praticabilité non assurée · Sentiers
Rijweg, beperkt berijdbaar · Voetpaden
Droga bita, o ograniczonej przejezdności · Drogi dla pieszych

Túnels de estrada
Tunnels routiers
Wegtunnels
Tunele drogowe

Número de estrada europeia · Número de auto-estrada · Número de estrada
Numéro de route européenne · Numéro d'autoroute · Numéro de route
E45 · A4 · 16
Europees wegnummer · Nummer van autosnelweg · Wegnummer
Numer drogi europejskiej · Numer autostrady · Numer drogi

Subida · Passagem · Estrada fechada ao trânsito no inverno
Montée · Col · Fermeture en hiver
10% · X-IV
Stijging · Bergpas · Winterafsluiting
Stromy pojazd · Przełęcz · Zamknięcie w zimie

Estrada não recomendável · proibida para autocaravanas
Route non recommandée · interdite pour caravanes
Voor caravans niet aan te bevelen · verboden
Wjazd z przyczepą kempingową nie zalecany · zakazany

Estrada com portagem · Estrada fechada ao trânsito
Route à péage · Route interdite aux véhicules à moteur
Tolweg · Gesloten voor motorvoertuigen
Droga przejezdna za opłatą · Droga zamknięta dla ruchu samochodowego

Itinerário pintoresco · Rota turística
Parcours pittoresque · Route touristique
Landschappelijk mooie route · Toeristische route
Droga piękna widokowo · Droga turystyczna

Batelãos para viaturas nos rios · Barca para viaturas · Linha de navegação
Bac fluvial pour automobiles · Bac pour automobiles · Ligne de navigation
Autoveer over rivieren · Autoveer · Scheepvaartroute
Prom rzeczny · Prom samochodowy · Linia okrętowa

Linha ferroviária principal com estação
Chemin de fer principale avec gare
Hoofdspoorlijn met station
Kolej główna z stacją

Linha secundária com apeadeiro · Linha ferroviária com transporte de viaturas
Chemin de fer secondaire avec halte · Transport de voitures par chemin de fer
Spoorlijn met halte · Autotransport met spoorweg
Kolej drugorzędna z przystankiem · Przewóz samochodów wagonami

Via férrea de cremalheira, funicular · Teleférico · Teleassento
Chemin de fer à crémaillière, funiculaire · Téléférique · Télésiège
Tandradbaan, kabelspoorweg · Kabelbaan · Stoeltjeslift
Kolej zębata, kolej linowa szynowa · Kolej linowa (wagonik) · Wyciąg krzesełkowy

Aeroporto · Aeroporto regional · Aeródromo · Aeródromo para planadores
Aéroport · Aéroport régional · Aérodrome · Terrain de vol à voile
Luchthaven · Regionaal vliegveld · Vliegveld · Zweefvliegveld
Port lotniczy · Lotnisko regionalne · Lotnisko · Teren dla szybowców

Distâncias em quilómetros na auto-estrada
Distances en km sur autoroutes
75 · 30 · 45 · 35
Afstanden in km aan autosnelwegen
Odległości w kilometrach na autostradach

Distâncias em quilómetros na estrada
Distances en km sur routes
25 · 10
Afstanden in km aan wegen
Odległości w kilometrach na innych drogach

PONTOS DE INTERESSE · CURIOSITÉS · BEZIENSWAARDIGHEDEN · INTERESUJĄCE OBIEKTY

Pavoação de interesse especial
Localité très intéressante
FIRENZE
Zeer bezienswaardige plaats
Miejscowość szczególnie interesująca

Pavoação interessante
Localité intéressante
COMO
Bezienswaardige plaats
Miejscowość interesująca

Edifício de interesse especial · Edifício interessante
Bâtiment très intéressant · Bâtiment intéressant
Duomo · *Castello*
Zeer bezienswaardig gebouw · Bezienswaardig gebouw
Budowla szczególnie interesująca · Budowla interesująca

Curiosidade natural interessante · Curiosidade natural
Curiosité naturelle intéressante · Curiosité naturelle
Grotta · *Fossa*
Zeer bezienswaardig natuurschoon · Bezienswaardig natuurschoon
Szczególnie interesujący obiekt naturalny · Interesujący obiekt naturalny

Outros pontos de interesse
Autres curiosités
Arena · Nuraghe
Overige bezienswaardigheden
Inne interesujące obiekty

Jardim botânico, parque interessante · Jardim zoológico
Jardin botanique, parc intéressant · Jardin zoologique
Botanische tuin, bezienswaardig park · Dierentuin
Ogród botaniczny, interesujący park · Ogród zoologiczny

Parque nacional, parque natural · Vista panorâmica
Parc national, parc naturel · Point de vue
Nationaal park, natuurpark · Mooi uitzicht
Park narodowy, park krajobrazowy · Punkt widokowy

Igreja · Capela · Ruína de igreja · Mosteiro · Ruína de mosteiro
Église · Chapelle · Église en ruines · Monastère · Monastère en ruines
Kerk · Kapel · Kerkruïne · Klooster · Kloosterruïne
Kościół · Kaplica · Ruiny kościoła · Klasztor · Ruiny klasztoru

Palácio, castelo · Ruínas castelo · Monumento · Moinho de vento · Gruta
Château, château fort · Château fort en ruines · Monument · Moulin à vent · Grotte
Kasteel, burcht · Burchtruïne · Monument · Windmolen · Grot
Pałac, zamek · Ruiny zamku · Pomnik · Wiatrak · Jaskinia

DIVERSOS · AUTRES INDICATIONS · OVERIGE INFORMATIE · INNE INFORMACJE

Parque de campismo · Pousada da juventude · Área de golfe · Porto de abrigo
Terrain de camping · Auberge de jeunesse · Terrain de golf · Marina
Kampeerterrein · Jeugdherberg · Golfterrein · Jachthaven
Kemping · Schronisko młodzieżowe · Plac golfowy · Port jachtowy

Hotel, motel, restaurante · Abrigo de montanha · Aldeia turística · Termas
Hôtel, motel, auberge · Refuge · Village touristique · Station balnéaire
Hotel, motel, restaurant · Berghut · Vakantiekolonie · Badplaats
Hotel, motel, gospoda · Schronisko górskie · Wieś letniskowa · Uzdrowisko

Piscina · Praia com balneários · Praia recomendável
Piscine · Baignade · Plage recommandée
Zwembad · Strandbad · Mooi badstrand
Pływalnia · Kąpielisko · Plaża zalecona

Torre · Torre de telecomunicação · Farol · Edifício isolado
Tour · Tour radio, tour de télévision · Phare · Bâtiment isolé
Toren · Radio of T.V. mast · Vuurtoren · Geïsoleerd gebouw
Wieża · Wieża stacji radiowej, telewizyjna · Latarnia morska · Budynek odosobniony

Mesquita · Mesquita antiga · Igreja russa ortodoxa · Forte
Mosquée · Ancienne mosquée · Église russe orthodoxe · Fort
Moskee · Voormalig moskee · Russisch orthodox kerk · Fort
Meczet · Były meczet · Cerkiew prawosławna · Forteca

Fronteira nacional · Ponto de controlo internacional · Ponto de controlo com restrição
Frontière d'État · Point de contrôle international · Point de contrôle avec restrictions
Rijksgrens · Internationaal grenspost · Grenspost met restrictie
Granica państwa · Przejście graniczne międzynarodowe · z ograniczeniami

Limite de região · Limite de província
Limite de région · Limite de province
Gewestgrens · Provinciegrens
Granica regionu · Granica prowincji

Área proibida
Zone interdite
Afgesloten gebied
Obszar zamknięty

Floresta · Charneca
Forêt · Lande
Bos · Heide
Las · Wrzosowisko

Areia e dunas · Baixio
Sable et dunes · Mer recouvrant les hauts-fonds
Zand en duinen · Bij eb droogvallende gronden
Piasek i wydmy · Watty

Vysvětlivky · Jelmagyarázat
Tegnforklaring · Teckenförklaring
1:300.000

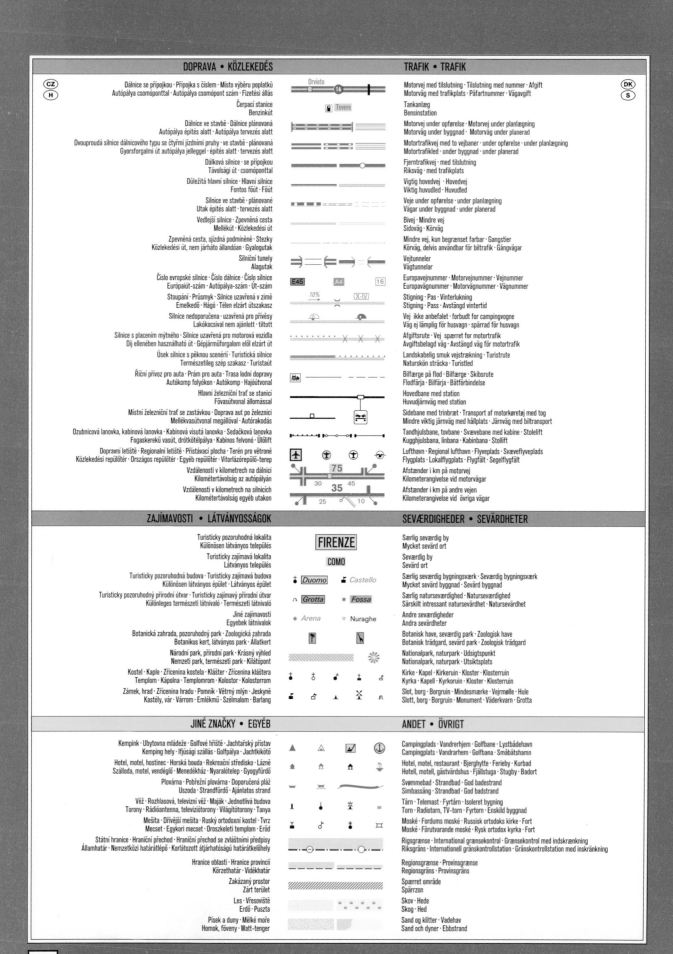

DOPRAVA • KÖZLEKEDÉS — TRAFIK · TRAFIK

(CZ) (H) — **(DK) (S)**

DOPRAVA • KÖZLEKEDÉS	TRAFIK · TRAFIK
Dálnice se připojkou · Připojka s číslem · Místo výběru poplatků	Motorvej med tilslutning · Tilslutning med nummer · Afgift
Autópálya csomóponttal · Autópálya csomópont szám · Fizetési állás	Motorväg med trafikplats · Påfartnummer · Vägavgift
Čerpací stanice / Benzinkút	Tankanlæg / Bensinstation
Dálnice ve stavbě · Dálnice plánovaná	Motorvej under opførelse · Motorvej under planlægning
Autópálya építés alatt · Autópálya tervezés alatt	Motorväg under byggnad · Motorväg under planerad
Dvouproudá silnice dálnicového typu se čtyřmi jízdními pruhy · ve stavbě · plánovaná	Motortrafikvej med to vejbaner · under opførelse · under planlægning
Gyorsforgalmi út autópálya jelleggel · építés alatt · tervezés alatt	Motortrafikled · under byggnad · under planerad
Dálková silnice · se připojkou	Fjerntrafikvej · med tilslutning
Távolsági út · csomóponttal	Riksväg · med trafikplats
Důležitá hlavní silnice · Hlavní silnice	Vigtig hovedvej · Hovedvej
Fontos főút · Főút	Viktig huvudled · Huvudled
Silnice ve stavbě · plánované	Veje under opførelse · under planlægning
Utak építés alatt · tervezés alatt	Vägar under byggnad · under planerad
Vedlejší silnice · Zpevněná cesta	Bivej · Mindre vej
Mellékút · Közlekedési út	Sidoväg · Körväg
Zpevněná cesta, sjízdná podmíněně · Stezky	Mindre vej, kun begrænset farbar · Gangstier
Közlekedési út, nem járható állandóan · Gyalogutak	Körväg, delvis användbar för biltrafik · Gångvägar
Silniční tunely / Alagutak	Vejtunneler / Vägtunnelar
Číslo evropské silnice · Číslo dálnice · Číslo silnice	Europavejnummer · Motorvejnummer · Vejnummer
Európaiút-szám · Autópálya-szám · Út-szám	Europavägnummer · Motorvägnummer · Vägnummer
Stoupání · Průsmyk · Silnice uzavřená v zimě	Stigning · Pas · Vinterlukning
Emelkedő · Hágó · Télen elzárt útszakasz	Stigning · Pass · Avstängd vintertid
Silnice nedoporučena · uzavřená pro přívěsy	Vej ikke anbefalet · forbudt for campingvogne
Lakókocsival nem ajánlott · tiltott	Väg ej lämplig för husvagn · spärrad för husvagn
Silnice s placením mýtného · Silnice uzavřená pro motorová vozidla	Afgiftsrute · Vej spærret for motortrafik
Díj ellenében használható út · Gépjárműforgalom elől elzárt út	Avgiftsbelagd väg · Avstängd väg för motortrafik
Úsek silnice s pěknou scenérii · Turistická silnice	Landskabelig smuk vejstrækning · Turistrute
Természetileg szép szakasz · Turistaút	Naturskön sträcka · Turistled
Říční přívoz pro auta · Prám pro auta · Trasa lodní dopravy	Bilfærge på flod · Bilfærge · Skibsrute
Autókomp folyókon · Autókomp · Hajóútvonal	Flodfärja · Bilfärja · Båtförbindelse
Hlavní železniční trať se stanicí	Hovedbane med station
Fővasútvonal állomással	Huvudjärnväg med station
Místní železniční trať se zastávkou · Doprava aut po železnici	Sidebane med trinbræt · Transport af motorkøretøj med tog
Mellékvasútvonal megállóval · Autórakodás	Mindre viktig järnväg med hållplats · Järnväg med biltransport
Ozubnicová lanovka, kabinová lanovka · Sedačková lanovka	Tandhjulsbane, tovbane · Svævebane med kabine · Stolelift
Fogaskerekű vasút, drótkötélpálya · Kabinos felvonó · Ülőlift	Kugghjulsbana, linbana · Kabinbana · Stollift
Dopravní letiště · Regionální letiště · Přistávací plocha · Terén pro větroně	Lufthavn · Regional lufthavn · Flyveplads · Svæveflyveplads
Közlekedési repülőtér · Országos repülőtér · Egyéb repülőtér · Vitorlázórepülő-terep	Flygplats · Lokalflygplats · Flygfält · Segelflygfält
Vzdálenosti v kilometrech na dálnici	Afstænder i km på motorvej
Kilométertávolság az autópályán	Kilometerangivelse vid motorvägar
Vzdálenosti v kilometrech na silnicích	Afstænder i km på andre vejen
Kilométertávolság egyéb utakon	Kilometerangivelse vid övriga vägar

Orvieto · 16 · Tevere · E45 · A4 · 16 · 10% · X-IV · 75 · 30 · 35 · 45 · 25 · 10

ZAJÍMAVOSTI • LÁTVÁNYOSSÁGOK — SEVÆRDIGHEDER · SEVÄRDHETER

ZAJÍMAVOSTI • LÁTVÁNYOSSÁGOK	SEVÆRDIGHEDER · SEVÄRDHETER
Turisticky pozoruhodná lokalita / Különösen látványos település	Særlig seværdig by / Mycket sevärd ort
FIRENZE	
Turisticky zajímavá lokalita / Látványos település	Seværdig by / Sevärd ort
COMO	
Turisticky pozoruhodná budova · Turisticky zajímavá budova	Særlig seværdig bygningsværk · Seværdig bygningsværk
Különösen látványos épület · Látványos épület	Mycket sevärd byggnad · Sevärd byggnad
Duomo · *Castello*	
Turisticky pozoruhodný přírodní útvar · Turisticky zajímavý přírodní útvar	Særlig naturseværdighed · Naturseværdighed
Különleges természeti látnivaló · Természeti látnivaló	Särskilt intressant naturseværdhet · Naturseværdhet
Grotta · *Fossa*	
Jiné zajímavosti / Egyéb látnivalok	Andre seværdigheder / Andra sevärdheter
Arena · Nuraghe	
Botanická zahrada, pozoruhodný park · Zoologická zahrada	Botanisk have, seværdig park · Zoologisk have
Botanikus kert, látványos park · Állatkert	Botanisk trädgard, sevärd park · Zoologisk trädgard
Národní park, přírodní park · Krásný výhled	Nationalpark, naturpark · Udsigtspunkt
Nemzeti park, természeti park · Kilátópont	Nationalpark, naturpark · Utsiktsplats
Kostel · Kaple · Zřícenina kostela · Klášter · Zřícenina kláštera	Kirke · Kapel · Kirkeruin · Kloster · Klosterruin
Templom · Kápolna · Templomrom · Kolostor · Kolostorrom	Kyrka · Kapell · Kyrkoruin · Kloster · Klosterruin
Zámek, hrad · Zřícenina hradu · Pomník · Větrný mlýn · Jeskyně	Slot, borg · Borgruin · Mindesmærke · Vejrmølle · Hule
Kastély, vár · Várrom · Emlékmű · Szélmalom · Barlang	Slott, borg · Borgruin · Monument · Väderkvarn · Grotta

JINÉ ZNAČKY • EGYÉB — ANDET · ÖVRIGT

JINÉ ZNAČKY • EGYÉB	ANDET · ÖVRIGT
Kempink · Ubytovna mládeže · Golfové hřiště · Jachtařský přístav	Campingplads · Vandrerhjem · Golfbane · Lystbådehavn
Kemping hely · Ifjúsági szállás · Golfpálya · Jachtkikötő	Campingplats · Vandrarhem · Golfbana · Småbåtshamn
Hotel, motel, hostinec · Horská bouda · Rekreační středisko · Lázně	Hotel, motel, restaurant · Bjerghytte · Ferieby · Kurbad
Szálloda, motel, vendéglő · Menedékház · Nyaralótelep · Gyogyfürdő	Hotell, motell, gästvärdshus · Fjällstuga · Stugby · Badort
Plovárna · Pobřežní plovárna · Doporučená pláž	Svømmebad · Strandbad · God badestrand
Uszoda · Strandfürdő · Ajánlatos strand	Simbassäng · Strandbad · God badstrand
Věž · Rozhlasová, televizní věž · Maják · Jednotlivá budova	Tårn · Telemast · Fyrtårn · Isoleret bygning
Torony · Rádióantenna, televíziótorony · Világítótorony · Tanya	Torn · Radiotorn, TV-torn · Fyrtorn · Enskild byggnad
Mešita · Dřivější mešita · Ruský ortodoxní kostel · Tvrz	Moské · Fordums moské · Russisk ortodoks kirke · Fort
Mecset · Egykori mecset · Oroszkeleti templom · Erőd	Moské · Förutvarande moské · Rysk ortodox kyrka · Fort
Státní hranice · Hraniční přechod · Hraniční přechod se zvláštními předpisy	Rigsgrænse · International grænsekontrol · Grænsekontrol med indskrænkning
Államhatár · Nemzetközi határátlépő · Korlátozott átjárhatóságú határátkelőhely	Riksgräns · Internationell gränskontrollstation · Gränskontrollstation med inskränkning
Hranice oblasti · Hranice provincii	Regionsgrænse · Provinsgrænse
Körzethatár · Vidékhatár	Regionsgräns · Provinsgräns
Zakázaný prostor · Zárt terület	Spærret område · Spärrzon
Les · Vresoviště · Erdő · Puszta	Skov · Hede · Skog · Hed
Písek a duny · Mělké moře · Homok, föveny · Watt-tenger	Sand og klitter · Vadehav · Sand och dyner · Ebbstrand

Quadro d'unione · Kartenübersicht · Key map · Mapa índice
Corte dos mapas · Carte d'assemblage · Overzichtskaart · Skorowidz arkuszy
Klad mapových listů · Áttekintő térkép · Oversigtskort · Kartöversikt
1:300.000

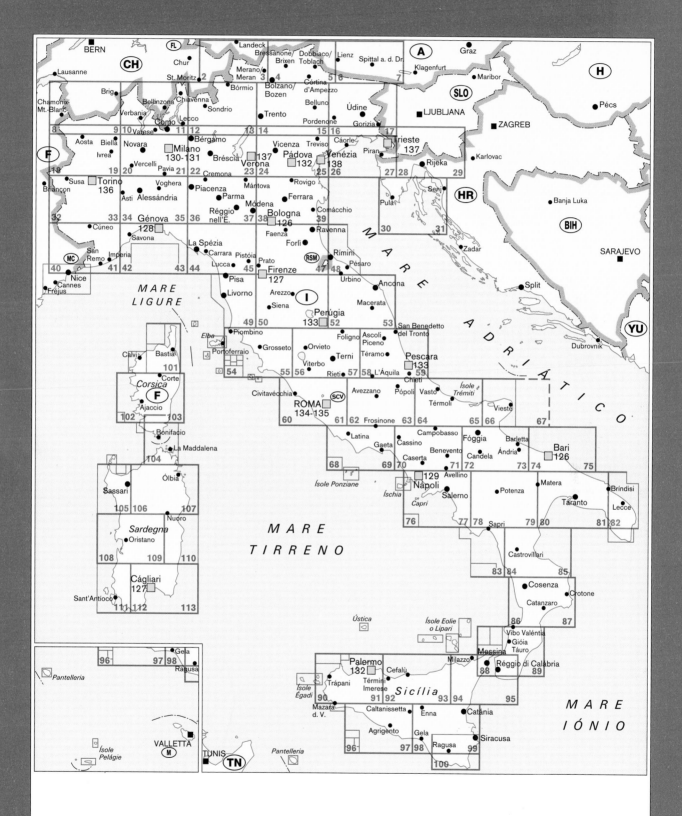

1:300.000

0 2 4 6 8 10 12 km

0 2 4 6 8 10 12 statute miles

1

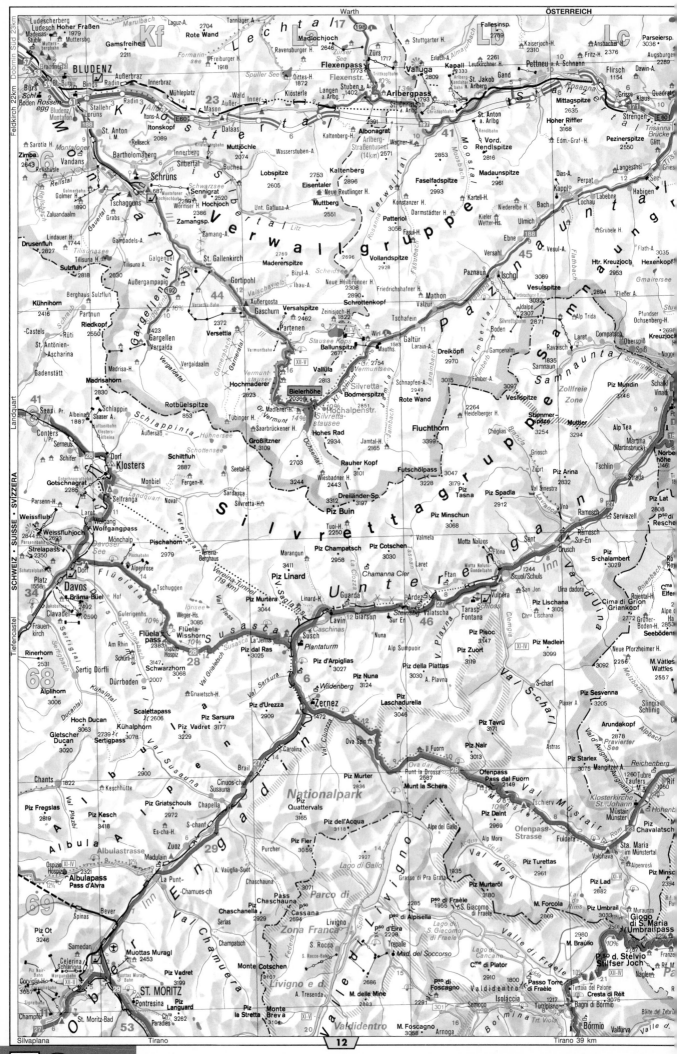

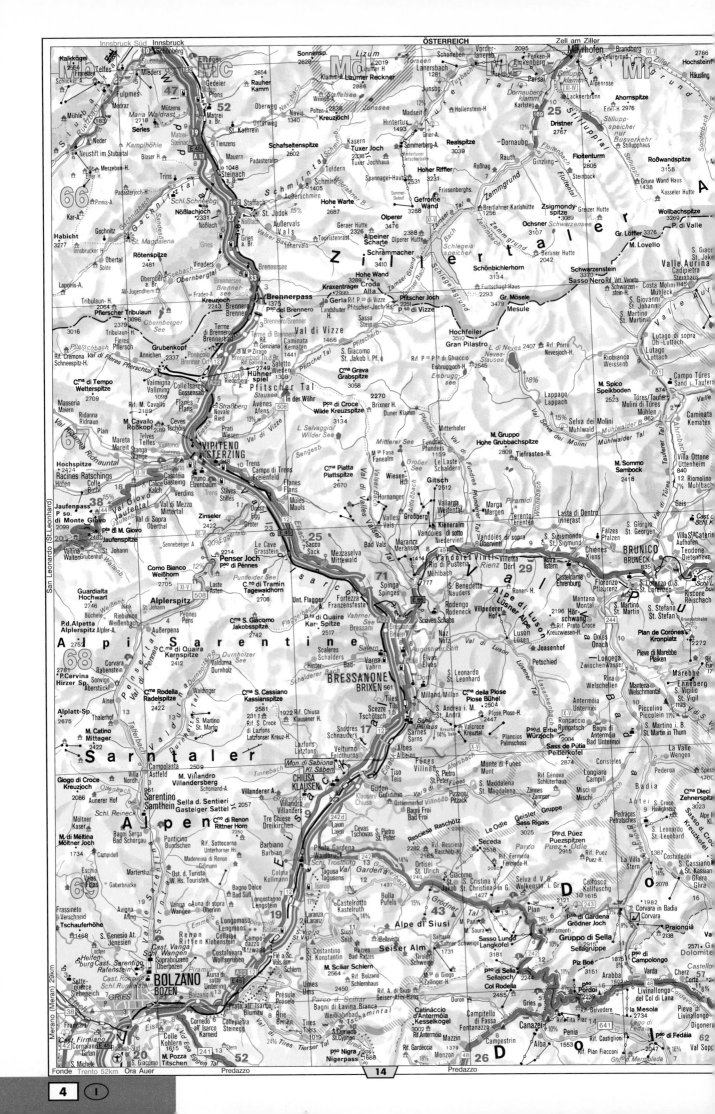

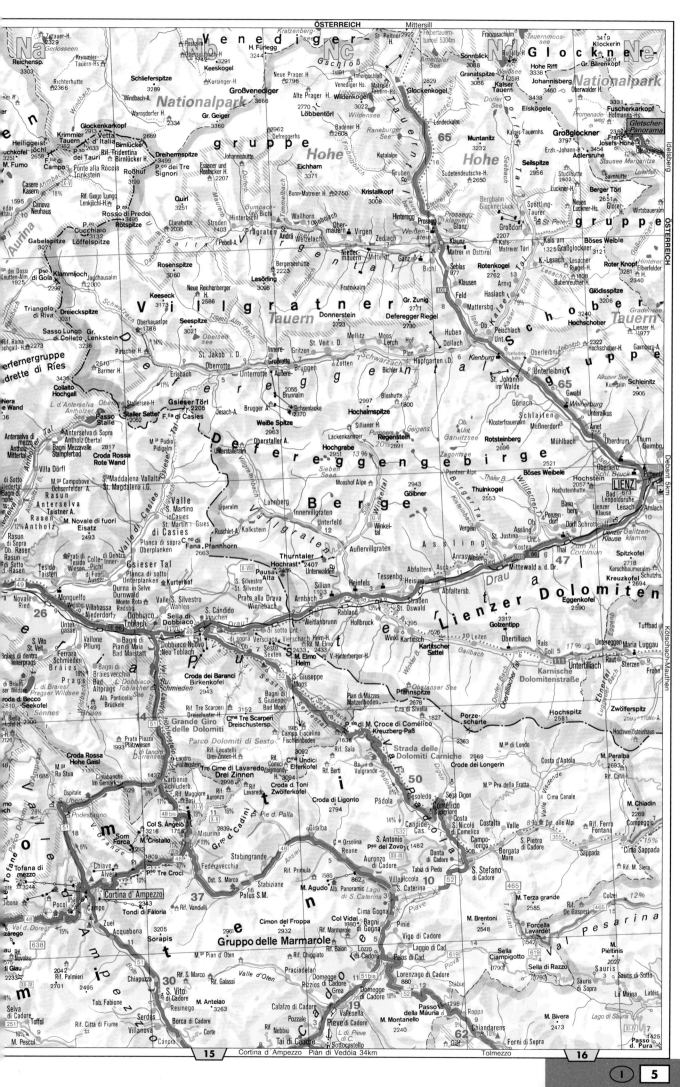

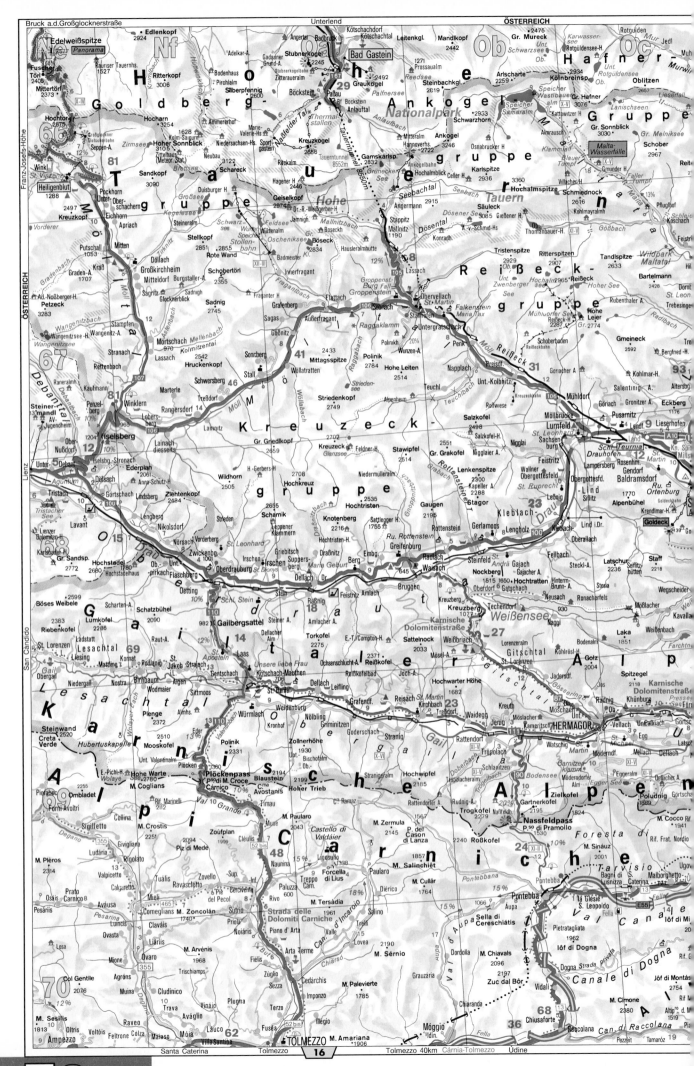

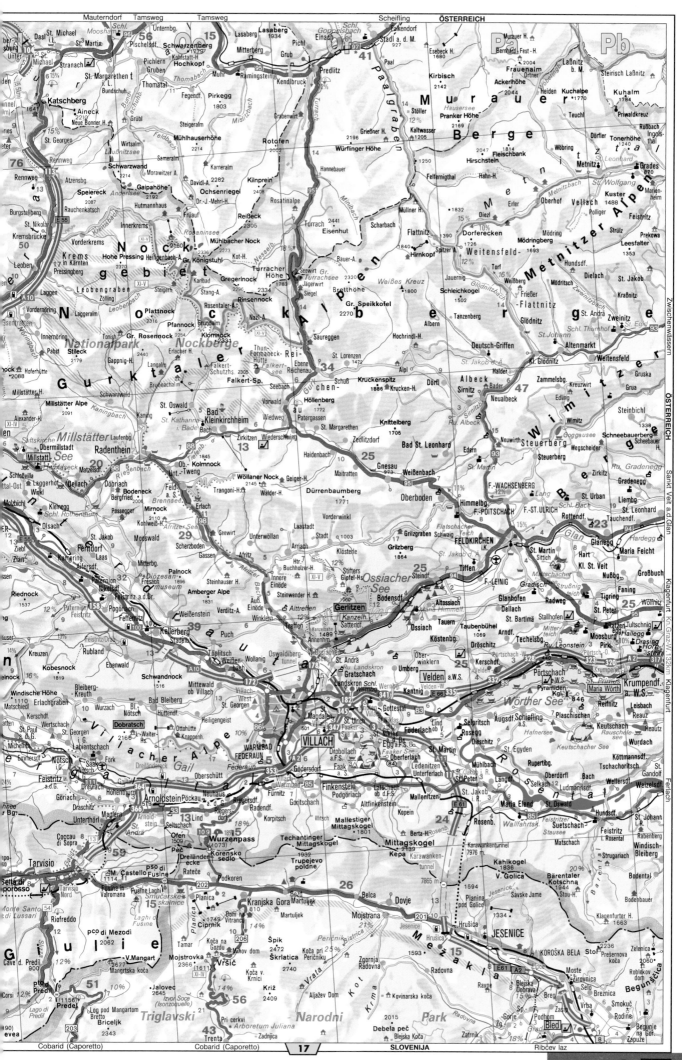

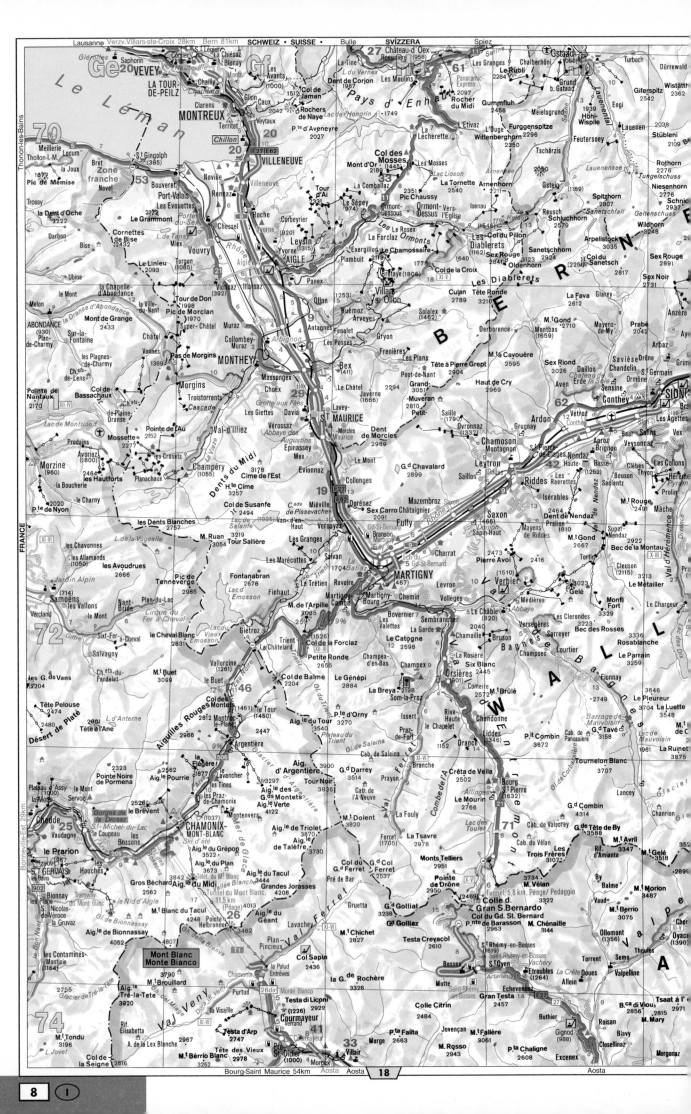

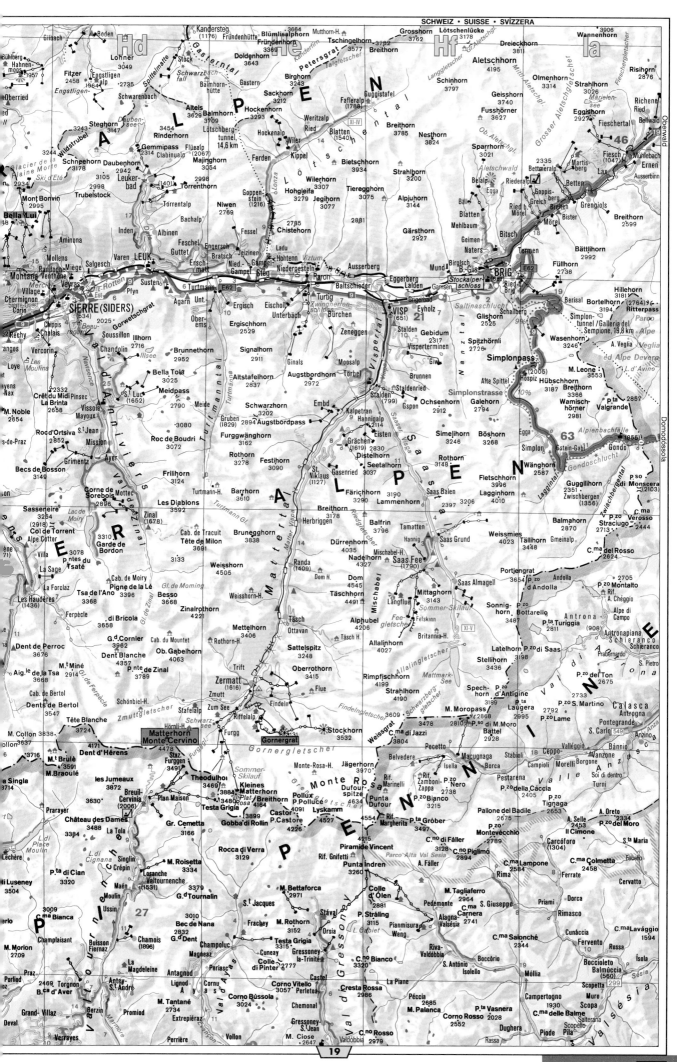

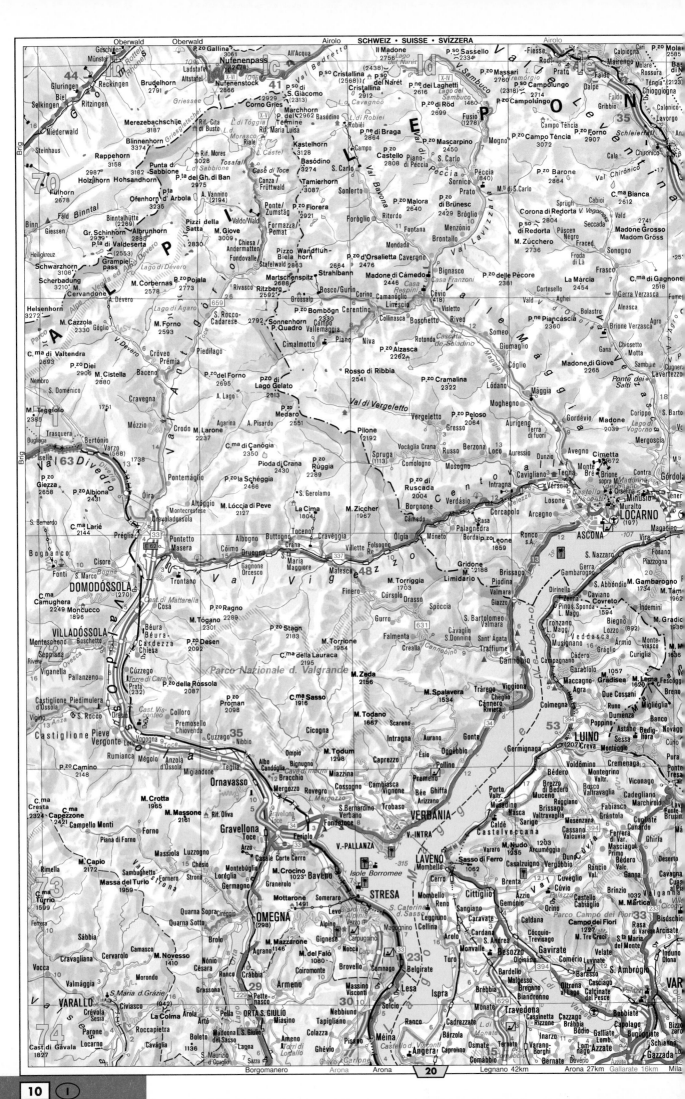

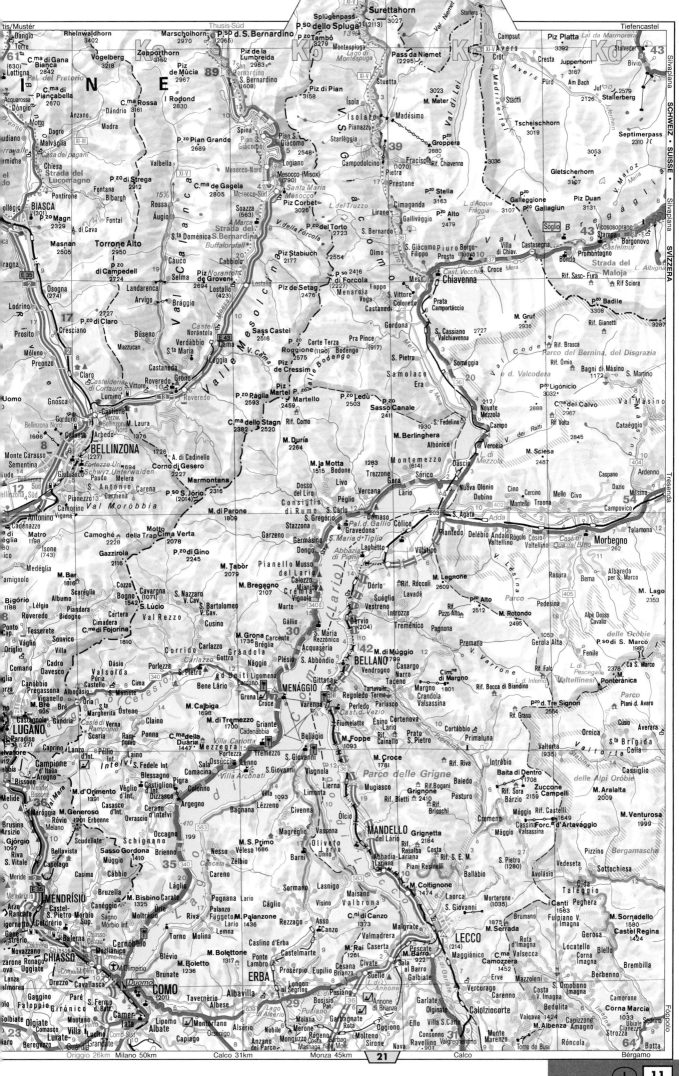

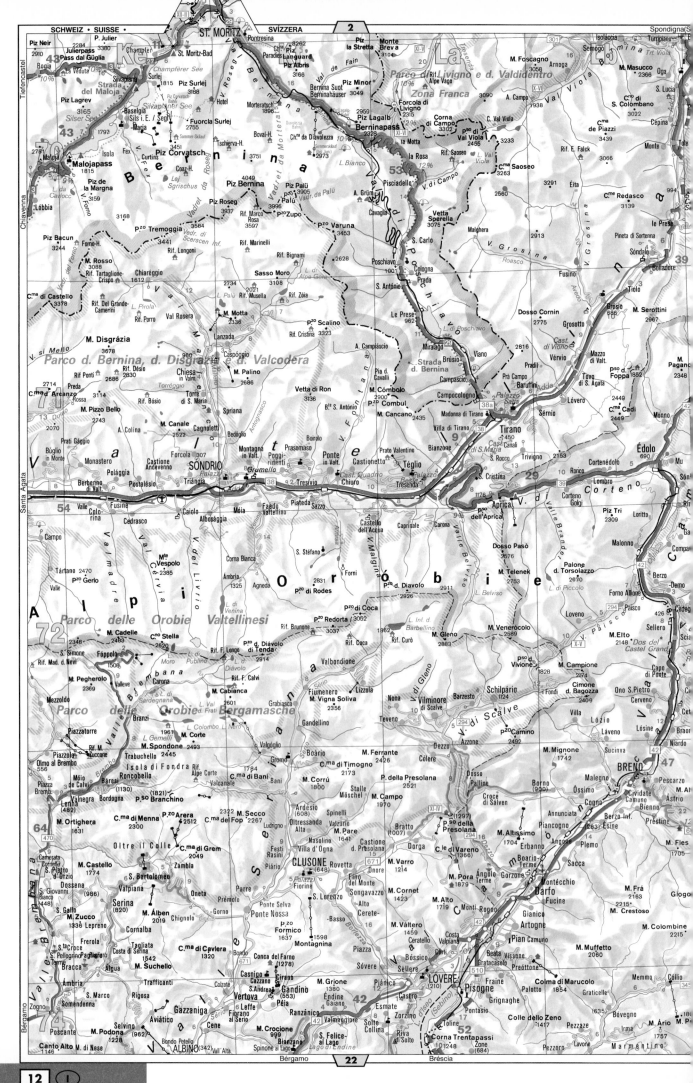

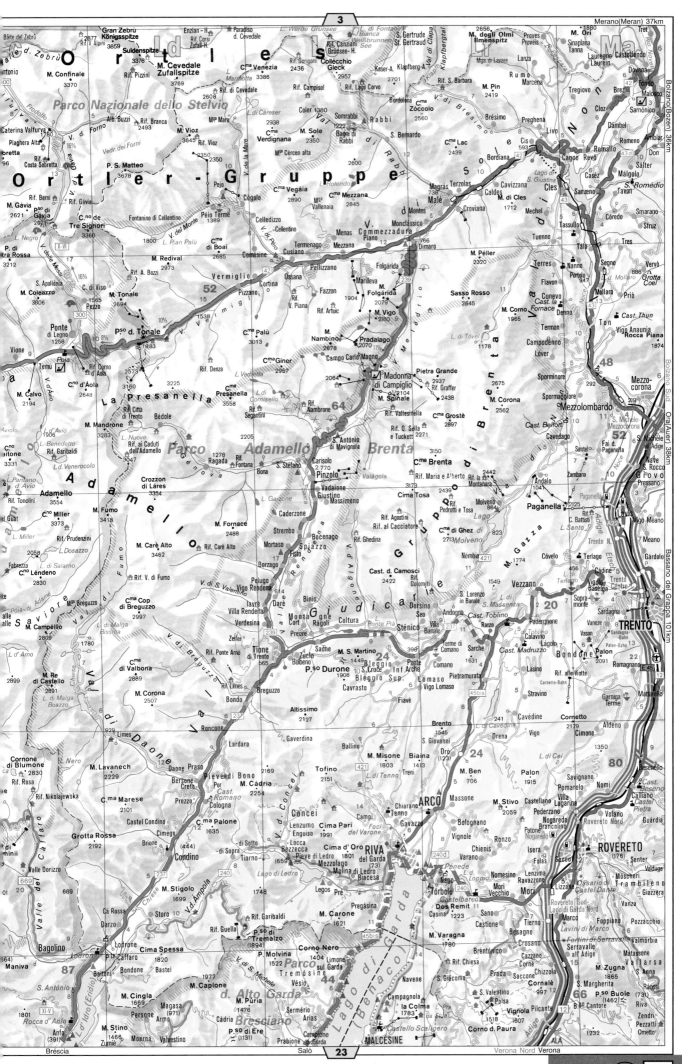

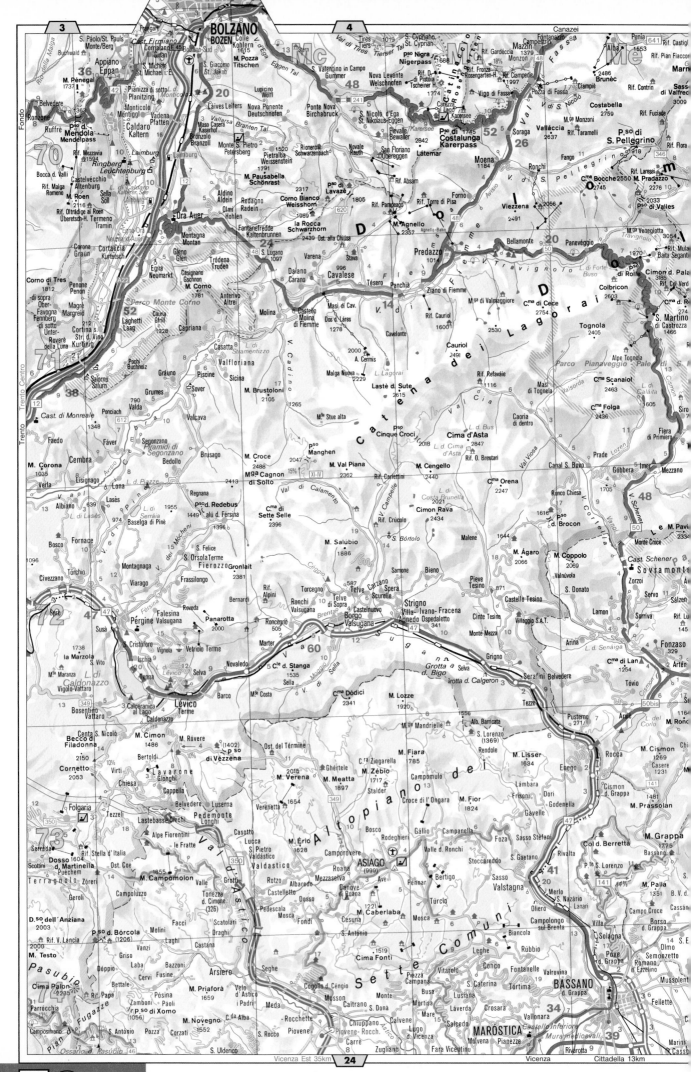

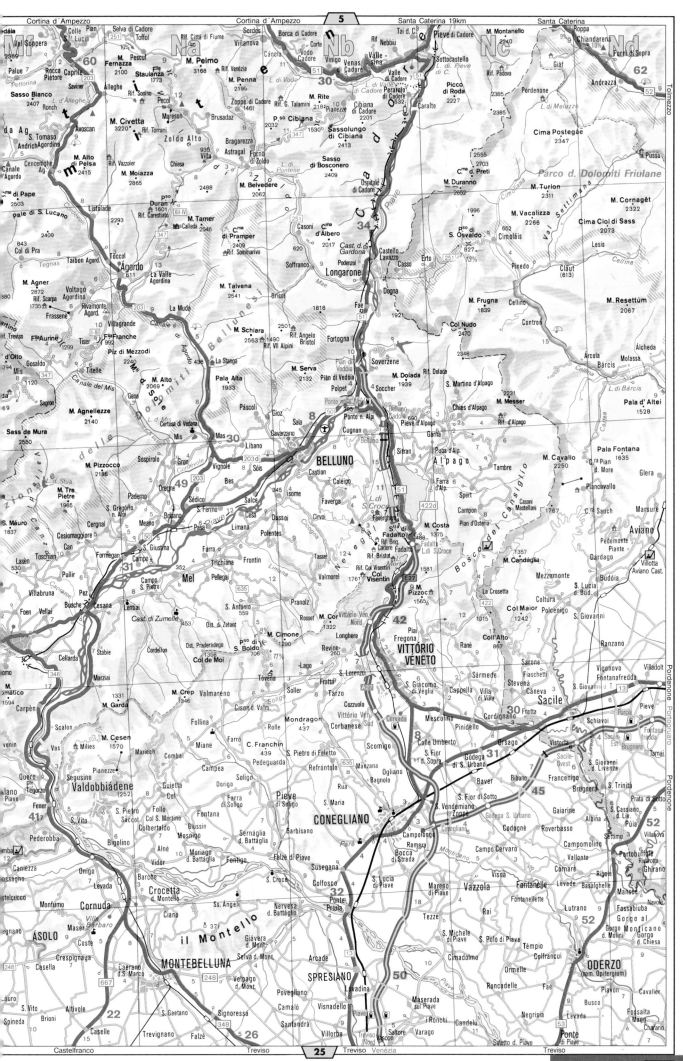

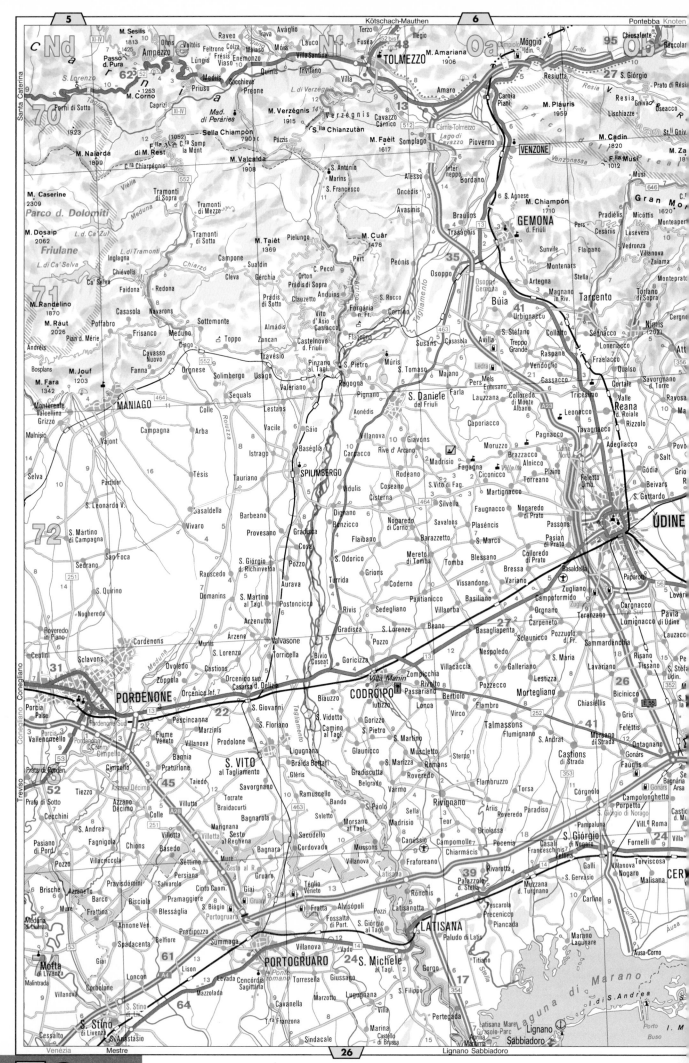

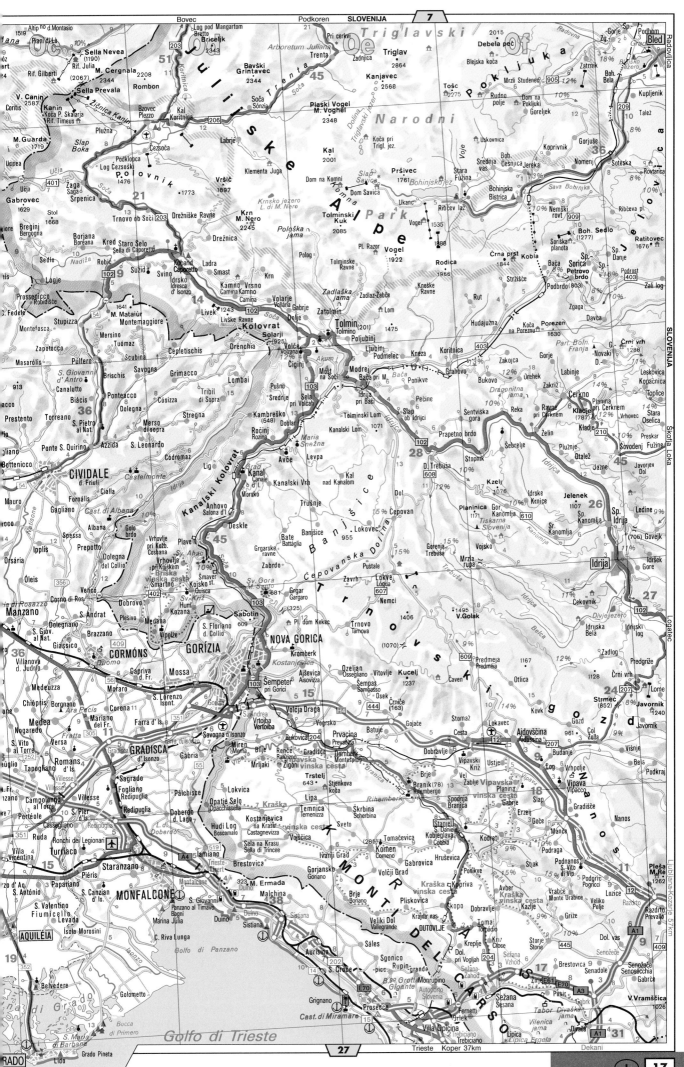

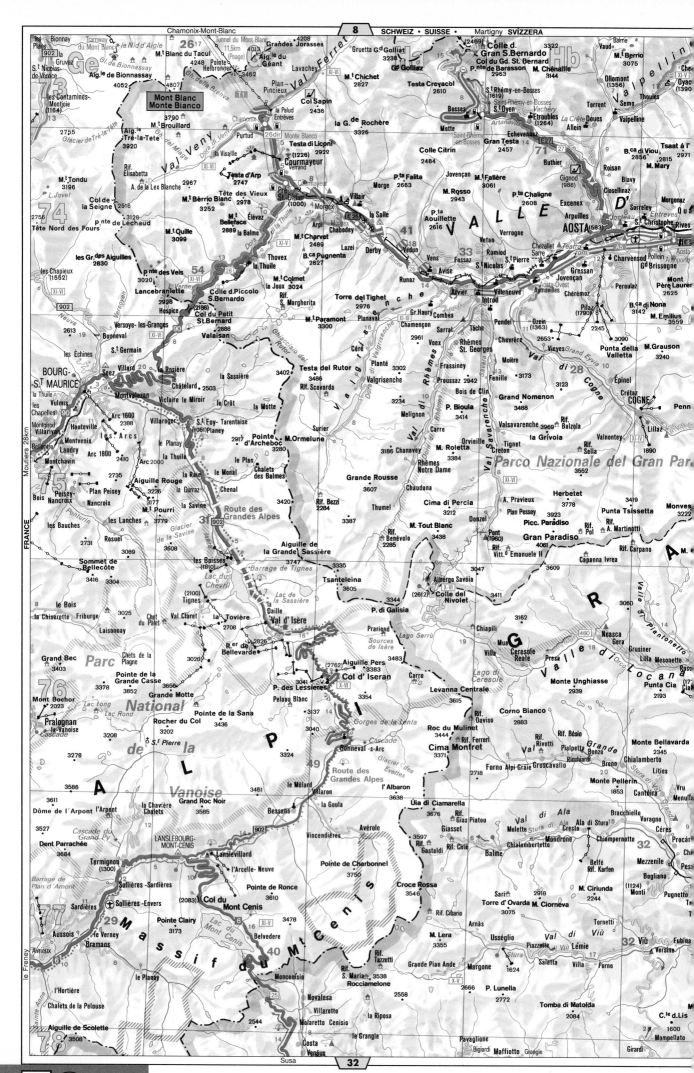

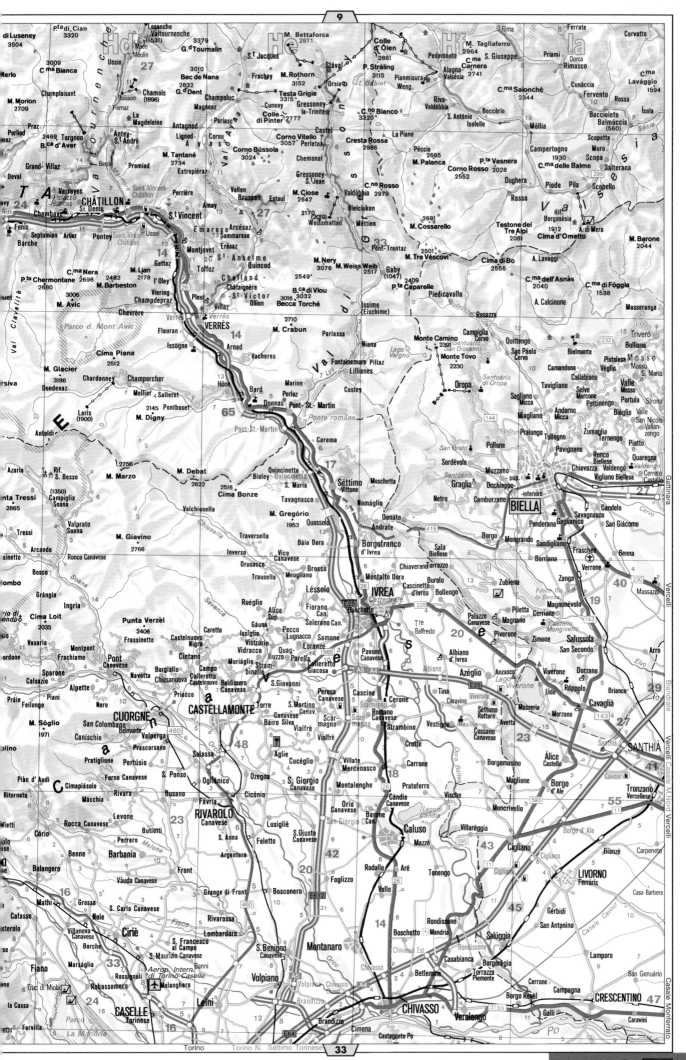

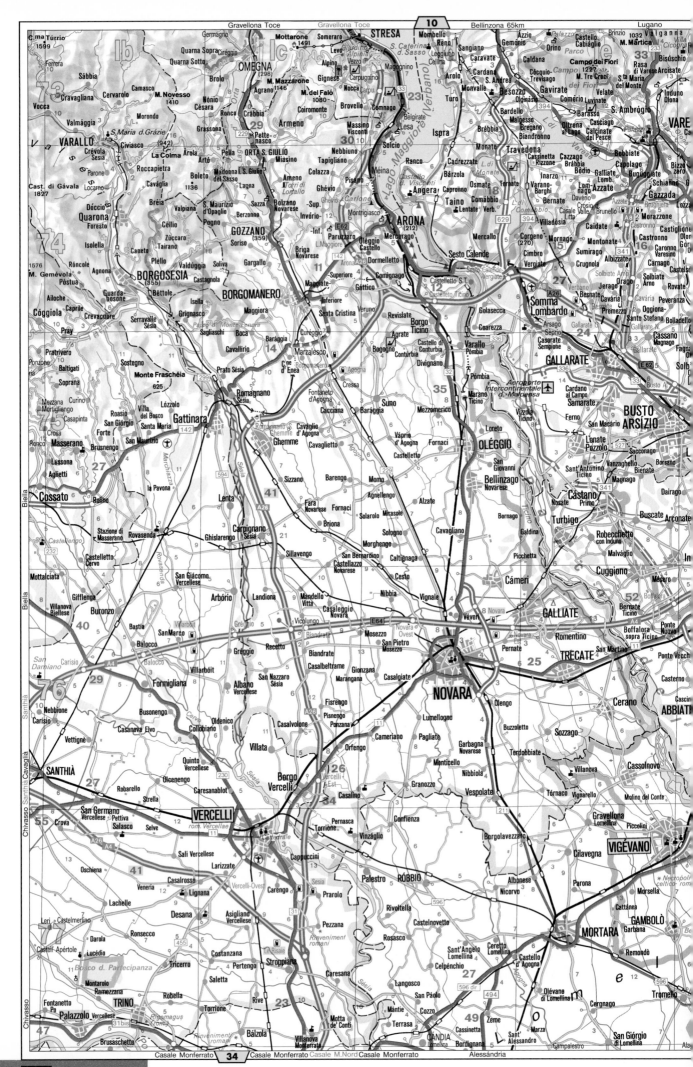

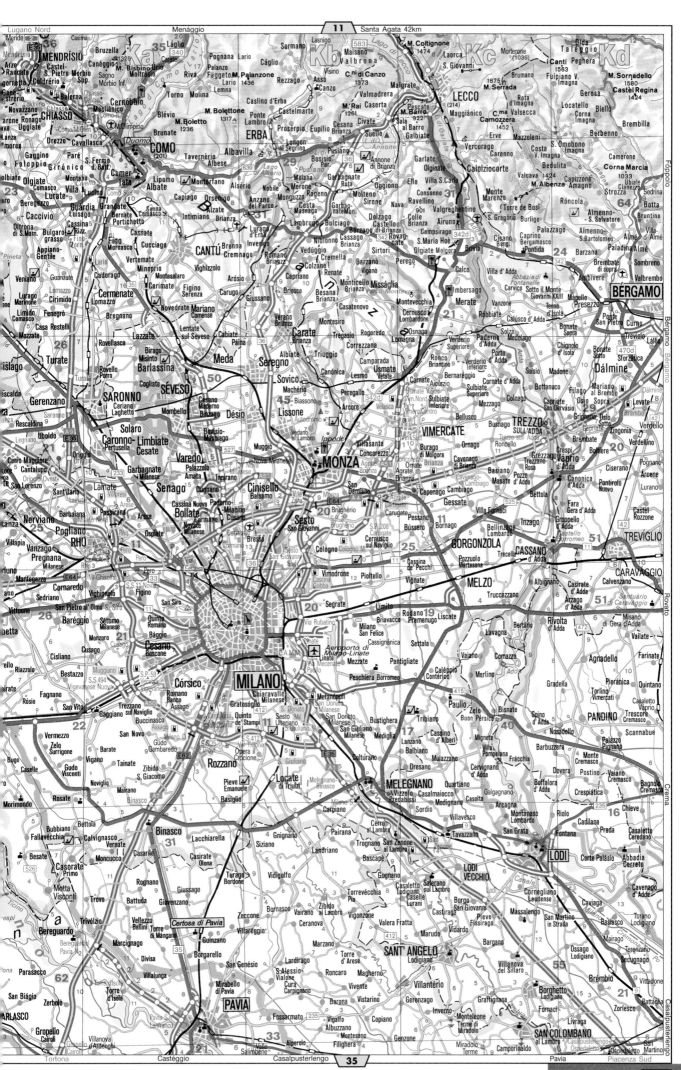

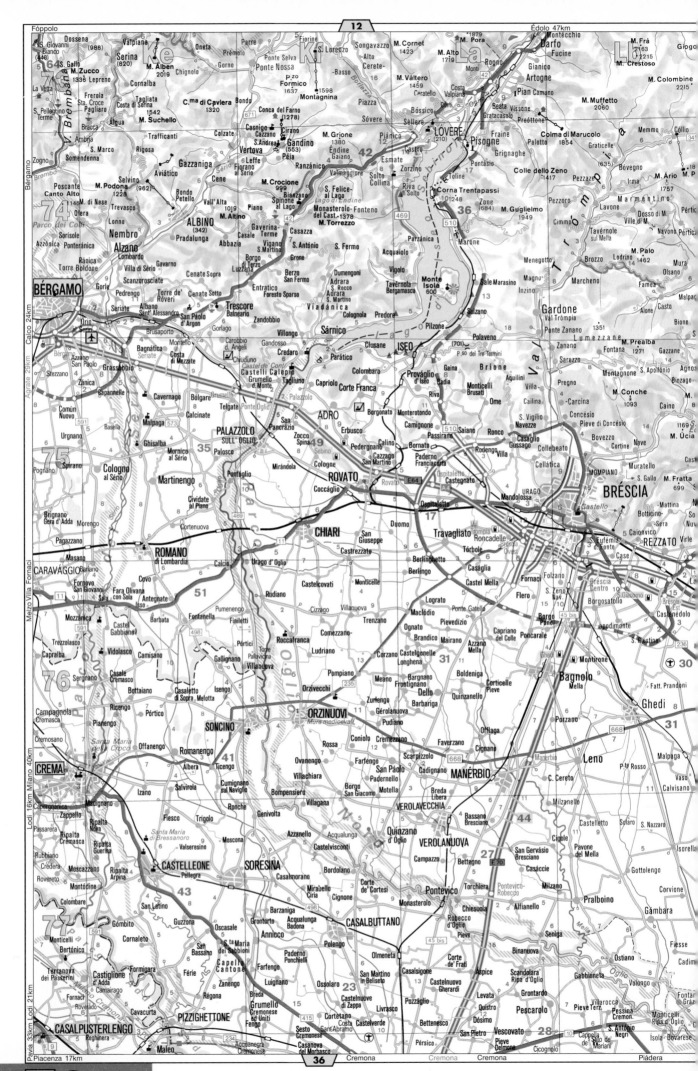

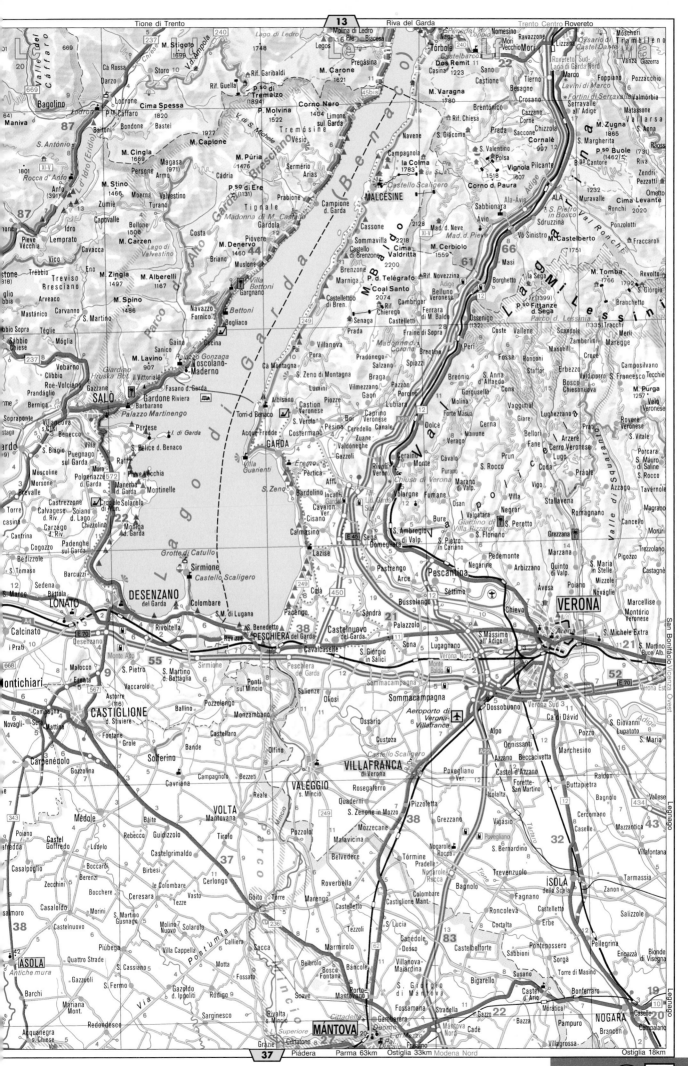

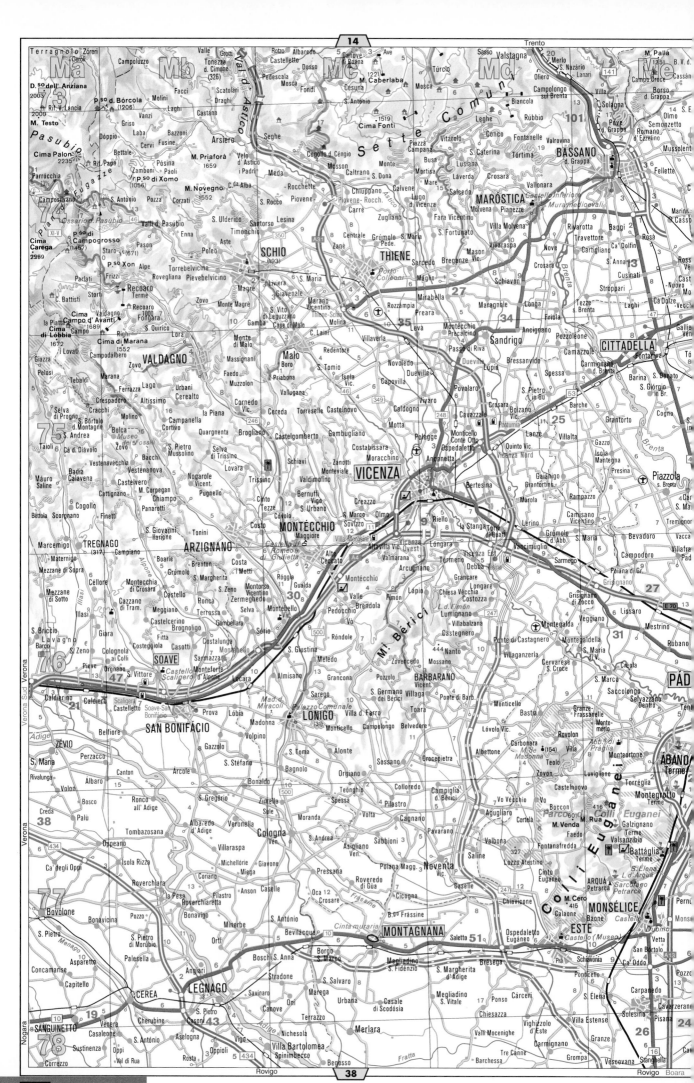

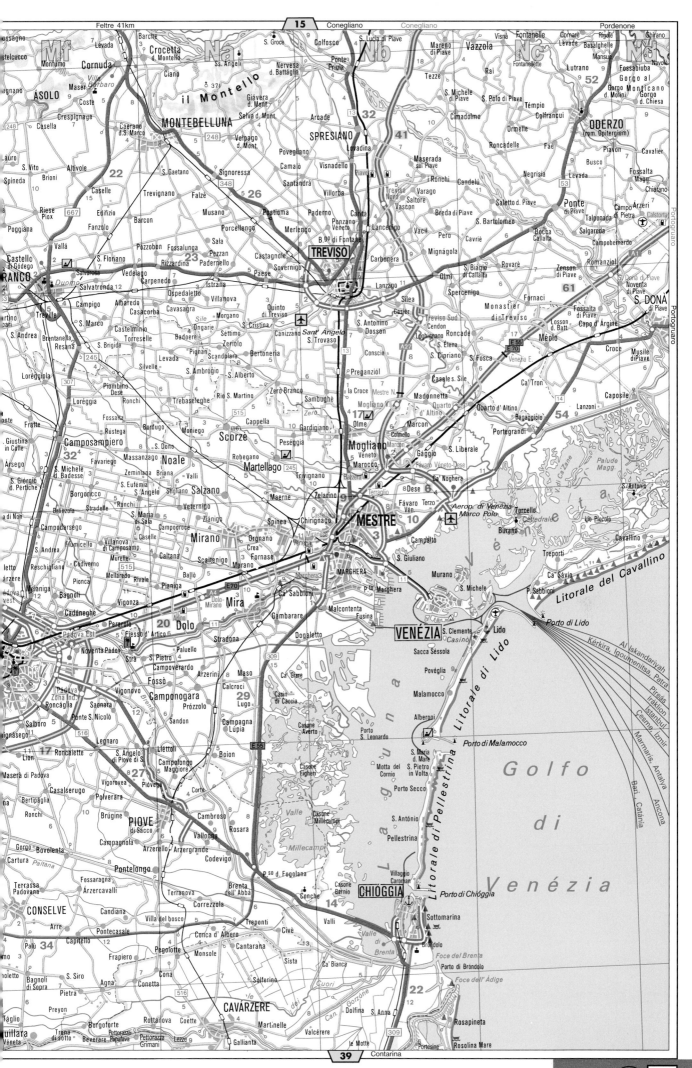

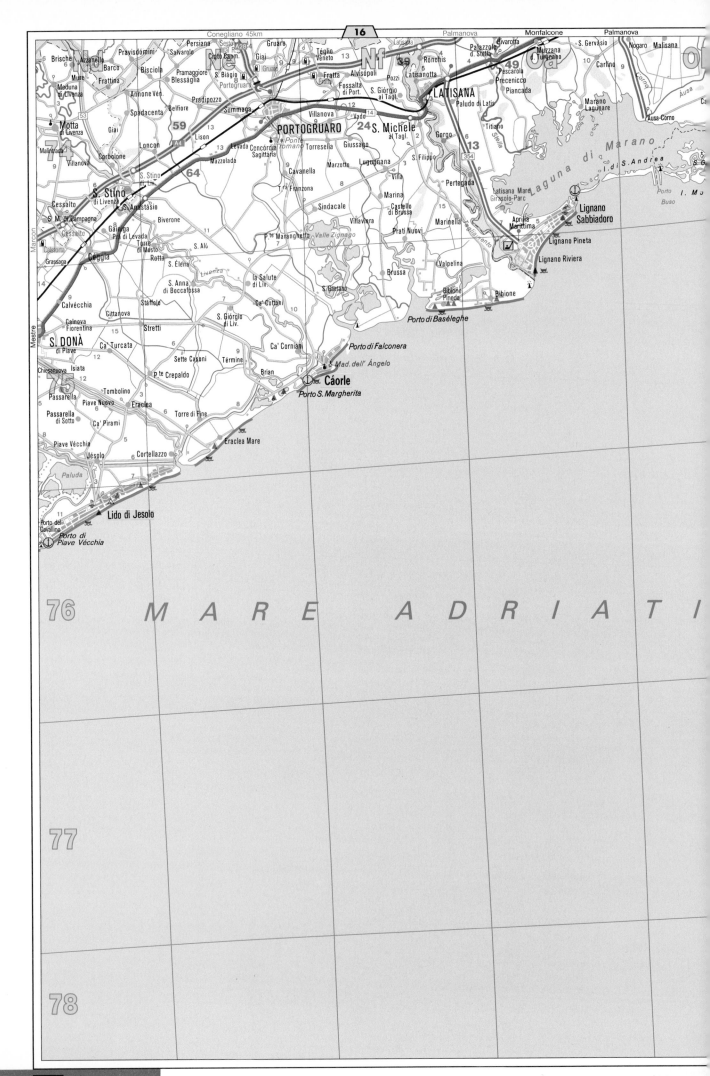

Conegliano 45km

Palmanova   Monfalcone   Palmanova

Brische
Azzanello
Pravisdómini
Persiana
Salvarolo
Gruaro
Sesto A284
Giai
Latisana
Téglio
Véneto   13
Bivarotta
Palazzolo
d. Stella
Muzzana
d. Turgnano
S. Gervàsio
Nogaro   Malisana
Barco
Bisciola
Pramaggiore
Blesságlia
Ciao Ccom.
S. Biágio
Portogruaro
Giai
Fratta
Fratta
Alvisópoli
Ronchis
Latisanotta
Pescarola
Precenicco
Carlino
Mure
Meduna
di Livenza
Frattina
Annone Vén.
Spadacenta
Pradipozzo
Belfiore
Summaga
Fossaltà
di Port.
S. Giórgio
al Tagl.
Pozzi
LATISANA
Paludo di Latis
Piancada
Marano
Lagunare
Motta
di Livenza
Giai
Villanova
59
Lison
Villanova
Vado   14
PORTOGRUARO
24 S. Michele
al Tagl.
Gorgo
Titiano
Ausa-Corno
Laguna di Marano
Malintrada
Loncon
Corbolone
Mazzolada
Levada Concórdia
Sagittária
Torresella
Giussago
Lugugnana
S. Filippo
6
Stella
354
13
Porto
Buso
I. M
Cessalto
S. M. di Campagna
Cessalto
S. Stino
di Livenza
S. Anastàsio
Biverone
64
Cavanella
Marzotto
Villa
Pertegada
Latisana Mare
Girasolo-Parc
I. di S.Andrea
S
Lignano
Sabbiadoro
Calstorta
Gainiga
Prà di Levada
Torre
di Mosto
Rotta
S. Aló
P.te Maranghetto
Valle Zignago
Sindacale
Villaviera
Prati Nuovi
Marina
Marinella
Aprilia
Maríttima
Lignano Pineta
Grassaga
Ceggia
S. Élena
Livenza
la Salute
di Liv.
Brussa
Castello
di Brussa
Valpelina
Lignano Riviera
Calvécchia
Cittanova
Stáffolo
S. Anna
di Boccafossa
S. Giórgio
di Liv.
Ca' Cottoni
S. Gaetano
Bibione
Pineda
Bibione
Cainova
Fiorentina
Stretti
Ca' Corniani
Porto di Baséleghe
Mestre
S. DONÀ
di Piave
Ca' Turcata
Sette Casoni
Términe
Brian
Porto di Falconera
Marcon
Chiesanuova
Isiata
P.te Crepaldo
S. Mad. dell' Ángelo
Passarella
Tombolino
Piave Nuovo
Eraclea
Torre di Fine
Cáorle
Porto S. Margherita
Passarella
di Sotto
Ca' Pirami
Piave Vécchia
Jésolo
Cortellazzo
Eraclea Mare
Paluda
Lido di Jesolo
Porto del
Cavallino
Porto di
Piave Vécchia

MARE ADRIATI

76

77

78

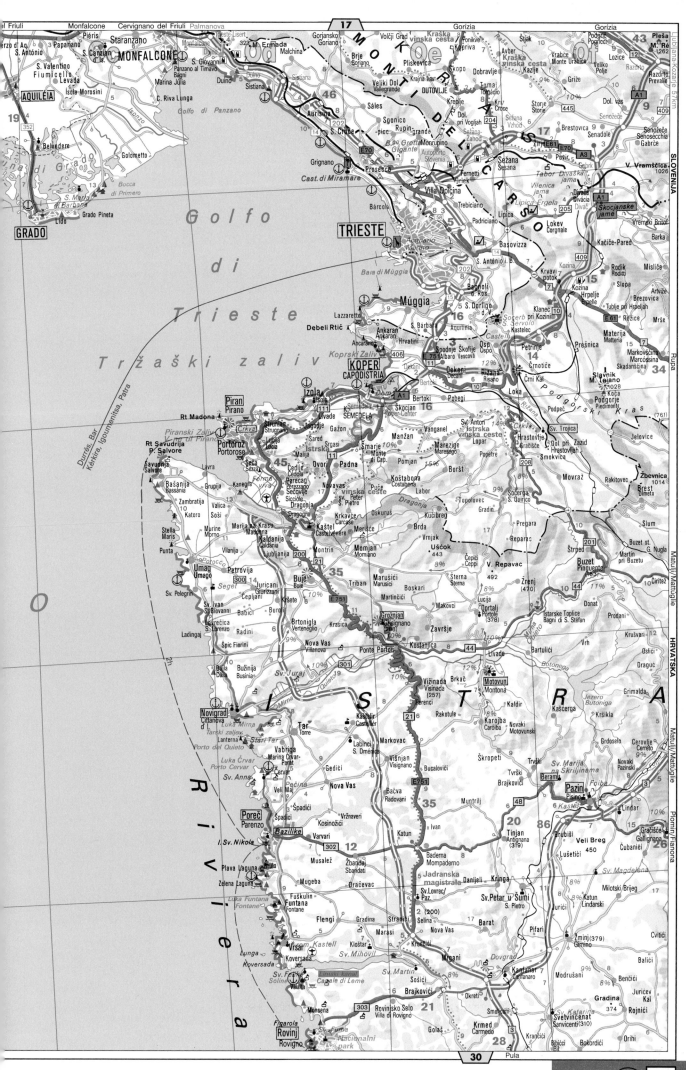

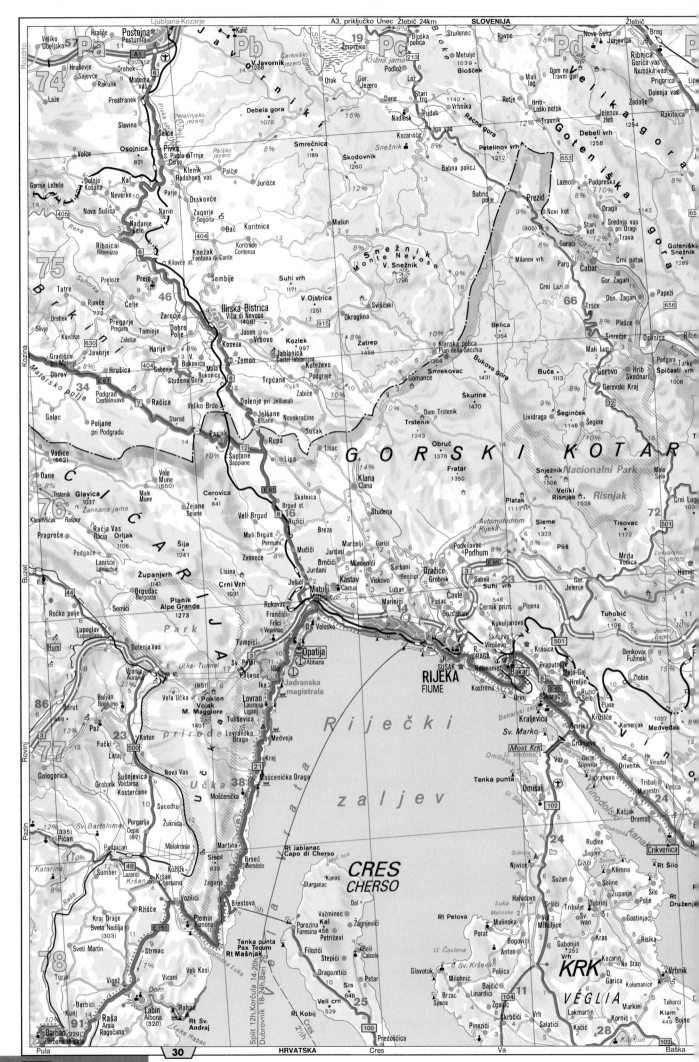

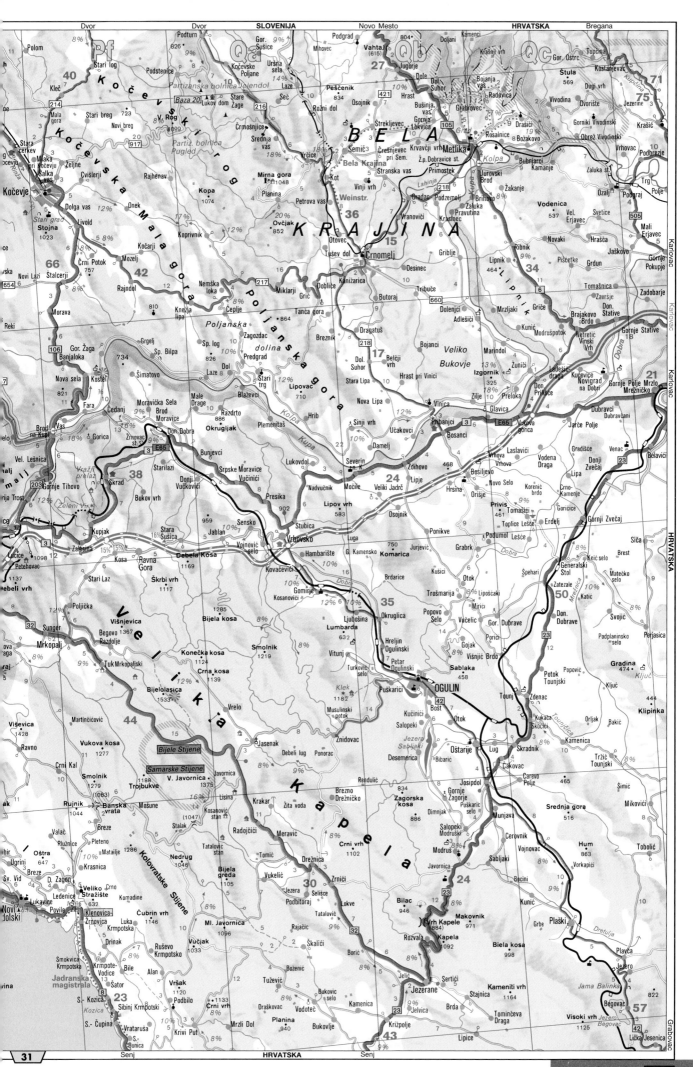

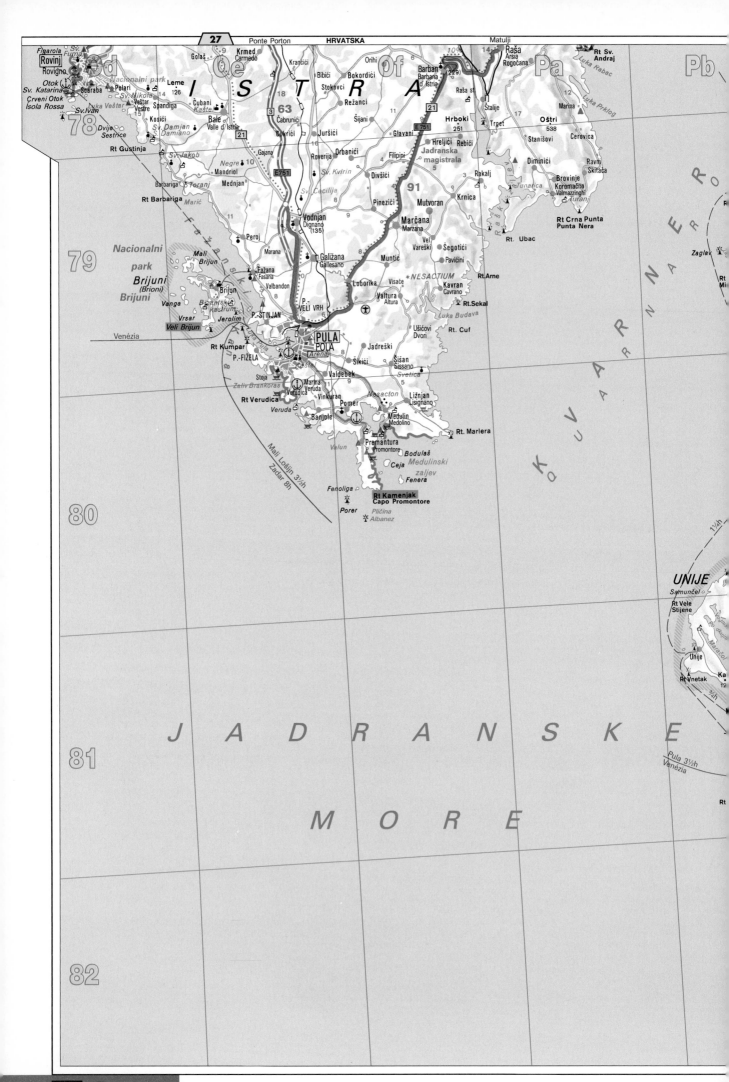

Figarola Sv. Fuma
Rovinj
Otok Sv. Katarina
Crveni Otok
Isola Rossa
Sv. Ivan
Dvije Sestrice
Rt Gustinja

Polari
Sv. Nikola
Veštar Vestre Spandiga
Kosići
Sv. Damjan Sv. Damiano
Sv. Jakob

Nacionalni park
Leme 126
Golaš
Krmed Carmedo
Kranćići
Krnčići

Čubani
Kašte
Bale
Valle d'Istria
Gajana

ISTRA

Bibići
Stokovci
Režanci
Čabrunići
Juršići
Cukrići
Roverija
Orbanići
Sv. Kvirin

Orihi
Glavani
Filipini

Barban
Barbana d'Istria
Raša st.
Stalije

Raša Arsia Rogočana
Marina
Luka Prklog

Rt Sv. Andraj
Luka Rabac

Oštri

Hrboki 251
Trget

Stanišovi

Cerovica

Diminići

Ravni Skitača

Pa

Pb

Barbariga
Rt Barbariga Marić
Toranj
Mandriol Mednjan
Negre 10
Sv. Cecilija

Vodnjan Dignano (135)
Peroj
Marana
Galižana Gallesano

Divšići
Pinezići

91
Mutvoran
Marčana Marzana

Krnica

Hreljići Rebići
Jadranska magistrala

Rakalj

Rt. Ubac

Tunatica

Brovinje Koromačno Valmazzinghi
Rt Crna Punta Punta Nera

Turanj

Nacionalni park
Brijuni
(Brioni)
Brijuni

Mali Brijun
Vanga
Vrsar
Veli Brijun
Jerolim
Brijunski kastrum

Fažana Fasana
Valbandon
P.- STINJAN
P.- VELI VRH 6

Loborika
Muntić
Visače
Valtura Altura

Vel. Vareški Šegotići
Pavičini

Nesactum
Kavran Cavrano
Rt. Arne
Rt. Sekal

Luka Budava

Zaglav

Rt Mi

Rt

79

Venézia

Rt Kumpar
P.-FIŽELA
Stoja

PULA POLA
(Arena)
Kaštel
Šikići

Jadreški

Šišan Sissano

Ušićovi Dvori
Rt. Cuf

Marina Veruda
Veruda
Rt Verudica
Veruda

Valdebek
Vinkuran
Pomer

Nesacton
Liznjan Lisignano
Svetica

Ko

Kvarnera
Ro

Mali Lošinj
Zadar 8h

Banjole
Valun

Medulin Medolino

Premantura Promontore
Bodulaš
Ceja
Fenera

Medulinski zaljev

Rt. Marlera

80
Fenoliga
Porer
Rt Kamenjak Capo Promontore
Pličina Albanez

Pula 3½h
Venézia

Pula 3½h
Venézia

UNIJE
Samunčel
Rt Vele Stijene

Unije

Rt Vnetak

81

J A D R A N S K E

82

M O R E

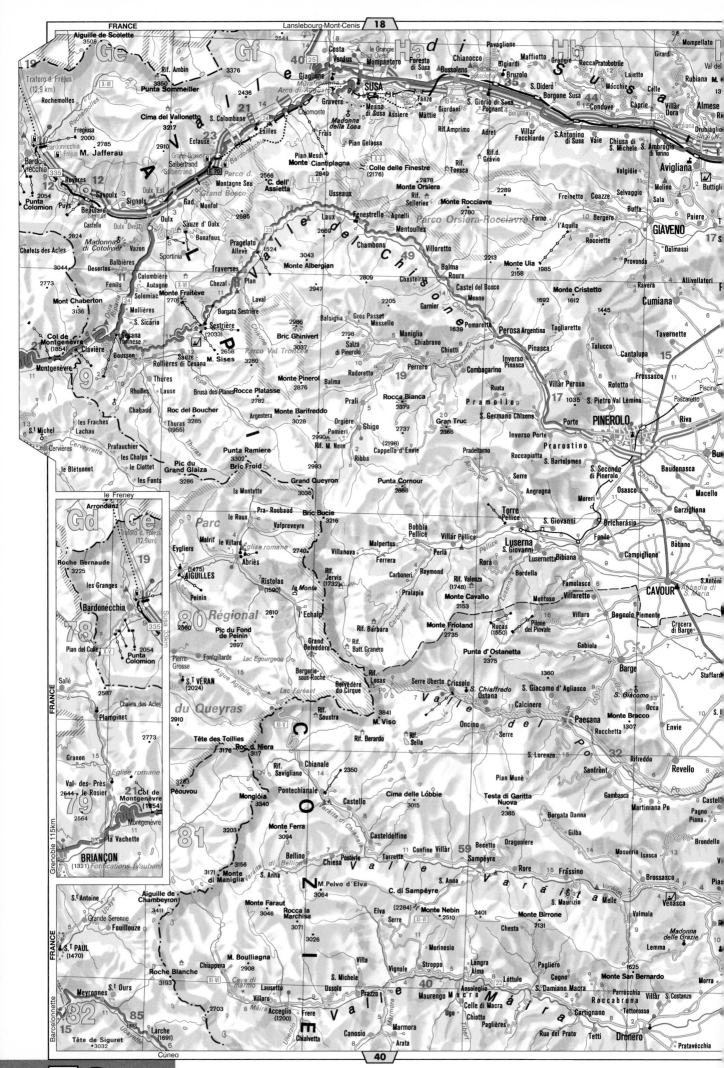

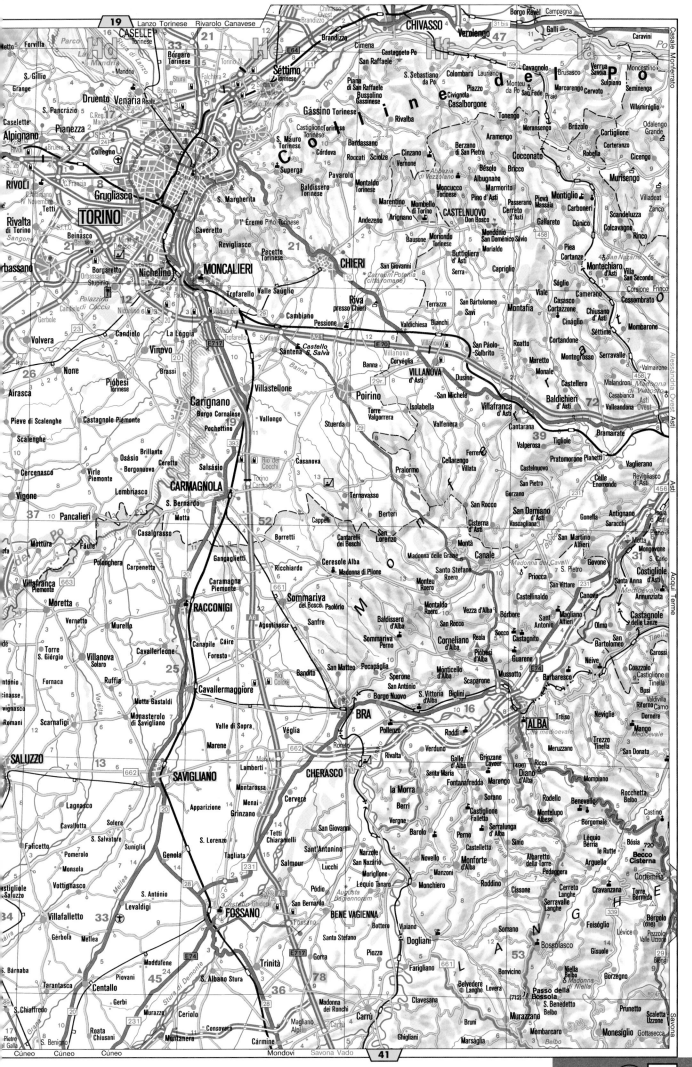

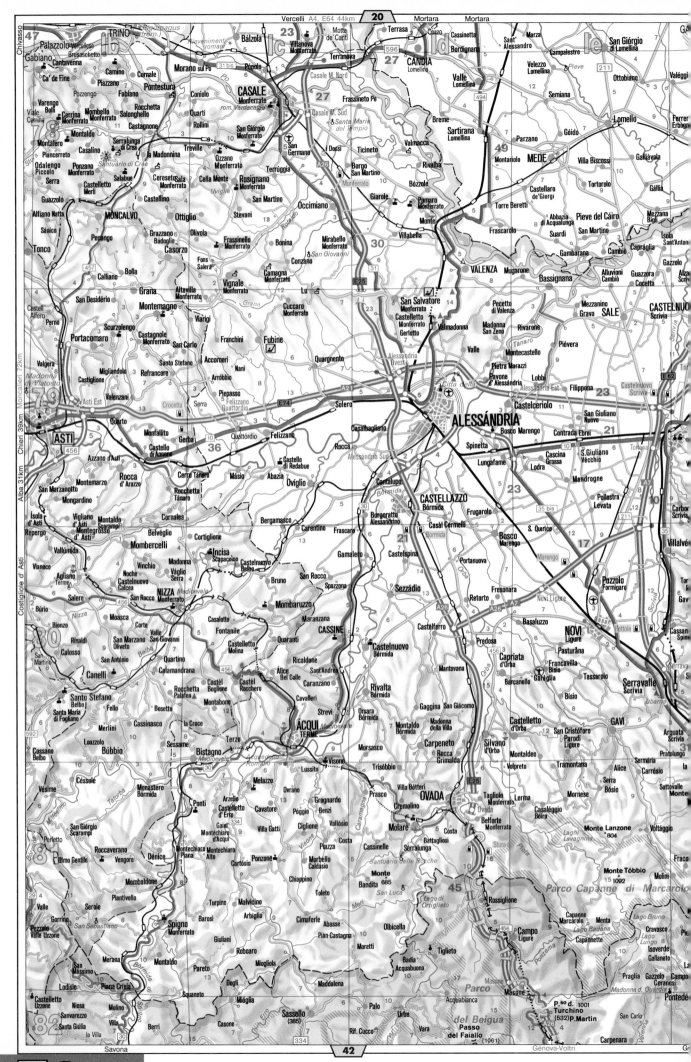

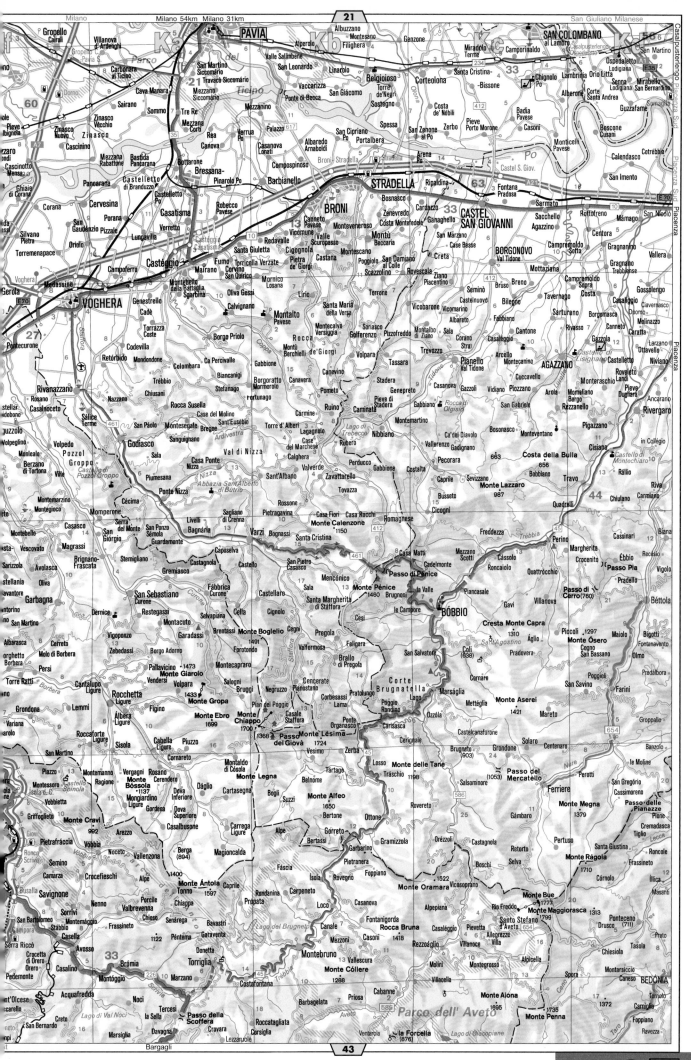

Milano   Milano 54km   Milano 31km   San Giuliano Milanese

Gropello   Cairoli   Villanova   Alperolo   Albuzzano   Montesano   SAN COLOMBANO
           Gropello C.   PAVIA   Filighera   Miradolo   Camporinaldo   al Lambro   San Martino
Dorno   Pavia S.   Terme   Ospedaletto
        Carbonara   San Martino   Chignolo   Lodigiana
          al Ticino   Siccomário   San Leonardo   Linarolo   Po   Lambrinia Orio Litta
Cava Manara   Belgioioso   Santa Cristina-   Senna
   Sairano   Mezzano   Travacó Siccomário   Torre   Bissone   Alberone   Lodigiana San Bernardino   Mirabello
Zinasco   Sommo   Siccomário   Vaccarizza   de'Negri   Sostegno   Costa   Corte   Somaglia
Vecchio   Tre Re   Mezzana   Ponte di Becca   de'Nóbili   Badia   Boscone Santa Andrea   Guzzafame

60   Zinasco   Mezzana   Corti   Rea   Verrua   San Cipriano   Spessa   Pieve Pavese   Casoni   Monticelli
           Rabattone   Canova   Palazzo   Po   Albaredo   Po   San Zenone   Porto Morone   Pavese   Cotrébbia

Ghiaie   Panearana   Castelletto   Pinarolo Po   Casanova Arnaldoli   Portalbera   al Po   Zerbo   Calendasco
di Corana   Bastida   di Branduzzo   Compospinoso   Broni-Stradella   Stradella   Arena   Po
        Corana   Bressana-   Castelletto   Barbianello   Bosnasco Cardazzo   Po   14   Castel S. Giov.   63   Fontana
   Cervesina   Po   Zenevredo   Ganaghello   CASTEL   Sarmato   Pradosa
Silvano   Porana   Casatisma   BRONI   Canneto   Montevenneroso Costa Montefedele   SAN GIOVANNI   Sacchello   Rottofreno

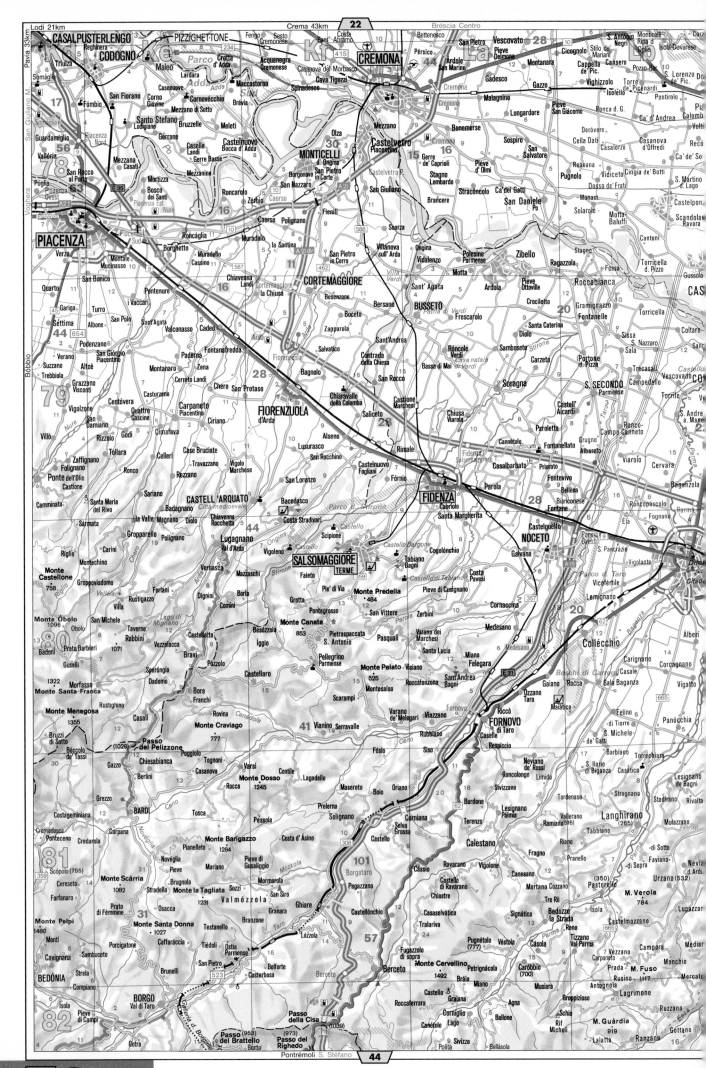

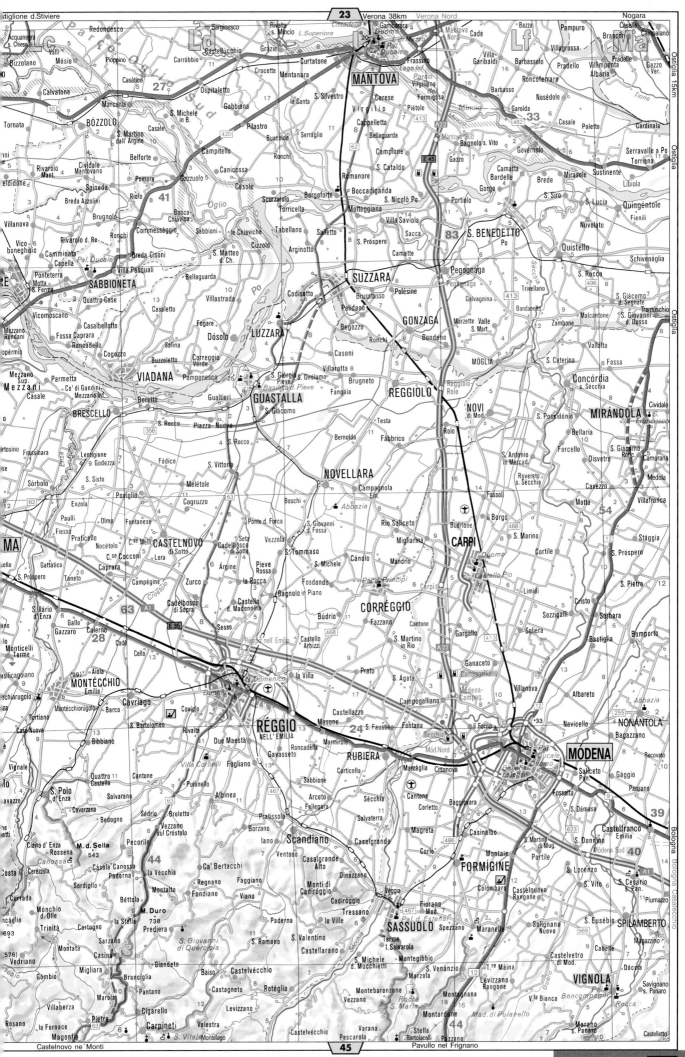

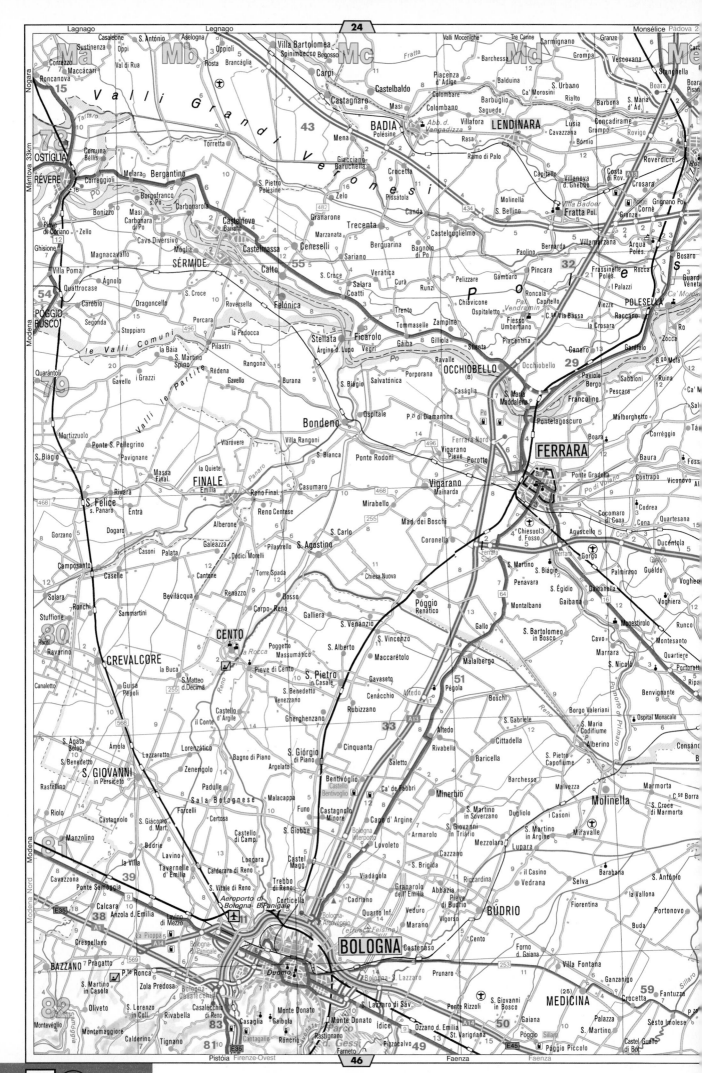

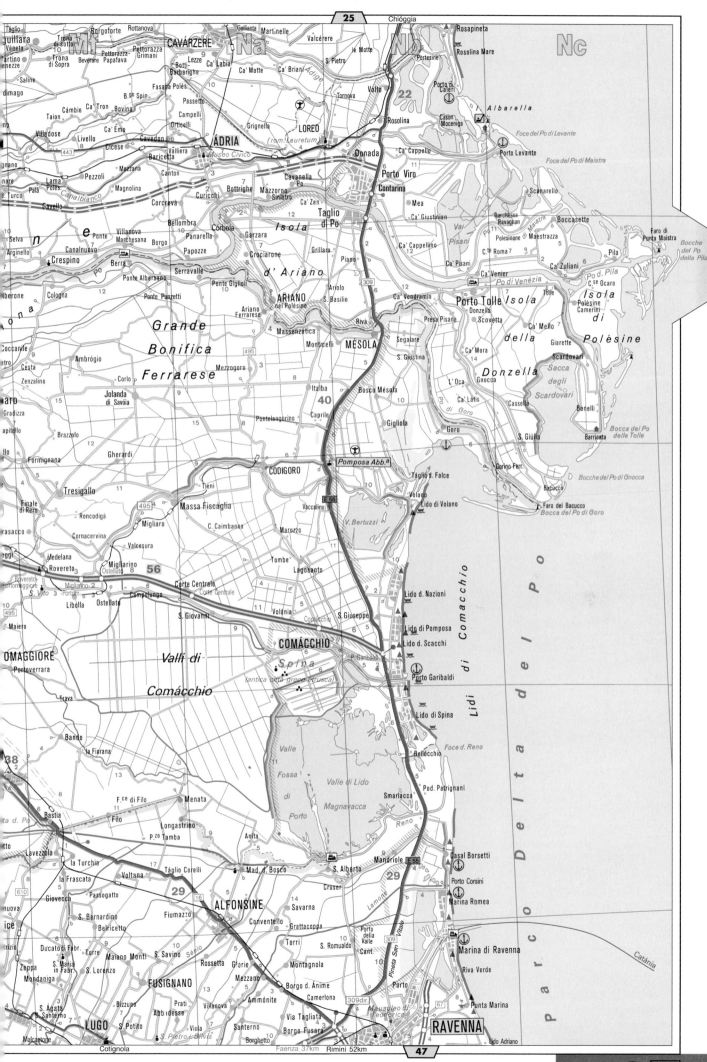

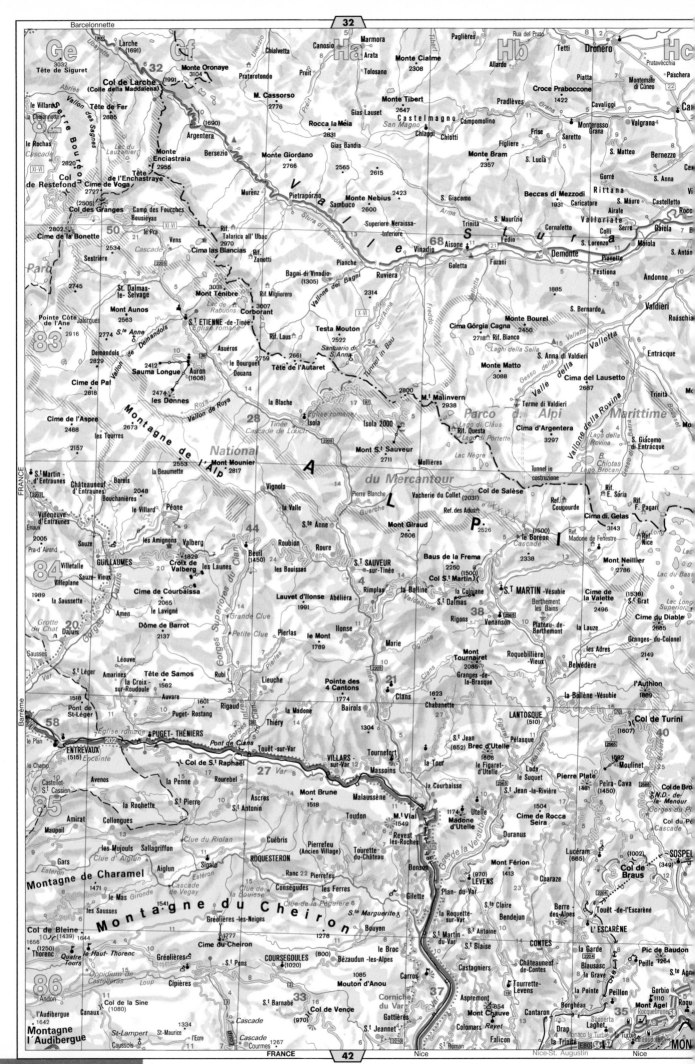

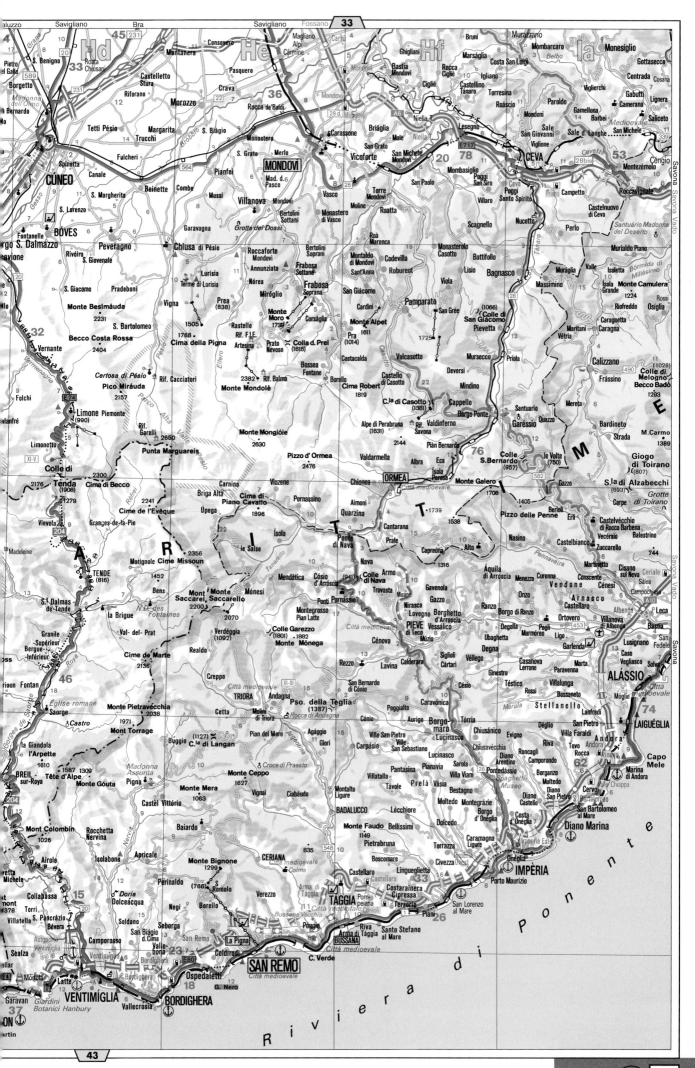

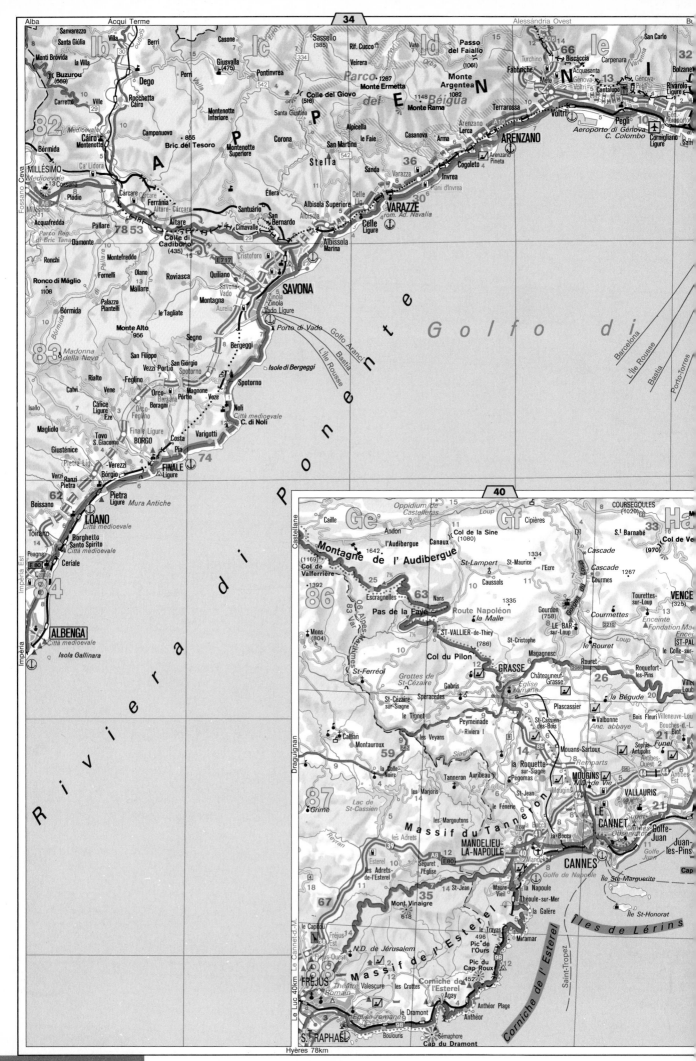

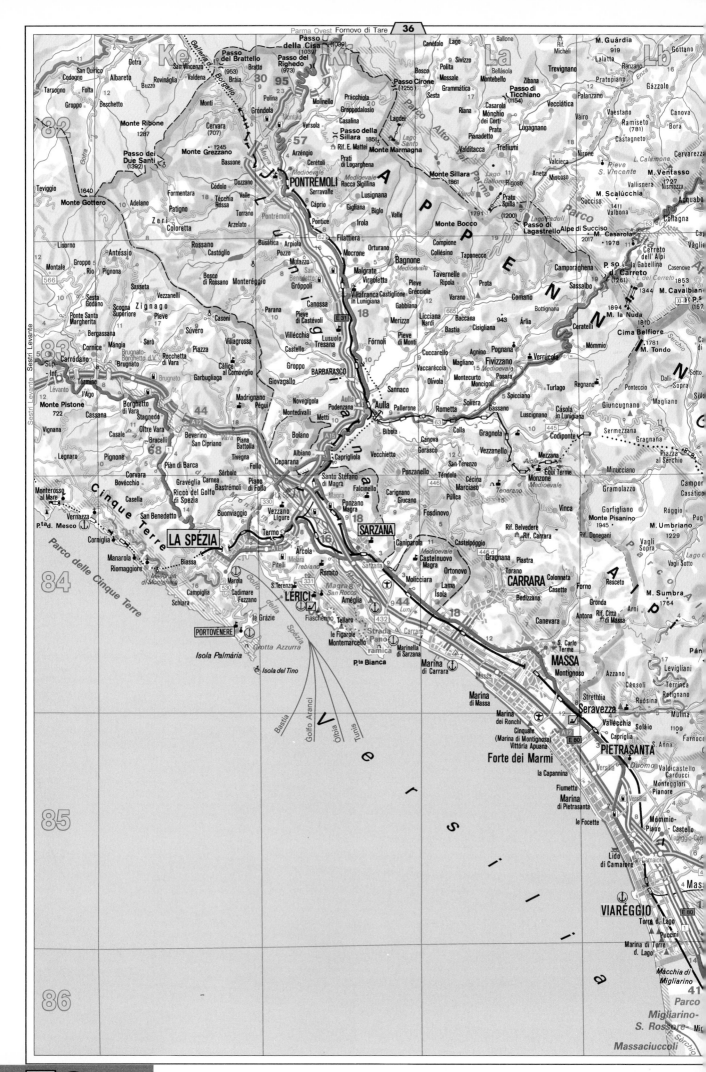

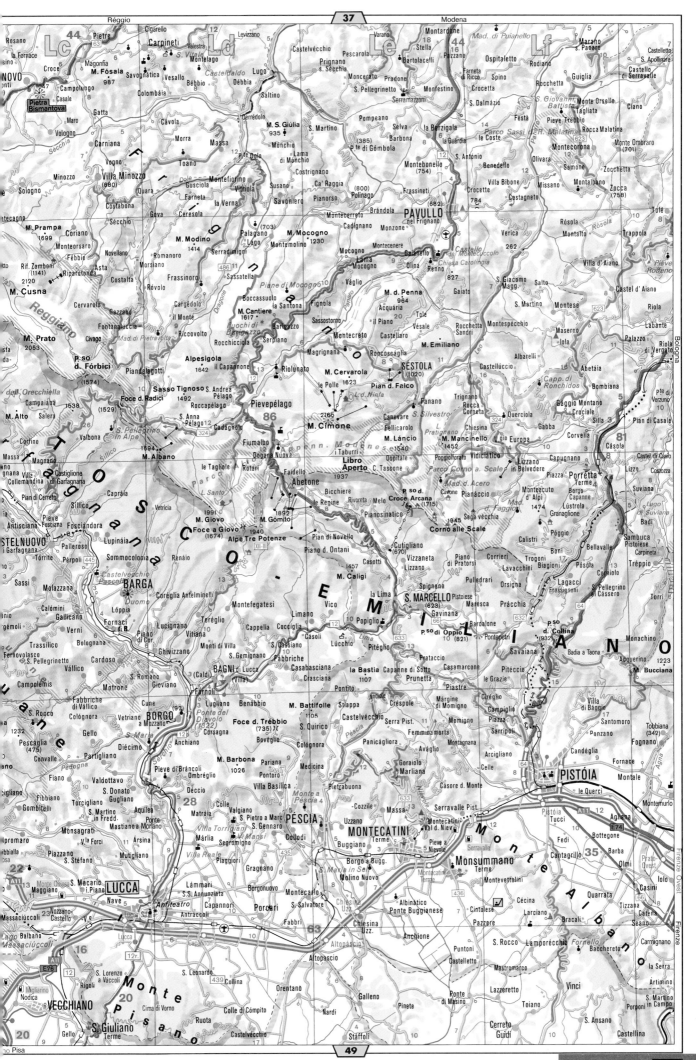

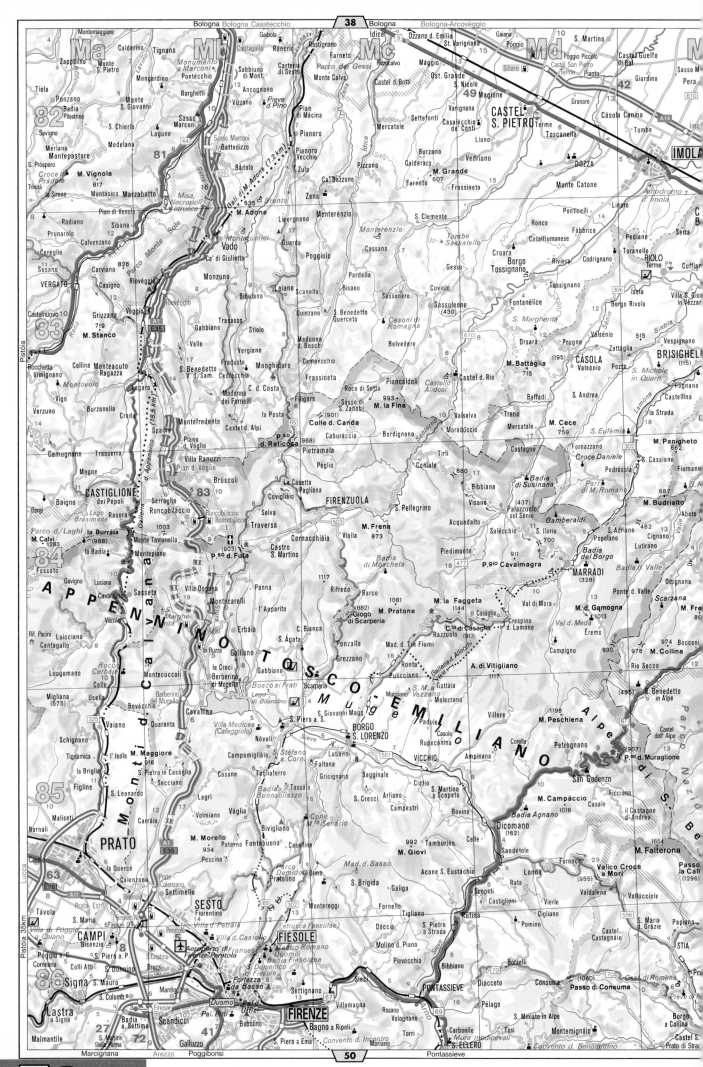

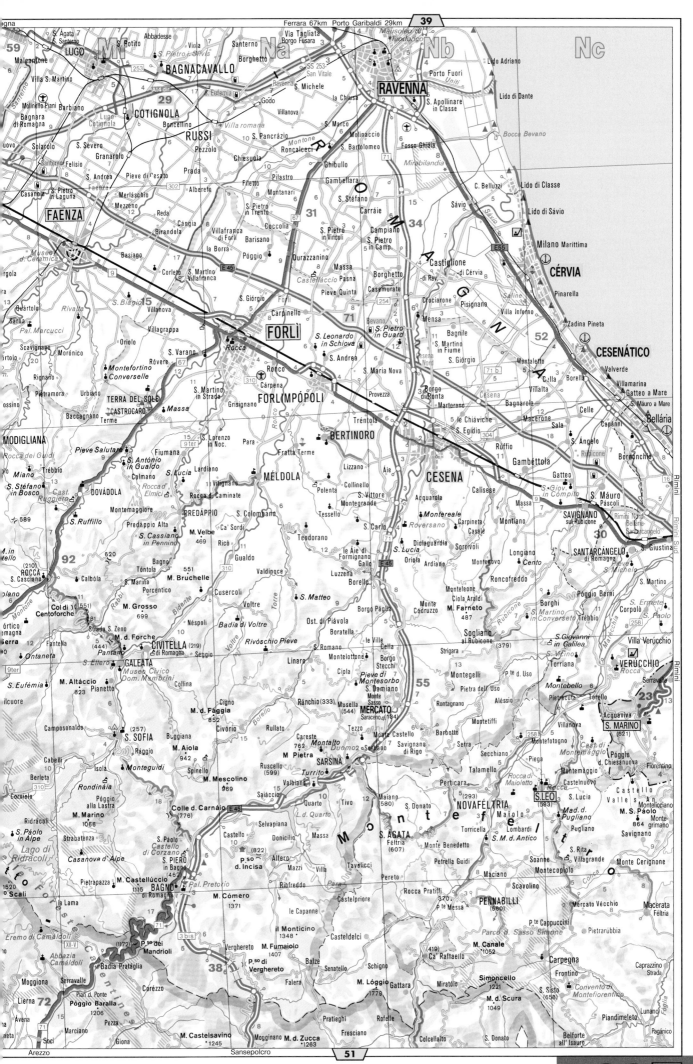

Ferrara 67km   Porto Garibaldi 29km

Mausoleo di
Teodorico

M| Na   Nb   Nc

59   S. Ágata
      S. Santerno   Abbadesse
LUGO   Viola
            S. Potito   Borgo Fusara
Malcantone   S. Pietro i Silvis   Santerno
      Villa S. Martino   Borghetto
                  BAGNACAVALLO   SS 253
                                San Vitale
Molinello Piani Barbiano   Ravenna
  Bagnara   S. Eufémia S. Michele
  di Romagna   COTIGNOLA   Godo
Casanola S. Pietro   Villanova
      in Laguna   Boncellino Villa romana
      S. Andrea Lugo-   RAVENNA
Solarolo Felisio Cotignola RUSSI   S. Pancrázio   S. Marco
      Santerno Granarolo Pezzolo   Molinaccio
          Pieve di Cesato Prada   Roncalceci   S. Bartolomeo
uovo   Chiesuola   Ghibullo   Fosso Ghiáia
      Merláschio   Pilastro   Gambellara
  Mezzeno   Albereto Filetto   S. Stéfano
FAENZA   Reda   Villafranca Montanari Carráie
      Birandola   di Forli Barisano
  Basiago   la Borrà   Póggio   Durazzanino   Massa
        Córlèo   S. Martino   Villafranca   Borghetto
  S. Biágio   S. Giórgio   Pieve Quinta   Casemurate
Quártolo   Villanova   Forli   Castelláccio Pasna
Sarna   Villagrappa   Carpinello   Crociarone
Pal. Marcucci   Oriolo   FORLÌ   Bevano
Scavignano Morónico   S. Varano   Rócca   S. Leonardo   S. Pietro
Rignano   Róvere   Ronco   in Schiova   in Guard
Pietramora Urbiano   Montefortino   Cárpena   S. Andrea
TERRA DEL SOLE Converselle   S. Martino S. Maria Nova
ossino CASTROCARO   in Strada   Grisignano Provezza
MODIGLIANA Terme Massa   Tréntola
Rocca dei Guidi Baccagnano Grisignano   BERTINORO
  Miano Trébbio Pieve Salutare Fiumana   Fratta Terme Lizzano   Aie
  S. Stéfano Cast. S. António Lardiano   MÉLDOLA   Collinello
  in Bosco Ruggièro in Gualdo S. Lucia   Colmano   Polenta   S. Vittore
DOVÁDOLA Colmano Vignano   Montegrande
  S. Ruffillo Montemaggiore Rocca d'   Rocca di Caminate S. Colombano S. Carlo
  Predáppio Elmici PREDÁPPIO Ca' Sordi Teodorano
ROCCA Predáppio Alta S. Cassiano M. Velbe Ricò
  S. Casciano in Pennino Gualdo   le Aie di   Gallo
  Calbóla Bagno di Valdinoce Formignano Oriola
Col di M. Bruchelle Tóntola Luzzéna   S. Lucia Ardiano
Centoforche S. Marina Borello
  M. Grosso Porcentico Cusercoli Montenovo
  Strada S. Zeno Bidente Voltre Monteleone
  M. d. Forche Néspoli Badia di Voltre Borgo Págia Ciola Araldi
  Pantaro CIVITELLA Rivóschio Pieve M. Farneto
  S. Ettero di Romagna Séggio S. Romano Montelottone
GALEATA Museo Civico Collina Linaro Cìola Borgo
  M. Altáccio Dom. Mambrini Rìvóschio Pieve le Ville Stecchi
  Pianetto Montegelli Pietra dell' Uso
S. Eufémia Cigno Ránchio Musella Rontagnano Aléssio
ilcuore M. d. Fággia Civório Tezzo MERCATO Montetiffi
  Camposonaldo Buggiana Rullato Careste Monte Castello Barbotto
  S. SOFIA M. Aiola Montalto Savignano Serra
  Cabelli Rággio M Pietra Duomo di Rigo Secchiano
  Isolá Monteguidi Ruscello SARSINA Talamello
  Rondináia M. Mescolino Valbiano Maiano S. Donato
  Póggio Saiáccio Quarto Tivo NOVAFÉLTRIA
  alla Lastra Colle d. Carnáio L.d. Quarto Maiolo S. Lucia
  M. Marino Selvapiana Donicilio Massa S.AGATA Lombardi
  Strabatenza Castello S. Feltria Torricella S.M. d. Antico
  S. Páolo S. Páolo Alfero Petrella Guidi S. Rita
  in Alpe di Corzano Pso Mazzi Villa Villagrande
Lago di Casanova d'Alpe S. PIERO d. Incisa Tavolicci Maciano Montecopiolo
Ridrácoli in Bagno Pereto S. AGATA Rocca Pratiffi Scavolino
  Pietrapazza M. Castellúccio Ribfreddo Castelpriore PENNABILLI Mercato Vécchio
  la Lama BAGNO M. Cómero le Capanne P.te Messa
Scali di Romagna il Monticino Castelpriore P.te Cappuccini
Eremo di Camáldoli P.so dei Vergheretó M. Fumaiolo Castelcìci Pietarúbbia
  Abbázia Mandriòli P.so di Balze Schigno M. Canale
  Camáldoli Vergheretó Falera Senatello Ca' Raffaello Simoncello Carpegna
Moggiona Serravalle M. Lóggio Gattara Miratóio S. Sisto Frontino
Lierna Póggio Baralla Corrèzzo Pratieghi Rofelle M. d. Scura Convento di Caprazzino
  Marciano Pezza M. Castelsavino Mogginano M. d. Zucca Frésciano Colcellalto S. Donato Montefiorentino Pagánico
Arézzo Sansepolcro Belforte Piandimeleto
                                              all'Isauro

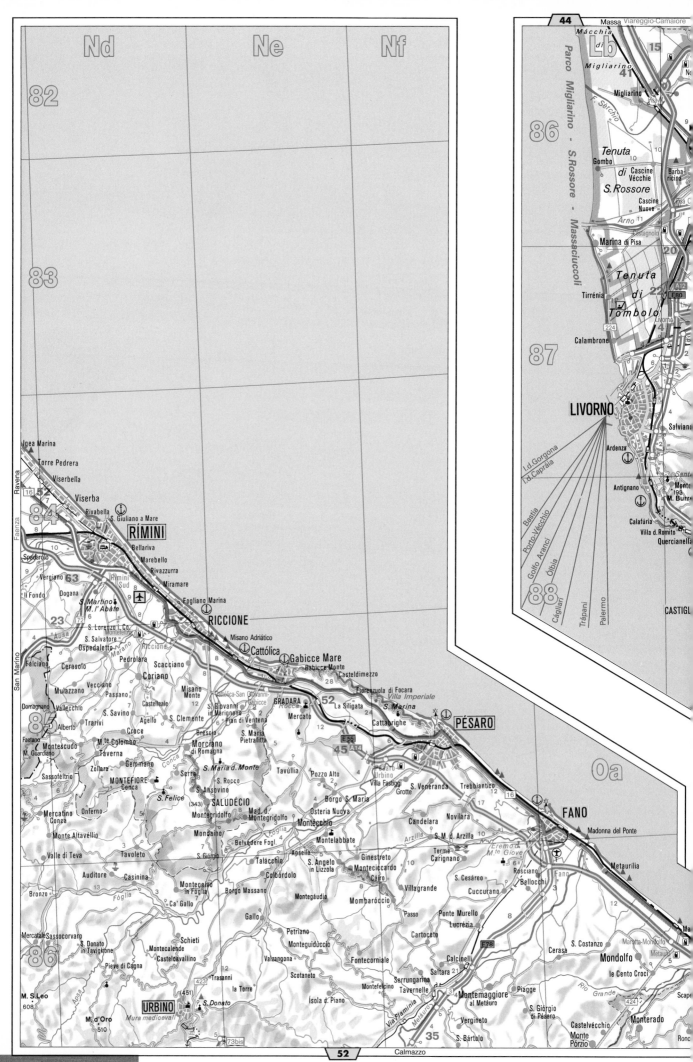

44
Massa Viareggio-Camaiore
Màcchia
Parco Migliarino - S. Rossore - Massaciuccoli
Lb
di
Migliarino
15
41
Migliarino
86
Tenuta
di
Cascine
Vécchie
S. Rossore
Barba-
ricina
Cascine
Nuove
Gombo
Arno
Castagnolo
20
Marina di Pisa
Tenuta
di
22
Tirrénia
Livorno
AP
E80
87
Tombolo
224
4
Calambrone
LIVORNO
Salviano
Ardenza
I.d. Gorgona
I.d. Capráia
Antignano
Monte
193
M. Burr
Bastia
Porto-Vécchio
Golfo Aranci
Ólbia
Calafúria
Villa d. Romito
Quercianella
88
Cágliari
Trápani
Palermo
CASTIGL

Igea Marina
Torre Pedrera
Viserbella
16 5
Viserba
Ravena
Rivabella
S. Giuliano a Mare
84
RÍMINI
Bellariva
Spodarolo
10
Marebello
Vergiano 63
Rivazzurra
Il Fondo
Dogana
Rímini
Sud
Miramare
23
S. Martino
M. l'Abáte
Fogliano Marina
Falciano
S. Lorenzo i Co.
RICCIONE
S. Salvatore
Montefelfro
Ospedaletto
Misano Adriático
Riccione
8
Cerasolo
Pedrplara
Scacciano
Cattólica
Gabicce Mare
San Marino
Mulazzano
Passano
Coriano
Gabicce Monte
Casteldimezzo
Vecciano
Misano
Monte
Cattólica-San Giovanni-
Gabicce
Fiorenzuola di Focara
Villa Imperiale
28
Domagnano
Vallecchio
Castelleale
12
S. Bibvanni
in Marignano
GRADARA
Rocca
52
La Siligata
S. Marina
8
Alberto
S. Savino
Agello
S. Clemente
Mercato
24
Cattabrighe
PÉSARO
Faetano
Trarivi
Croce
Brescia
12
Montescudo
M. te Colombo
Morciano
di Romagna
S. Maria
Pietrafitta
E 55
M. Guardiano
Taverna
5
45 A14
Zollara
Gemmano
S. Maria d. Monte
Tavúllia
Pésaro
Urbino
Conca
Serre
S. Rocco
Pozzo Alto
Villa Fastiggi
S. Veneranda
Trebbiantico
Oa
Sassofeltrio
MONTEFIORE
Conca
S. Ansovino
Grotte
12
17
16
Conca
S. Felice
(343)
SALUDÉCIO
Borgo S. Maria
Mercatino
Conca
Onferno
Montegridolfo
Mad. d.
Montegridolfo
Osteria Nuova
Candelara
Novilara
FANO
Monte Altavéllio
Mondaino
Montécchio
S. M. d. Arzilla
10
Madonna del Ponte
Belvedere Fogl.
Montelabbate
Terme
Carignano
Eremo d.
M. te Giove
Valle di Teva
Tavoleto
S. Giórgio
Talácchio
Apsella
Ginestreto
Rosciano
Metaurilia
Auditore
Casinina
Colbórdolo
S. Angelo
in Lizzola
Montecíccardo
Cáfro
S. Cesáreo
Bellocchi
12
Bronzo
Montecalvo
in Fóglia
13
Borgo Massano
Montegáudio
Villagrande
Cuccurano
Ca' Gallo
Mombaróccio
Passo
Ponte Murello
Lucrézia
8
Gallo
Petriano
Cartoceto
Mercatale Sassocorvaro
Schieti
Montalende
S. Donato
in Tavignone
Montecalende
Castelcavallino
Pieve di Cagna
Montequidúccio
Fontecorniale
Calcinelli
E78
Cerasa
S. Costanzo
Marotta-Mondolfo
Mondolfo
le Cento Croci
Valzangona
Scotaneto
423
Trasanni
la Torre
Serrungarina
Tavernelle
Saltara 21
Piágge
Rio Grande
424
Montefelcino
M. S.Leo
608
(451)
S. Donato
Montemaggiore
al Metáuro
S. Giórgio
di Pésaro
Castelvécchio
Monterado
M. d'Oro
510
Mura medioevali
URBINO
Ísola d. Piano
Via Flaminia
Metáuro
Montemaggiore
35
Vergineto
S. Bártolo
Monte
Pórzio
Ronc

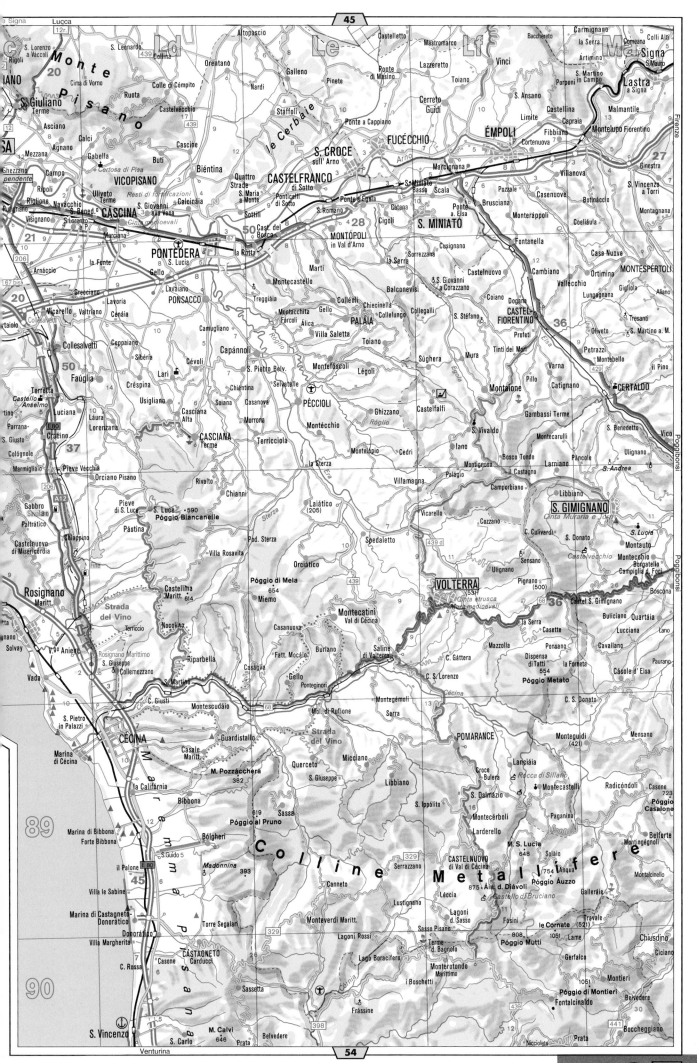

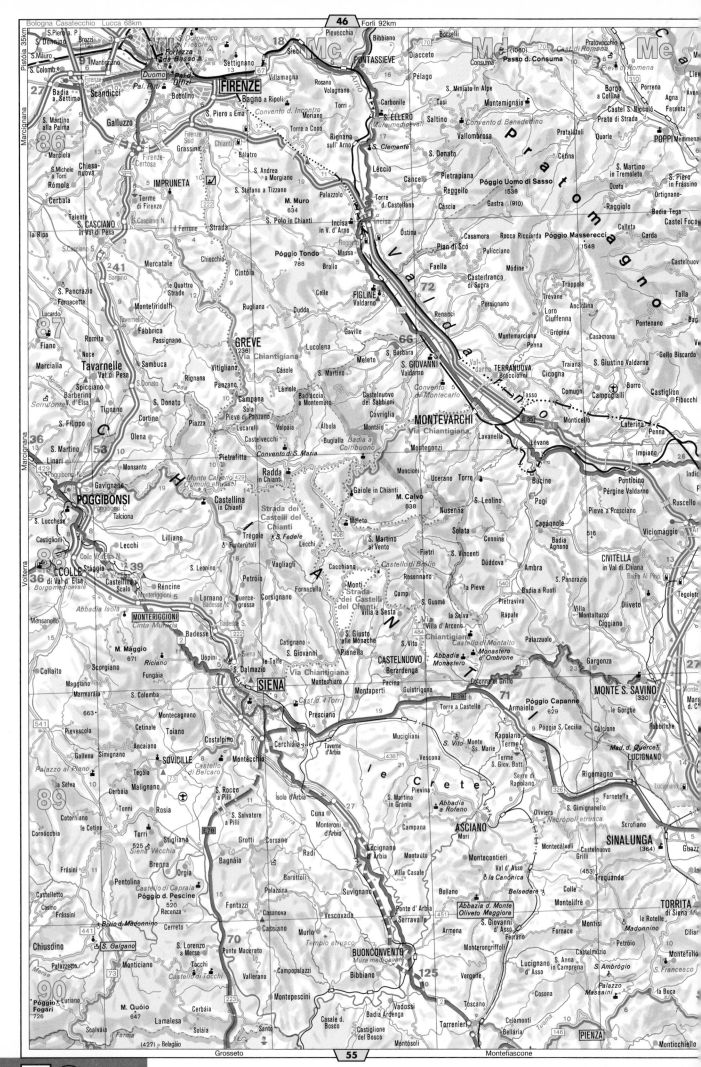

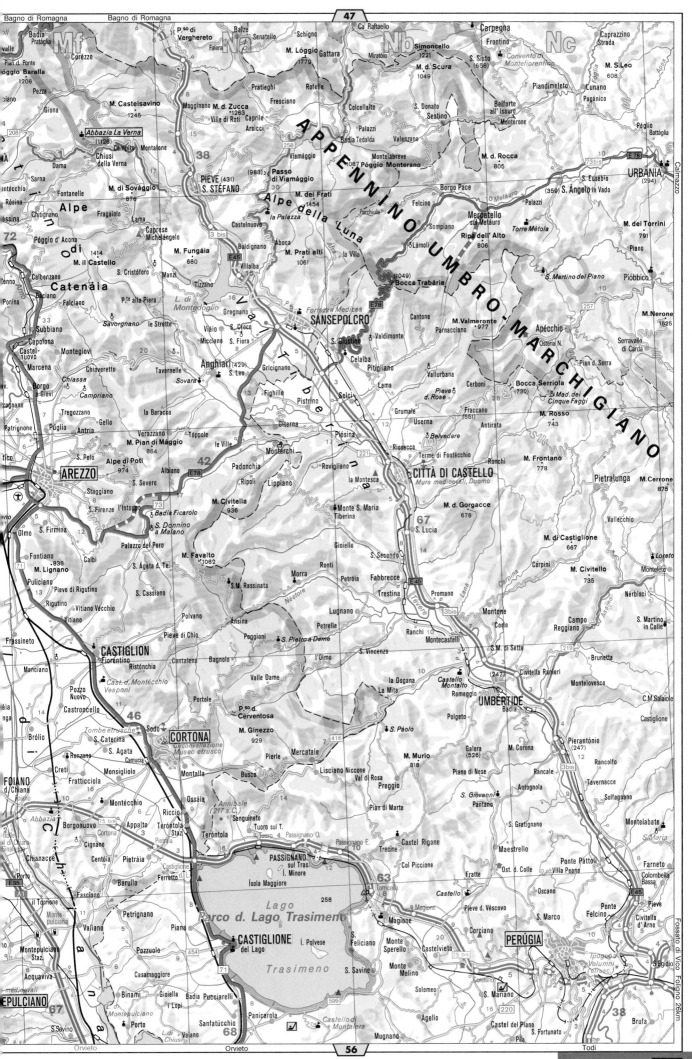

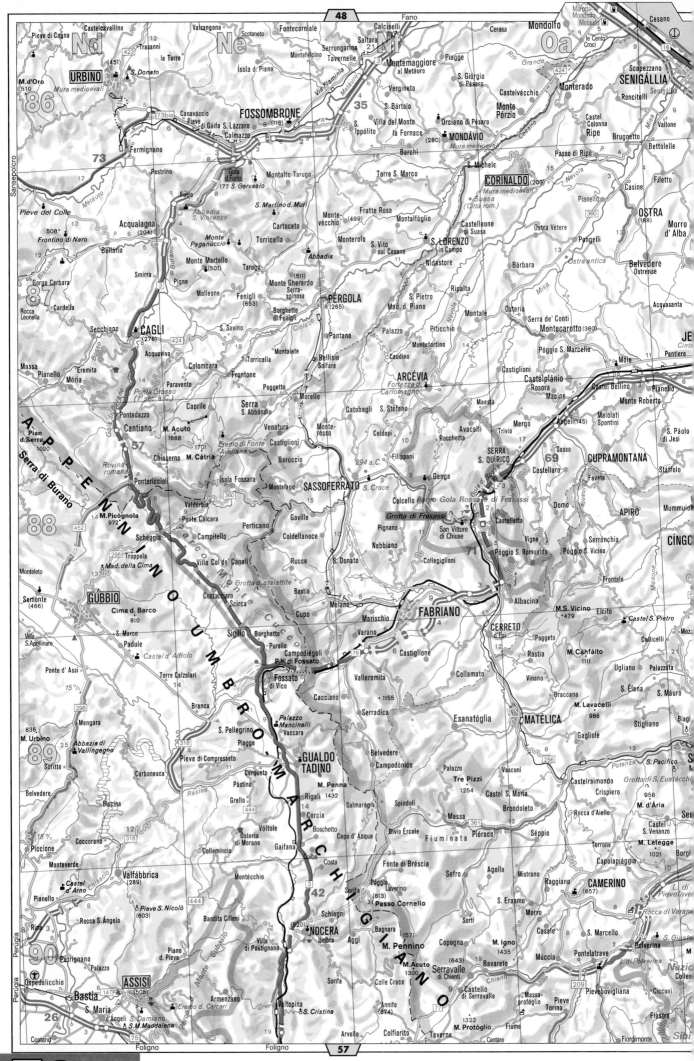

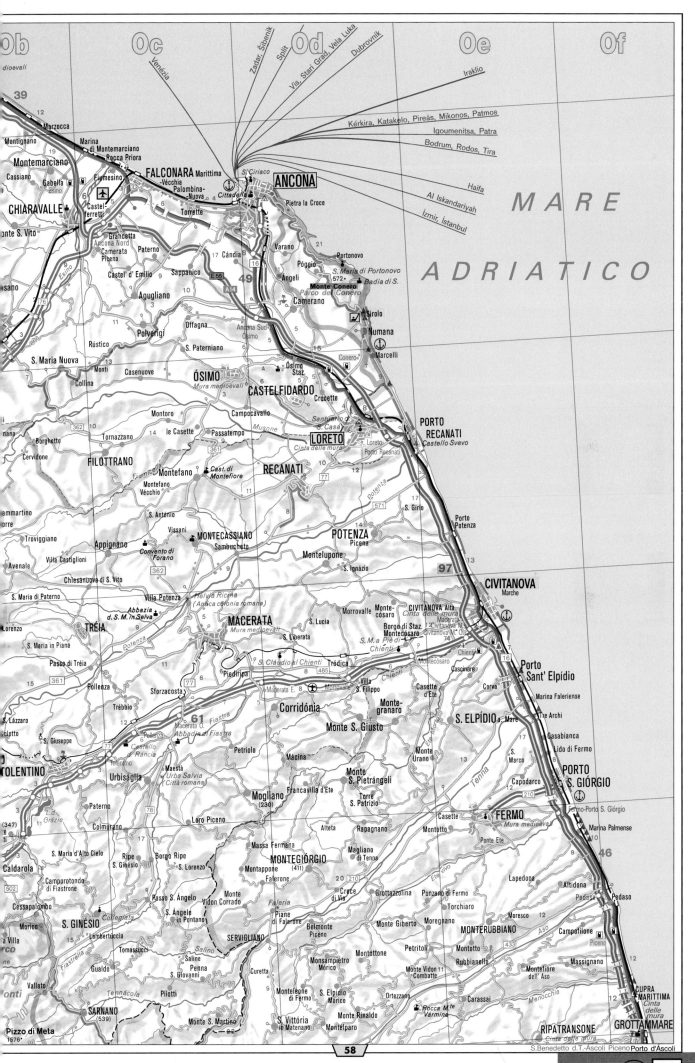

39
12
Marzocca
Montignano
Marina
di Montemarciano
Rocca Priora
19
Montemarciano
Cassiano
Gabella
Esino
Fiumesino
CHIARAVALLE
6
Castel-
ferretti
nte S. Vito
3
FALCONARA Marittima
-Vécchia
-Palombina-
Nuova
Torrette
S.Ciriaco
Cittadella
ANCONA
Pietra la Croce
Grancetta
Ancona Nord
Camerata
Picena
Paterno
Castel d' Emilio
Sappanico
Agugliano
3
E 55
16
49
A14
Cándia
17
Varano
11
Póggio
Ángeli
Portonovo
S. Maria di Portonovo
572
Badia di S.
21
Monte Conero
Párco del Conero
Offagna
Polverigi
Camerano
Rústico
S. Paterniano
Ancona Sud-
Ósimo
3
Sirolo
S. Maria Nuova
13
Monti
Casenuove
ÓSIMO
Mura medioevali
Ósimo
Staz.
4
Numana
Marcelli
Conero
15
9
Collina
CASTELFIDARDO
Crocette
Montoro
Campocavallo
Santuário d.
S. Casá
8
PORTO
RECANATI
Castello Svevo
362
10
le Casette
Passatempo
361
Borghetto
Cervidone
FILOTTRANO
Montefano
Cast. di
Montefiore
LORETO
Cinta delle mura
Loreto-
Porto Recanati
Montefano
Vécchio
RECANATI
10
12
77
mmartino
orre
S. António
Vissani
MONTECASSIANO
11
Potenza
17
571
S. Girio
Porto
Potenza
Trovíggiano
Appignano
Convento di
Forano
Sambucheto
POTENZA
Picena
14
Avenale
Villa Castiglioni
362
Montelupone
S. Ignázio
13
97
S. Maria di Paterno
Chiesanuova di S. Vito
Villa Potenza
Helvia Ricina
(Antica colonia romana)
5
Morrovalle
Monte-
cósaro
CIVITANOVA
Alta
Cinta delle mura
CIVITANOVA
Marche
Lorenzo
Abbazia
d. S. M. in Selva
S. Lucia
Macerata
Civitanova M.
74
TRÉIA
MACERATA
Mura medioevali
S. Liberata
Borgo di Staz.
Montecósaro
Civitanova M. O.
Chienti
16
S. Maria in Piana
Potenza
S. Cláudio al Chienti
Tródica
S. M. a Piè di
Chiénti
Montecósaro
Cascinare
Porto
Sant' Elpídio
Passo di Tréia
11
485
6
Piediripa
8
Chienti
Corva
361
Pollenza
Sforzacosta
77
6
Macerata E.
8
Morrovalle
Villa
S. Filippo
Casette
d'Ete
Marina Faleriense
Trébbio
Corridónia
Monte-
granaro
S. ELPÍDIO a. Mare
Tre Archi
S. Lázzaro
iotto
S. Giuseppe
12
61
Macerata O.
Abbadia di Fiastra
Fiastra
Monte S. Giusto
Gasabianca
Lido di Fermo
OLENTINO
77
Pollenza
Castello
d' Rància
Tolentino
Petriolo
Mácina
Monte
Urano
S.
Marco
Capodarco
PORTO
S. GIÓRGIO
210
3
4
Paterno
78
Maestà
Urbs Salvia
(Città romana)
Mogliano
(230)
Francavilla d'Ete
Monte
S. Pietrángeli
Torre
S. Patrizio
Fermo-Porto S. Giórgio
(347)
ti
L. d.
Grázie
11
Urbiságlia
Colmurano
Loro Piceno
Casette
Rapagnano
FERMO
Mura medioeval
Montotto
Marina Palmense
210
46
Caldarola
S. Maria d'Alto Cielo
Ripe
S. Ginésio
Borgo Ripe
S. Lorenzo
MONTEGIÓRGIO
(411)
Montappone
Falerone
Alteta
Magliano
di Tenna
Ponte Ete
Montotto
Lapedona
Altidona
Pedaso
Camporotondo
di Fiastrone
502
Croce
di Via
20
210
Grottazzolina
Ponzano di Fermo
Torchiaro
Moresco
12
Pedaso
Cessapalombo
Passo S. Ángelo
Monte
Vidon Corrado
Falerone
Faleria
S. Ángelo
in Pántano
Piane
di Falerone
Belmonte
Piceno
Monte Giberto
Moregnano
MONTERUBBIANO
433
Campofilone
Piceno
Morico
a Villa
rco
S. GINÉSIO
Collegiata
Lambertuccia
15
Tomassucci
SERVIGLIANO
Monte Vidon
Combatte
Monsampietro
Mórico
Montottone
Petritoli
Rubbianello
Montefiore
dell' Aso
Massignano
Gualdo
Saline
Penna
S. Giovanni
Salino
Curetta
S. Elpidio
Mórico
11
Carassai
Menocchia
12
Vallato
Tennácola
Pilotti
Montelegone
di Fermo
Ortezzano
Rocca M.te
Vármina
Aso
CUPRA
MARITTIMA
Cinta
delle
mura
onti
SARNANO
(539)
Monte S. Martino
S. Vittória
in Matenano
Monte Rinaldo
Montélparo
RIPATRANSONE
Cinta delle mura
GROTTAMMARE
Pizzo di Meta
1876
Pizzo di Meta
12

MARE

ADRIATICO

Venézia
Zadar, Šibenik
Split
Vis, Stari Grad, Vela Luka
Dubrovnik
Iraklio
Kérkira, Katakelo, Pireás, Mikonos, Patmos
Igoumenitsa, Patra
Bodrum, Rodos, Tira
Haifa
Al Iskandariyah
İzmir, İstanbul

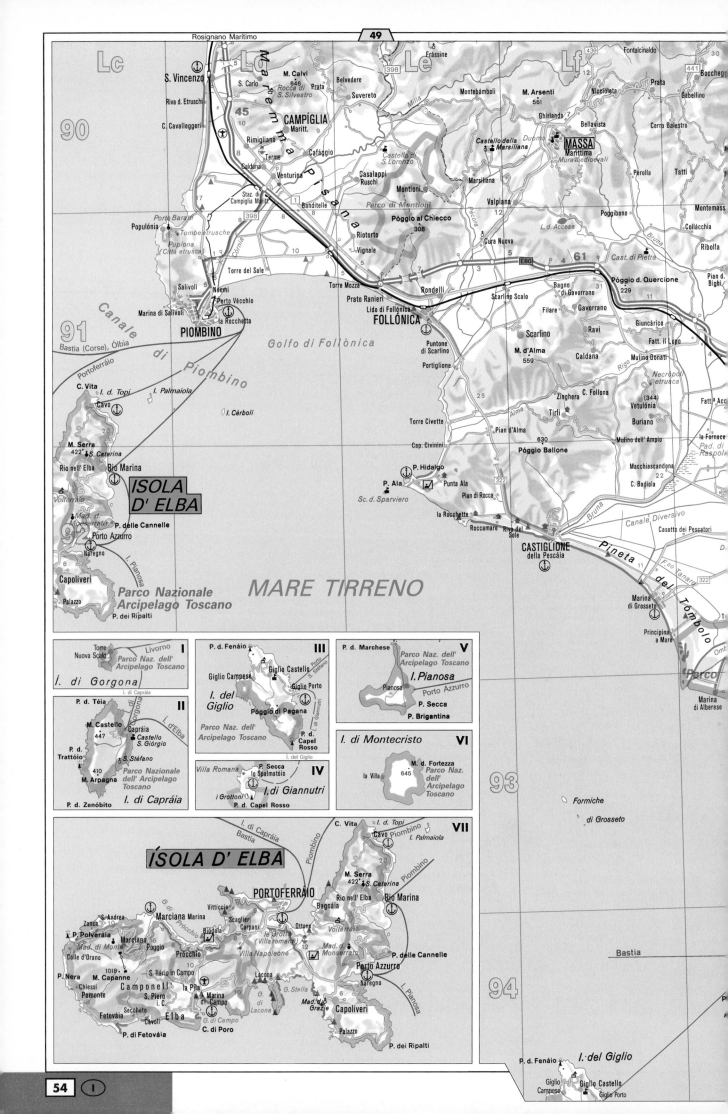

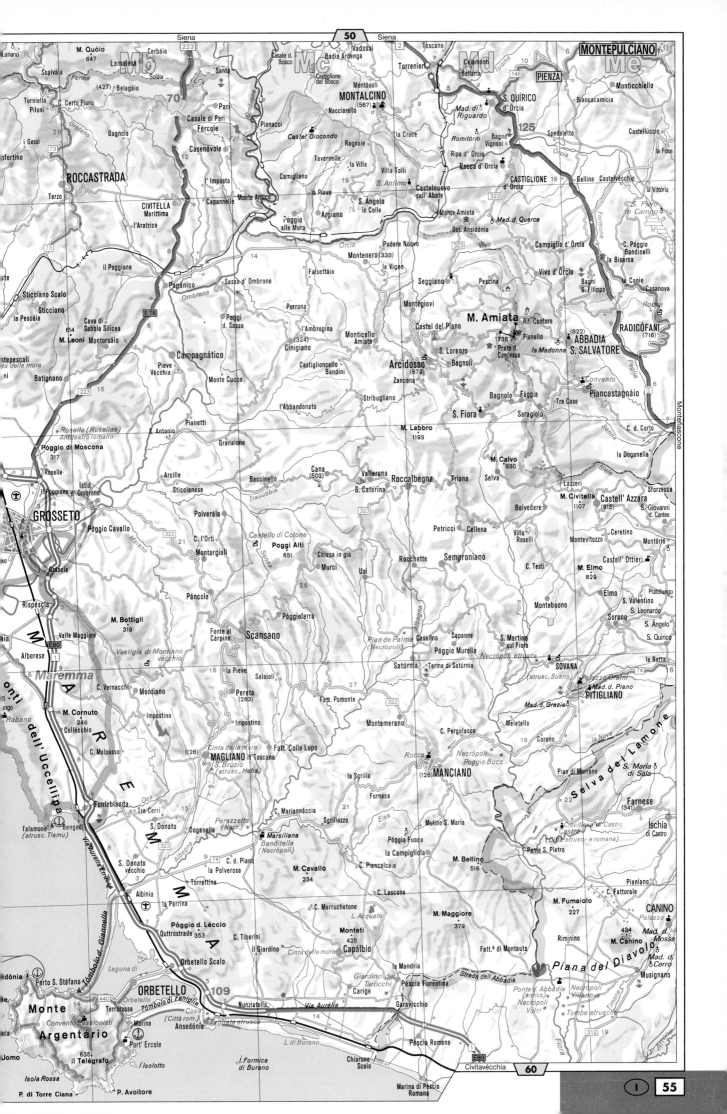

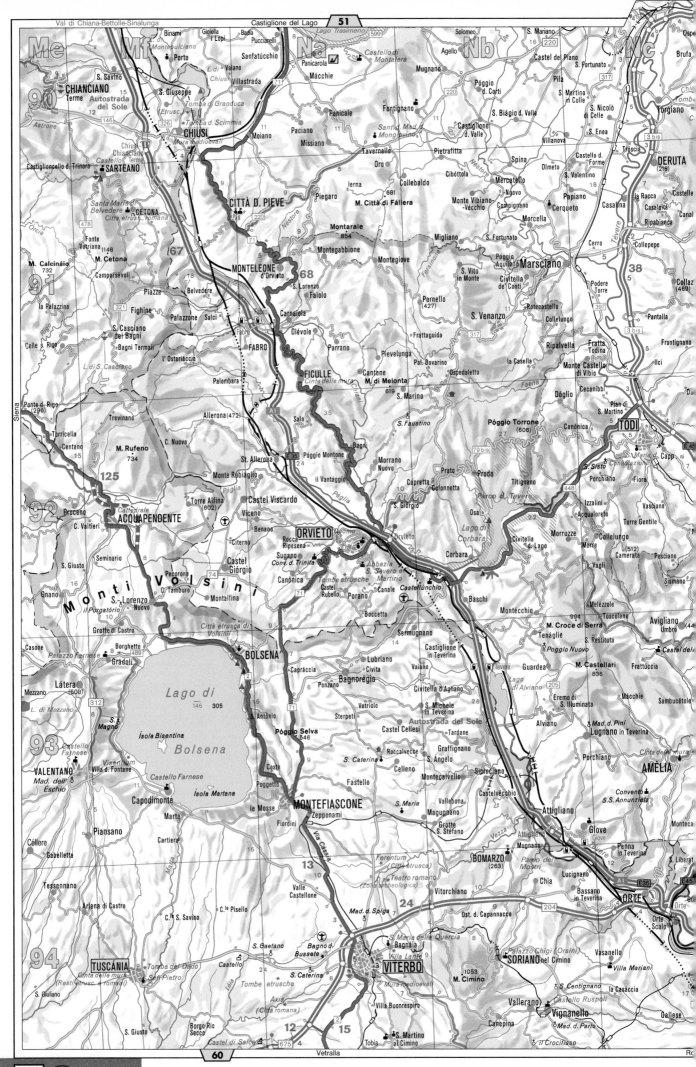

Fossato di Vico

Bastia
S. Maria
d'Angeli
ASSISI
(505)
Eremo d. Carceri
Parco Reg.
del Monte Subasio
S.M.Maddalena
Valtopina
S. Cristina
Annifo
(874)
Massaprofóglio
Pieve
Torina
L. di
Fiastra
Fiastra
Acquacanina
Parco

Costano
Tor d' Andrea
Castelnuovo
Passággio
d'Assisi
75
Belvedere
Mad. d. Spella
19
42
Arvello
Colfiorito
Taverne
Centare
M. Protóglio
1322
Fiume
209
Mad. di
Gaspreano
Fiordimonte
Nazionale

sággio
26
Pontecentesimo
Rio
Forcatura
Válico Colfiorito
Cesi
Costa
Piè del
Sasso
Casavécchia
Cupi
Vari
Sorti
20

io d. Civitelle
701
SPELLO
Scanzano
Capodácqua
10
Pópola
Monte Cavallo
Appennino
Santuario di
Macereto
Vari

Cannara
Cantalupo
FOLIGNO
Circonvallazione
Pale
Véscia
14
Leggiana
Casenove
Serrone
Volperino
S. Martino
Collattoni
M. Cavallo
1500
Borgo
S. Antonio
Passo d.
Fornaci
Ússita
Casali

Convento
d. Anpunziata
Fiamenga
Capro
9
Corvia
77
Casale
Rasiglia
Verchiano
Rasenna
M. Fema
1575
VISSO(607)
Sasso
Sorbo

Torre d' Colle
BEVAGNA
Cinta delle mura
Scafali
Casevécchie
S. Eráclio
Matigge
Abbazia di Sassovivo
1102
M. Aguzzo
Scandolaro
Roviglieto
Ponze
Grotta d.
Beato Gioło
Villamágina
Piággia
Mevale
1103
Croce
Femate
209
Cervara
Corone
Preci
Ponte Nuovo
Saccovéscio
Castelsantángelo
sul Nera
(780)
Mácchie
Frontignano
dei

Mad.
d. Grazie
Montepennino
MONTEFALCO
Cinta delle mura
S. M. Pietrarossa
M. Brunette
1421
Vene
Pettino
Spina
Buggiano
319
Belforte
19
S. Lázzaro
Roccanolfi
Pontechiúsita
Piedivalle
Abbazia di S. Eutizio
Campi
Piè d. Colle
S. Ángelo
Gualdo
Rapegna
M. Lieto
1944
Monti

Gualdo Cattáneo
Ponte di Ferro
Pietraúta
S. Fortunato
Fabbri
Trevi(412)
S. Pietro
esecco
Casale
Turrita
S. Luca
Mad. d.
Stella
Cannaiola
Picolche
S. Lorenzo
S. Giácomo
C. Pian Fienile
M. Maggiore
1428
Mácchia
Triponzo
420
Nera
8
Todiano
Abeto
M. Patino
1884
M. Cavogna
1417
Montebufo
Nórcia
(604)
Mura medioevali
Sibillini

Marcellano
Torri
Bastardo (290)
S. Savino
Montécchio
Macciano
Mercatello
Castel
Ritaldi
20
Beróide
Bruna
Campello
S. Clitunno
Silvignano
Poreta
Cerreto
di Spoleto
Forsivo
Legogne
Biselli
Serravalle
396
M. Ventósola
1719

ano
Viepri
Castágnola
Giano
dell' Umbria
Morlano
Tempio di
Clitunno
Fonti d. Clitunno
Castel S. Giovanni
Azzano
18
Meggiano
1209
Torre Argentigli
320
Agriano
Ospedaletto
(E13)
Forcola di
S. Croce
S. Pellegrino

Massa
Martana
zia
zio
316
Rif. S. Gaspare
Terzo la Piéve
S. Brizio
Matano
Montefiorello
M. Galenne
1217
Sup.
Bazzano-
Inf.
Geppa
M. Galloro
17
Rocchetta
M. Mággio
1416
Poggio Primocase
S. Anatólia
Atri
Avéndita
Piediripa
Savelli

Castel Rinaldi
Montemartano
(586)
Terráia
Cast. di
Morgnano
Eggi
395
Grotti
Vallo di Nera
Castel S. Felice
Roccatamburo
Mad. d. Stella
Manigi
Mad. d. Neve
Castel S. Maria

olvalenza
Roselli
S. Silvestro
Terzo S. Severo
S. Ángelo
in Mércole
S. Nicolò
Teatro Romano
Arco di Druso
Cinta delle mura
S. Anatólia
di Narco
M. Coscerno
1685
Roccaporena
Póggiodomo
Onelli
CÁSCIA
Castel
S. Giovanni
Maltignano
Forcola d. Cívita
(1227)

Cima Panco
1012
S. Martino
in Trignano
(396)
SPOLETO
Vallócchia
Scheggino
Caso
Forca Rua la Cama
(938)

Colpetrazzo
Scóppio
Mad. di Baiano
Monteluco
Castelmonte
16
209
Gavelli
Forcola di Civita
Chiavano
(1140)

Firenzuola
418
Crocemaróggia
61
Pompagnano
890
3
Cese
1337
M. Fionchi
Cese
Ceselli
Monte S. Vito
Monteleone di Spoleto
(978)
Trívio
Chiavano
Costa Comune
1569
Trimezzo
la Forca

ACQUASPARTA
Cinta delle mura
37
Casigliano
Casteldelmonte
Arezzo
Macerino
Pràccha
Polenaco
M. Cormelano
M. Acetella
1016
Montebibico
22
Valdarena
Térria
Sambucheto
Colleponte
Villa S.
Silvestro
Rúscio
Réscia
Buda
Trognano
(1269)
la Rocca
Cittareale
(1540)
Selva Rotonda

eltodino
Portária
Carsulae
San Gémini Fonte
M. Torre Maggiore
S. Erasmo
1121
Strettura
S. Mamiliano
1652
M. Aspra
Rocca
Vetralla
S. Giovenale
(973)
Terzone
S. Pietro
Terzone S. Páolo

ontecastrilli
E45
Quadrelli
San Gémini
1016
Valle S. Martino
Ferentillo
Castellonalto
471
Ocre
Gizzi
Pianezza
Sala
Vindoli
Vallunga
S. Ángelo
1829
M. Borágine
88
Ascoli

3 ter
Gabelletta
Campitello
Rocca
S. Zenone
Monterivoso
Montefranco
M. Petano
1262
Polino
Colle Bertone
1232
Casanova
S. Vito
(1049)
S. Croce

C.le Mággio
299
S. Bartolomeo
11
Rivo
Convento
TERNI
Arrone
Cascata delle
Mármore
521
Léonessa
(969)
M. Tilia
1776
Piedelpóggio
Colleverde
Viesci
Bacugno
Fontarello

22
Palombara
Capitone
12
3
Marmore
Piediluco
25
20
Motto
Reatino
1696
M. Corno
1735
Piedelpóggio
M. di Cámbio
2084
XII-IV
Favischio
Posta
(715)
Borbona
471

NARNI
Cinta delle
mura
(244)
Ponte di Augusto
Duomo
la Rocca
L. di
Pediluco
Mad. d. Luce
79
Labro
Collatea
Convento S. Giácomo
Rivodutri
Póggio
Bustone
Monti Reatini
Sigillo
Lodonero
Vallemare
(1018)

ontoro
Stifone
Stroncone
Piè di
Móggio
Colli s. Velino
Piedicolle
Póggio
M. Terminillo
2216
Pian
de' Valli
Campoforogna
Micigliano
Gole del Velino

84
S. Maria
Póggio
Altrocanto
Coppe
i Prati
1105
M. Macchialunga
S. Francesco
Montisola
Sellécchia
S. Nicola
L. di Ripa
Sottile
Lago
Lungo
Cantalice
Lisciano
Terminillo
Lugnane
Cimata di Castello
1503
(484)
Gole di Antrodoco
Mad. d. Grotte

Piloni
Convento
lo Speco
Vasciano
Lúgnola
Gréccio
(705)
Térria
Convento la Foresta
S. Felice
Castelfranco
Vázia
Rufina
Borgo Velino
Ponte Alto
Castello
di Corno
Rocca di Fondi
24

Otricoli (209)
Oricrium
S. Maria d. Neve
S. Lorenzo
Calvi dell' Úmbria
Confígni (549)
1114
M. Cosce
313
Cottanello
Collebaccaro
Montásola
S. Filippo
Velino
Abbazia di
S. Pastore
Villa Stoti
4 bis
RIETI
Mura medioevali
(389)
Contigliano
CITTADUCALE
Mura medioevali
Paterno
4
Castel S. Ángelo
L'Aquila

Colle Micotti
40
Colle
Magliano Sabina
Fianello
Tarano
Montebuono
S. Andrea
Rocchette
S. Elia
Poggio Fidoni
Grotti
578
24
Vasche
Terme di Cotilia
M. Núria
1888

iano Romano
61
Cicignano
Torri
in Sabina
S. Giovanni
Reatino
87
Roma, G.R.A.
62
A24,Ingresso Valle del Salto

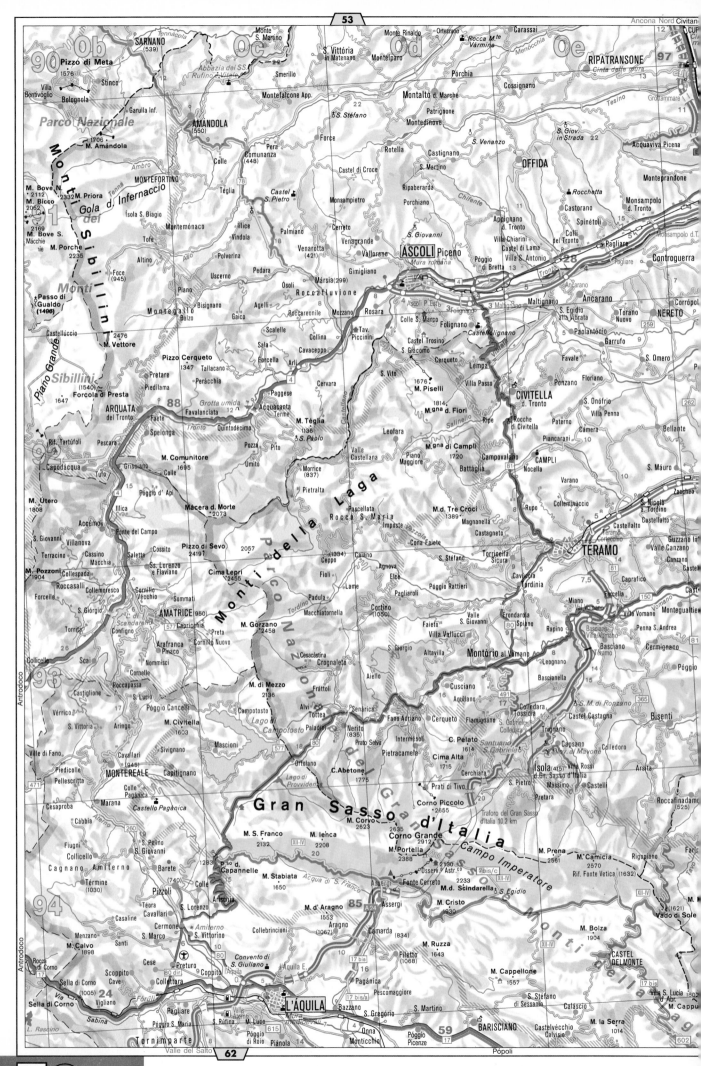

MARE
mura

NEDETTO
nto

rto d' Áscoli

edetto d. T.-Áscoli Piceno
Martinsicuro

6

Villa Rosa

Alba Adriática

15

orto d.
oreto
Cavatassi

inello
ontone

12

Gulianova Lido

GIULIANOVA
S. Maria a Mare

Convento

Cologna
Spiaggia

262 d
Téramo-
Giulianova

16

Cologna

Giammartino
Montepagano
Roseto
negli Abruzzi

ardesco

13

553

Vomano
Casal Thaulero

Scerne

56

Morro
d' Oro

Roseto

68

13

Pineto

S. Maria di
Propezzano
Vamano

10

S. Clemente
o al Vomano

Fontanelle
Cásoli
S. Margherita

Atri- Pineto

Mutignano

11

ásio

S. Giacomo

ATRI

12

553

Mad. d. Grázie

14

13

Gallo

SILVI

Silvi Marina

Villa Bozza
Villa
S. Romualdo

S. Martino

Mad. Addolorata

5

Torre Cerrano

Montefino

Sorricchio

Mad.
d. Pace

Castilenti

Pescara N.-
Città S. Ángelo

Élice

ghione
aimondo

CITTÀ S. ÁNGELO

Mad. d. Pace

10

Montesilvano Marina
Montesilvano

408

81

Mad. d' Angeli

20

Salina

Cipressi

S. Filomena

Picciatello

Fino

PESCARA

Split

Picciano

Cappelle
sul Tavo

14

Madonna

Pineta

C.S. Elmo

Convento

438

Collecorvino

15

Bárberi

151

Spoltore

12

16 bis

4

3

Pretaro

FRANCAVILLA
al Mare

PENNE

LORETO
Agrutino

Caprara
d' Abruzzo

A14

S.IS. n.
602

S. Silvestro

6

3

L. di Penne

Moscufo

S. M. d. Lago

Sambuceto
S. Giovanni Teatino

E55

Pescara-S./
Francavilla

Foro

Convento

Rotacesta

Villanova

Sambuceto
Dragonara

12

649

Lido Riccio

S. M. Magg.

Castellana
Cerratina

Pescara O.-Chieti

11

Savini

615

Pianella

Cappella
Sabucchi

Villanova

Torrevecchia
Teatina

Castelferrato

13

Miglianico

Castello Aragonese

Vestea

5

81

Rapattoni

Salvagezza
S.S. n.81

11

3

Ripa Teatina

Aquilano

ORTONA

Cepagatti

10

Nora

602

Villa Badessa
Villaréia

CHIETI

Villamagna

Tollo

Venna

14

98

Ortona

58

Civitella
Casanova

S. Vincenzo
Vicoli

CATIGNANO

Nocciano

Villaréia

Chieti

Villa Olivét.

Piaggio

57

Villa Grande

S. Rocco

Casino Vezzani

Villa
San Leonardo

Villa
Torre

Marina di
San Vito

to d. Nora

Rosciano

Brecciarola

327

Bucchiánico

Giuliano Teatino

Crécchio

Villa Card.

San Vito
Chietino

Mancini

Civitaquana

Cúgneli

Brecciarola

25

Vacri

Canosa Sannita

538

Sant'
Apollinare

Villa
Rogatti

18

Brittoli

Cigno

100

30

E80

Ripacorbária

S. M. Arabona
(Cisterciense)

Casalincontráda

5

Ari

263

S. Pietro

Tréglio

16

Alanno

MARE

ADRIATICO

Md

Me

Mf

Na

94

Péscia Romana

E80

14

Castello

312 19

Case
Campomorto

S. Giusto

Borgo Rio
Secco

Castel di Salce

675 4

S. Martino
al Cimino

Tobia

Monti

10 15

Tre
Croci

109

MONTALTO di Castro

Póggio Martino

Quarticciolo

la Rocca

il Casalone
Norchia
(Necrópoli etrusca)

VETRALLA

S. Francesco

Convento
S. Angelo

Montalto Marina

Via Aurelia

14

ò la Madonnella

Montebello

25

Cura

Botte

Necrópoli Cerracchio

Riva d. Tarquini

E80

C. Leona

Marta

Lascocanale

Necr. Pian d.
Vescovo

Grotta Porcina

Villa S. Giovanni
in Túscia

493

Pian di Spille

Sorg. Minerale

Tarquini

1 bis

14

Monte Romano

Ponte etrusco

BLERA

Necrópoli etrusche

95

TARQUÍNIA

Póggio d. Rotonda

Luni

Casentile

S. Giuliano

Necrópoli Villanova

Marina Velca

C.le S. Maria

Mignone

(Città etrusca)

Barbarano
Romano

Tomba d. Colonne

Tarquínia Lido
Porto Clementino
(Graviscae)

Saline

Fontana Matta

Cencelle

Zona archeologica

S. Giovenale

Civitella Cesi

Vejano

Mignone

la Farnesiana

Lombardi

5

Santuario d. Grasceta

M. Cuoco
559

Bagni S. Agostino

Pantano

Allumiere

S. António

Montevirginio

Palazzo
Camerale

Canale Monterano

Tombe
etrusche

M. Turco
450

Bianca

TOLFA

Rota

Monterano

Quadroni

493

Aurélia

8

17

Rocca

Necrópoli
etrusca

22

22

Scáglia

10

Monti della Tolfa

Tolfa

.579

M. Tolfáccia

Bagni di Stigliano

M. S. Vito
421

96

Civitavécchia Nord

Terme Taurine

M. Paradiso
327

M. Ácqua Tosta
520

22

22

Gènova

CIVITAVÉCCHIA
(rom: Centumcellae)

6

M. Quartáccio
344

Sasso
· 430

Castel Giul.

Palau

M. Santo

Golfo Aranci

Villaggio del Fanciullo
Torre Marangone

Civitavécchia Sud
Aurélia

11

A12

S. Severa

52

Tirreno

Ólbia

S. Marinella

Necrópoli etrusca

Cágliari

Capo Linaro

Castello
Odescalchi

7

S. Severa

Caere

CERVÉTER

Arbatax Cágliari

Santa Marinella
(rom: Castrum Novum)

Pyrgi (Etrusc.)

74

13

Cervéter
Ladíspoli

1

6

Campo di Mare

Cerenova

Borgo
Vaccina

97

Ladíspoli
(rom. Alsium)

Palo

Castello
Odesca

E80

Stat

Marina di Palid

MARE

TIRRENO

98

Golfo Aranci

Arbatax

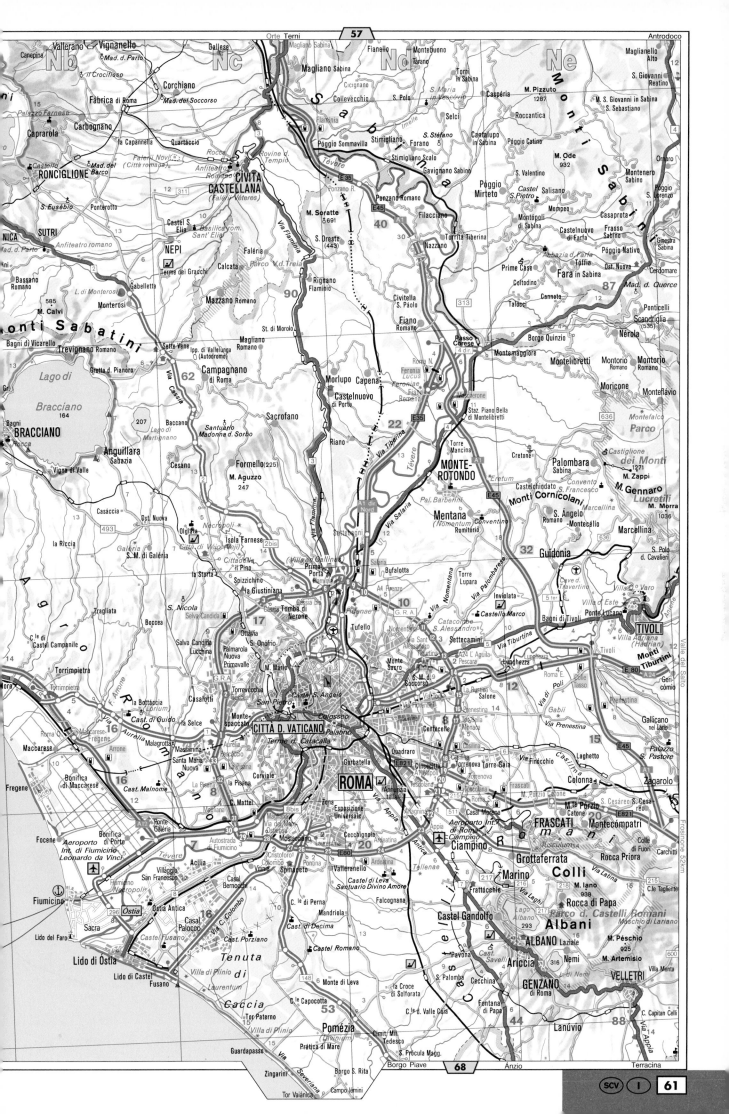

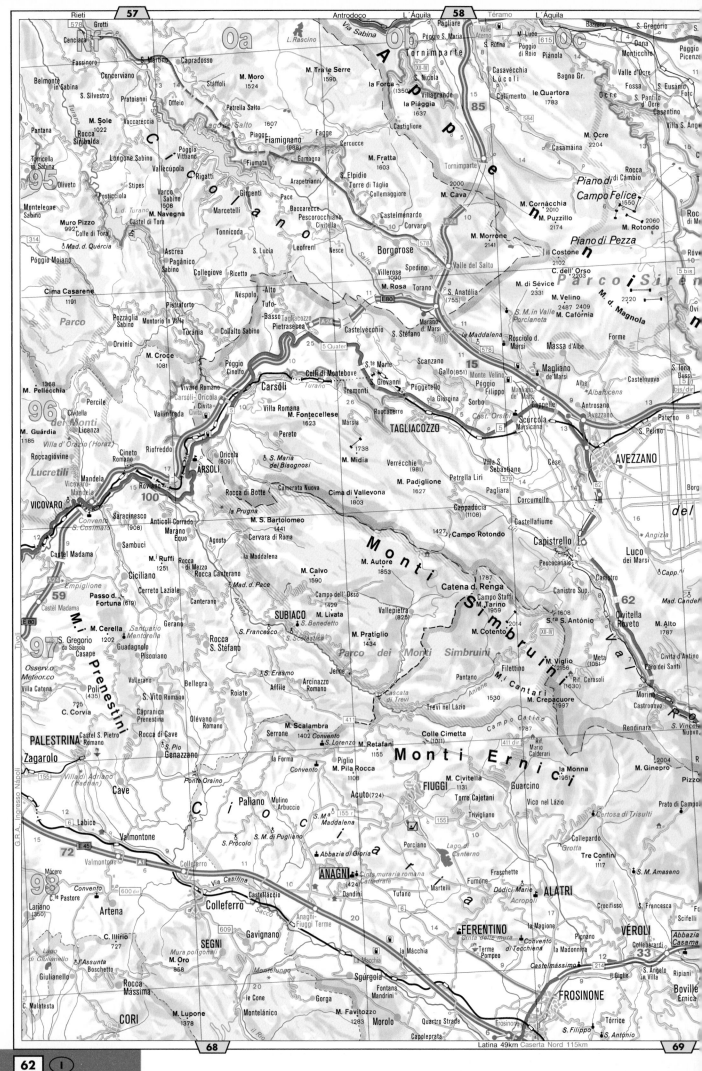

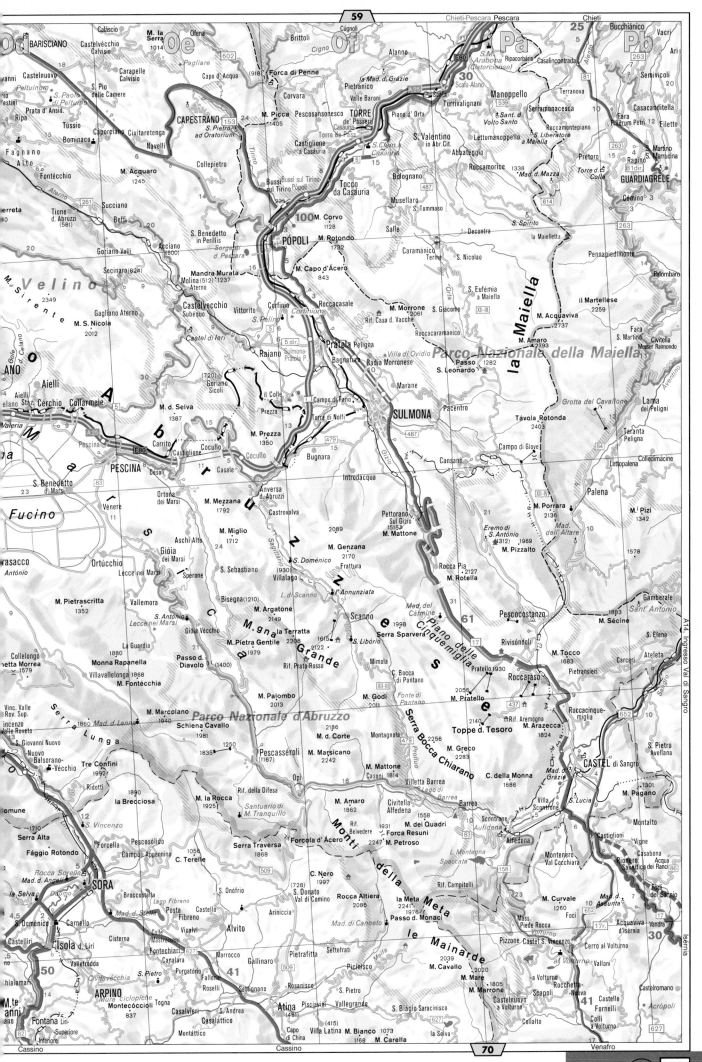

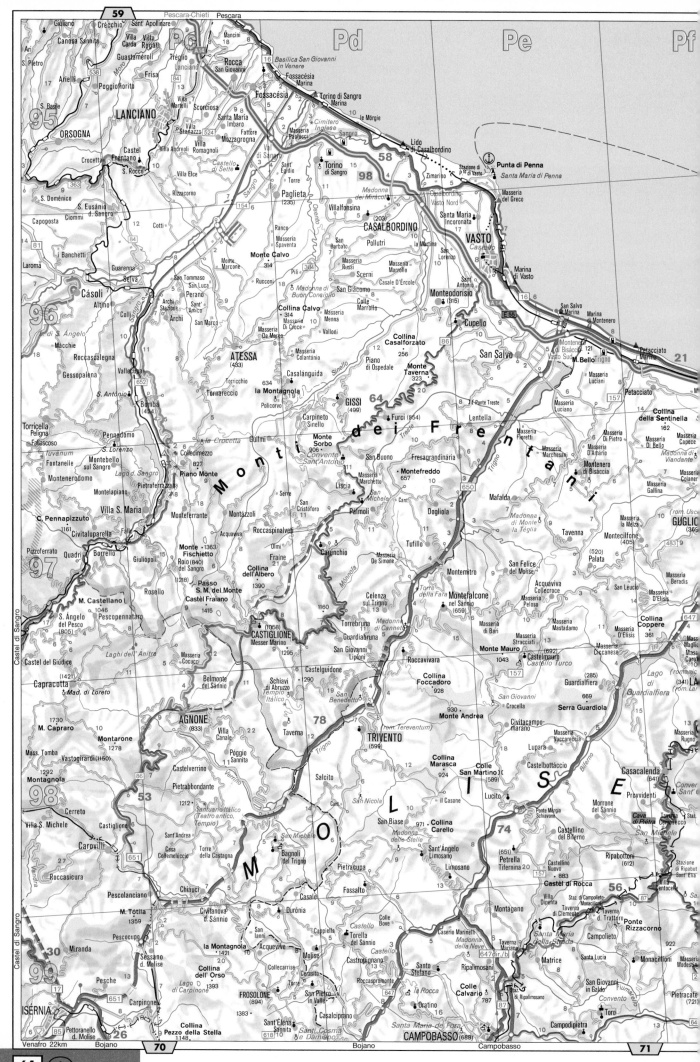

Pescara-Chieti   Pescara

Pc   Pd   Pe   Pf

Giuliano
Crécchio
Sant'Apollinare
Canosa Sannita
Villa Carda
Villa Rogati
Ari
S. Pietro
Guastaméroli
Tréglio
Lanciano
Basilica San Giovanni
16   in Venere
Arielli
538   Frisa
Poggiofiorito
84   13
Rocca
San Giovanni
Fossacésia
Marina
S. Basile
17
Poggiofiorito
Scorciosa
Fossacésia
Fossacésia
Marina
Torino di Sangro
le Mórgie
Villa
Martelli
Santa Maria
Imbaro
Fattore
Mozzagrogna
Torino di Sangro
Marina
Villa
Stanazzo
524
ORSOGNA
Cimitero
Inglese
Sangro
LANCIANO
Villa Andreoli
Villa
Romagnoli
Masseria
Paolucci
58
Castel
Frentano
Castello
di Sette
Villa Elce
Sant'
Egidio
Torino
di Sangro   15
Lido
di Casalbordino
98
Crocetta
S. Rocco
10
Rizzacorno
Torre
Madonna
del Mirácol
Stazione di
P.o di Vasto
Santa Maria di Penna
Punta di Penna
S. Doménico
Paglieta
(235)
Zimarino
Masseria
del Greco
3
363
Capoposta
S. Eusánio
d. Sangro
12
Cotti
Villalfonsina
Casalbordino-
Vasto Nord
Santa Maria
Incoronata
81
Ciommi
14
84
154
Ranco
Santa Maria
Incoronata
Masseria
Spaventa
Monte Calvo
314
Pili
Monte
Marcone
304
San
Barbato
Pollutri
CASALBORDINO
(203)
la Martina
Masseria
Russi
Scerni
Masseria
Marrollo
VASTO
Castello
i Banchetti
Laroma
Guarenna
Selva
San Tommaso
San Luca
Perano
Rucconi
Madonna di
Buon Consiglio
San Giácomo
Casale D'Ercole
Sant'
Antonio
San
Lorenzo
Marina
di Vasto
7
Cásoli
Altino
Colli
Archi
Stazione
Sant'
Amico
Archi
Collina Calvo
314
Masseria
Di Croce
Masseria
Menna
Colle
Marrollo
Monteodorisio
(315)
San Salvo
Marina
Marina
di Montenero
96
San Marco
Masseria
De Marco
Valloni
7
Cupello
A14
E55
Mácchie
Roccascalegna
Masseria
Colantónio
Collina
Casalforzato
256
Piano
di Ospedale
San Salvo
Montenero
di Bisáccia
Petacciato
Marina
Gessopalena
Vallecupa
652
ATESSA
(433)
Casalánguida
Monte
Taverna
323
2
M. Bello
Trigno
21
S. Antonio
Bomba
(424)
Torricchio
634
la Montagnola
Sinello
20
8
Ponte Treste
Masseria
Luciani
Petacciato
Torricella
Peligna
Fallascoso
Pennadómo
S. Lorenzo
Tornareccio
Policorvo
GISSI
(499)
64
Furci (554)
Lentella
Masseria
Luciano
157
14
Collina
della Sentinella
162
Tuvánum
Fontanelle
Montebello
sul Sangro
Colledimezzo
827
Gulmi
Carpineto
Sinello
Monte
Sorbo
906
Convento
Sant'Antonio
Fresagrandinária
Treste
Masseria
Fioretti
Masseria
Marchesani
Masseria
Di Pietro
Masseria
D'Amário
Masseria
Capece
Montenerodomo
Piano Monte
San Buono
Montefreddo
657
650
Montenero
di Bisáccia
Masseria
Di Bello
Madonna de
Viandante
Montelapiano
Pietraferrazzana
Lago d. Sangro
Serre
Liscia
Masseria
Marchetti
San
Michele
Cant
Dogliola
2
Madonna
di Monte
la Téglia
Masseria
Colaner
Villa S. Maria
C. Pennapizzuto
1161
Montazzoli
San
Cristóforo
11
Palmoli
Tavenna
Masseria
Gallina
Montecilfone
(405)
483 9
GUGLIO
369
Civitaluparella
Fallo
Monteferrante
Acquaviva
Roccaspinalveti
Carunchio
Tufillo
520
Palata
Masseria
Beradis
Pizzoferrato
97
Quadri
Borrello
Monte
Fischietto
1363
Roio (840)
del Sangro
Olmi
Fraine
21
Masseria
De Simone
Montemitro
San Felice
del Molise
San Léucio
Masseria
D'Elisis
Collina
Coppere
361
647
M. Castellano
1046
Pescopennataro
Giuliópoli
(218)
Passo
S. M. del Monte
Collina
dell'Albero
1390
Celenza
sul Trigno
13
Torre
della Fara
21
Acquaviva
Collecroce
Masseria
Peloso
Masseria
D'Elisis
Mass
Magli
S. Ángelo
del Pesco
(805)
Rosello
(1058)
Castèl Fraiano
1415
1160
Torrebruna
Madonna
di Cannéto
Montefalcone
nel Sánnio
(659)
Masseria
di Bari
Masseria
Mastadamo
11
Masseria
Ciccanese
Collina
Coppere
361
Mass
Carol
Castel del Giúdice
(1421)
Laghi dell'Ánitra
Masseria
Cocucci
Schiavi
di Abruzzo
Tempio
Itálico
1290
Guardiabruna
San Giovanni
Lipioni
Roccavivara
Monte Mauro
1043
Castelmauro
Castello Turco
157
Masseria
Stracciati
Capracotta
Belmonte
del Sánnio
11
Castelguidone
19
San
Benedetto
4
Collina
Foccadoro
928
San Giovanni
Crocella
(285)
Guardialfiera
669
(341)
La
Lago
di
Guardialfiera
rom. La
M. Capraro
1730
Montarone
1278
AGNONE
(833)
Villa
Canale
22
Taverna
12
78
TRIVENTO
(599)
rom. Tereventum
Monte Andrea
930
Serra Guardiola
Civitacampo-
marano
Masseria
Vaccareccia
18
Lupara
Casacalenda
(641)
Masseria
Rugna
Mass. Tomba
Vastogirardi (1150)
1292
Montagnola
98
Castelverrino
Póggio
Sannita
Pietrabbondante
53
1212
Santuario Itálico
(Teatro antico,
Tempio)
Salcito
Collina
Marasca
924
Colle
San Martino
(589)
Castelbottáccio
Lúpara
Morrone
del Sánnio
Castellino
del Biferno
Castelino
Nuovo
(612)
Casale
Cerreto
Sant'Andrea
San Nicola
Cant.
Il Casone
Lucito
74
Petrella
Tifernina
(651)
20
157
883
Ripabottoni
Stazione
di Ripabot
Sant'Elia
Villa S. Michele
Castiglione
651
Casa
Collemeluccio
Torre
della Castagna
San Michele
Bagnoli
del Trigno
Pietracupa
San Biase
971
Madonna
delle Stelle
Collina
Carello
Sant'Ángelo
Limosano
Limosano
13
Castèl di Rocca
56
Villa
Centocelle
Carovilli
27
Roccasicura
Chiáuci
Fossalto
Casale
Montágano
Castellino
Nuovo
Villa
Dipinta
Staz. di Campolieto-
Monacilioni
Taverna
d. Clemente
Taverna
d. Trattuoro
Ponte
Rizzacorno
87
Pescolanciano
Civitanova
d. Sánnio
Durónia
Colle
Bove
Caserio Marinelli
Madonna
della Neve
Taverna
Mariana
Santa Maria
della Strada
Campolieto
922
M. Tótila
1359
Pescocupo
San
Ianni
Cappiella
Molise
Castello
del Sánnio
Castropignano
647dir./b
Santa Lucia
Monacilioni
Masseria
Modesti
30
Miranda
Sessano
d. Molise
la Montagnola
1421
Acquevive
Collecarrise
Cerasuto
Castello
Roccaspromonte
Santo
Stefano
Ripalimosani
Matrice
San Giovanni
in Galdo
Pietracate
(721)
99
Pesche
17
651
Carpinone
13
Collina
dell'Orso
1393
Torre
San Pietro
in Valle
la Rocca
787
Colle
Calvario
Staz. di
Ripalimosani
Oratino
16
Convento
Toro
ISERNIA
B5
Pettoranello
d. Molise
26
Carpinone
1383
FROSOLONE
(894)
618
Collina
Pezzo della Stella
1148
Sant'Elena
Sánnita
Santi Cosma
e Damiano
Casalcipriano
San Pietro
in Valle
647
Santa Maria de Fora
CAMPOBASSO
(688)
Campodipietra
13

Venafro 22km   Bojano
70
Bojano   Campobasso
71

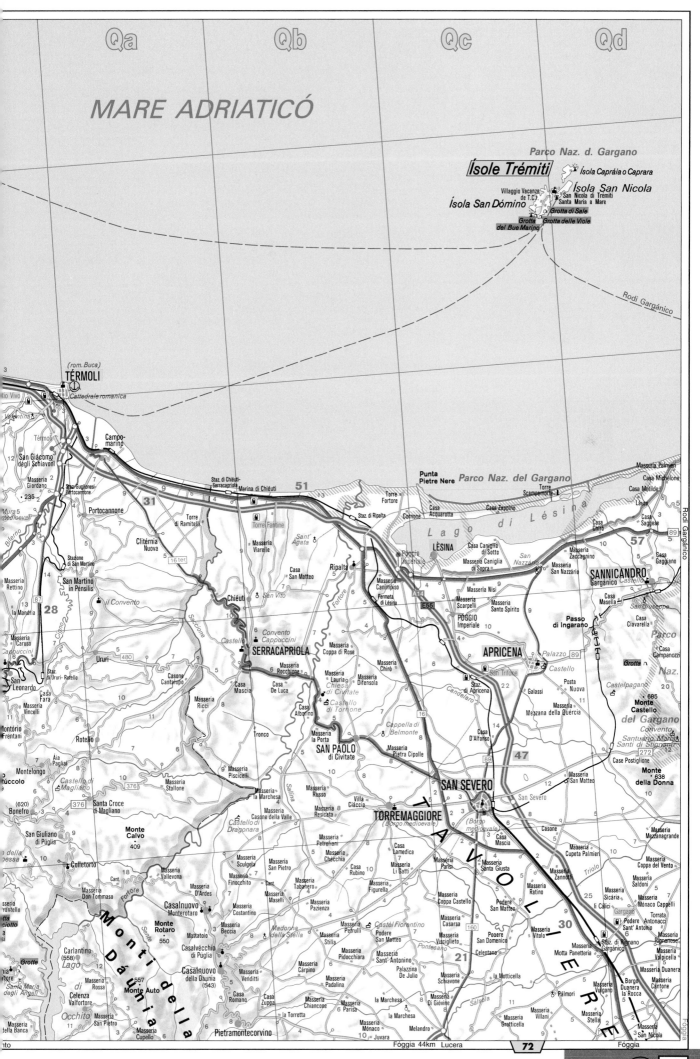

MARE ADRIATICÓ

Parco Naz. d. Gargano

Ísole Trémiti   Ísola Capráia o Caprara

Villaggio Vacanze de T.C.I.   **Ísola San Nicola**
San Nicola di Trémiti
Santa Maria a Mare
Ísola San Dómino   Grotta di Sale
Grotta   Grotta delle Viole
del Bue Marino

Rodi Gargánico

(rom. Buca)
TÉRMOLI
Cattedrale romanica
lio Vivo
Valentina
Térmoli
Campo-
maring
12
San Giácomo
degli Schiavoni
Masseria
Giordano
Staz. Guglionesi-
Portocannone
Mura
medioevali
· 235 2
Portocannone
Torre
di Ramitelli
31
Clitérnia
Nuova
Stazione
di San Martino
16 ter
San Martino
in Pénsilis
Masseria
Rettino
14
il Convento
87
13
la Mandria
28
Masseria
Caruso
Cappuccini
Cigno
Ururi
480
San
San Leonardo
Staz.
di Ururi-Rotello
Masseria
Fara
10
Casone
Cantarupo
Masseria
Vincelli
11
ntório
Frentani
Rotello
Áia
Pagliai
Montelongo
úccolo
Castello di
Magliano
376
(620)
Bonefro
376
Santa Croce
di Magliano
San Giuliano
di Púglia
della
essa
10
Colletorto
Cant.
18
Montóto
Monte
Calvo
· 409
Masseria
Vallevona
Masseria
Don Tommaso
Fortore
Casalnuovo
Monterotaro
Monti della
della
Banca
Santa Maria
degli Angeli
Monte
Rotaro
550
Santo
Casalvécchio
di Púglia
Carlantino
(558)
Lago
di
tore
12
Occhito
Grotte
Masseria
San Pietro
Masseria
Rossa
·557
Celenza
Valfortore
Monte Auto
(543)
Casalnuovo
della Dáunia
Casa
Romano
Occhito
Masseria
Cupello
11
Pietramontecorvino

Staz. di Chiéuti-
Serracapriola
Marina di Chiéuti
51
Torre
di Ramitelli
Torre Fantine
Sant'
Agata
Masseria
Viarelle
Casa
San Matteo
Ripalta
Staz. di Ripalta
Corrione
Casa
Acquarotta
Masseria
Canimpiso
Fermata
di Lésina
Chiéuti
San Vito
Castello
Sacctione
Convento
Cappuccini
SERRACAPRIOLA
Masseria
Rocchione
Masseria
Coppa di Rose
Masseria
Chirò
Masseria
Lauria
Chiesa
di Civitate
Masseria
Difensola
Casa
Mascia
Casa
De Luca
Masseria
Ricci
Casa
Alborino
Castello
di Torhone
Tronco
Masseria
la Porta
SAN PAOLO
di Civitate
Cappella di
Belmonte
Masseria
Pietra Cipolle
Masseria
Piscicelli
Masseria
Stallone
Masseria
la Marchesa
Masseria
Russo
Salina
Villa
Ciàccia
TORREMAGGIORE
(Borgo medioevale)
Castello di
Dragonara
Casone della Valle
Masseria
Petrefiani
Masseria
Checchia
Casa
Rubino
Masseria
Sculgola
Masseria
San Pietro
Casa
Tabanero
Cant.
Masseria
Finocchito
Masseria
D'Ardes
Masseria
Maselli
Masseria
Pazienza
Masseria
Costantino
Masseria
Beccia
Madonna
della Stella
Masseria
Pefrulli
Masseria
Stilla
Castèl Fiorentino
Podere
San Matteo
Masseria
Pidocchiara
Pontesano
21
Masseria
Cárpino
Casalnuovo
della Dáunia
Masseria
Venditti
Masseria
Padalina
Masseria
Chiancope
la Torretta
Masseria
Parisa
Masseria
Mónaco
Juvara
la Marchesa
Melandro

Punta
Pietre Nere   Parco Naz. del Gargano
Torre
Fortore
Casa
Acquarotta
Casa Zappino
Lago   di   Lésina
Masseria Palmieri
Torre
Scampamorte
Casa Michélone
Casa Metilde
Casa
Chiró
Casa
Saggese
LÉSINA
Casa Caniglia
di Sotto
Masseria Caniglia
di Sopra
San
Nazzáro
Poggio
Imperiale
Masseria
Zaccagnino
89
57
Masseria
San Nazzário
Masseria Nisi
Masseria
Scarpelli
Masseria
Santo Spirito
SANNICANDRO
Gargánico
Castello
Casa
Masella
San Giuseppe
POGGIO
Imperiale
10
4
APRICENA
San Trifone
Palazzo
89
Castello
Passo
di Ingarano
Casa
Ciavarella
Grotta
Parco
Staz.
di Apricena
22
Posta
Nuova
Galassi
Mezzana della Quércia
Masseria
Cappelli
11
Naz.
Casa
Campanozzi
· 685
**Monte
Castello
del Gargano**
Castelpagano
20
Convento
Santuario Maria
Santi di Stignano
272 12
Candelaro
16
Casa
D'Alfonso
14
Casa
Mascia
89
47
Case Postiglione
Monte · 638
della Donna
10
SAN SEVERO
Masseria
San Matteo
San Severo
(Borgo
medioevale)
Casone
Casa
Lamedica
Masseria
Li Gatti
Masseria
Parisi
Masseria
Santa Giusta
Casone
Masseria
Mezzanagrande
Masseria
Cupeta Palmieri
Masseria
Zannotti
Triolo
Masseria
Ratino
Masseria
Coppa del Vento
Masseria
Saldoni
Masseria
Figurella
Masseria
Coppa Castello
Podere
San Matteo
Masseria
Casarsa
160
Podere
San Domenico
Celentane
Masseria
Schiavone
la Motticella
Pálmori
25
li Cálci
Masseria
Sicária
Masseria
Mónaco Cappelli
Gargano
Torrata
Podere
Antonacci
Sant' Antonio
Staz. di Rignano
Gargánico
30
Masseria
Riganese
Masseria
Valpicella
Masseria
Duanera
Borgo
Duanera
la Rocca
Masseria
Cántone
Masseria
Stella
Masseria
San Nicola
Masseria
Villani
Masseria
Grotticella
Masseria
Di Giovine
la Marchesa
Sálsola
11
Masseria
Visciglieto
Masseria
Vitolo
Motta Panetteria
Masseria
Vulgano
TAVOLIERE

Poggio
Imperiale
A14
E55
Masseria
Campi

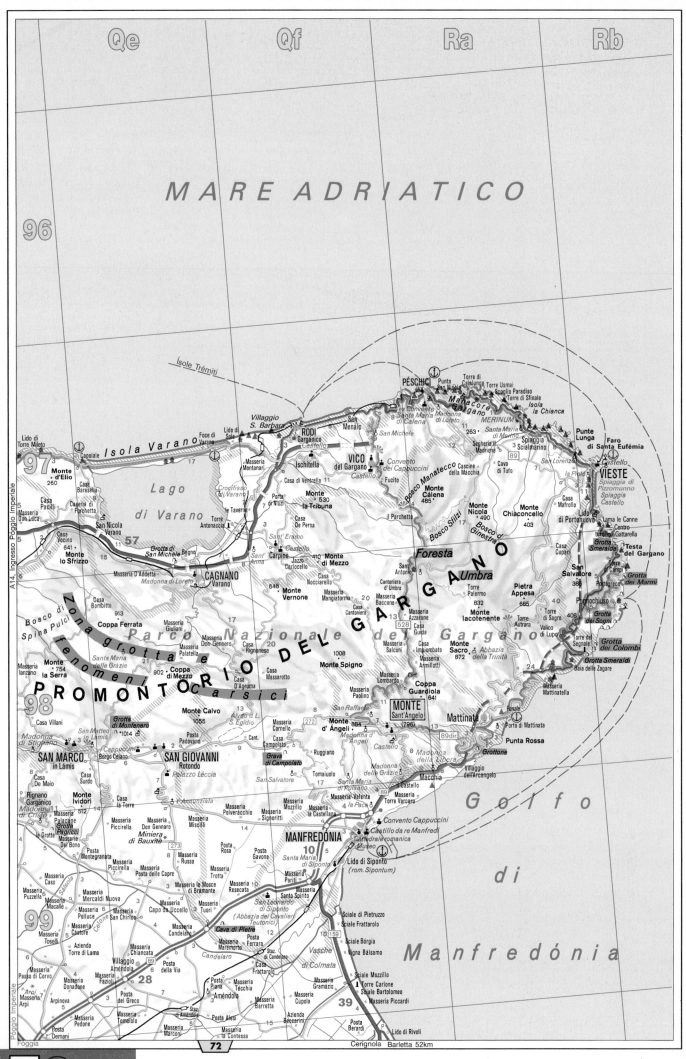

MARE ADRIATICO

96

Ísole Trémiti

PÉSCHICI
Punta San Nicola
Torre di Calalunga Torre Usmai
Scoglio Paradiso Torre di Sfinale
Manacore Gargano Isola la Chianca
ex Convento
Santa Maria
di Calena Madonna di Loreto MERINUM
San Menàio
Villaggio S. Barbara
San Michele 263 Santa Maria di Merino
Lido di Sole RODI Segheria il Madrone Spiaggia Scialmarino
Gargánico Castello Punte Lunga
Foce di Varano 3 Faro di Santa Eufémia
Lido di Torre Mileto Capoiale Isola Varano San Lorenzo la Piela
Casa Baresella Masseria Montanari Castello
Monte d'Elio 260 Ischitella Convento dei Cappuccini Casa Mafrollo VIESTE
Casa Pacilli Casa di Ventrella 11 VICO del Gargano Fucito Cava di Tufo 7 Spiaggia di Pizzomunno Spiaggia Castello
Masseria Don Luca Caseria di Forchetta Crocifisso di Varano Castello Bosco Manatecco Cascine della Màcchia Lido di Portonuovo
Lago di Varano Porta di Niuzi Monte la Tribuna Monte Cálena 485 Lama le Canne
San Nicola Varano le Taverne 89 Monte Nicola 490 Monte Chiaconcello 403 Centro turístico Gattarella
Casa Vocino 641 Torre Antonaccia Casa De Perna il Parchetto Bosco Sfilzi 17 Grotta Smeralda
Monte lo Sfrizzo 15 11 57 Grotta di San Michele Begno Sant'Eramo Bosco di Ginestra Casa Cupan Testa del Gargano 385 Torre di Campi
Masseria D'Addetta Sant'Anna Carpine Castello 410 Monte di Mezzo Foresta San Salvatore Portogreco Grotta dei Marmi
CAGNANO Madonna di Loreto Jazzo Carlocello Sant'Antonio Umbra Pietra Appesa Grotta dei Sogni
Varano 648 Monte Vernone Casa Nocciarello Cantoniera d'Umbra Torre Palermo 832 685 40 Pugnochiuso
Bosco di Spina Pulci Casa Bombitto 913 Coppa Ferrata Masseria Mangiatorma 20 Masseria Baccone Monte Iacotenente Torre di Sagro 408 Grotta dei Sogni
Zona grotta e Masseria Giuliani Casa Cantoniera 13 Masseria Azzatone 528 Monte 872 Torre Autrara Valico di Lupo Torre del Segnale Grotta dei Colombi
fenomeni carsici Santa Maria la Grázie Masseria Don Gennaro Masseria Palatella 17 Casa Guida Casa Impiombato Sacro Abbazia della Trinità 24 Grotta Smeraldi
Monte 754 la Serra 902 Coppa di Mezzo Masseria Salcuni Masseria Armillotti Masseria Mattinatella Baia delle Zagare
PROMONTORIO DEL GARGANO Casa D'Agruma Casa Massarotto 1008 Monte Spigno Masseria Lombardo Coppa Guardiola 641
Masseria Ianzano Parco Nazionale del Gargano
Monte Calvo 1055 Masseria Cornello 272 Monte d'Àngeli 884 MONTE Sant'Angelo (796) Mattinata 89
98 Casa Villani Grotta di Monfenero Alveo d.L. S. Egidio Masseria Paolino 11 Masseria Valente Porto di Mattinata
Madonna di Stignano San Matteo in Lámis 1014 Posta Padovano Cant. Campolato Madonna d'Àngeli 13 89dir. Punta Rossa
i Cappuccini Borgo Celano Ruggiano Castello Madonna della Libera Grottone
SAN MARCO in Lámis SAN GIOVANNI Rotondo Grava di Campolato Tomaiuolo 17 Madonna delle Grázie Villaggio dell'Arcangelo
Casa De Maio Casa Surdo Palazzo Léccia San Salvatore Santa Maria di Pulsano il Castello Macchia
Rignano Gargánico Monte Ividori 512 l'Annunziata Masseria Mozzillo Masseria Valente 89 Masseria
Madonna di Cristo 14 Casa la Torre Masseria Polveráccio Masseria Signoritti 4 la Pace Torre Varcaro
Masseria Palacàne Masseria Piccirella Masseria Don Gennaro Masseria Miscilli 14 Convento Cappuccini
Grotta Faglicci Masseria Del Bono Miniera di Bauxite 273 Castillo di re Manfredi
Posta Montegranata Masseria Russo Posta Rosa MANFREDÓNIA 10 Cattedrale romanica Golfo di Manfredónia
Masseria Caso Masseria Piccirella Masseria Posta delle Capre Masseria Gavone 5 Santa Maria di Siponto Lido di Siponto (rom. Sipontum)
Masseria Puzzella Masseria Mercaldi Nuova Masseria Trotta Masseria Pariti Sciale di Pietruzzo
Masseria Macallè Masseria Polluce Masseria Capo da Uccello Masseria San Chirico Masseria le Mosce di Bramante Masseria Resecata Santo Spirito Sciale Frattarolo
Masseria Cáetore 4 Masseria Tuori San Leonardo di Siponto (Abbazia dei Cavalieri Teutonici) Sciale Bórgia
Masseria Toselli Masseria Candelaro Cava di Pietre Posta Ferrara 12 159 Vigna Bálsamo
Azienda Torre di Lama Masseria Chiancata Masseria Maremorto Stàz. di Candelaro Vasche di Colmata Sciale Mozzillo
99 Masseria Passo di Corvo Villaggio Améndola 89 Posta della Via Casa Frattarpol Sciale Bartolomeo
Masseria Donadone 28 Posta del Greco Masseria Téchia Posta Piana Torre Carione
Arpi Masseria Fazioli Améndola Masseria Barretta Masseria Gramázio Masseria Piccardi
Posta Masseria Arpi Stàz. d'Améndola Masseria Cúpola 39 Masseria Marconi Azienda Beccarini Posta Berardi
Posta Pedone Masseria Tomafolo Posta Alesi 15 Masseria la Contessa Lido di Rívoli

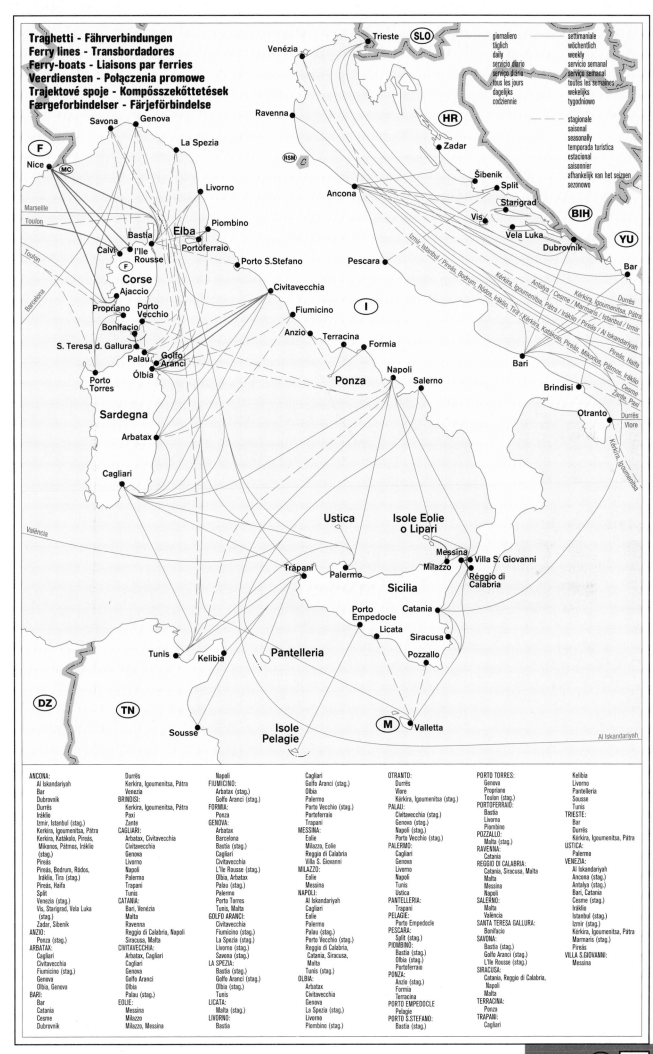

Traghetti - Fährverbindungen
Ferry lines - Transbordadores
Ferry-boats - Liaisons par ferries
Veerdiensten - Połączenia promowe
Trajektové spoje - Kompősszeköttetések
Færgeforbindelser - Färjeförbindelse

Legend:

giornaliero / täglich / daily / servicio diario / serviço diário / tous les jours / dagelijks / codziennie

settimaniale / wöchentlich / weekly / servicio semanal / serviço semanal / toutes les semaines / wekelijks / tygodniowo

stagionale / saisonal / seasonally / temporada turística / estacional / saisonnier / afhankelijk van het seizoen / sezonowo

---

ANCONA:
Al Iskandariyah
Bar
Dubrovnik
Durrës
Iráklio
Izmir, Istanbul (stag.)
Kerkira, Igoumenitsa, Pátra
Kerkira, Katákolo, Pireás,
 Mikonos, Pátmos, Iráklio
 (stag.)
Pireás
Pireás, Bodrum, Ródos,
 Iráklio, Tira (stag.)
Pireás, Haifa
Split
Venezia (stag.)
Vis, Starigrad, Vela Luka
 (stag.)
Zadar, Sibenik
ANZIO:
Ponza (stag.)
ARBATAX:
Cagliari
Civitavecchia
Fiumicino (stag.)
Genova
Olbia, Genova
BARI:
Bar
Catania
Cesme
Dubrovnik

Durrës
Kerkira, Igoumenitsa, Pátra
Venezia
BRINDISI:
Kerkira, Igoumenitsa, Pátra
Paxi
Zante
CAGLIARI:
Arbatax, Civitavecchia
Civitavecchia
Genova
Livorno
Napoli
Palermo
Trapani
Tunis
CATANIA:
Bari, Venézia
Malta
Ravenna
Reggio di Calabria, Napoli
Siracusa, Malta
CIVITAVECCHIA:
Arbatax, Cagliari
Cagliari
Genova
Golfo Aranci
Olbia
Palau (stag.)

Napoli
FIUMICINO:
Arbatax (stag.)
Golfo Aranci (stag.)
FORMIA:
Ponza
GENOVA:
Arbatax
Barcelona
Bastia (stag.)
Cagliari
Civitavecchia
L'Ile Rousse (stag.)
Olbia, Arbatax
Palau (stag.)
Palermo
Porto Torres
Tunis, Malta
GOLFO ARANCI:
Civitavecchia
Fiumicino (stag.)
La Spezia (stag.)
Livorno (stag.)
Savona (stag.)
LA SPEZIA:
Bastia (stag.)
Golfo Aranci (stag.)
Olbia (stag.)
Tunis
LICATA:
Malta (stag.)
LIVORNO:
Bastia

Cagliari
Golfo Aranci (stag.)
Olbia
Palermo
Porto Vecchio (stag.)
Portoferraio
Trapani
MESSINA:
Eolie
Milazzo, Eolie
Reggio di Calabria
Villa S. Giovanni
MILAZZO:
Eolie
Milazzo, Messina
NAPOLI:
Al Iskandariyah
Cagliari
Eolie
Palermo
Palau (stag.)
Porto Vecchio (stag.)
Reggio di Calabria,
 Catania, Siracusa,
 Malta
OLBIA:
Arbatax
Civitavecchia
Genova
La Spezia (stag.)
Livorno
Piombino (stag.)

OTRANTO:
Durrës
Vlore
Kérkira, Igoumenitsa (stag.)
PALAU:
Civitavecchia (stag.)
Genova (stag.)
Napoli (stag.)
Porto Vecchio (stag.)
PALERMO:
Cagliari
Genova
Livorno
Napoli
Tunis
Ustica
PANTELLERIA:
Trapani
PELAGIE:
Porto Empedocle
PESCARA:
Split (stag.)
PIOMBINO:
Bastia (stag.)
Olbia (stag.)
Portoferraio
PONZA:
Anzio (stag.)
Formia
Terracina
PORTO EMPEDOCLE
Pelagie
PORTO S.STEFANO:
Bastia (stag.)

PORTO TORRES:
Genova
Propriano
Toulon (stag.)
PORTOFERRAIO:
Bastia
Livorno
Piombino
POZZALLO:
Malta (stag.)
RAVENNA:
Catania
REGGIO DI CALABRIA:
Catania, Siracusa, Malta
Malta
Messina
Napoli
SALERNO:
Malta
València
SANTA TERESA GALLURA:
Bonifacio
SAVONA:
Bastia (stag.)
Golfo Aranci (stag.)
L'Ile Rousse (stag.)
SIRACUSA:
Catania, Reggio di Calabria,
 Napoli
Malta
TERRACINA:
Ponza
TRAPANI:
Cagliari

Kelibia
Livorno
Pantelleria
Sousse
Tunis
TRIESTE:
Bar
Durrës
Kérkira, Igoumenitsa, Pátra
USTICA:
Palermo
VENEZIA:
Al Iskandariyah
Ancona (stag.)
Antalya (stag.)
Bari, Catania
Cesme (stag.)
Iráklio
Istanbul (stag.)
Izmir (stag.)
Kérkira, Igoumenitsa, Pátra
Marmaris (stag.)
Pireás
VILLA S.GIOVANNI:
Messina

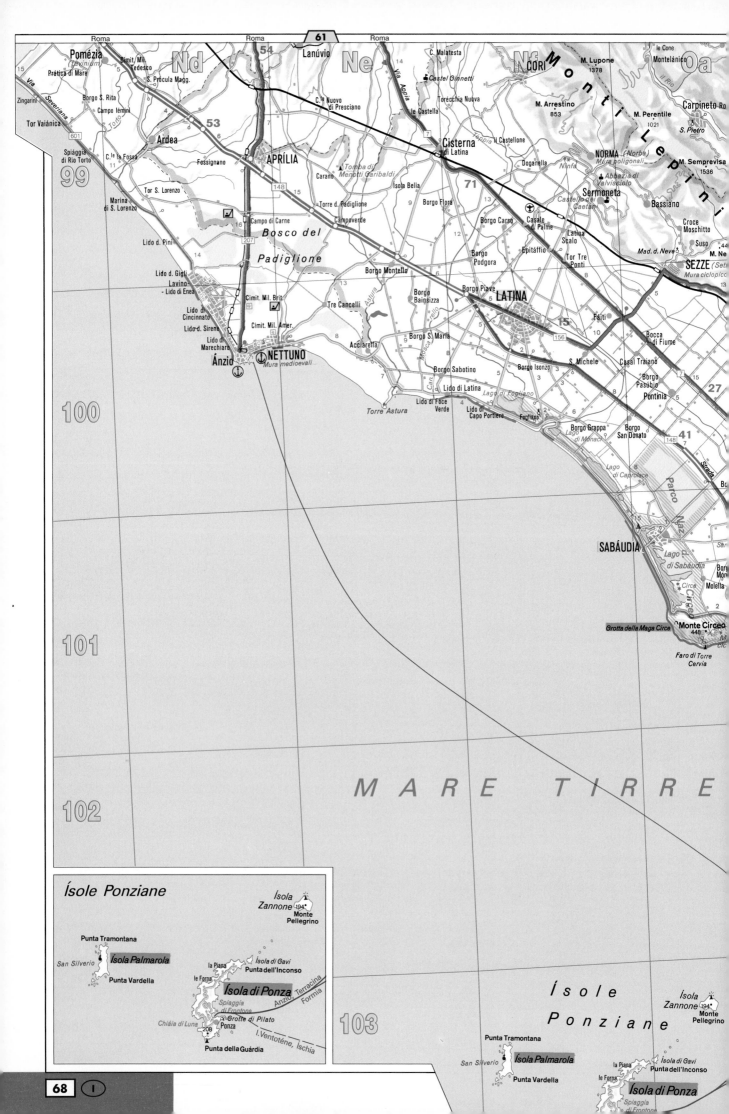

Roma   Roma   61   Roma
Poméziá   54   Lanúvio   Ne   Nf   Oa   le Cone
(Lavinium)   Dimit. Mil.   C. Malatesta   N Cori   Montelánico
Prática di Mare   Tedesco   M. Lupone   Monti
S. Prócula Magg.   Castel Ginnetti   1378
Borgo S. Rita   Via Áppia   Toreécchia Nuova   M. Arrestino   M. Perentile   Carpineto Ro
Campo Iémini   Ie Castella   853   1021   S. Pietro
53   C.le Nuovo   NORMA   (Norba)   M. Sempreviso
Ardea   di Presciano   Cisterna   Mura poligonali   1536
Fossignano   di Latina   Doganella   Ninfa   Abbazia di   Bassiano
Spiággia   Carano   Tomba di   Isola Bella   71   Valvisciolo   Croce
di Rio Torto   C.le la Fossa   Menotti Garibaldi   Borgo Flora   13   Casale del   Sermoneta   Moschitto
99   APRÍLIA   Caetani   Suso
Tor S. Lorenzo   Torre d. Padiglione   Borgo Carso   Casale   Mad. d. Neve   M. Ne
Marina   Campoverde   di Palme   Latina   SEZZE
di S. Lorenzo   12   Borgo   Scalo   Mura ciclópico
Lido d. Pini   Bosco del   Podgora   Epitáffio   Tor Tre
Lido d. Gigli   Padiglione   Borgo Montello   Ponti   13
Lavino   13   15   S. Michele   Fáiti   Bocca
Lido di Enea   Tre Cancelli   Borgo   Borgo Piave   LATINA   di Fiume
Lido di   Cimit. Mil. Brit.   Bainsizza   15   10   7   15
Cincinnato   156   Casal Traiáno
Lido d. Sirene   Acciarella   Borgo S. María   Borgo Isonzo   27
Lido di   Cimit. Mil. Amer.   Borgo   Pontinia   41
Marechiaro   Borgo Sabotino   Lago di Fogliano   Pasúbio
Ánzio   NETTUNO   Lido di Latina   Fogliano   148
Mura medioevali   Lido di Fóce   Borgo Grappa   41
Verde   Lago   Borgo
Torre Astura   Lido di Capo Portiere   di Mónaci   San Donato
100   Lago   Parco
di Caprolace
15   Naz.
SABÁUDIA
Lago   Bor
di Sabáudia   Mon
Molella   2
101   Grotta della Maga Circe   Monte Circeo
448   M
Faro di Torre   Circ
Cervia

MARE   TIRRE

102

Ísole   Í s o l e
Ísola
Zannone   P o n z i a n e
194   Ísola
Monte   Zannone
Pellegrino   194
Monte
Punta Tramontana   Pellegrino
San Silverio   Ísola Palmarola
Ísola di Gavi
Punta Vardella   la Piana   Punta dell'Inconso
le Forna   Terracina
Ísola di Ponza   Punta Tramontana
Spiaggia   Formia   San Silverio   Ísola Palmarola
di Frontone   Anzio   la Piana   Ísola di Gavi
Chiáia di Luna   Grotte di Pilato   Punta Vardella   le Forna   Punta dell'Inconso
Ponza   I. Ventoténe, Íschia   103
208   Ísola di Ponza
Punta della Guárdia   Spiaggia
di Frontone

Sora
Sora
Sora

Morolo
M. Alto
1416

Quarto Strade
Capoleprata

Supino

Plan de
Croce
M. Sentinella
1110

Pátrica

FROSINONE

S. Filippo
S. António

Torrice
Ripi

S. Giovanni
Cerqueta

Boville
Érnica

M.te
S. Giovanni
Campano

Colli
Strangolagalli

Montecóccioli
837

Casalvieri
Casaláttico

S. Andrea
(481)

Atina
(481)

Capo
di Chína

Cassino

Fontana Liri
Inferiore
ARCE
Superiore

Santopadre
C. Cerreto
1059

Montáttico

Pizzo d. Prato Caselle
1365

M. Obachelle
1466

Belmonte
Castello

82
35

Frosinone
6
2

637

Autostrada del Sole
E45

C.se C.le Cardarilli
637dir
Pescara

Arnara
24

Pofi

S. Giovanni
Colle Alto

Caprocroce
Colle Alto
7

Arx Volscorum
Castella Roccadarce
Mura ciclopiche
Murata
Colle felice

Villafelice
Roccasecca
Colle S. Magno
(905)
Terelle
M. Cáiro
1669
la Mandra
Cáira

Castrocielo

156
Ost.
Palombara
CECCANO

Mad. la Speranca
Giuliano di Roma
789
(363) M. Siserono

i Masi

20

CEPRANO
Cépreno
Isletta
Sacco

Coldragone
15

6

Melfa
50

Colle S. Magno
Castrociolo

Piedimonte
Alta
Piedimonte S. Germano
Villa S. Lucia

C. Calvello
935

Villa S. Stefano
Pietracupa

S. Sósio
Mad. d. Piano

Falvaterra

L. di
S. Cataldo
S. Giovanni Incr.
S. Giovanni
Incárico

Pontecórvo
Casilina

Aquino

Abbazia di
Montecassino
8

Cassino
3

Ceprano
CASTRO d. Volsci
Ost. d. Castro
M. Campo Lupino
791
Macchioni
M. Rotondo
555
Casanuova
M. Caruso
999

Grotte di Pástena
Pástena

Colle Tronco

Colle Ponte

A1
11

110
Cassino

Cima la Torre
699
Prossedi
Maenza
39

6
5
Mad. d. Ponte

Pisterzo
(466)

1116
M. Calvilli
Mad. d. Piano

Pico
(209)

PONTECORVO
Valle

S. Ermete
Pignataro
Interamna
Liri

VERNO
Duomo

Roccasecca
d. Volsci
M. Alto
821

Amaseno
la Civitella
886
Vallecorsa

M. Schierano
894

S. Oliva
Monticelli

S. Giorgio a Liri
(38)

ast. S. Martino
Abbazia di
Fossanova

le Serre
Amaseno

M. Rotondo
546
Mad. dell'Auricola

M. Pizzuto
919

Lénola

(488)
Mad. Montevetro

M. d'Oro 828
S. Pietro in Cúrolis

M. Paolino
320
M. Calvo
637
Castelnuovo
Parano

Codarda

637
82

Monti
Ausoni
M. Calvo
1038
M. delle Fate

S. Martino

la Taverna

Campodimele

Roccagugliélma
Espéria

9

Sonnino
1090

C. De Filippis
Monte Passignano
519

Monte Faggeto
256

Monti
Aurunci

Selvacava
Santa María
d. Piano

Coreno
Ausónio

Galleria di Mont Orso
(m 7400m)
Ruderi di
Sibilla

San Vito

FONDI

Palazzo del Principe

Monte Trina
1062

Monte Révole
1285

Ausónia

Via Appia
Staz. di Frasso

Campo Soriano

Monte
San Biágio
17
Castello
San Nicola

Monte Forte
1321

Santa María
630

Staz. la Fiora
Monte
Santo Stéfano
733

Lago
di Fondi

Staz. di Fondi-
Sperlonga
14

Madonna
di Cívita

Monte Grande
766

Monte Ruazzo
1314

San Michele
il Redentore

Spigno Satúrnia
Superiore

630

Monte Leano
676

Torre dell'Epitáffio

10

ITRI
(222)

Marano
Castagneto

Castellonorato

Spigno Satúrnia

Pulcherini

Borgo Ermada

Torre del Pesce

Chiancarelle

Via Domiziana

Lago
San Puoto

Monte Láuzo

Monte Marano
517

Trivio
Mamurrano
Castagneto

10

Tremensuoli

Santa María
Infante

Tufo

Porto
Badino

TERRACINA

Lido di Fondi

Tempio di
Giove Anxur

Lago Lungo
213
421

Monte Céfalo
543

9

2

Scauri
5
Simonelli

MINTURNO

75

Olévola
ce

Sperlonga

Villa di Tibério

Grotta di Tibério

Torre Capovento

13

Torre
Sant'Agostino

Monte Cristo
197

Tomba
di Cicerone

Porto
Salvo

Vendicio

FORMIA

GAETA

Marina
di Minturno

Mínturnae

Torre Viola

Santuario
della Trinità

Torre d'Orlando

Golfo
di Gaeta

Capua 55km
Nápoli

O

Isola Ventoténe

I. di Ponza

Formia
Ischia

Ventoténe

Ísola Ventoténe

Ísola
139 Santo Stéfano

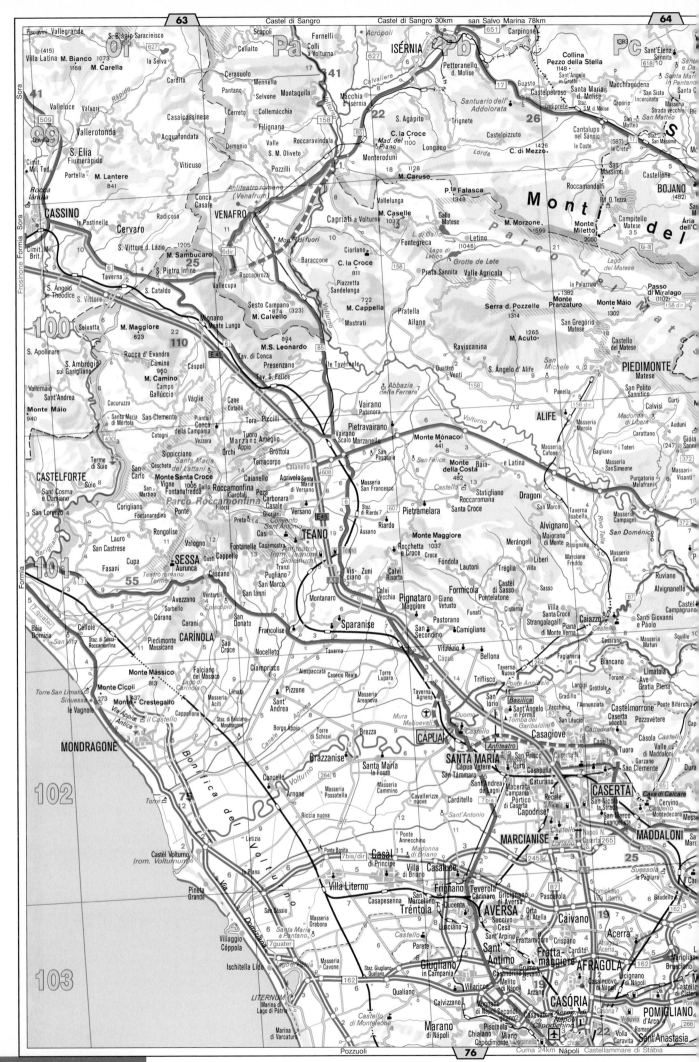

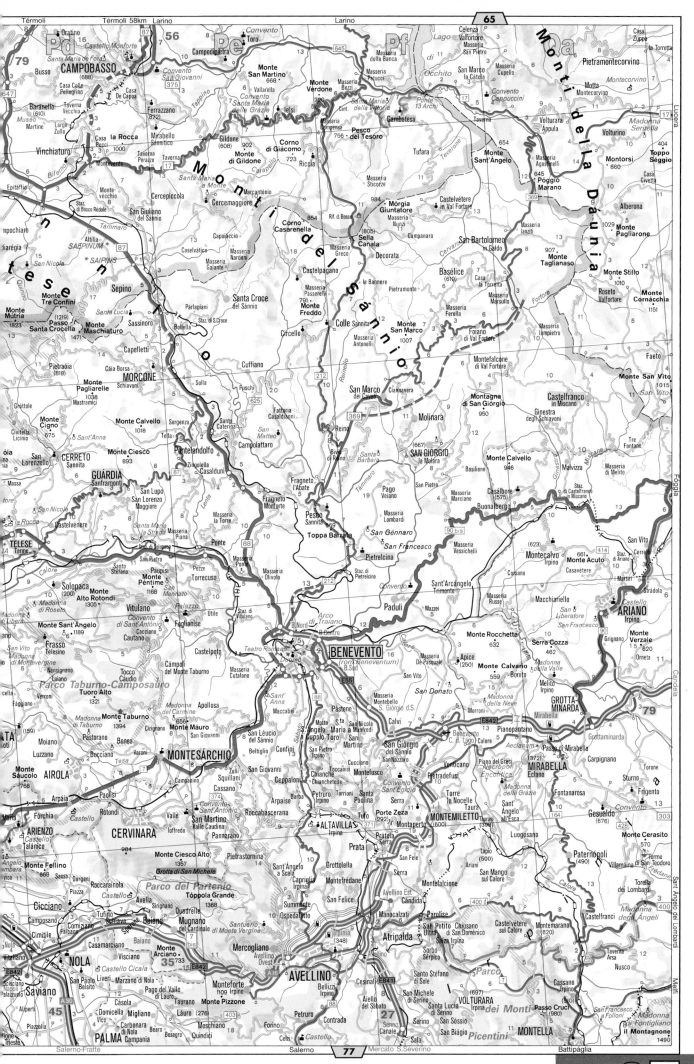

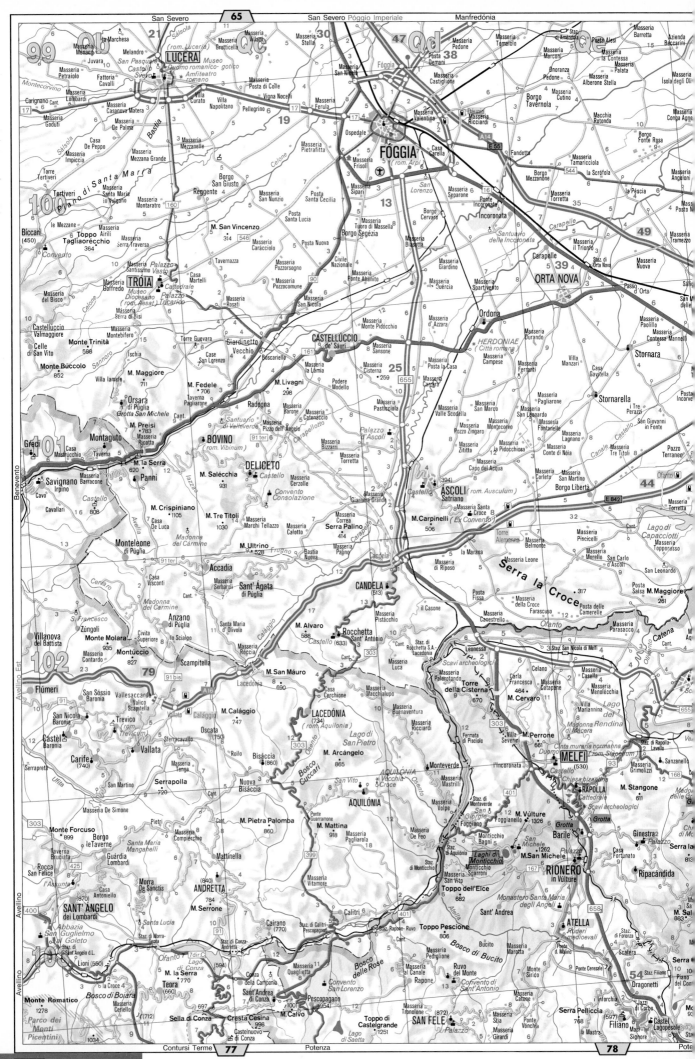

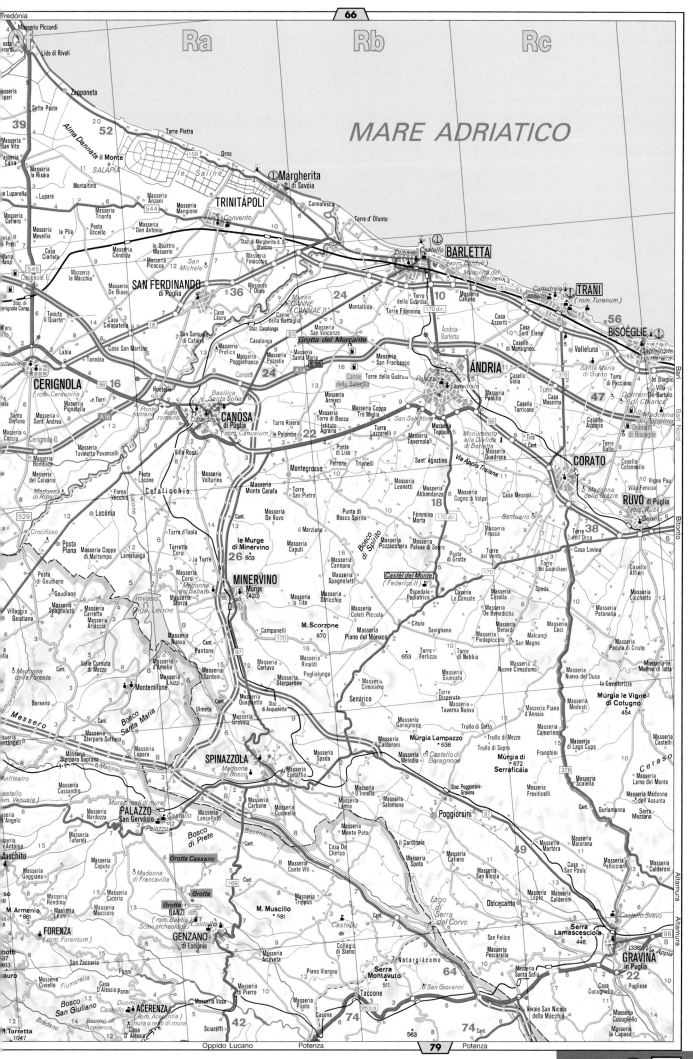

MARE ADRIATICO

Ra   Rb   Rc

redónia
Masseria Piccardi
osta
errardi
Lido di Rivoli
Zapponeta
Masseria
ripari
Sette Poste
39
52
Alma Dannata il Monte
Torre Pietra
Orno
Masseria
San Vito
SALAPIA
le Saline
159
Masseria
Càira
Montaltino
Masseria Anzani
Torre d'Òfanto
Masseria
Lupara
la Risàia
Masseria Trionfo
Torre Pietra
a Luparella
Masseria
Masseria
Mavellia
la Pila
Posta
Masseria
Uccello
Mangione
Convento
TRINITÁPOLI
Cannafesca
Margherita
di Savóia
Masseria
Cafiero
544
Masseria
Don António
Staz. di Margherita di S.
Ofantino
Torre d'Òfanto
Masseria
Preti
545
Masseria la Màcchia
Masseria
Cándida
le Quattro
Masserie
San Michele
Masseria
Finocchio
Masseria
Picocca
12
Duomo
Castello
BARLETTA
(rom. Bárduli)
Maria
Manzi
Cerignol E.
Masseria De Biase
SAN FERNANDO
di Puglia
36
Masseria l'Oliva
24
Museo
CANNE
CANNAE
Madonna del
Sterpeto
Cattedrale
Castello
TRANI
(rom. Turenum)
Staz. di
rignola Camp.
Tenuta
il Quarto
Casa
Colapatella
Case
Láuro
Canne
della Battaglia
Torre
della Guárdia
10
Masseria
Cajano
56
BISÓEGLIE
Toro
Labia
San Samuele
di Cafiero
Casalonga
Grotta del Mercante
Montaltino
Torre Filannino
Casa
Azzariti
Cattedrale
romanica
CERIGNOLA
(rom. Cerunilia)
e Torri
Masseria
Pignatella
Casa San Martino
Masseria
Profico
Masseria
Poggiofranco
93
Masseria
Santa Maria
Pozzelle
A14
E 55
Canne Torre della Guária
Masseria
San Francesco
170 dir.
Ándria-
Barletta
Casa
Sant'Elena
Casello
di Monsignore
Valleluna
Santo
Stefano
Masseria
Sant'Andrea
A16
Ponte
romano
Arco
romano
Cattedrale
Canosi
della Battaglia
16
ÁNDRIA
378
Santa Maria
di Giano
Torre
di Pacciano
47
Dolmen
di Chianca
Masseria
Cóccia
98
16
Ruotelle
Basilica
Santa Sofia
CANOSA
di Puglia
(rom. Canusium)
24
13
Masseria
Arnieci
Masseria
Torre di Bocca
San Salvatore
Palazzo
Cattedrale
Casello
Gioia
Tráni
Casa
Massima
Santa Maria
di Zappino
Dolmen
di Bisceglie
Madonna
di Ripalta
Masseria
Bombace
Masseria
Tavolietta Pavoncelli
le Palombe
Torre Rivera
22
Masseria
Coppa
Tre Miglia
Torre
Lazzarelli
Masseria
Toppuli
Masseria
Tavernola
Monumento
alla Disfida
di Barletta
98
Casello
Tarricone
Casello
Addario
Torre
Gallo
CORATO
Torre
dell'Orco
Casello
Colonnelli
529
Crocifisso
Posta
Piana
Masseria
del Calvário
Villa Rossi
Masseria
Volturina
Ponte
di Liso
Petrone
Montegrosso
Trianelli
Sant'Agostino
Via Appia Traiana
Masseria
Abbondanza
Masseria
Cugno di Volpe
Casa Messori
Santuario
Madonna
delle Grazie
RUVO di Puglia
(rom. Rubi)
Duomo
38
Locónia
Torre d'Ísola
Masseria
Monte Carafa
Torre
San Pietro
Masseria
De Ruvo
il Marziano
Punta di
Bosco Spirito
170 dir.
Fémmina
Morta
Masseria
Leonetti
18
Masseria
Frasca
Torre
del Vento
Torre
dell'Orco
Casa Lovino
Vigne Pau
Villa Fenicia
Posta
di Gaudiano
Gaudiano
Torretta
Corsi
la Torre
**le Murge
di Minervino**
26 503
Masseria
Caputi
16
Bosco
di Spirito
Masseria
Pozzácchera
Masseria
Palese di Sopra
Posta
di Grotte
Castel del Monte
(Federico II)
170
Torre
dei Guardiani
Casello
Alfieri
Masseria
Cicchetto
Masseria
Patanella
Villaggio
Gaudiano
Masseria
Spagnolo
Masseria
Carretta
Masseria
Ariáccia
Madonna
del Sabato
MINERVINO
Murge
(420)
Masseria
lo Tito
Masseria
Cannone
Masseria
Spagnoletti
Ospedale
Pediátrico
Caserío
Lo Cònsole
Masseria
Casolia
Spada
Masseria
De Benedictis
Masseria
Ceci
Masseria la
Matine di Latta
Valle Cornuta
di Mezzo
Montemilone
Masseria
d'Amelio
Masseria
Liuzzi
Masseria
Sardoni
15
12
Masseria
Sforza
M. Scorzone
670
Campanelli
170
Masseria
Stricchio
Masseria
Coleti Piccola
Citulo
Savignano
Masseria
Berardi
Masseria
Piedepiccolo
San Magno
Malcangi
Masseria
Nuove Cimadomo
Masseria
Nuova del Duca
la Cavallerizza
Boreano
Cant.
Masseria
Nuova
Cant.
Pantone
97
9
12
Masseria
Carluva
Masseria
Rinaldi
Paglialunga
Piano del Mònaco
Torre
653
Torre
Ferlizza
Torre
di Nebbia
Masseria
Giuncata
10
Masseria
Padule di Cristo
**Múrgia le Vigne
di Cotugno**
454
Messero
Bosco
Santa Maria
Masseria
Quagletta
Staz.
di Acquatetta
Masseria
Gravina
Masseria
Sterparone
Masseria
Ciminiero
Senárico
Torre
Disperata
Masseria
Taverna Nuova
Masseria
Garagnone
Masseria
Piano
d'Annaia
Masseria
Camerino
Masseria
di Lago Cupo
Masseria
Castelli
Ceraso
seria
ntángeli
Masseria
Sterpara Sottana
Masseria
Lupara
Matinella
2
Madonna
del Bosco
SPINAZZOLA
Masseria
Calderoni
Múrgia Lampazzo
638
Castello di
Garagnone
Trullo di Sotto
Trullo di Mezzo
Trullo di Sopra
Múrgia di
Serraficáia
672
378
Masseria
Modesti
Franchini
Masseria
Scalella
Masseria
Lama le Monte
seria
Masseria
Cassandro
Masseria
Epitáffio
Masseria
D'Innella
Masseria
Spada
Masseria
Melodia
Staz. Poggiorsini-
Gravina
Masseria
Freviticelli
Masseria
Madonna
dell'Assunta
Serra
Mezzana
8
PALAZZO
San Gervásio
Castello
Palazzo
Masseria
Lancellotti
Masseria
Carbone
Masseria
Cucinella
Masseria
Lamia
Masseria
Salomone
Poggiorsini
97
49
Masseria
Martóra
Masseria
Maiorana
Masseria
Pellicciari
Masseria
Calderoni
aschito
Bosco
di Prete
Grotta Cassano
169
Masseria
Conte Viti
Masseria
Monte Poto
il Cardinale
Casa De
Chirico
Masseria
Spota
Masseria
Cafiero
Casa
San Páolo
13
Masseria
López
Masseria
Calderoni
Masseria
Tufaroli
Masseria
Caputo
Madonna
di Francavilla
Grotta
Masseria
Trípputi
Masseria
San Nicola
Dolçecanto
Masseria
Gaggiano
Masseria
Cicória
Grotta
M. Muscillo
581
Castello
Lago
di Serra
del Corvo
Castello Svevo
Masseria
Rèndina
Masseria
Leoni
Masseria
Masciaro
BANZI
(rom. Bantia)
Scavi archeologici
Castello
San Felice
Serra
Lamascesciola
446
M. Armenia
861
FORENZA
(rom. Forentum)
GENZANO
di Lucània
Masseria
Ariaveta
Collégio
di Siano
Notargiácomo
Masseria
Pescaria
Masseria
Santa Sofia
GRAVINA
in Puglia
22
96
otti
813
áuro
Masseria
Civiello
Fiumarella
San Zaccaria
Panni
Piano Viorano
Serra
Montavuto
511
64
San Giovanni
Casa
Cucugliello
Pugliese
Torretta
1047
Masseria
Masseria
D'Alessio Panni
Duomo
Castello
ACERENZA
(rom. Acerentia)
mura o resti di mura
Casa
D'Alessio
Masseria
Vosa
Masseria
Pilato
Sciaráffi
42
74
96bis
563
74
Vivaio San Nicola
della Mácchia
Masseria
Cucugliello
Masseria
la Capasa
Bosco
San Giuliano
Bacino di
Acerenza
Bràdano
14

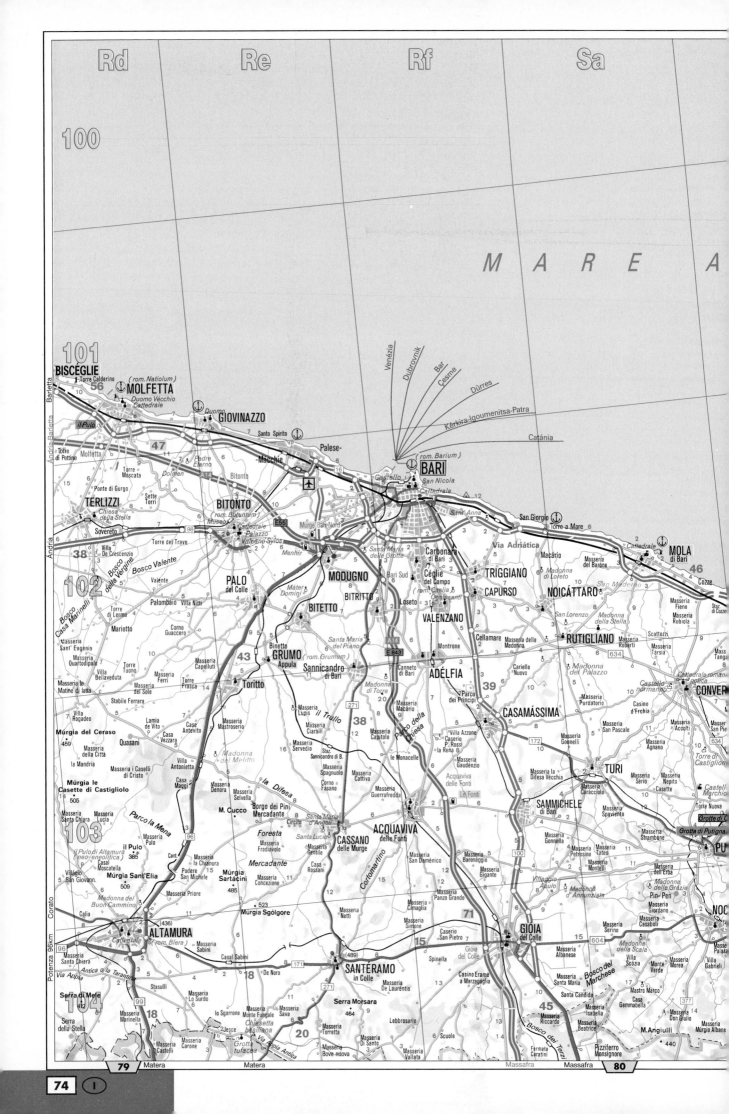

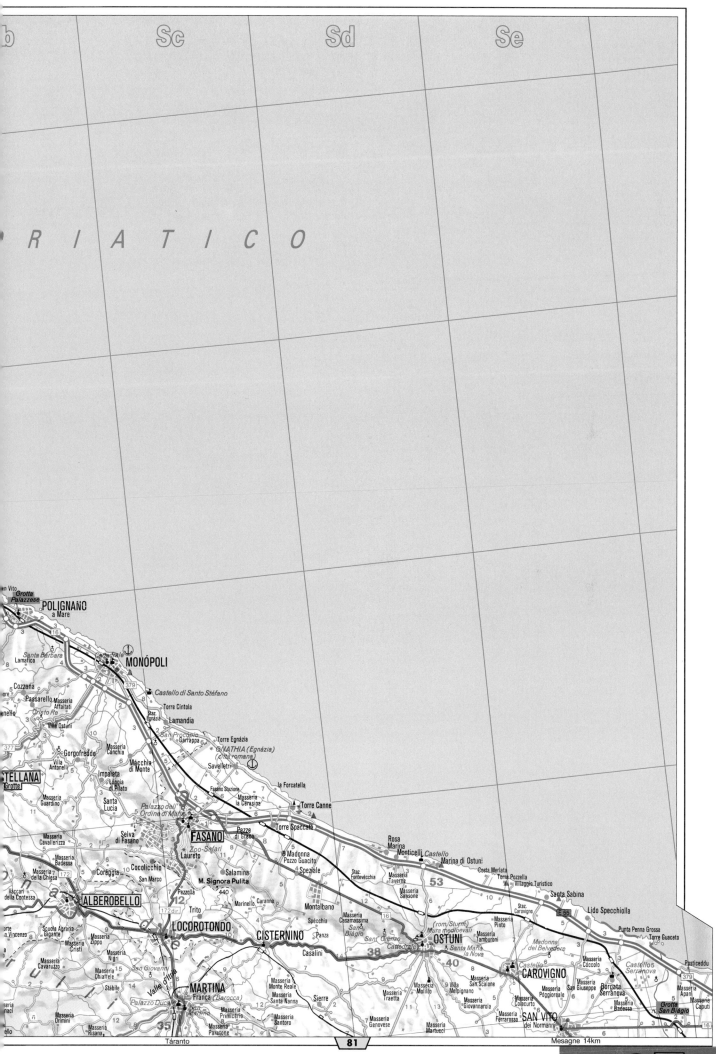

RIATICO

San Vito
Grotta
Palazzese
POLIGNANO
a Mare
16

Santa Bárbara
Lamafico
Cattedrale
MONÓPOLI

Cozzana
379
Castello di Santo Stéfano
Passarello Masseria
Affaitati   Torre Cintola
Cristo Re
Staz.
Villa Ostuni   Egnázia Lamandia
377
San Procopio Garrappa
Gorgofreddo   Masseria   Torre Egnázia
Villa   Cónchia   GNATHIA (Egnázia)
Antonelli   Mácchia   (cittá romana)
Impalata   di Monte   Savelletri
STELLANA   Lóggia   la Forcatella
Grotte   di Pilato
Santa   Fasano Stazione
Masseria Lucia   Masseria
Guardino   Palazzo dell'   la Cerasina
Ordine di Malta   Pezze   Torre Canne
Masseria   Selva   di Greco   Torre Spaccata
Cavallerizza di Fasano   FASANO
Masseria   Zoo-Safari   Rosa
Badessa   Cocolicchio   Laureto   Madonna   Marina
172   Coréggia   Pozzo Guacito   Monticelli Castello
Masseria   San Marco   Salamina   Speziale   Marina di Ostuni
della Chiesa   M. Signora Pulita   Staz.   Costa Merlata
Vaccari   Pezzolla   Fontevécchia Masseria   Torre Pozzella
della Contessa   ALBEROBELLO   440   Taverne   Villaggio Turistico
172 dir.   Trito   Marinello Caranna   Masseria   53   Santa Sabina
Masseria   Caranna   Montalbano   Sansone   Lido Specchiolla
Vincenzo Gigante   LOCOROTONDO   Masseria   Staz.
Masseria   Spécchia   Casamassima 16   Carovigne   E 55   Punta Penna Grossa
Cristi   Masseria   Panza   San   Sant' Orenzo   Masseria   Torre Guaceto
Cavaruzzo   Zippo   CISTERNINO   Biágio   Pinto
Masseria   Masseria   Casalini   38   OSTUNI   Madonna   379
Chiaffele   Nigri   San Giovanni   Mura medioevali   Santa Maria   del Belvedere
Stábile   14   Valle d'Itria   Cattedrale   la Nova   Masseria
MARTINA   40   Masseria   Masseria   Cóccolo   Castello
Masseria   França (Barocca)   Molillo   San Scalone   CAROVIGNO   Serranova
Orimini   Palazzo Ducale   Masseria   Masseria   Poggioreale   Masseria   Borgata   Masseria
San Martino Monte Reale   Villa   Giovannarola   San Giuseppe   Serranova   Apani
Masseria   Masseria   Sierre   Melpignano   Masseria   Masseria   Grotta   Masseria
Risana   Primicerio   Masseria   Colacurto   SAN VITO   Radessa   San Biágio   Caputi
Masseria   Paretone   Masseria   Ferrarosso   dei Normanni
Masseria   Santoro   Masseria
Genovese   Masseria   16
Martucci

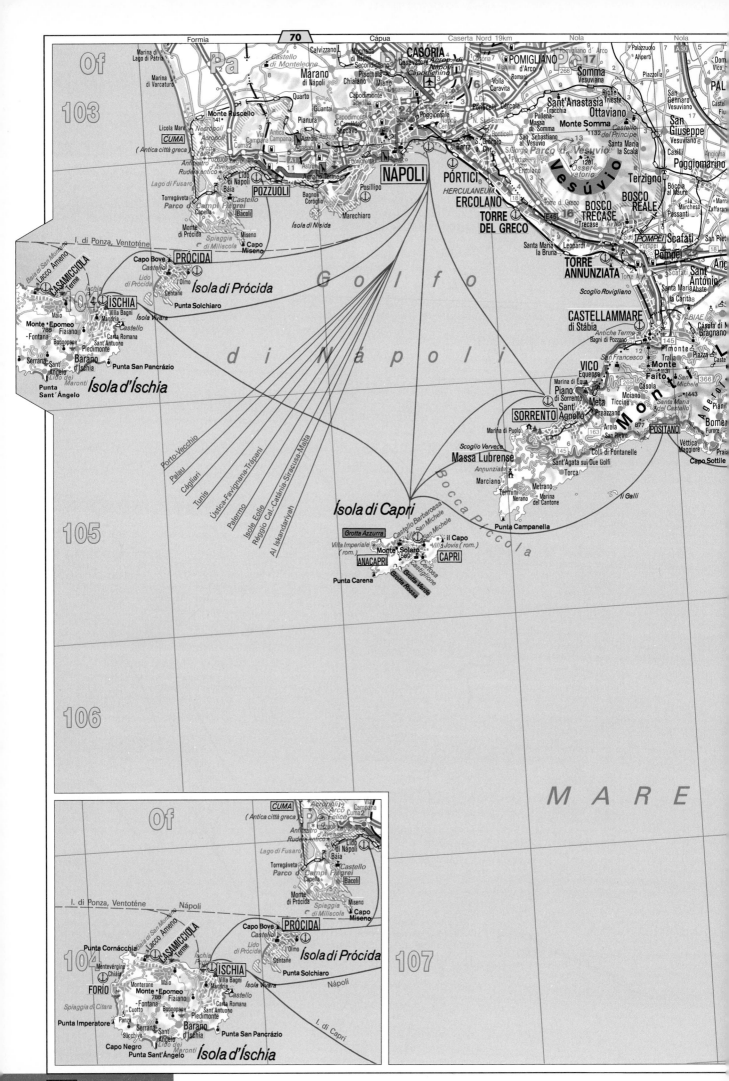

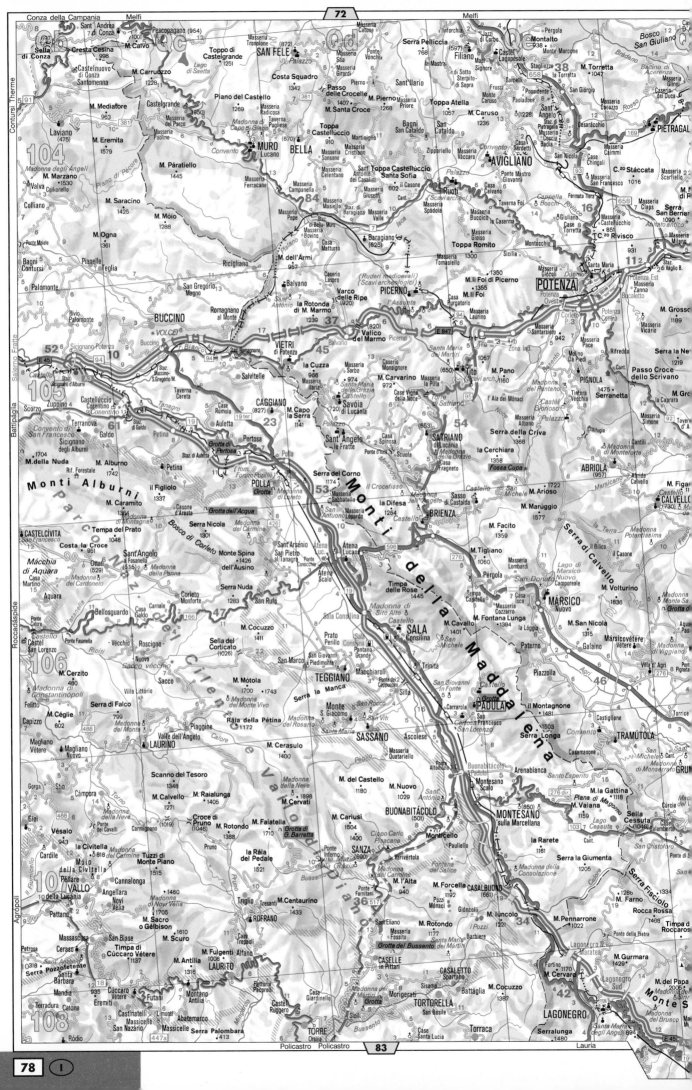

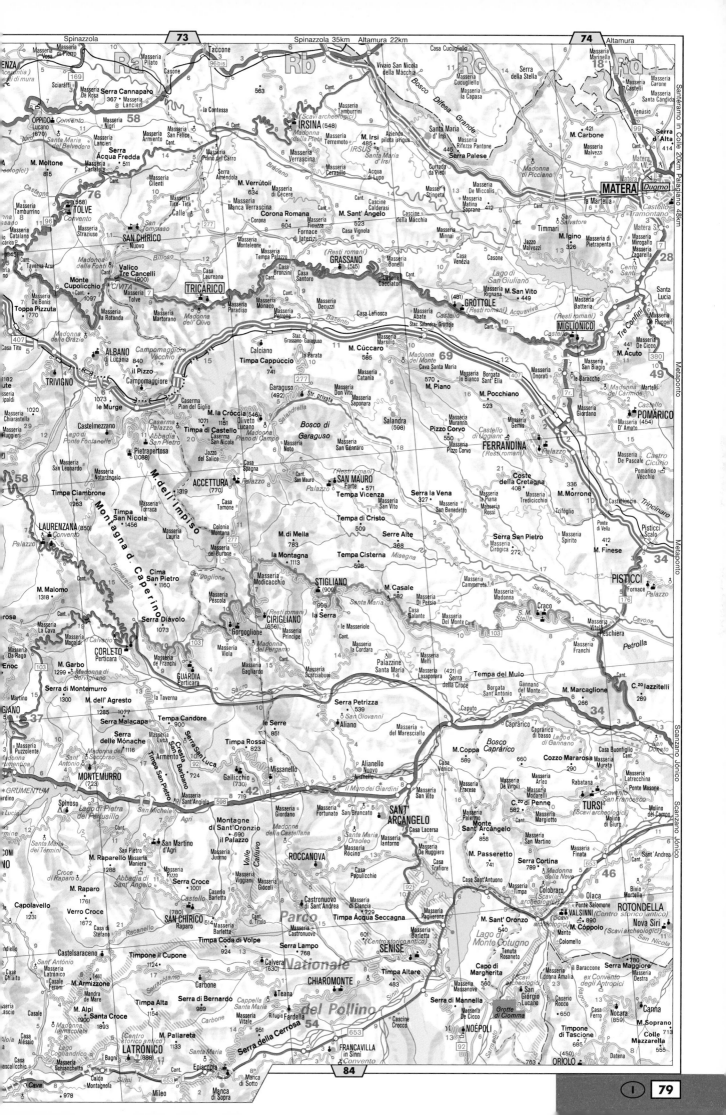

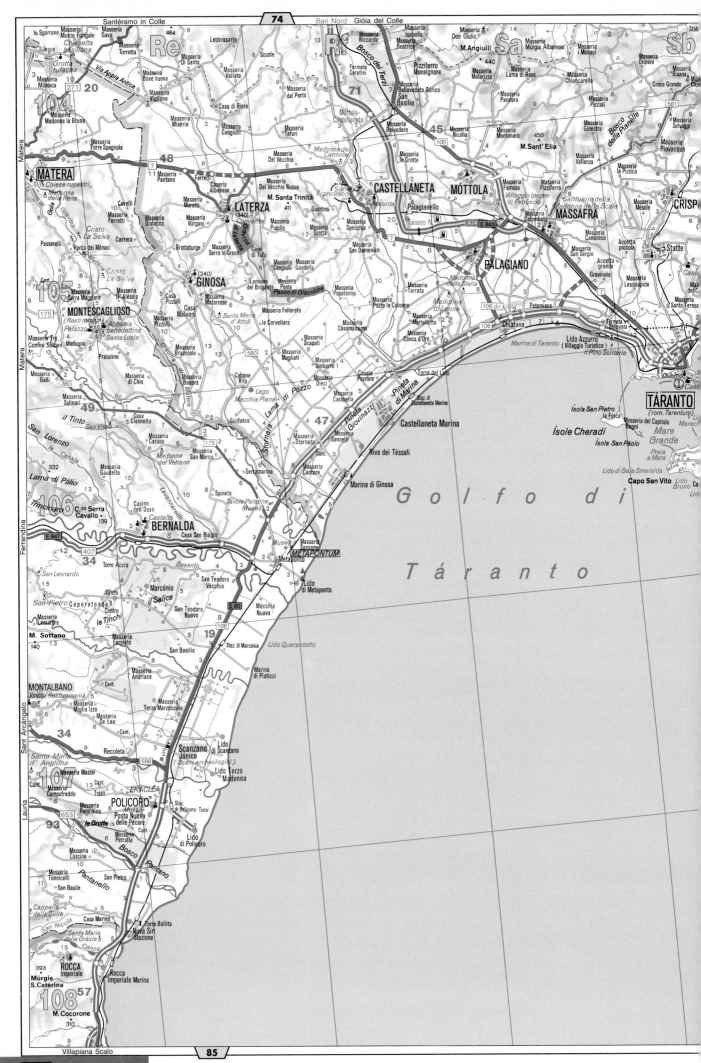

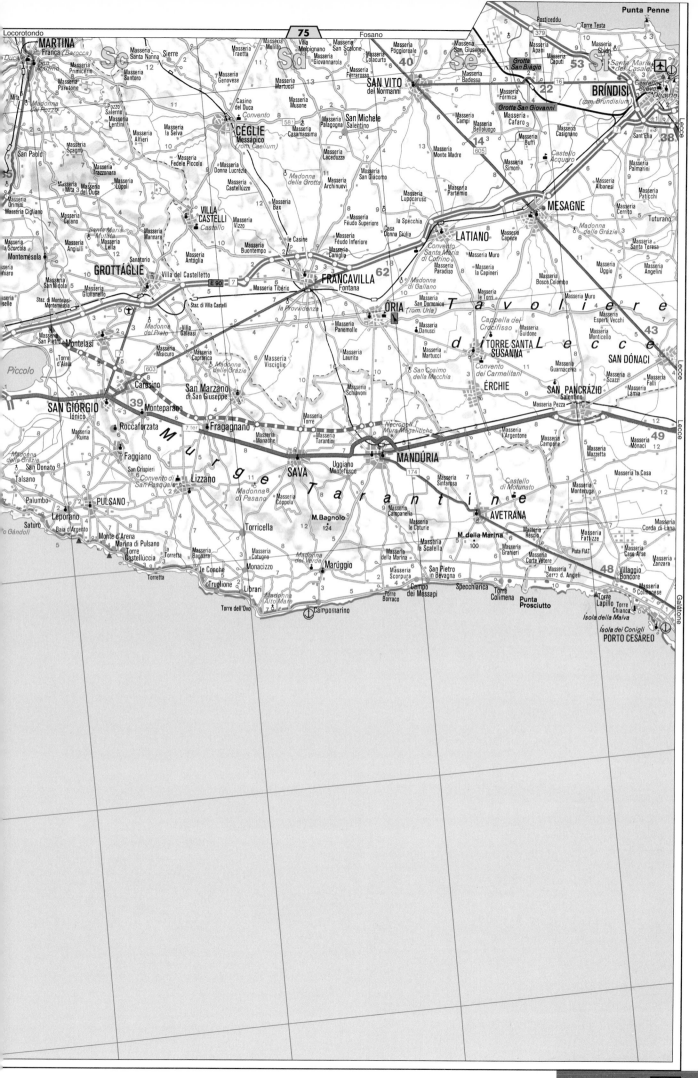

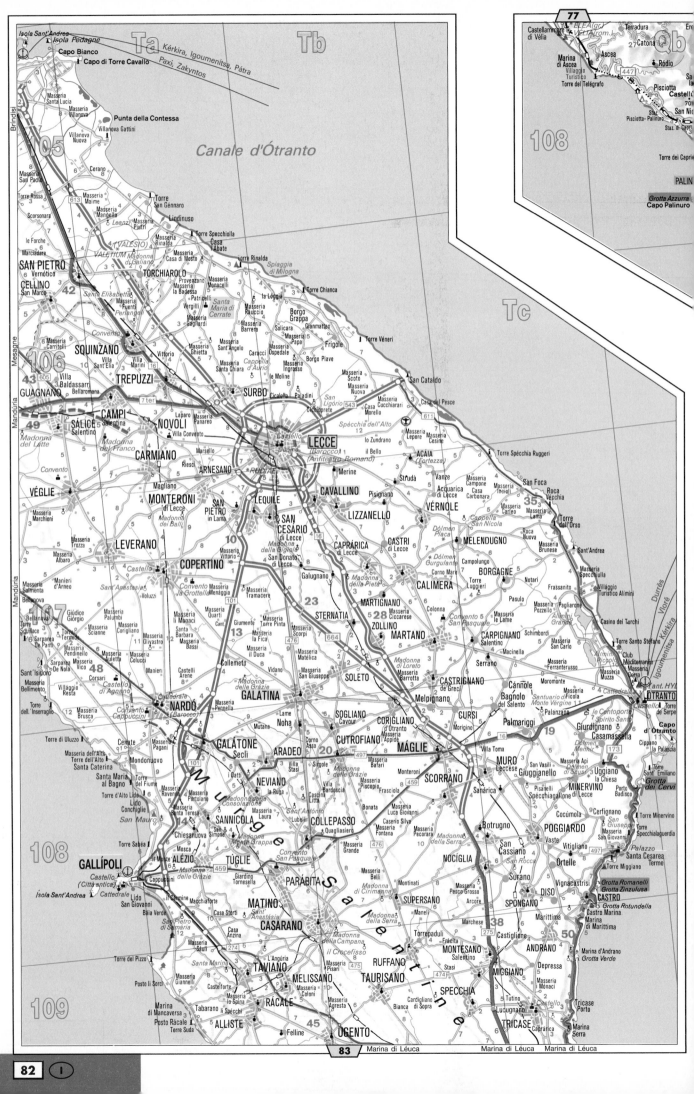

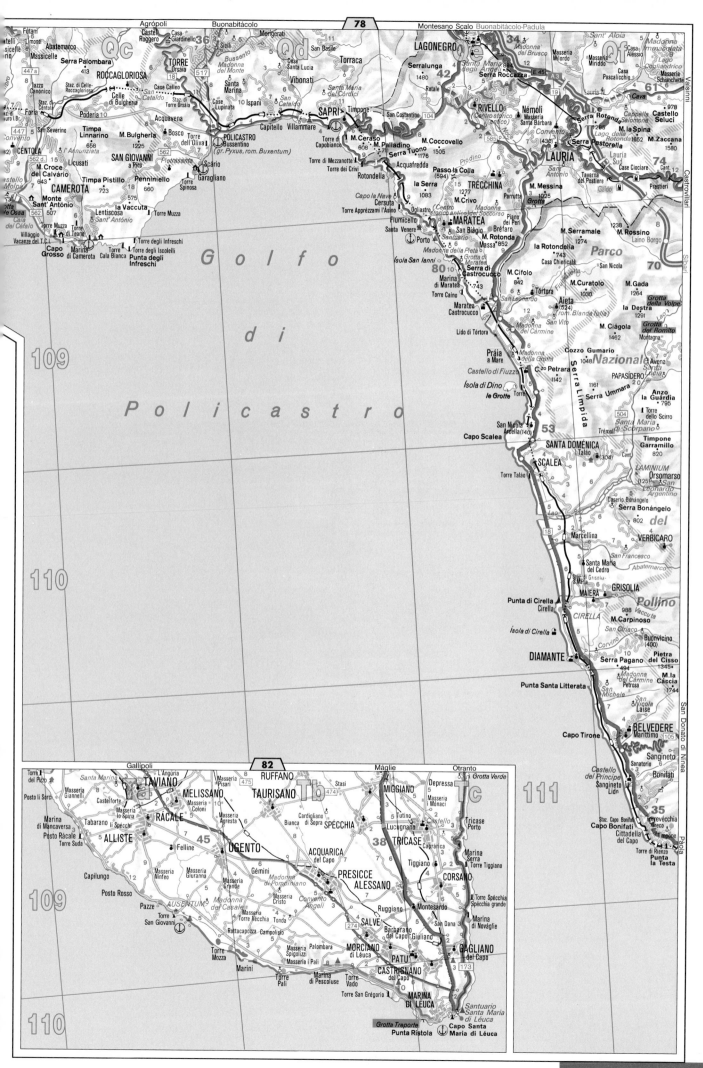

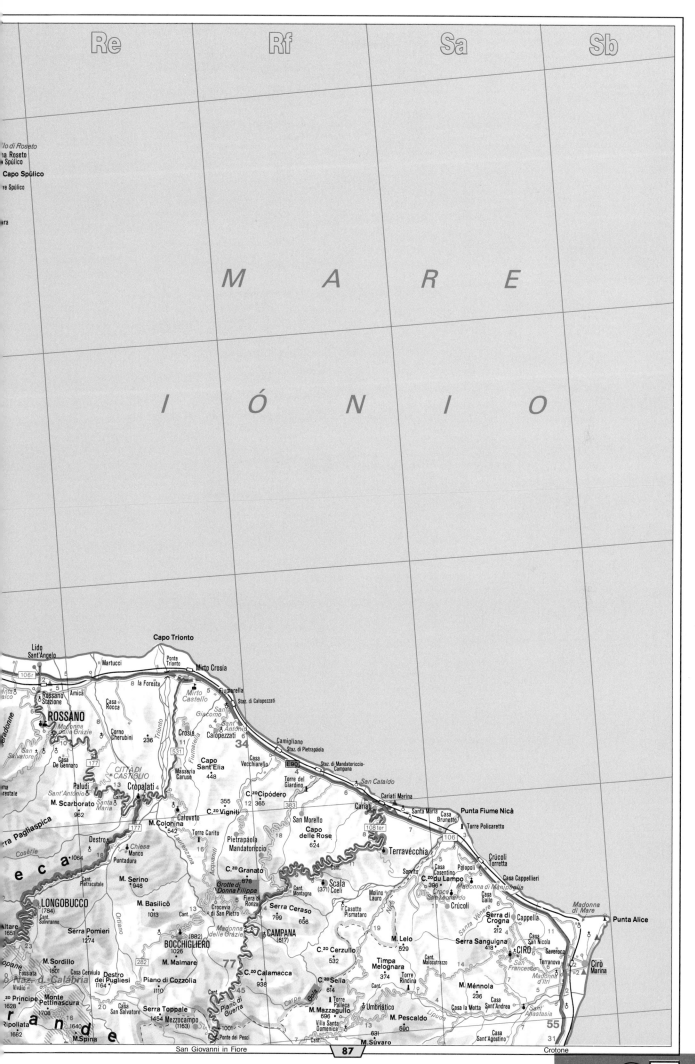

M A R E

I Ó N I O

'lo di Roseto
na Roseto
e Spúlico

Capo Spúlico

re Spúlico

ara

Capo Trionto

Lido
Sant'Angelo

Martucci

Ponte
Trionto

Mirto Crosia

106r

2

8

la Foresta

Fiumarella

Mirto
Castello

Staz. di Calopezzati

Amica

Casa
Rocca

San
Giacomo

Sant'
Antonio

Rossano
Stazione

inta
alco

ROSSANO

Madonna
della Grázie

Corno
Cherubini

Crosía

Calopezzati

236

11

Camigliano

34

Masseria
Carush

448

Staz. di Pietrapáola

E90

Staz. di Mandatoriccio-
Campana

San Cataldo

Cariati Marina

San
Salvatore

Casa
De Gennaro

177

Paludi

Sant'Antonio

Santa
Maria

M. Scarborato

ma
estale

CITTÀ DI
CASTGLIO

13

Cropalati

4

Cáloveto

355

12

C.zo Cipódero

365

383

Casa
Vecchiarello

Capo
Sant'Elia

Torre del
Giardino

6

Cariati

Santa Maria

Casa
Brunetto

Punta Fiume Nicà

Torre Policaretto

962

C.zo Vigniti

M. Colonina

542

Torre Carito

San Morello

Capo
delle Rose

624

108 ter

7

3

106

ra Paglaspica

osèrie

Destro

177

16

18

Terravécchia

Crúcoli
Torretta

a 1064

18

Chiesa
Manco
Puntadura

Pietrapáola
Mandatoriccio

Sorvito

Palopoli

Casa
Casentino

Casa Cappellieri

C.zo
du Lampo

396

Madonna di Manipuglia

Casa
Gallo

Madonna
di Mare

Punta Alice

Cant.
Pietracutale

M. Serino

948

C.zo Granato

878

Scala

(371) Coeli

Molino
Lauro

Crúcoli

Serra di
Crogna

212

Cappella

11

LONGOBUCCO

(784)

M. Basilicò

1013

13

Grotte di
Donna Filippa

Crocevia
di San Pietro

Fiera di
Ronza

Serra Ceraso

799

656

Cant.
Montagna

Casotto
Pismataro

19

M. Lelo

529

Serra Sanguigna

418

Santa Vénere

Casa
San Nicola

Saverona

Cant.
Sulivranno

Serra Pomieri

1274

Madonna
delle Grázie

(882)

BOCCHIGLIERO

1026

CAMPANA

(617)

C.zo Cerzullo

532

CIRO

San
Francesco

Terranova

Madonna
d'Itri

Cirò
Marina

M. Sordillo

1601

282

M. Malmare

Timpa
Melognara

374

Cant.
Malocutrazzo

14

7

5

2

ópane

Fossiata

1628

Casa Cervíulo
dei Pugliesi
1164

Destro

Piano di Cozzólia

1110

C.zo Calamacca

938

C.zo
Sella

614

Torre
Rindina

M. Ménnola

236

Casa
Sant'Andrea

Sant'
Anastasia

55

Vivàio

.zo Principe

1628

Monte
Pettinascura

1708

16

20

Casa
San Salvatore

Serra Toppale

1454 Mezzocampo
(1163)

77

Piano di
Guerra

45

Carpe

Gola

Torre
Palleca

M. Mazzagullo
696

Villa Santa
Domenica

13

Umbriàtico

631

M. Pescaldo

590

Lipuoe

Casa
la Motta

Casa
Sant'Agostino

31

Ripollata

1882

1640

1001

Ponte dei Pesci

7

M. Súvaro

Casa
Sant'Agostino

rande

M.Spina

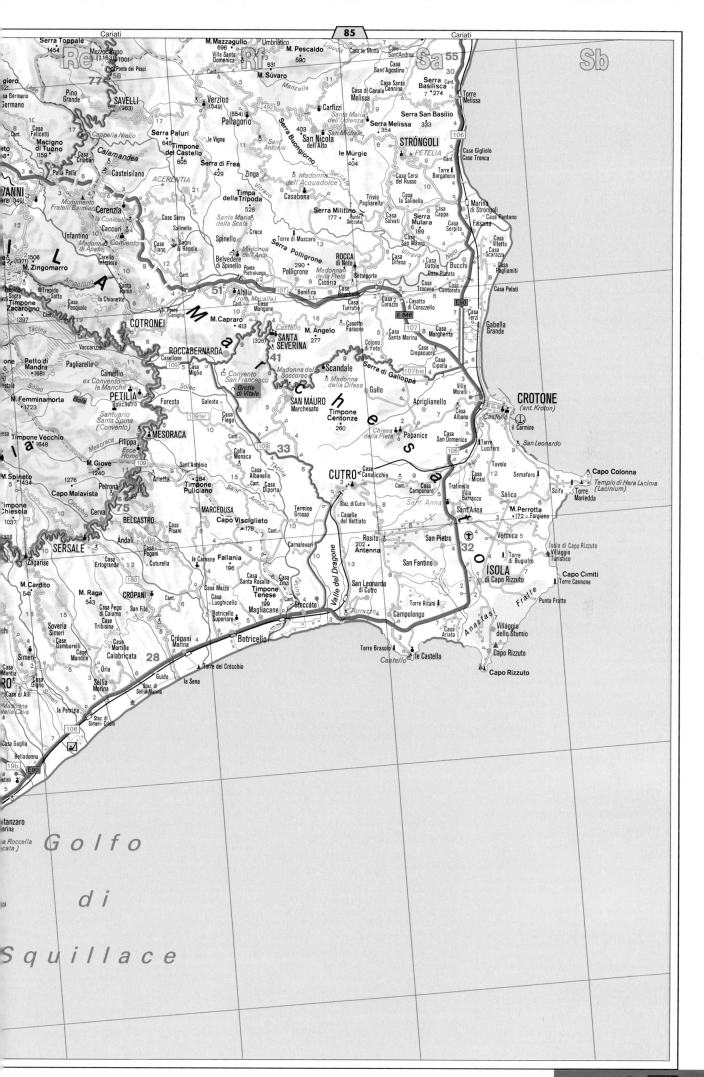

Serra Toppale
1454
Mezzocampo
(1163)·1001
M. Mazzagullo
696
Umbriàtico
M. Pescaldo
590
Casa le Motta
Case Sant'Andrea
55
Cariati
Cariati
30
Re
Ri
Sa
Sb
Ponte dei Pesci
58
Villa Santa Domenica
631
Casa Sant'Agostino
Casa di Canale Cennina
Serra Basilisca
7 ·274
Torre Melissa
giero
921
sa Germano
Germano
Pino Grande
SAVELLI
(983)
M. Súvaro
Manzella
Cant.
11
Casa Santa Melissa
77
Verzino
(549)
Carfizzi
Santa Maria dell'Udienza
Serra San Basilio
1C
Cant.
Casa Felicetti
17
Serra Paluri
645
(554)
Pallagorio
492
403
San Nicola dell'Alto
San Michele
Serra Melissa
354
Serra San Basilio
333
106
Macigno di Tuono
1159
Casa Cribbari
Timpone del Castello
· 605
le Vigne
Sant'Antonio
le Múrgie
404
STRÓNGOLI
PETELIA
Casa Cersi del Russo
Torre Borgatoru
Case Gigliolo
Case Tronca
Castelsilano
Serra di Frea
429
Calamandrea
Cappella Niello
Zinga
Timpa della Tripoda
528
Madonna dell'Acquadolce
Trivio Pagliarella
Casa la Salinella
Casa Cappa
Marina di Strongoli
Casa Pantano
ACERENTIA
21
Casabona
Serra Militino
177
Ponte Seccata
Casa Salvati
Serra Mulara
189
Casa Serpito
Fasana
VANNI
are(1049)
Monumento Fratelli Bandiera
Cerenzia
la Conicella
Santa Maria della Scala
Croce
Torre di Muscaro
13
Casa San Mauro
Casa Difesa
Bucchi
Casa Vitetto
Casa Scarazza
12
Caccuri
Salinella
Spinello
Serra Polligrone
ROCCA di Neto
Vitravo
Neto
Casa Dáttilo
Casa Pizrata
Casa Pagliamiti
ILA
2·1506
(1371)
M. Zingomarro
Infantino
Madonna di Apatia
Convento
Case Tiano
Bagni di Répole
Belvedere di Spinello
Madonna dell'Arco
290
Polligrone
Ponte Pietralunga
Madonna della Pietà
Cicória
Setteporte
Casa Trocena
Casa Cantorato
Casa Pelati
LA
Trepido Sopra
Santa Rania
Trepido Sotto
Casa Pasquale
la Chianette
COTRONEI
Altilia
(rom. Macalla)
51
Mar
107
Bonifica
11
Casa Bruchetta
Casa Corazzo
Casotto di Corazzello
E90
Terzi
Gabella Grande
Timpone Zacarogno
1397
Tácina
19
Ponte Coniglio
Casa Mangone
10
M. Capraro
· 413
16
Casotto Faraone
Casa Turrutie
Casa Santa Marina
E 846
107
Casa Margherita
Colono di Fota
Vaccarizzo
Casellone
ROCCABERNARDA
109
Casa Miglio
Castello
(326)
SANTA SEVERINA
41
M. Angelo
277
Madonna del Soccorso
Colono di Fota
Casa Crepacuore
Casa Cipolla
Petto di Mandra
1681
Pagliarelle
Camello
ex Convento le Manche
Foresta
Convento San Francesco
Grotte di Vitale
Madonna della Difesa
Scandale
Serra di Galloppà
107bis
Casa Albano
Villa Morelli
CROTONE
(ant. Kroton)
Castello
M. Femminamorta
· 1723
PETILIA
Policastro
Galeoto
109ter
SAN MÁURO
Marchesato
Gullo
Aprigliellano
106
il Carmine
Santuario Santa Spina
(Convento)
MESORACA
Casa Fiego
Timpone Centonze
260
Chiesa della Pietà
Papanice
Casa San Domenico
Torre Lucifero
San Leonardo
Timpone Vécchio
1648
Filippa
Ecce Homo
Colla Monaca
Tuvolo
Scifo
Torre Mariedda
M. Giove
1240
M. Spineto
1434
1276
Petronà
Sant'Antònio
15
Casa Albanello
Casa Diporta
Termine Grosso
CUTRO
Casa Canalicchio
Casa Campanaro
Trafinello
Villa Barracco
Sálica
M. Perrotta
· 172
Forgiano
Capo Colonna
Tempio di Hera Lacinia
(Lacinium)
Casa Micesi
Semaforo
Capo Malavista
Cerva
75
Ándali
MARCEDUSA
Capo Viscìglieto
· 178
Sant'Anna
San Pietro
Vérmica
5
Isola di Capo Rizzuto
Villaggio Turìstico
impone Chiesola
1037
BELCASTRO
Casa Pisani
Carnalevari
Rosito
202
Antenna
San Fantino
32
Capo Cimiti
Torre Cannone
SERSALE
Casa Ertogrande
12
Cuturella
le Carvane
Fallania
196
Casa Santa Rosalia
Casa Zinzi
Casa Luoghicello
San Leonardo di Cutro
Torre Ritani
Campolongo
ÍSOLA
di Capo Rizzuto
Torre di Bugiafro
Villaggio dello Stumio
Punta Fratte
Zágarise
M. Cardito
541
M. Raga
543
CRÓPANI
San Filo
Casa Mazza
Timpone Tenese
199
Magliacane
Anastasi
Fratte
Casa Ariata
Capo Rizzuto
Soveria Simeri
Case Gambarelli
Case Mandile
Botricello Superiore
Steccáto
Torrazzo
Torre Ritani
Casa Ariata
Cropani Marina
Calabrìcata
28
Úria
Botricello
Torre del Cróchio
Torre Brasolo
le Castella
Villaggio dello Stumio
Capo Rizzuto
Simeri
Sellia Marina
Guido
la Sena
Castello
le Castella
Capo Rizzuto
Staz. di Sellia Marina
106
Staz. di Simeri-Crichi
19b.
E90
Casa Guglia
Belladonna
Golfo
di
Squillace

I

Punta Labronzo · Piscità · Ficogrande
Punta Chiappe · *San Bártolo* · Strómboli · *918* · *San Vincenzo* · Crateri
Sciara del Fuoco · *924* · i Vancòri · Ginostra

Ísola Strómboli

Punta Lena

Ísola Panarea

Ísola di Basiluzzo

Punta d. Ditella · *Panarelli* · *Lisca Bianca*
Corvo · San Pietro · *Dáttilo*
420 · Dráuto · Bottaro · *Lisca Nera*
Punta Milazzese
Villagio preistorico

I. Salina · *I. Lípari*

II

Ísola Salina

Punta de Perciato · MALFA · Capo Faro · *I. Panarea*
Pollàra
M. dei Porri · M. Fossa · Santa Marina
860 · d. Felci · Leni · Salina
Valdichiesa · *962*
Punta di · Rinella · Lingua
Marcello · (Arenella)
Punta del · *Canale d. Salina*
Legno Nero · Punta Castagna
Grottazza · Porticello
Acquacalda · Capo Rosso
Quattropani · M. Chirica · *602* · *476*
M. Pilato
Punta Palmeto · M. Sant'Àngelo · Canneto · *Strómboli*
594 · M. Rosa
Pianoconte · *239*
Terme di · *Santa* · *Margherita* · Milazzo
San Calogero · *San Bártolo* · **LÍPARI**
al Monte · Musei Archeol. · d'Europa · Messina
Punta le Grotticelle · *369*
Punta di Levante · M. Guardia
Punta Crepazza
Pietralunga · *Bocche di Vulcano*
M. Vulcanello
123
Capo Grosso · Porto di
Punta del Mónaco · Levante · Milazzo
Testa Grossa · *391*
Gran Cratere · il Cardo
Cant. · M. Ária
Grotta del Cavallo · *8*
Ísola Vulcano · Capo Secco · *500* · Gelso
Scolaticci

III

Ísola Filicudi

La Canna · Punta dello Zucco Grande
Grotta Bue Marino · Fossa Felci
Punta Periciato · *773*
Pecòrini · Filicudi · *Í. Salina*
Porto
Punta Stimpagnato · Capo Graziano
Villagio preistorico

Filo dell'Arpa · **Ísola Alicudi**
675 · *340*
Alicudi
Porto

Qf

116 · TROPEA
Cattedrale · Parghelia · Daffinà · Mandaradoni
Convento · Fitili · San Giovanni
Santa Domenica · Zaccanópoli
Ciaramiti · Caria · Torre Galli · Zungri
Torre Ruffa · Brivadi · Lampazone · Spilinga · *Cresta di Zungri* Mesian
San Nicolo · Staz. di Ricadi · Orsigliadi
Capo · Ricadi · Panaia · Pernoca
Vaticano · Coccorinello · M. Poro
Santa Maria · Coccorino · *710*
Madonna
Joppolo · del · *Carmine* · Garavat
Caroni
Preitoni · Comèrconi
Badia · Mandaradoni
Torre de Ióppolo · Mott · Filoc
117 · Cároni
NICÓTERA · *Cattedrale*
Nicótera · Villa Conte · de
Marina · Gabrielli · Villa C.
Casino Mortelleta
Gióia del Tirreno · San
Santa Maria
Golfo · ROSARNO
di · San Ferdinando
Gióia · Cantina
d'accanati
Eranova · Spartimento · 53
Lamia · Sovereto · Ros
Marina di Gióia Tauro
GIÓIA · Drosi
Táuro · Crocevia · Villa
(rom. Tauroentum) · Sbaglia · Cordopatri · Rizz
118 · Ficatelli · Gióia Táuro · Sandulli
Pietrenere · Cannavà · 14
Taureana · Forcanello · Cirello · 111 · Ama
Lido di Palmi
Scóglio Agliastro · Pálmi · Quarantann
Inferiore · Marro
PALMI · Villa Italia · San Filoreto
Capo Barbi
Marina di Palmi · SEMINARA
Monte Sant'Elia
Barrittieri · Sant' Anna · Castellace
Cerámida · Sant' Elia · 11 · Tacson · Torre
Pellegrina · Grimoldo · Sínopoli · Cilleai
BAGNARA · Bagnara · Vécchio · Sitizano · Cala
Cálabra · Procópio · Cál. · 25
Covala · Acquaro · COSOLETO
Favazzina · Runei · Santa Giórgia
18 · SANTA EUFÉMIA · SINÓPOLI · SCIDO
Capo Péloro · Castello · d'Aspromonte · 867
Punta del · SCILLA · Solano · M. Célia
Faro o · *Castello* · 40 · Inferiore · DELIANUOVA
Torre · Solano · Sant'Angelo · *Piani*
Faro · E45 · A3 · Superiore · *di*
Mortelle · 34 · *677* · Melia · *Carmelia*
Scilla
Favazzina · *d'Aspromonte* · 183 · *A s p r o m o*
Melia · Cippo
Pace · Villa · M. Scrisi · Garibaldi
Contemplazione · San Trada · Villaggio · M. Cannavi
VILLA · Canitello · San Roberto · De Leo · *1668*
Paradiso · Adorno · San · Puntone l'Albara
Salvatore · Villa S. Giov · Colelli · Pen · *1740*
dei Greci · Acquacalda · Colonia
Catarratti · Pellaro · *982* · Franchetti
Camaro · Rosali · M. Mannoti · Gàmbarie
Saponara · Salice · Pettogállico · *(511)* · Punta Scirocco · *1660*
Acciarello · Cálabro · Sant' Alessio · (Monte Cocuzza)
Cumia · *Villa* · in Aspromonte · 66 · M. Basilicò · *1738*
Concessa · Diminniti · *la Placa* · *1746*
Campo · Santo Stéfano · Cavaliere
Catona · Laganadi · in Aspromonte · Sella Entrata · *1619*
MESSINA · Gállico · 184 · *(1408)* · *1681*
(rom. Messana) · Gállico San Giovanni · Podàrgoni · M. Micheletta
Sal · Cerasi · Passo · Punta Arrola
Gázzi · M. Chiarello · *760* · di Petrulli · *1383*
Gállico · Orti · Lóddini
Marina · M. Rigà · *565* · Straorini · Cibòrti · *72*
Archi · Arasi · Azienda
Pentimele · Basurgi · Punta d'Atò
Reggio · Trizzino · *1379*
S. Lucia · Vito di C. · Terreti · Vinco · M. Cavall
Gazzi · Mili · Cardeto · *1333*
Contesse · Mosórrofa · Irifi
1049
Tremestieri · Sant' Elia · Punta
Pistunina · M. Últis · ROCCAFORTE · Mart
Larderia · Croce · Sperato · M. San Demétrio · del Greco · Roghud
Superiore · Gallina · *974* · 18 · *(971)*
RÉGGIO · Valanidi · *1051* · 17 · M.
di Calábria · Ravagnese · Pozzi · M. Embrisi · Monte · *1139*
Pernasiti · Case · Sant'Angelo · M. Scafi
San Gregório · Armo · Embrisi · *1085*
San Leo · Macellara · Oliveto · *11* · Bagaladi
Rosario · *1141*
Valle · Amendolea · San Sebastian
San · Fossatello · Gallicianò
António · Condofuri
San Pier · Serro Morello · *445 · Castello*
Niceto · E90 · 106 · Case · Fossatò
San Ancèlo · Ponte Ielàs · Iónico
Pellaro · 30 · Lume · *883* · Lanzeni
San Filippo · *781* · 183
Punta di Péllaro · Bocale · Motta · Mara cani · M.Urda
San Giovanni · *Madonna* · Amendolea
dell'Oleandro · M.Scarrone · *657*
Melito di Porto Salvo
94 · Melito di Porto Salvo · **95**

Napoli · Reggio di Calábria · Líparì · Napoli · Strómboli
Ìpnilliì · Ìpnilliì · Messina · Reggio di Calábria

Capo Rasocolmo · Sparta · Acquarone
Sindaro · 113dir. · San Giórgio · San Nicolò · Casa · Mortelle
Marina · Castanea · San Lucia · Bianca · Faro
Orto · delle Fùrie · Mássa · San Giovanni · Superiore · Ganzirri
Liuzzo · San Lucia · Gùrcuraci
119 · Villafranca · Messina N. · Salice · Trivio · Grotta · Sant'
Tirrena · San · Portella · Agata
Rometta Marea · Due Torri · Nicola · Castanea · Pace
Buon Signore · Gesso · Contemplazione
Fondacomuova · E90 · 113 · Rizzotti · Paradiso
Spadafora · Fondaco · San · Locanda · Scala
Venético · Báuso · Colonne · Salvatore
Marina · Calvaruso · Serro · dei Greci
93 · San · Badiazza · Catarratti
Scala · Martino · Sant' Andrea · Croce · Camaro
Rapano · Majorani · Cumia · Messina Bocc. · Castelléccio
Valdina · Cavallari · Saponara · Camaro · Catona
Venético · Cumia · Santo · Nunziatella
Torregrotta · Superiore · Fórnari · Santo
Roccavaldina · San · Cumia · Gállico
Zírronte · Carda · Pietro · Inferiore · Gállico
Condrò · Santíssimo · Zafferia · Marina
San Cono · Salvatore · Inferiore · Archi
San Pier · Larderia · Pentimele
Niceto · San Niceto · Superiore · Reggio
Monti · I'Antennamare · Tremestieri · Vito di C.
Monforte · *1127* · Superiore · S. Lucia · Forno
San Giórgio · Mili · Tremestieri · 114
Peloritani · *Madonna* · San Pietro · Inferiore · Gazzi
di Cristina · Galati · Mili Marina · Contesse
Pellegrino · Superiore · Moleti
Pizzo Sálici · Pizzo Bottino · Galati Marina
Scamino · *745* · *1076* · Medio
120 · M. Rossimannò · Santo Stéfano · di Briga · Santa
Pézzolo · *1015* · Margherita
Pizzo d.Croce · M. Poverello · Molino · Ponte
1214 · *1279* · Briga · Santo Stéfano
Pizzo dell' · 83 · Briga Marina
Acqua Bianca · Altolia · Giampilieri
1210 · M. Suderi · Scaletta · Marina
Bianca · *1253* · Superiore
M. Cavallo · Ìtala · Scaletta Zanclea
1216 · *922* · Guidomandri · Ali
Fiumedinisi · San · Superiore · Marina
(200) · Giórgio · Guidomandri · d'Italia
Capo d'Ali · Inferiore · E45 · A18 · *Cappuccini*
Catánia · Bocca di Capri · Leone · Barcellona · *Stretto di Messina* · Catania-Siracusa · Malta

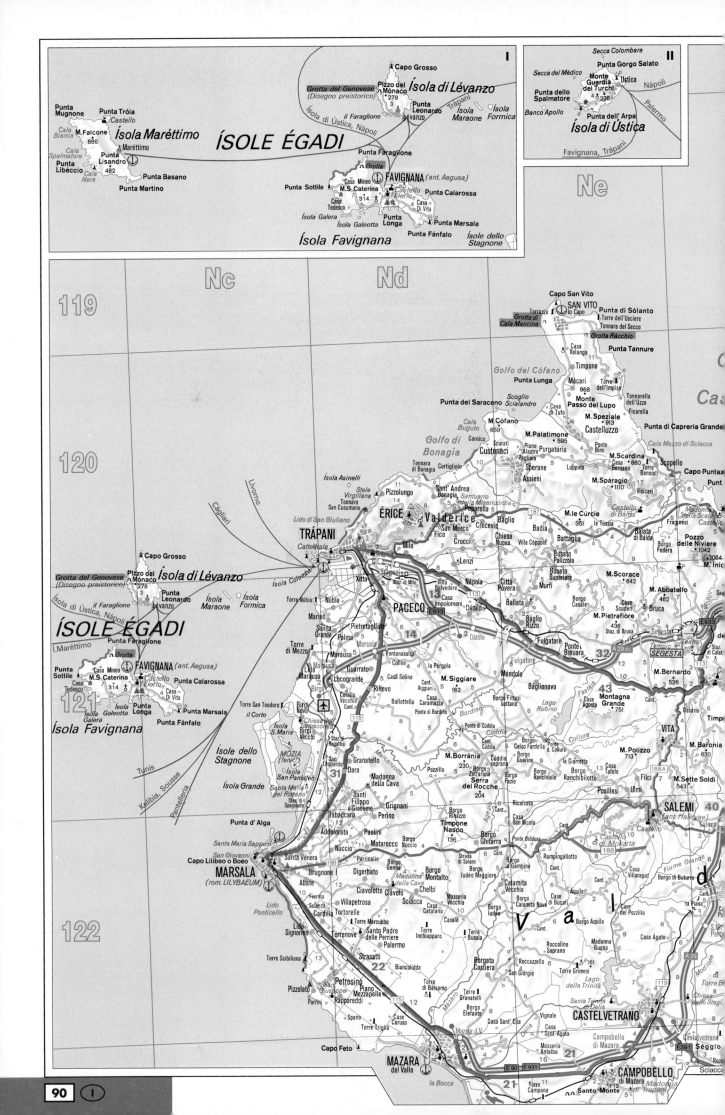

ISOLE ÉGADI

Punta Mugnone
Punta Tróia
Castello
Cala Bianca M.Falcone 686
Ísola Maréttimo
Cala Spalmatore
Maréttimo
Punta Lisandro 482
Punta Libéccio *Cala Nera*
Punta Basano
Punta Martino

Grotta del Genovese
(Disegno preistorico)
Pizzo del Mónaco 278
Capo Grosso
Ísola di Lévanzo
Il Faraglione
Punta Leonardo Lévanzo
Ísola di Ústica, Nápoli;
Trápani
Ísola Maraone
Ísola Formica

Punta Faraglione
Grotta
FAVIGNANA (ant. Aegusa)
Punta Sottile
Casa Mineo
M.S Caterina 314
Castello Florio
Punta Calarossa
Casa Tedesco
Casa Di Vita
Ísola Galera *Ísola Galeotta* Punta Longa
Punta Marsala
Ísola Favignana
Punta Fánfalo
Ísole dello Stagnone

Secca Colombara
Punta Gorgo Salato
Secca del Médico
Monte Guardia dei Turchi 238
Ústica
Punta dello Spalmatore
Banco Apollo
Punta dell' Arpa
Ísola di Ústica
Napóli
Palermo
Favignana, Trápani

119

Capo San Vito
Torrazzo
SAN VITO lo Capo
Grotta di Cala Mancina
Punta di Sólanto
Torre dell'Usciere
Tonnara del Secco
Grotta Rácchio
Casa Valanga
Punta Tannure
Timpone 11
Golfo del Cófano
Punta Lunga
Mácari 868
Torre dell'Impiso
Monte Passo del Lupo
Tonnarella dell'Uzzo
Punta del Saraceno
Scoglio Scialandro
Cava di Tufo
Ficarella
M.Speziale 913
Punta di Capreria Grande
M.Cófano 659
Castelluzzo
Cala Buguto
Golfo di Bonagía
Cornino
Scurati
M.Palatimone 595
Piano Alastre Purgatório
Cala Mazzo di Sciacca
Scopello
Pagliaia
M.Scardina 680
Torre Isernano
Capo Puntazzo
Punt
120
Ísola Asinelli
Stele Virgiliana
Pizzolungo 14
Tonnara San Cusumano
Sant'Andrea Bonagia
Santuario della Misericordia
Paparella
Sperone
Luppino
M.Spáragio 1110
Castello di Báida
Assieni
Visicari
Madonna della Scala
Castelli
ÉRICE
Valderice
San Marco
Crocevie
Fico
Crocci
Chiesa Nuova
Badia
la Tússia
Battaglia
4 351
Balata di Báida
Borgo Fodera
Pozzo delle Niviere
1042
1064
M.Inic
Cágliari
Livorno
TRÁPANI
Cattedrale
Milo
Lenzi
Villa Cóppola
Buseto Palizzolo
M.Scorace 642
Capo Grosso
Pizzo del Mónaco 278
Ísola di Lévanzo
Ísola Colombáia
Xitta
Trápani
Staz. di Milo
Villa Belvedere
Nápola
Città Póvera
Murfi
Buseto Superiore
M.Abbatello 462
Grotta del Genovese
(Disegno preistorico)
Punta Leonardo Lévanzo
Ísola Maraone
Ísola Formica
Torre Núbia
Núbia
Casa Impolomeni
Dáttilo
Ballata
113
Borgo Casale
Case Scuderi
Bruca
Ísola di Ústica, Nápoli;
i.Maréttimo
ÍSOLE ÉGADI
Marino
PACECO
E933
M.Pietrafiore 436
Staz. di Bruca
Segesta
E933
Teatro
Punta Faraglione
Grotta
Punta Sottile
Casa Mineo
M.S Caterina 314
Castello Florio
Salina Grande
Palma
Marsala 14
Dáttilo
Fulgatore
Ponte Binuara
32
A 29 dir
Tempio
Staz. di Calat
SEGESTA
121
FAVIGNANA (ant. Aegusa)
Casa Tedesco
Casa Di Vita
Punta Calarossa
Torre di Mezzo
Maráusa
Fontanasalsa
Colleo
la Pérgola
Méndola
Fastáia
43
Montagna Grande 751
M.Bernardo 526
Ísola Galera *Ísola Galeotta* Punta Longa
Punta Marsala
Marausa
Birgi
Guarrato
Locogrande
Casa Solina
M.Siggiare 162
Cant. Xiggiari
Báglionovo
Case Agosta
Cant.
Ossário
Timp
Punta Fánfalo
Ísola Favignana
Torre San Teodoro
il Corto
Birgi Novo
Rilievo
Corallo Vécchio Cant.
Ballottella
Casa Caramazza
Ponte di Bordino
Bordino
Lago Rubino
Borgo Fittasi sottano
VITA
M.Baronia 630
Ísole dello Stagnone
Chiesa dell'Annunciata
Birgi Vecchi
Staz. di Ragattisi
115
Granatello
Dara
San Leonardo
Madonna della Cava
Pozzillo
M.Borránia 230
Cúddia
Cúddia soprana
Borgo Zaffarana
Borgo Celso Fardella
Ponte d. Collura
Collura
Borgo Guarine
la Giarretta
Borgo Ranchibile
Borgo Fazio
M.Polizzo 713
Casa Tafele
Borgo Ranchibilotto
Filci 7
M.Sette Soldi 543
Ísola S.Maria
MÓZIA *(fenici)*
Ísola San Pantaleo
31
Marcanzotta
Santa Maria del Rosário
Ísola Grande
Santi Filippo e Giacomo
Grignani
Serra delle Rocche 204
Ricalcata
Borgo San Nicola
Posillesi
Ulmi
SALEMI *(ant. Halicyae)*
40
Punta d' Alga
Tabáccaro
Perino
Timpone Nasco 136
Borgo Ghitarra
Ponte Biddusa
188
Castello di Mokarta
Fiume Grande
Santa Maria Sappúsi
San Giovanni
Capo Lilibeo o Boéo
Santa Vénera
188
Addolorata
Paolini
Nuccio
Matarocco
Parrinelle
Borgo Genna
Brugnone
Digerbato
Borgo Montalto
Borgo Iudéo Maggiore
Strada di Salemi
Borgo la Gambine
Rampingallotto
188
Casa Villaragut
Borgo di Buture
Chiesa dello Stagl.
MARSALA *(rom. LILYBAEUM)*
Abate
Fiernta
Sciacca
Ciavolotto Ciavolo
Chelbi
Calamita Vécchia
Casa Aquila
la Piana
S.Ni Pala
Lido Ponticello
Villapetrosa
Tortorelle
Casa Catalano
Masseria Vécchia
Casale
Borgo Iudée
Borgo Calamita Nova di Bucari
Casa Villaragut
Case del Pozzillo
122
Lido Signorino
Gardilia
Terrenove
Torre Marcubbo
Santo Padre delle Perriere Palermo
Torre Inchiappato
Torre Busala
Roccolino Soprano
Madonna Buona
Casa Agate
119
Modione
Torre Bi
Torre Scibiliana 13
Strasatti
22
Biancolidda
Torre di Balsamo
Torre Granatelli
Borgata Costiera
San Giórgio
Roccazzello
Torre Grimesi
161
Lago della Trinità
Santa Trinità di Délia
A 29
Pizzolato
Petrosino San Giuseppe
Piano Mezzapelle
Rappareddi
115
12
Casa Caruso
Borgo Elefante
Casa Sant' Elia
Vignale
Casa Sant' Agata
21
CASTELVETRANO
Castelvetr.
E391
Séggio
Rocc
Parrini
Spano
Torre Triglia
Mazara d.V.
Délia
Masseria Antalbo
Campobello di Mazara
Madonna di Trápani
Castelv.
Sciacca
Capo Feto
21
Torre Campana
MAZARA del Vallo
la Bocca
Santo Monte
E 90 E 931
Madonna
CAMPOBELLO di Mazara

v a l   d

Cas
Cas
Casteli

Cágliari   Isola di Ústica   Génova Livorno

Tunis   Nápoli

Capo Gallo

Golfo

di

Palermo

PARTANNA-
MONDELLO

Ísola
delle Fémmine
Punta di
Barcarello   · 561   Torre di Mondello
P. Matese   M.Gallo
Punta
del Passággio   Serracavallo   Punta di Priola
Ísola
delle Fémmine   T.Natale
Torre del Rótolo

Aeroporto
Punta Ráisi Punta Ráisi   Torre Pozzillo   Pizzo
Marina di Torre Muzza   Manolfo 763   San
Capaci   Carini   Capaci   San
Lorenzo   Addáura
Aeroporto di
Palermo-Punta Ráisi   Villa Grazia
di Carini   M.Castelláccio   Santa
Casa   806   VÉRGINE MARIA
Torre Molinazzo   Cínisi   M.Pellegrino
Città del Mare   Cínisi   Fondo
Dominici   Susinna   890   PA-V.Belgio   ARENELLA
TERRASINI   M Pecoraro   VILLA
GRAZIA   Mortillaro   Santa   ACQUASANTA
Torre Alba   di Carini   Villa Guarino   Villa
Fanny   UDITORE   Maria   SAMPOLO
Capo Rama   Fom. Hykkara   Villa   (559)   Santa   PA-V.Belgio
Torre di Capo Rama   Terrasini   58   Madonna
del Furi   Portella
Torretta   PASSO DI
RIGANO   MALASPINA   PALERMO   Capo Mongerbino   Capo
Zaffe-
Muso di Porco   Montagna
Longa · 986   M.Cúccio   ZISA   San Erasmo   Torre Mongerbino   rano
Villa Fassini   CARINI   '050   ROMAGNOLO   M.Catalfano
Pizzo
Montanello   Doumo Torretta   Boccadifalco   Bandita   Ácqua   Club Mer
Montelepre-   964   · 910   P.²⁰ Cirina   Castelláccio   GUADAGNA   dei Corsari   et Solei · 374
Giardinello   Giardinello   949 · 867   San Martino   Villabate   SOLUNTO
Lo Zucco (615)   M. Saraceno   delle Scale   BRANCACCIO   E90   Aspra
San Cataldo   Staz. di Zucca   Portella   Mezzo-   Santa
Partinico   Montelepre   Montelepre   Impiso   Molára   monreale   Palermo Ciaculli   Ficarazzi   Flavia
Trappeto   Nocella   MONREALE   Villagrázia   Santa Maria   Villabate   Porti-
del Gesù   cello
Molino   Aquinó   Borgo Greco   Montagna   Portella   BAGHERIA
Balestrate   Ságana   M.Gibílmesi   Malpasso   Grande   del Mare   Castel-
Balestrate   1152   Altofonte   Villa   Belmonte   · 645   Bagheria   46   daccia
Santuario   Ciambra   Mezzagno   Obelisco   Castel   CASTEL-
del Romitello   Pioppo   (365)   M.Porcara · 388   Milicia   DACCIA
M.Gradara   186   Damiani   Madonna   Castello   Altavilla   ALTAVILLA
PARTINICO   1194 Amenta   Punta della   del Póveri   M.Porcara
BORGETTO   Villa Renda   Moarda   · 853   Mulino   MISILMERI
M.Signora   M.Matassaro   Giacalone   1078   Pizzo   San Fernando   Portella
1131   Renna   Neviera   Valle Landró   dell'Áccia   M. Cícia
1151   32   10   (294)   M.Corvo   622
Casa   Madonna   Portella   Casa   · 424
Belliemi   di Bosco   del Pianetto (588)   Chinnici
Portella   PIANA   Pizzo Cervo   Casa
Guastella   degli Albanesi   945   Garófalo   Masseria
Masseria   (475)   Ácqua di Masi   846   Ponte   Traversa
la Chiusa   Cannizzo   la Pizzúta   Santa Cristina   M.Gulino   Murtiddi
10   M.della Fiera   971   ·1333   Gela
52   SAN GIUSEPPE   624   Portella   Santa   Pizzo
Iàto   Ginestra (855)   Mangiatoriello   Masseria
ALCAMO   Casa la   M.Jato   M.Leardo   Parrino   619   Suvarita
(ctab. Alkamuk)   Franca Messana   852 IETUM   Serra della Ginestra 1233   1016 977   BOLOGNETTA   15
M.Ferricini   SAN   1099   Kumeta   Monte   Portella   118   Portella   (477)   Masseria
601   CIPIRELLO   Maganoce   Sant' Agata   Bordonaro   Stallone
Grisi   (394)   Masseria   Masseria   (856)   Masseria
Madonna   Casa   Kaggio   515   Monteaperto   Sant' Agata   Ponte San Vito   Rossella Dara   Bagni   BAUCINA
dell'Alto · 825   Tornamólfi   di Cefalà   121
M Bonifato   Masseria   Ponte   Masseria   12   Lago   Pizzo   CEFALÀ   Castello   Casa
Pizzo   Roano   di Zabia   Manati   Masseria   dello   Ponte d'Arcera   Diana   Caleca
Montelongo   Fráccia   Casotte   Casoti   Scanzano   GODRANO   4
532   Ponte Cafesa   Fiume Grande   Arcivocale   (693)   Schirò   VILLAFRATI
Valdibella   Balletto   Masseria   Santuario   Bivio   (551)   Portella
M.Raitano   del Rosário   Lupotto   Lupo   Di Blasi
Casa   477   Masseria   Masseria   Santa
Merlo   M.Orsino   Pietra lunga   Palastanga   Castelláccio   Bárbara   Ponte la
CAMPOREALE   Ponte   Casa   Ficuzza   Deputazione   Fóndaco
Sirignano   304   Pernice   Pioppo   Casa   Azienda   Tavolacci
M.Castelláccio   11   Montalbano   Pernice   M.Galiello   Saladino   Forestale
di Fratácchia   Caltafalsa   574   Rocche di Rao   Colonia   MEZZOJUSO   65
317   Casa   Torre   672   (534)   Cozzo della Jarra
Masseria   Scardino   la Montagnola   dei Fiori   Pizzo   Bosco della Ficuzza   439
Mondello   456   Borgo   Nicolosi ·1613   Pizzo di Casa   Carcilupo
M.Porcello   Serre del Parrino   Castelle   Schiro   937   Rocca Busambra   1211   Masseria
579   443   486   Masseria   Fitàlia
Casa della Pietra   M.Maranfusa   Trentasalme   Giardinello
M.Orsino   Roccamena   Masseria   (803)   Campofelice
Masseria   Rubina   Vallone di Guadèrni   di Fitàlia
Ravanusa   Ponte Aráncio   Santa Doménica
61   Cozzo   Cozzo San Filippo · 463   CORLEONE   Cozzo
di Renelli   Donna Giácoma   Casa Mauro
326   Casa Ignone · 913   ·1057   Mándola
Cozzo Zuccarone   Masseria
Cresta di Ráia   Ponte   Giardo
587   Frattini   Masseria
M.Porcello   Casalottello   Pergole
Ruderi   M.Castellázzo   M.Giammaria   Masseria   Casa   Portella
di Gibellina   615   Pizzo   · 560   Bagnasco   Carrubba   Spinasa   Stallone   della Croce
663   Poggioreale   di Gallo   493   Ponte   Valle   Pizzo
Sálaparuta   644   Casa   d. Nicidoli   di Vicari   Calandrella   Case
420   Garcia   Cautali   Rocca d' Entella   (683)   M.Cardelia   745   Grandi
430   Grande   557   Portella   1266   118   Cozzo di Mónaci
Castellázzo   M. Pérgola   Borgo   Scorciavacche   841
Roccella   Casa   Portella
Casa   Nuove   Giardinello   Campofiorito   Imbriaca   (718)
Cant.   Carruba   Casa   Pizzo Cangialoso   Imbriaca
Nuova   Castelláccio   1457   Ráia   PRIZZI (1007)
581   Bagnitelle   Ponte Alvano   Striccatore   Colóbria
Casa Cozza   Casa   Lago
Findocchio   Margiotta   di Prizzi   M.Carcaci
CONTESSA   Ponte   1196   23
Áquila   Madonna   alla Parrina   M. Colomba   Cant.
Castello   Entellina   del Balzo   M. Triona   1197   Madonna   Ricóvero   188   Masseria
Vertaria   644   1215   Cave S.Venera   della Scala   Carcaci
Convento Madonna   Fondacazzo   Santa Maria   Sósio   Casa   9
delle Grazie   Pianetto   del Bosco   Ponte Sósio   dell' Olmo   Portella
MONTEVAGO   la Serra   M.Genuardo   1436   188   Moia
Lunga   1179   Tortorici   Ponte Grande   M. d' Indisi   Casa
SANTA   · 1436   Lago di   ·1127   (902)
MARGHERITA   BISACQUINO   Gammauta   PALAZZO   28
Molino   di Bélice   Torre Pandolfina   28   Adriano   Lago Pian
Ferriato   Scavi di   Giuliana   CHIUSA   del Leone
M. Magaggiaro   Monte Adranone   386   Sclàfani   S. Calógero   Pizzo Catera   118
399   188   Cant.   1192   90   Cozzo
Portella   Casa Granata   188   Pizzo Mondello   Stagnataro
Misilbesi   34   1245   1346
Lago   Santa   Oliveto   M. Rose   Santuario
Aráncio   50   Rosalia   Castello Gristia   Sósio   SANTO STÉFANO   2 Santa
(295)   (Scírthaea)   Quisquina   Rosalia
SAMBUCA   San Biágio   BIVONA   alla Quisquina
di Sicília

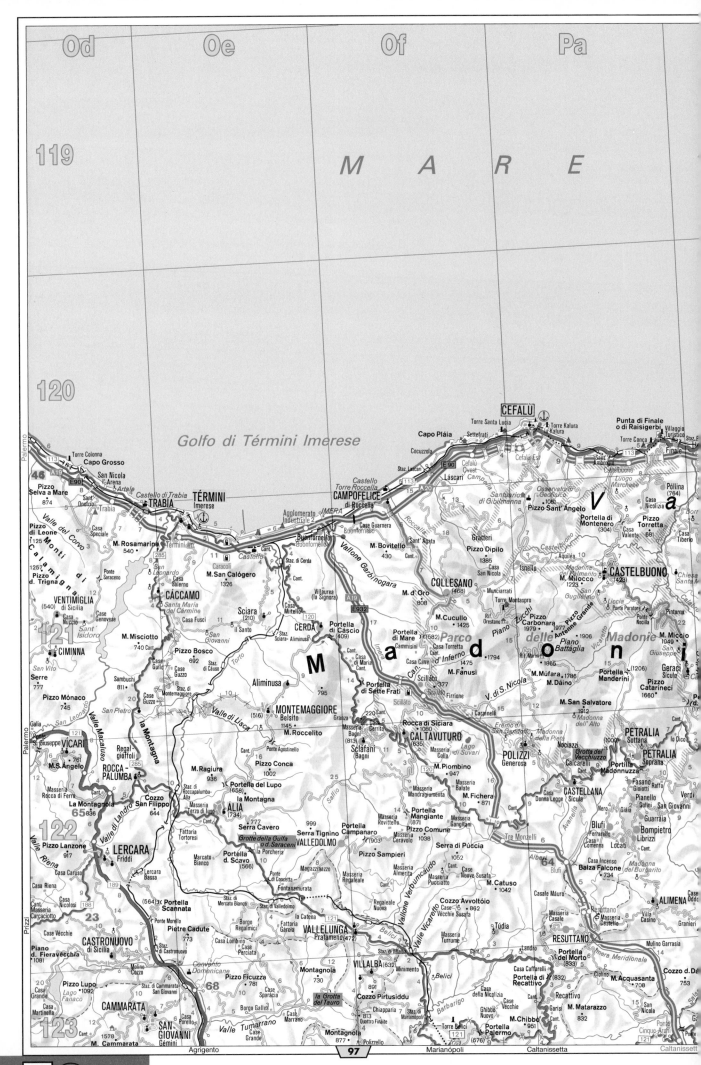

M A R E

Golfo di Términi Imerese

CEFALÙ

Torre Santa Lucia
Capo Pláia
Cocuzzola
Settefrati
Torre Kalura
la Kalura

Punta di Finale
o di Raisigerbi
Torre Conca
Villaggio
Turístico
Staz. F
Finale

Palermo
Torre Colonna
Capo Grosso
113
A19
San Nicola
l'Arena
Artale
E90
Sant'
Ondófrio
Trabia
Castello di Trabia
TRABIA
TÉRMINI
Imerese

Staz. Láscari
Cefalú
Oveet
Cefalú Est
E 90
Láscari
Camboia
113
Sant'
Ambrogio
9

46
Pizzo
Selva a Mare
874
Pizzo
di Leone
5

Castello
Torre Roccella
CAMPOFELICE
di Roccella
A 20
15
Osservatório
Geodísico

Luogo
Marchese
Póllina
(764)
Casa
Nicoliáa
45

Casa
Speciale
M. Rosamarina
540
Términi im.
Castello
Caracoli
Staz. di Cerda
11

Agglomerato
Industriale 2
IMERA
Buonfornello
Buonfornello
Case Guarnera
Buonfornelio
Sant' Agata
Roccalla
18

Santuário
di Gibilmanna
Pizzo Sant'Ángelo
Gratteri
13
Portella di
Montenero
(304)
Pizzo
Torretta
681
Casa
Valente

Vo
Borr
Casa
Tiberio

Monti di Calamigna
1257
Pizzo
d. Trigna
12
Valle del Corvo
Ponte
Saraceno

San
Leonardo
Casa
Salerno
M. San Calógero
1326
Vallone Garbinogara
M. Bovitello
430

Pizzo Dipilo
1385
Casa
San Nicola
Isnello
Aquiléa
Madonna
del Palmento
M. Milocco
1223
CASTELBUONO
(423)
Chiesa
Santa M

VENTIMIGLIA
(540)
di Sicília
Casa
Nuccio
Sant'
Isidoro
CÁCCAMO
Santa Maria
del Cármine
Casa Fusci
Sciara
(210)
il Santo
Villáurea
(la Signora)
A19
E932
120
CERDA
Portella
di Cáscio
(409)
17
Portella
di Mare
COLLESANO
(468)
M. d' Oro
808
M. Cucullo
1425
(582)
Parco
Munciarrati
Torre Montaspro
Piano
Zucchi
Pizzo
Carbonara
1979
Pizzo
Antenne
Grande
1906
delle
Licca
Ponte Paratore
Pizzo
Nocilla
Madonie
M. Miccio
1049
Pintorna
Geraci
Sicula

M.S. Angelo
CIMINNA
San Vito
Serre
777
M. Misciotto
740
Casa
Gullo
Pizzo Bosco
692
San
Giovanni
Staz. di
Sciara-
Aliminusa
M
795
Cammisini
Casa Torretta
Casa Cave
d' Inferno
1475
1794
Piano
Battáglia
Rif. Marini
1865
M.Múfara
1786
M.Dáino
Portella
Manderini
(1206)
Pizzo
Catarineci
1660
Pe
r.d.
Ca

Pizzo Mónaco
745
Sambuchi
811
Casa
Guzzo
Staz. di
Montemaggiore
Aliminusa
Torto
M. di Maria
Cant.
Portella
di Sette Frati
Scillato
Scillato
Firrione
V. di S. Nicola
i Carpinelli
1912
Madonna
dell' Alto
M. San Salvatore

Gália
Pizzo Mónaco
San Leonardo
Valle Macaluso
la Montagna
Regal
gioffoli
285
San Pietro
Casa
Guzzo
20
10
Valle di Lisca
MONTEMAGGIORE
Belsito
(516)
1145
M. Roccelito
Granza
Masseria
Bagni
(813)
Case
Berrito
Rocca di Siciara
CALTAVUTURO
(635)
220 Cant.
Eremo di
San Gandolfo
Madonna
della Pietá
Madonna
dell' Alto
PETRALIA
Sottana
Nociazzi
Grotta del
Vecchiuzzo
PETRALIA
Soprana
lo Dico
Verdi

121
Palermo
VICARI
121
Ronte
S. Giuseppe
M.S. Ángelo
M.S. 761
ROCCA-
PALUMBA
Masseria
Rocca di Ferro
La Montagnola
65 836
Cozzo
San Filippo
644
Masseria
Terzo di Iuso
M. Ragiura
936
Staz. di
Roccapalumba-
Alia
Portella del Lupo
(658)
la Montagna
ÁLIA
(734)
Pizzo Conca
1002
Ponte Agostinello
16
Cant.
Saffio
Sclafani
Bagni
Masseria
Colla
M. Piombino
947
120
Masseria
Mandragiumenta
Masseria
Balate
M. Fichera
871
Portella
Mangiante
(871)
Pizzo Comune
Masseria
Gangitani
Serra di Púccia
Casa
Donna Legge
CASTELLANA
Sícula
Pasano Raffo
Casa
Gioiotti
Pianello
Gulini
San Giovanni
Guarráia

Galía
Pizzo Lanzone
917
Valle del Landro
LERCARA
Friddi
Lercara
Bassa
Casa Carúso
Fattoria
Tortoresi
Cozzo
San Filippo
777
Serra Cavero
Grotte della Gulfa
o d.Saraceni
la Porcheria
999
Serra Tignino
VALLEDOLMO
Portella
Campanaro
(903)
Pizzo Sampieri
Masseria
Rovittella
Masseria
Ceravolo
1038
1052
Masseria
Almerita
Cozzo Avvoltóio
(862)
Case
Vécchie Susafa
Masseria
Pucciatto
M. Catuso
1042
Casa
Nuove Susafa
Albero
64
Casa Incenso
Balza Falcone
734
Blufi
Ferrarello
Locati
Bompietro
Librizzi

122
Valle Riena
Casa Carúso
189
Casa Riena
188
Marcato
Bianco
Ponte
di Concetta
Fontanamurata
Magazzinazzo
Regaleale
Nuova
Regaleale
Nuova
Vallone Verbumcaudo
Valle Vicaretto
Tre Monzelli
6
Madonna
del Burgarito

23
Prizzi
Casa
Nicolosi
14
(564)
Portella
Scannata
Staz. di
Mercato Bianco
Staz. di Valledolmo
Borgo
Regalmici
Fattoria
Gárcea
la Catena
121
VALLELUNGA
Pratameno (472)
Staz. di Villalba
Bélici
Masseria
Turrume
Túdia
Landro
Masseria
Case
RESUTTANO
Masseria
Castello
ALIMENA
Villa
Casino
Case
Oddo
Granieri

Pietre Cadute
773
Casa Lombino
Case
Perciata
Montagnola
730
VILLALBA
(632)
Minimento
Bélici
Casa Caffarelli
Portella
del Morto
(833)
Mulino Garrasia

CASTRONUOVO
di Sicília
Piano
d. Fieravécchia
1081
Staz.
di Castronuovo
Convento
Domenicane
Molino
Cozzo
Pizzo Ficuzza
781
Casa
Sparacia
Montagnola
891
Cozzo Pirtusiddu
Ghibbò
Nuovo
Casa
della Nicolizia
Case
Vécchie
Portella di
Recattivo
(832)
Ciolino
Recattivo
M. Acquasanta
708
Cozzo D. Da
753

123
Casa
Grande
Pizzo Lupo
1092
Lago
Fanaco
Staz. di Cammarata
San Giovanni
68
Borgo Galleá
la Grotta
del Tauro
813
Quattro Finaite
Chiapparia
Staz. di
Marianópoli
Portella
Palermo
(676)
Garisi
M. Matarazzo
832
San
Nicola
Cinque-Archi
Ca

CAMMARATA
Casa
Martinella
1578
SAN
GIOVANNI
Gémini
M. Cammarata
Valle Tumarrano
Case
Grande
Casa
Marrano
Montagnola
877
Polizzello
Torre Belici
121
M.Chibbò
951

T I R R E N O

Barcellona Messina Centro

Capo d' Orlando   Scoglio Brolo   Gliáca
Santuario   Santa María del Fiume
Capo d' Orlando
Testa del Mónaco   Brolo
Brégano
93
551
Matini
Lacco
14
12   Sauro
Malvagino   NASO
Piscittina
E90   Cagnanò   116   Martini
Staz. di Zappulla   Malò   Sant'   Baracche
la Rocca   A20   13 António   Santa
Zappulla   Rocca di   Leone   Croce
Capri   Sinagra
Torrenova Capri   Mirto   Castell'   Naso
Leone   Umberto   Ficarra
SANT' ÁGATA   San Marco   Castell' Umberto
di Militello   d' Alúnzio   Frazzanò   Véchio   Pizzo
Torrecandele   San Salvatore   Corvo
Acquedolci   113   di Fitália   Stéfanda 1077
3   Sant' Agata M.   Pullo
Chiesa   Convento   Passo
S. Ágata M.   M.S. Fratello 5   delle Grázie   di Fragalà   (716)   della Zita   TORTORICI
Sant' Anna   718   Militello   Galati
Torre   Iria   Serra di Furci   Alcara   Mamertino
del Lauro   Nicetta   87e   li Fusi   (790)   Longi
Casa Suvarita   Marina   Pizzo d.   15   Tiranni   Rocche   (616)
di Caronia   Doménica   del Crasto   Portella
Casa Suvarita   73   533   SAN   (675)   1282   1315   Calcatizzo   Lembo
Caronia   E90   Caronia   Ponte   FRATELLO   Pizzo di Úcina
SANTO STÉFANO   14   Pizzo Filio   Nicoletta   San   Eremo   Serra di Curuna
di Camastra   833   Benedetto   di San Nicola   1264
Cannetto   289   Pizzo Tambulano
Castèl   Villa Margi   1191   Casa
di Tusa   Torremuzza   Passo   Mangalaviti
HALAESA   Madonna   16   dei Tre   Bosco
Castel   S.Stefano   delle Grázie   (782)   Pojo della Cattiva   di Scavioli
i Tusa   Nuovo   Pizo di Pagano   1451   Casa
TUSA   860   Casa   Erbazzo
614   Motta   Valle Pietà   Casa   Cicala   Biviere   Serra dei Re
d' Afferno   Reitano   Pizzo di Luminária   Grasseto   Casa   di Cesarò   1757   Foresta
Santa María   Santa Croce   1260   Zerbetto   Véchia
PETTINEO   di Paladi 6   di Santo Stéfano   Valle Rubino   Casa Forestale   Bosco Grappida   Treário
027   M. Trefinaidi   (1310)   Nebrodi
10   21   1167   Parco   dei   1847
Lago   Pizzo Nido   M. Soro   Casa   Porticelle
Zillo   1287   Serra Rigano   Barrila   Soprane
Vuturu   Castello   33   1520   Bosco   Porticelle
223   MISTRETTA   Portella   (1524)   Rif.   Favate   Semántile   Sottane
M.Canalicchio   (983)   Cozzo Salomone   Fémmina Morta   Casa   Pizzo del Pezzo   Guárdie
1265   1093   Cant.   Atanásio   Pizzo   1091   Forestali
Punta Montagna   Cozzo Bellanti   Casa   Portella   1536   Camolato   Maniace
1237   774   1149   Lena   della Mirággia   Casa   Galatese
CASTÈL   Casa   Serra Pumeri   Casa   (1464)   Vitalone   Sant' Andrea   Fándaco
di Lúcio   Bruzzolino   1544   M. Pelato   Casa Zito   18
1347   Santa   M. Castelli   Portella   1567   Póggio Tornitore   Vigna
Timpa d' Ariddu   Lúcia   1567   Casa   dell' Óbolo   Casa   1571   1407   Abbazia
26   Casa   del Pomiere   (1503)   Mafauda   Cant.   di Maniace
Casa Cozzo Nóbile   Valle Burgisaro   Portella   Orto Nuceri   Pizzo d'Interleo   San   Casa
se Montedoro   Cant.   Cirasa   1313   Casa Pardo   Di Salvo Teodoro   Santa Bárbara
Castelli   Troina   M. Áuto   Casa   Castello   Ponte Bolo
Colle   (1107)   Pizzo Scimone   1343   Leanza   CESARÒ   Casa   120
del Contrasto   Casa   Lago di   1210   Casa Carabba   Ponte
GANCI   Cologno   CAPIZZI   Áncipa   Borgo   Molinello
(Gangi)   Passo   Cipoluzze   San Pietro M. dell' Annunziata   Giuliano   Fiorentini   Ponte
M.Capitano   (1070)   Malopasseto   9   1234   Troina   d. Cantera
120   886   M. Sambughetti   Casa   Castello di Bolo   San Nicola
Chiesa   1558   Portella   Paciane   Serravalle
Chianazza   M. d.   San Martino   CERAMI   M. Timponivoli   Serra di Vito   BRONTE
1121   Grassa   (1050)   (970)   1209   Casa   di Caginia
Masseria   Casa Graffagna   Stallone   Mulini   Santa Doménica   1242   32
Monaco   853   1091   Pancallo   di Failla   Contrada
Masseria   M. Vaccarra   S. Bárile   120   Portella di   Lercara   Masseria   Placa
GANGI   Cannella   Cant.   Nicosia   Giviti De Luca   la Cartiera
(Gangi)   Grotta Agrippina   Portelle   (990)   (818)   Casa   Masseria   Valle San Cristóforo
Balza di Pezzalunga   12   (830)   809   M. Fémmina Morta   Sollima   San Cristóforo   807   Pizzo dell' Eremita
1053   Villa   910   Portella di   Casa   Masseria   Castelluzzo
Marigo   il Loco   Mónaco   Fellauto   Ferraro   Andronico
Sperlinga   TROINA   (1120)   Ciappulla   Castello   742
(750)   Villa   Casa   di Spanò   Ponte d. Saraceni
M. Zimmara   Bosco di Sperlinga   Pietralunga   Musa   16   Casa Squilaci   Masseria
1332   NICOSIA   Soprana   M. San Pietro   Casa   Pietrerosse   Víctale
(720)   542   1013   760   Palizzi   Casa Marchesini   Casa
Masseria   Casa   Schino della Croce   M. Sálici   Cárcadi   M. Pulicara
San Silvestro   la Rosa   Casa   Musa   1113   1142   736   Masseria
Pizzo Gallo   Mandre   Cant.   La Motta   Sottana   Casa   Bruca   121   473
1162   Masseria   Cave   Reccella   121   Masseria
Serra   Ficilino   di Pietra   Casa   Grotta Fumata   Casa Castelli   Aragona
del Vento   1026   Casa   Speciale   Villággio   Masseria   Staz.
1054   Borgo   M.la Guárdia   Sangiaimo   926   Santa Margherita   Casa   Sparacollo   Malsalto   Mandarano
rdonaro   Milletari   840   GAGLIANO   Giunta   Centúripe
Cácchiamo   Casa Valle   19   Castelferrato   M. Magari   575   Renária
dei Giunchi   Portella   (651)   863   Casa   Staz.
Villadoro   Creta   Casuto   Serra del Bosco   Marletta   11   Centúripe
Cozzo   (874)   764   Lago di   Ponte
Partesina   821   Case   Pozzillo   del Maccarone
878   1193   M di Mezzo   Trefontane   M. Crapuzza   REGALBUTO   Masseria
capra   Aiello   653   641   Aragona
Nissoria   M. San Giorgio
fo   Casa   San   670   605   CENTÚRIPE
Casa   Belmonte   Giórgio   Bannò   (824)   12   la Rosamarina
Lago   LEONFORTE   Casa Castro   M. Sant' Ágata   56   M. Savarino
rosa   Cozzo Mirió   741   AGIRA   Serra Lupo
764   11   Magazzinazzo   520   Casa
ASSORO   M. Zimbálio   563   Stancanelli
Palazzo Mazzara   Lago   M. Stella   632   Vallone
Casa Realmesi   Nicoletti   779   Casa   M. Pulicara
Casa   Casa   Ríchiari   12   Rocca d' Áquila   Di Marco   13   Filiciosa
Bastione   Commenda   Staz. di Pietra'   455   Múglia
Santuario   Nicoletti   10   Scardilli   Casa Manata
Buonriposo   121   24   Dittáino   20   Carrubba   89   Catenanuova
CALASCIBETTA   6   Masseria   M. Sarmara   A19

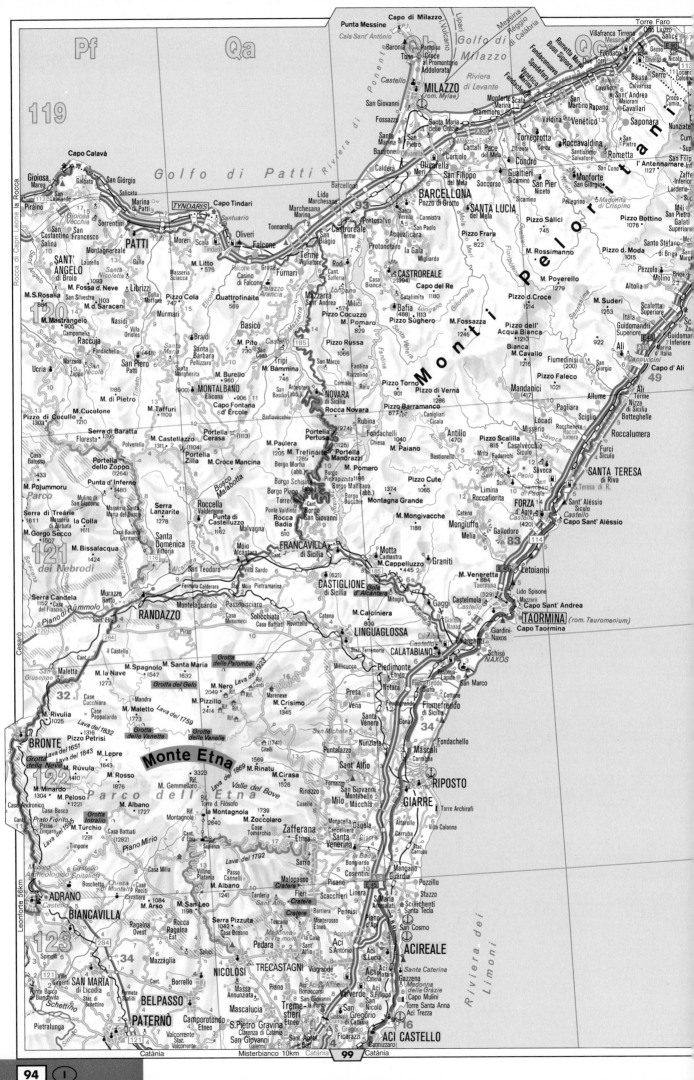

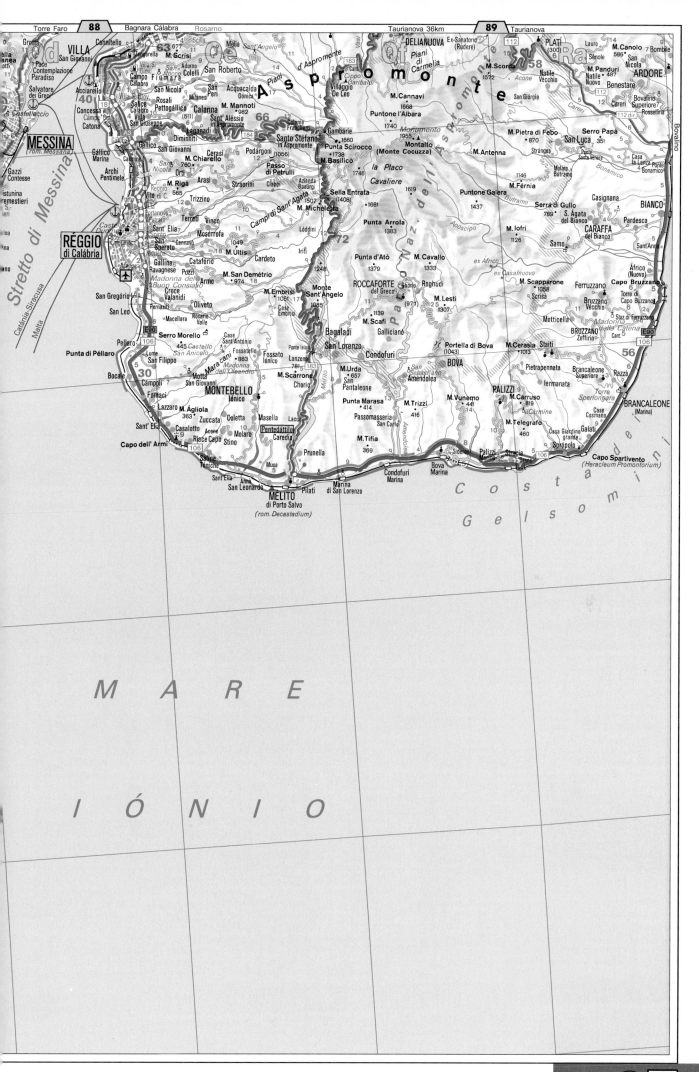

MARE

IÓNIO

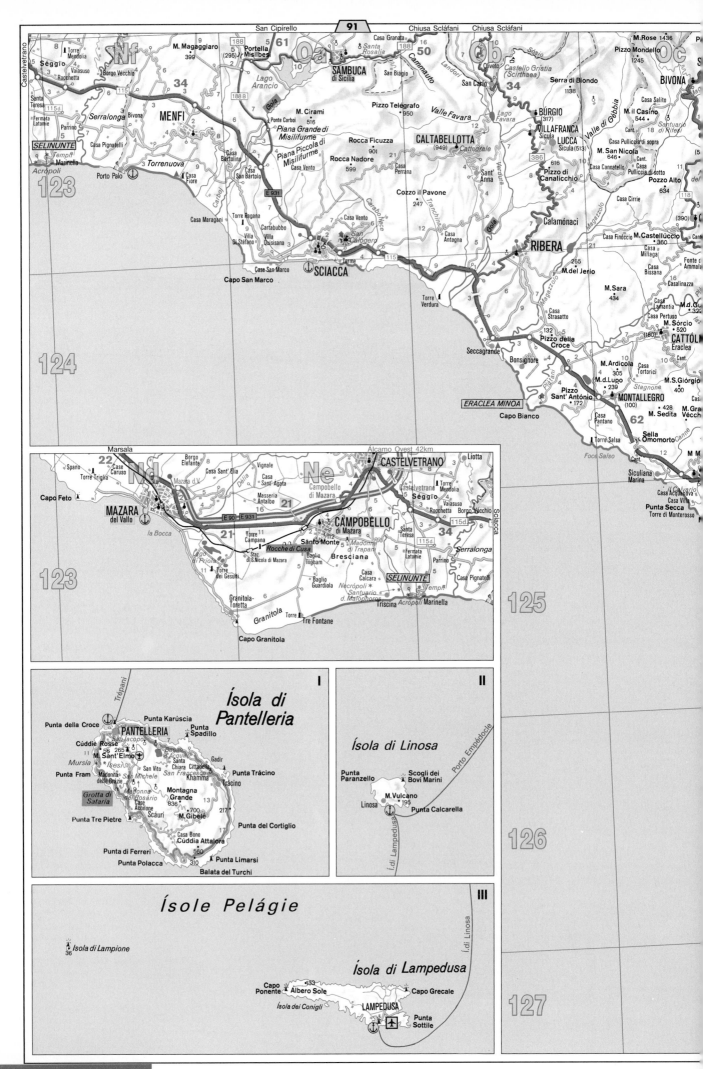

Castelvetrano

8 Torre Mendolia
Séggio
Vaiasuso
Rocchetta
Borgo Vecchio
Santa
Teresa
115d
Serralonga Bivona
MENFI
34

M. Magaggiaro
399
188 (295)
Portella
Misilbesi
5 61
Lago
Arancio
10
SAMBUCA
di Sicília
San Biágio
Casa Granata
Santa
Rosalia
188
50
Cammauto
San Carlo
Landori
Oliveto
Castello Gristia
(Scirthaea)
Serra di Biondo
1138
M. Rose 1436
Pizzo Mondello
1245
Oc
BIVONA

Casa Pignatelli
SELINUNTE
Tempi
Marinella
Acrópoli
115d

Ponte Carboi
M. Cirami
Piana Grande di
Misilifurme
Piana Piccola di
Misilifurme
Casa Vento
E 931

Pizzo Telégrafo
950
Valle Favara
Rocca Ficuzza
Rocca Nadore
599
Casa
Perrana
901
21
Cozzo il Pavone
247
CALTABELLOTTA
(949)
Cattedrale
Sant'
Anna
386
BÚRGIO
(317)
VILLAFRANCA
Sicula
LUCCA
Sicula (513)
616
Pizzo di
Canalicchio
Lago
Favara
12
Casa Pulliccia di sopra
M. il Casino
544
Santuario
di Rifesi
Casa Salito
M. San Nicola
Casa Cannatello
Casa
Pulliccia di sotto
Pozzo Alto
634
11
118

Torrenuova
Casa
Fiore
Casa
Bertolino
Casa
San Bártolo

Porto Palo
Casa Maragani
Torre Ragana
Cartabubbo
Villa
Di Stéfano
Villa
Quisisana
2
3
San
Calógero
Casa Vento
115
Terme
Casa
Antogna

Calamónaci
Magazzolo
Casa Finóccio
M. Castellúccio
360
Casa
Millaga
Casa
Bissana
Casalinazza

123

Case San Marco
Capo San Marco
SCIACCA

RIBERA
265
M. del Jerio
Casa
Strasatto
132 Pizzo della
Croce

Grìa

124

Torre
Verdura

Seccagrande
Bonsignore
Pìani
Casa
Pantano
Casa
Tortorici
M. Ardicola
305
M.d.Lupo 239
Pizzo
Sant' António
172
Pizzo
Sant' António
Stagnone
M.S.Giórgio
400
MONTALLEGRO
(100)
62
428
M. Sedita
M. Gra
Vécch

ERACLEA MINOA
Capo Bianco

Foce Salso

Torre Salsa
Sella
Omomorto
Cant.

Siciliana
Marina
Casa Acquanova
Casa Villa
Punta Secca
Torre di Monterosso

Nd / Ne panel

Marsala
22
Spano
Casa Caruso
Torre Triglia
MAZARA
del Vallo
la Bocca
Capo Feto
Lago
di Priola
Torre
dei Gesuini

Borgo
Elefante
Casa Sant' Elia
Mazara d.V.
Delia
2
E 90 E 931
21
Torre
Campana
112
Staz.
di S.Nicola di Mazara
11
6
Granìtola-
Toretta
Granítola
Torre
Capo Granítola
Tre Fontane

Vignale
Casa
Sant'-Agata
Campobello
di Mazara
Masseria
Antalbo
21
Rocche di Cusa
Santo Monte
Baglio
Ingham
Bresciana
Baglio
Guardiola
Necrópoli
Santuario
d. Malophoros
Triscina
Acrópoli
Marinella

Álcamo Ovest 42km
Liotta
CASTELVETRANO
Castelvetrano
Torre
Mendolia
Séggio
Vaiasuso
Rocchetta
Borgo Vécchio
CAMPOBELLO
di Mazara
Madonna
di Trapani
Madonna
del Rosário
Casa
Calcara
Casa Pignatelli
SELINUNTE
Tempi
5
5
Santa
Teresa
Fermata
Latomie
Parrino
34
115d
Serralonga
Sciacca

123

125

Panel I

Trépani
I

Punta della Croce
Punta Karúscia
PANTELLERIA
San
Jacopo
Punta
Spadillo
Cúddie Rosse
56 265
M. Sant' Elmo
Mursia
Ìses
Bagni
d'Acqua
Santa
Chiara Cittadella
Khamma
Gadir
Punta Trácino
Punta Fram
San Vito
San Michele
San Francesco
Trácino
Madonna
delle Grazie
Grotta di
Sataria
Case
Achitone
Scáuri
Montagna
Grande
836
700
M. Gibelé
13
217
Punta del Cortiglio
Punta Tre Pietre
Casa Bono
Cúddia Attalora
Punta di Ferreri
560
Punta Limarsi
310
Punta Polacca
Balata del Turchi

*Ìsola di
Pantelleria*

Panel II

II

Ìsola di Linosa

Punta
Paranzello
Scogli dei
Bovi Marini
M. Vulcano
195
Linosa
Punta Calcarella
Porto Empédocle
Ì.di Lampedusa

126

Panel III

III

Ìsole Pelágie

Ìsola di Lampione
36

Ìsola di Lampedusa
Capo
Ponente Álbero Sole
133
Capo Grecale
Ìsola dei Conigli
LAMPEDUSA
Punta
Sottile
Ì. di Linosa

127

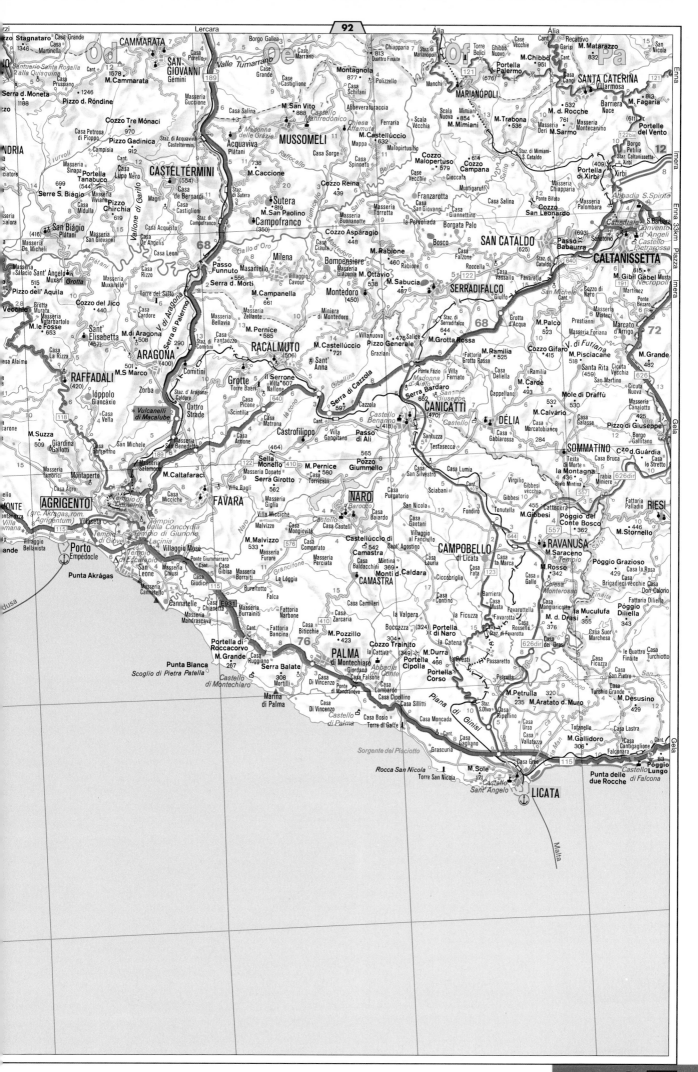

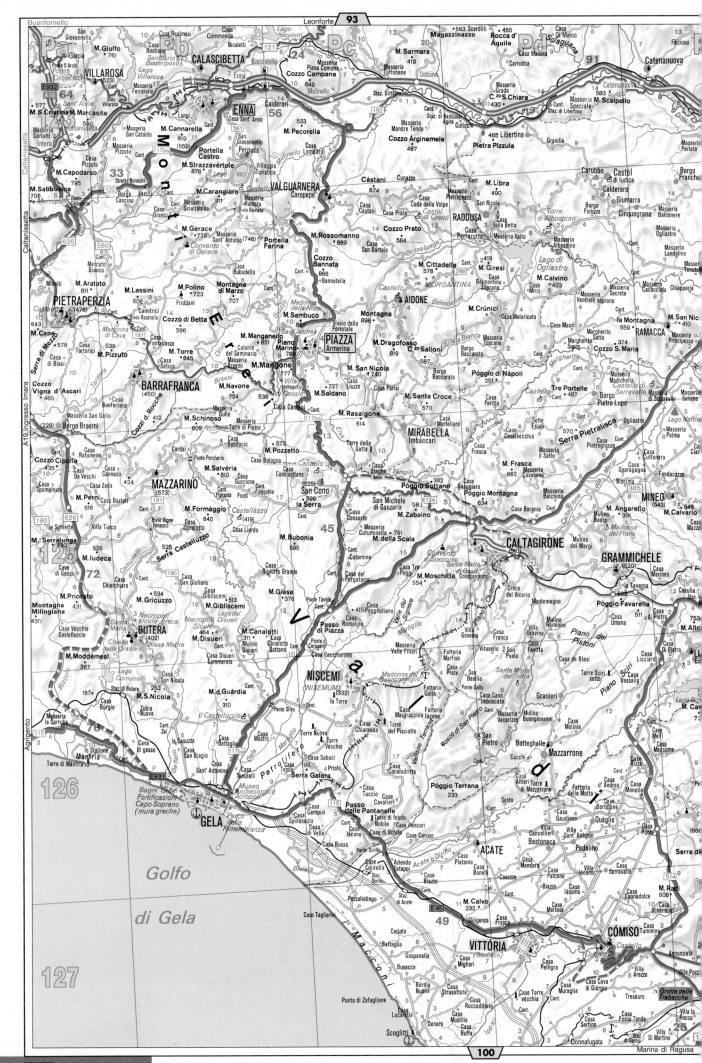

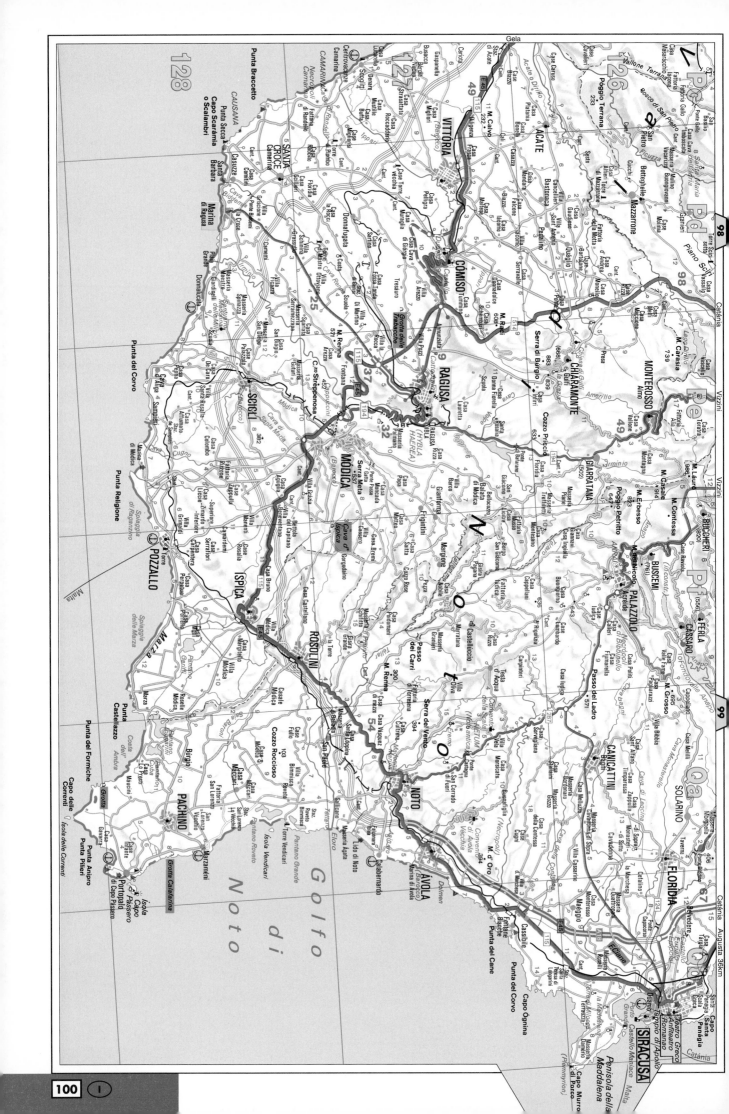

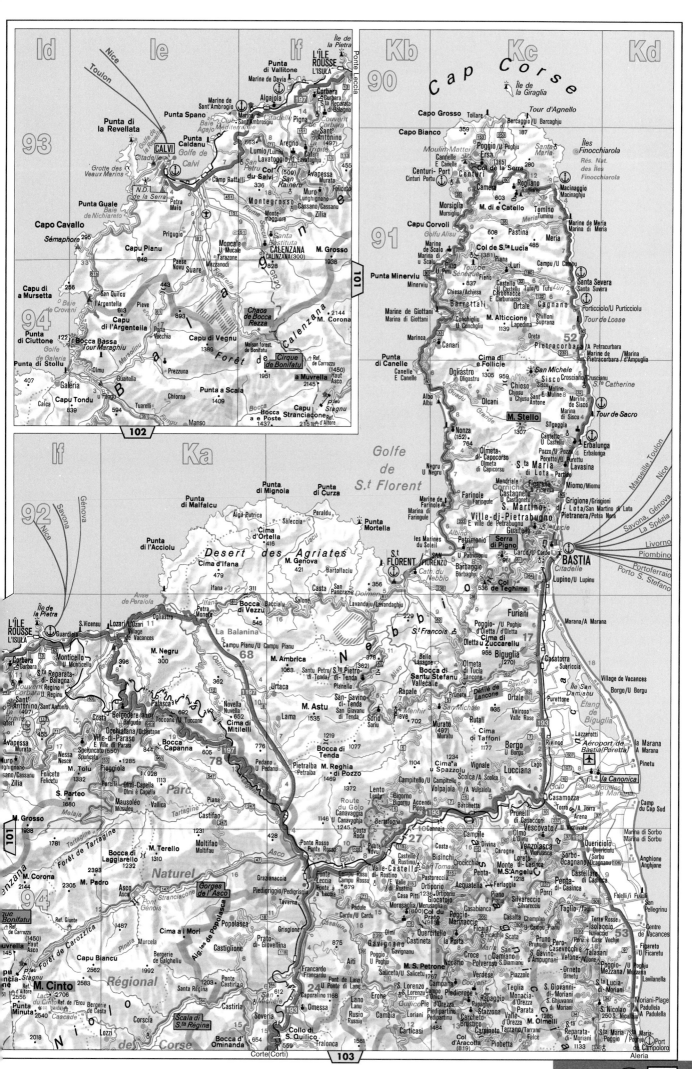

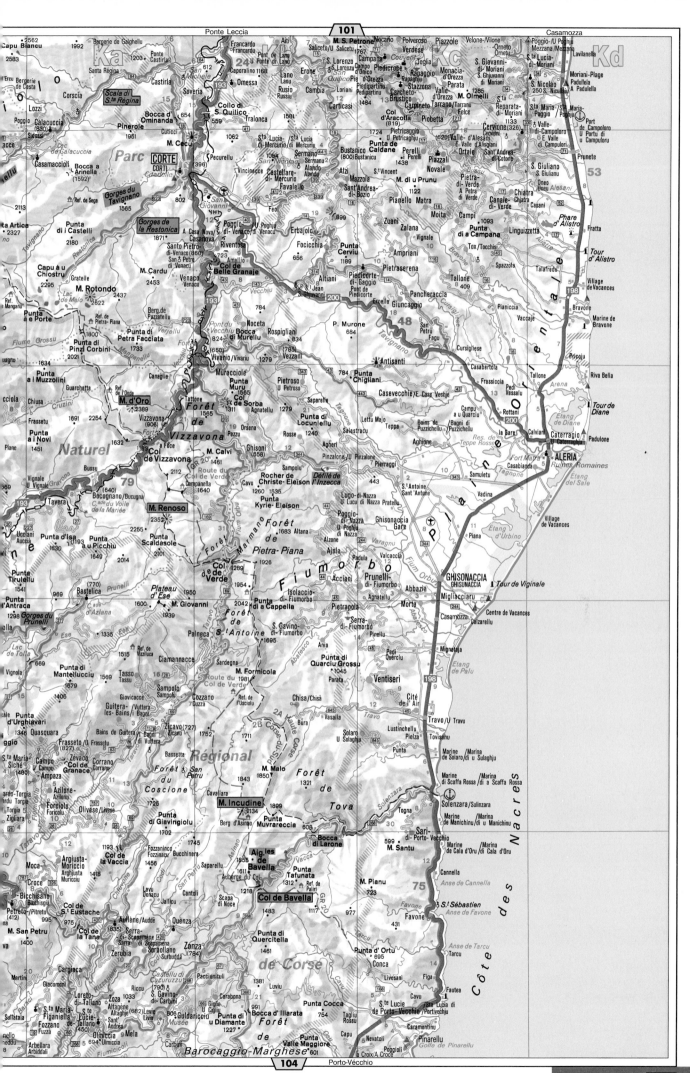

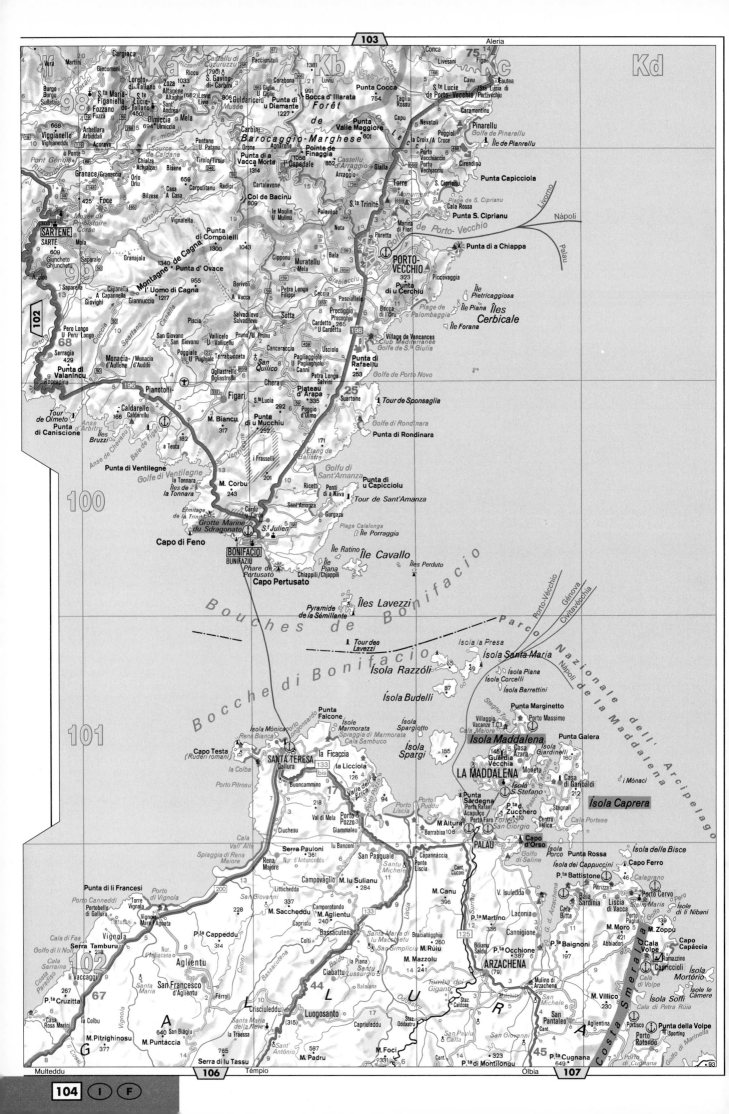

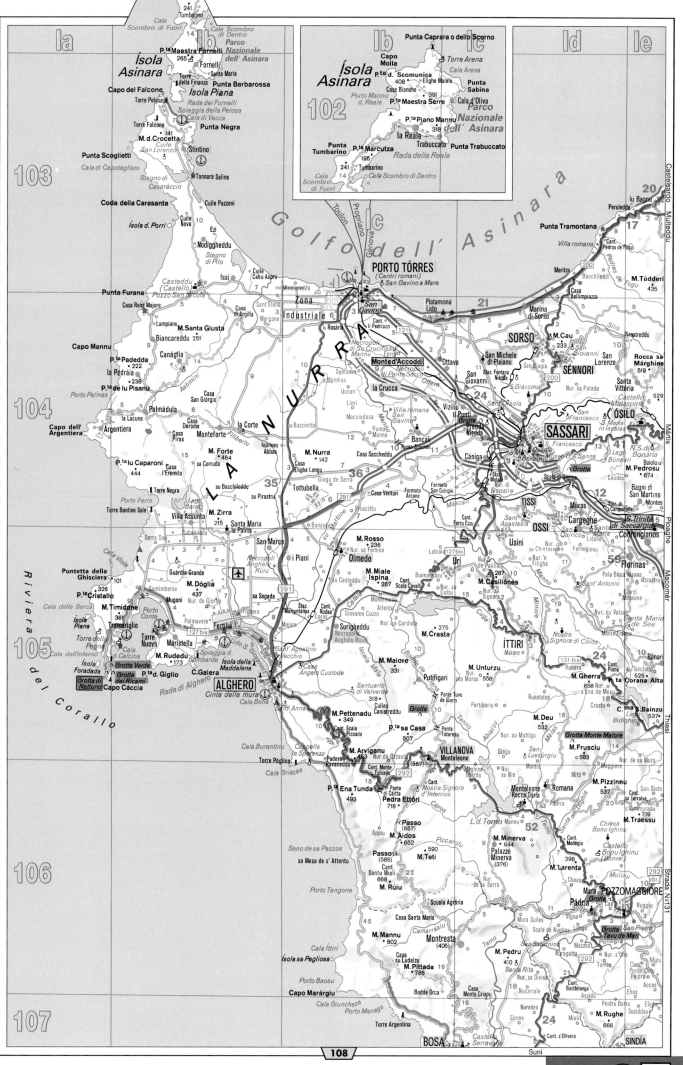

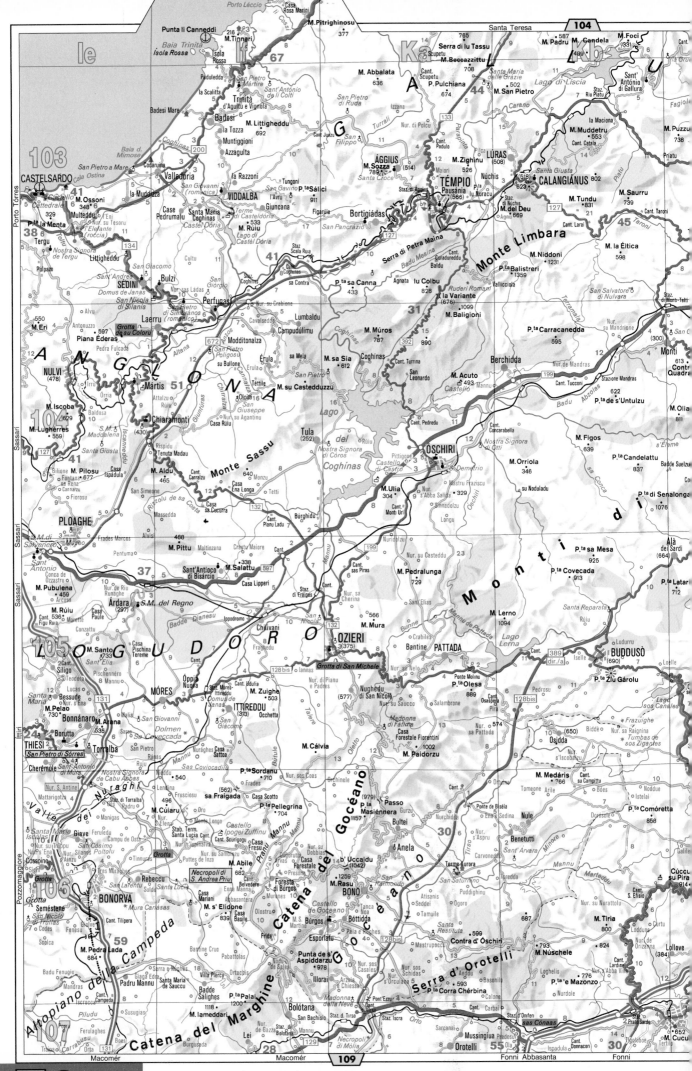

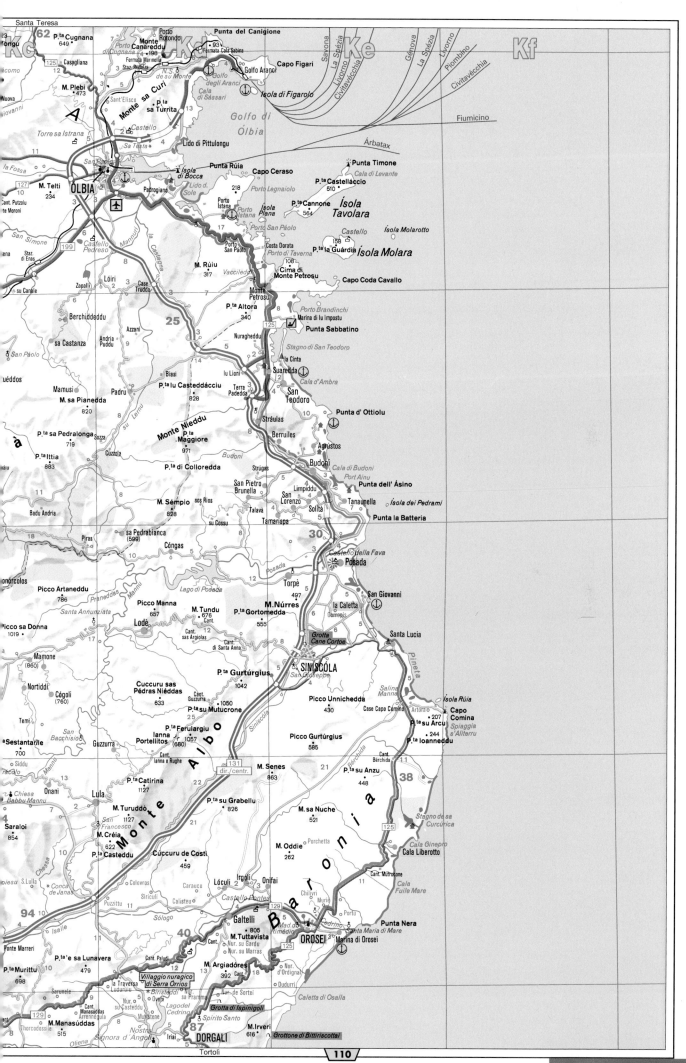

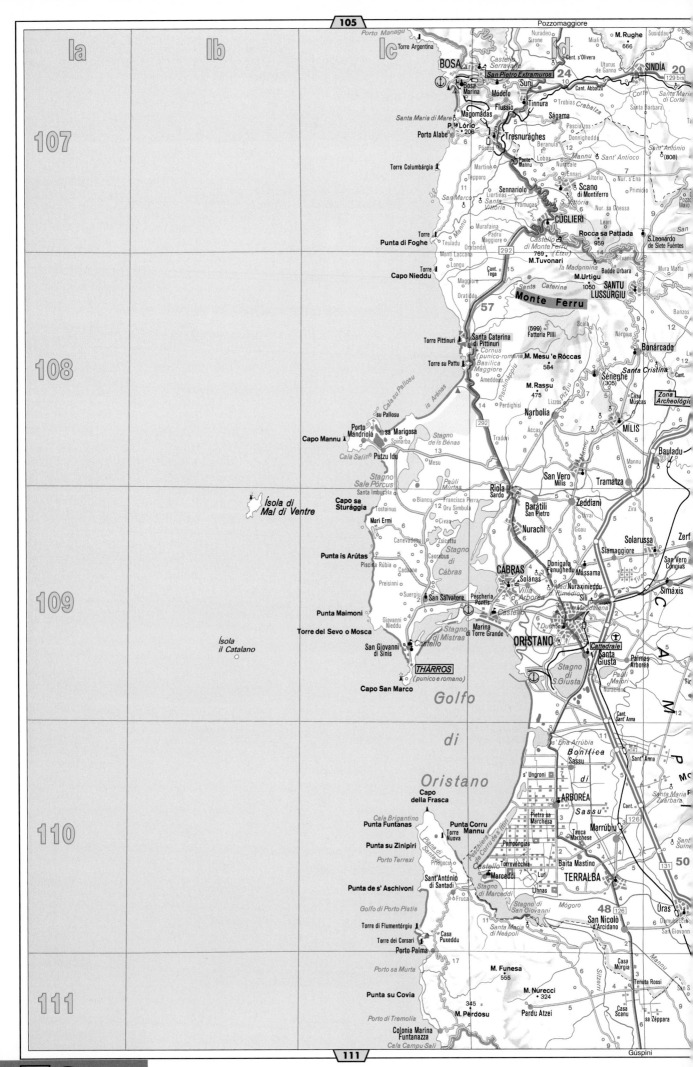

Pozzomaggiore

Porto Managu

Torre Argentina

BOSA

M. Rughe
666

Susiddau

Nuradeo
Sirone

Cant. s'Olivera

Miali

Castello
Serravalle

San Pietro Extramuros

Uturus de
Ganna

SINDÍA 20

129 bis

Bosa
Marina

Módolo

Suni

24
10

Cant. Abbatzu

Corte

Santa Maria
di Corte

Flussio

Tinnúra

Trobias Crabalza

Santa Bárbara

Magomádas

Ságama

Santa Maria di Mare

P.ta Lório
208

Pascialzos

Sant'Antíoco

Porto Alabe

Tresnurághes

Beranula

Donnigheddu

Sant'Antíoco
(808)

Torre Columbárgia

Ponte
Mannu

Lobos

Mannu

12

Martine

Nuracale

7

Teporo

Ennari

Altoriu

Atoriu

Nur. s'Ena

Primícoro

11

Sennariolo

**Scano
di Montiferro**

Pozzo
Maio

Liortinas

Frómugas

Santa
Vittória

S. Vittória

Nur. sa Chessa

San Marco

Leari

CÚGLIERI

Rocca sa Pattada
959

S.Leonárdo
de Siete Fuéntes

San

Torre
Punta di Foghe

Murafaina

Padru
Maggiore

Castello
di Monte Ferru
769
(Etzu)

M.Tuvonari

la Madonnina

Silvanis

Teuladu

Orpranda

14

Torre
Capo Nieddu

Monti Laccana

Longu

Cant.
Tega

15

Badde Urbara

Mura Matta

M.Urtigu
1050

**SANTU
LUSSÚRGIU**

Maggiore

Oratidde

57

Santa Caterina

Monte Ferru

Banzos

(599)
Fattoria Pilli

Scala

9

12

Nárgius

Torre Pittinuri

**Santa Caterina
di Pittinuri**

M. Mesu 'e Róccas

Bonárcado

Cornus
(punico-romana

584

Torre su Pattu

Basilica
Maggiore

Séneghe
(305)

Santa Cristina

Cant.

Ameddddu

Pischinappiu

M. Rassu
475

Casa
Muscas

Zona
Archeológica

is Arénas

Cala su Pallosu

14

Lizzos

Perdighisi

Narbolia

Accas

MÍLIS

su Pallosu

292

Bauladu

**Porto
Mandriolá**

sa Marigosa

Stagno
de is Bénas

Tradori

Spinarba

Capo Mannu

8

7

Mannu

Cala Salin
Putzu Idu

13

Mesu

**San Vero
Milis** 3

Tramatza

Pauli
Múrtas

Stagno
Sale Pórcus

**Ísola di
Mal di Ventre**

Santa Imbucata

**Riola
Sardo**

Zeddiani

Zira

**Capo sa
Sturággia**

Biancu

Francisca Perra

Barátili
San Pietro

Oru Simbula

12

Goau

Tostoinus

Civas

Nurachi

Solarussa

Zerf

Mari Ermi

Canevadesu

Zsicattu

Siamaggiore

San Vero
Congius

Punta is Arútas

Piscina Rúbia

Caorabus

Stagno
di
Cábras

CÁBRAS

**Donigala
Fenughedu**

Mássama

Simáxis

Cadesane

4

Solánas

Mar Nuraxinieddu

Sili

Preisinni

Suergiu

Giovanni
Nieddu

San Salvatore

Pescheria
Póntis

Villa
d'Arboréa

Rimédio

Macaladena

Punta Maimoni

2

**Ísola
il Catalano**

Castello

Duomo

ORISTANO

Torre del Sevo o Mosca

Stagno
di Mistras

Marina
di Torre Grande

Castello

**Santa
Giusta**

Cattedrale

**San Giovanni
di Sinis**

Castello

Páimas
Arboréa

THÁRROS
(punico e romano)

Stagno
di
S.Giusta

Pauli
Maiori

Capo San Marco

Golfo

Nuraciano

Cant.
Sant'Anna

11

di

s' Ena Arrúbia

Oristano

Bonífica

Sassu

Sant'Anna

**Capo
della Frasca**

s' Ungroni

di

ARBORÉA

Cant.

Santa Maria
Zurárbara

Cala Brigantino
Punta Funtanas

Punta Corru
Mannu

Pietra sa
Marchesa

Sassu

126

Marrúbiu

Torre
Nuova

Punta su Zinipiri

Tanca
Marchesa

50

Pompóngias

2

Sant
Suine

Porto Terrexi

Castello

Torrevécchia

Torre di Flumentórgiu

Baita Mastino

131

Sant'António
di Santadi

Marceddi

Luri

Punta de s' Aschivoni

Stagno
di Marceddi

Lihnas

TERRALBA

Fruca

Golfo di Porto Pistis

Mógoro

48

126

Úras

Stagno di
San Giovanni

Damubecciu

Torre di Flumentórgiu

San Nicolò
d'Arcidano

San Giovanni

Casa
Púxeddu

Santa Maria
di Neápoli

11

Torre dei Corsari

Porto Palma

17

Casa
Múrgia

Tenuta Rossi

Porto sa Murta

M. Funesa
555

Punta su Covia

M. Núrecci
324

Casa
Scanu

sa Zéppara

345

Porto di Tremolia

M. Perdosu

Pardu Atzei

Colonia Marina
Funtanazza

Cala Campu-Sali

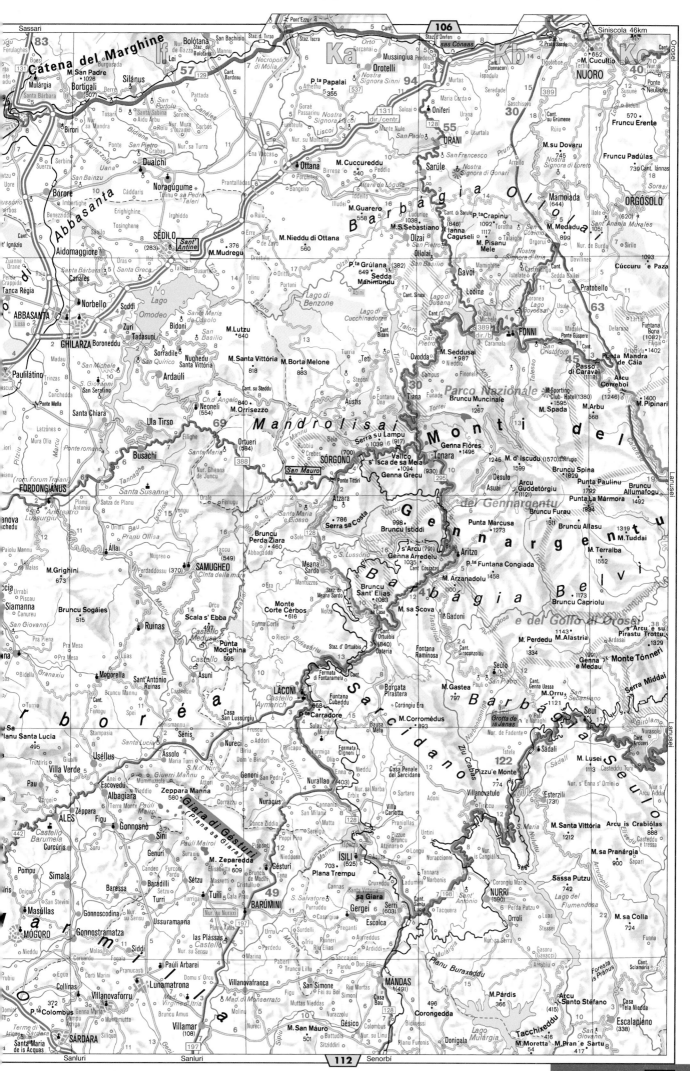

Kc Kd Ke Kf

Nuoro · Orosei · Orosei

129 · M. Manasúddas
Arrennégula · Murístene · Spírito Santo
M. Manasúddas · Manasúddas · Iriai · M.Irveri 616 · Grottone di Bittiriscottai
Oliena · Lago del Cedrino · DORGALI
San Gavino · Gollei · Nostra Signora d'Angeli · 882 · Arvu · Cala Gonone
Sorg su · Lanaittu · M.Bardia
Nostra Signora di Colonne · M. Sant'Elena 514 · 915
OLIENA · 806 · M.Uddé · M.Tului
P.ta sos Nidos · Nostra Signora de Buon Cammino · Cant. Noce Secca
1349 · M.Gutturgios 689 · Cant. Noce Secca · Grotta del Bue marino
P.ta Corrasi · M.Tiscali · Oche · Grotta Nuova
Sopramonte · 107 · Villaggio Nuragico · Pruncu Mannu · Cala di Luna
Parco Nazionale · 951 · Cuili Ghivine
P.ta Solitta · M.Oddeu · P.ta Alidurri · Cuile Masongiu
1206 · 1063 · 907 · Grotta de Mocco
Gola su · 125 · 27 · P.ta Onamarra
Gorruppu · (821) · Cant. Bidicolai · 620
1416 · 1012 · P.ta su Civargiu · Cala Sisine
Cant. · P.ta Scala Manna · 558
del Gennargentu
1263 · Genna Silana · Turusele
(1017) · 1024
M.su Nercone
M.Únnoro · 87 · Perdusaccu
e del · Genna Cruxi · Punta Ispuligi
M. Novo · (906) · Punta s' Abbadórgiu
San Giovanni · Lovitzai · 943 · Punta Caroddi
1316 · Urzulei · Cant. · Bruncu e' Pisu
sa Planedda · 1256 · Giustizieri · 629 · Porto Quao
1327 · M. Pisaneddu · Genna · (764) · San Pietro · Capo di Monte Santu
Golfo di Orosei · Sarbene · Genna Scálas · di Golgo
M.Genziana · Bruncu 'e Pisucerbu · M. Fennabu · (666)
1505 · 1348 · 1013 · Genna Coggina · Cratere Vécchio
M.Orosei · (724) · Punta Ginnircu
957 · 125 · Genna Arramene · 811
Talána · (590) · 776
(682) · Bau 'e Tanca · M. Mundúgia · Loppelle · Triei · M.Biascoro
777 · Nunuccoli · Baunei
M. Olinie · Selimba · Planárgia · Punta Pedra Longa
1372 · Pizzu · 648
Cant. · e Serra · Árdali · M.Scoine
Buruntascu · Tzinneberru · Gena · Santa Maria
45 · 856 · Gheddu · Pramera · Navarrese
Serra de Oredda · Torre Santa Maria Navarrese
Villagrande · 393 · M. Adálicu · Efisio · Lotzorai · Isola dell' Ogliastra
Strisáili · Sant' · Teula · Domigala
Macrusei · Villanova · Lago · Castello · Ólbia-Génova
Strisáili · sa Teula · di Medusa · Génova
Santa · Girasole · Civitavécchia
Lago Sos del · Bárbara · Mirenu · Stagno di Tortolì · Fiumicino
Cúccuru 'e Mufloni · 1232 · M.Idolo · Ponte Tricarai · Cágliari
1241 · Arbatax
M. sa Perda Perd' Áira · Staz. di · 12 · 17 · 198 · Capo Bellavista
1093 e' Liana · Villagrande · Casa · Telis
Staz. di · (672) · Pisana · 125 dir. · Torre San Gemiliano
Árzana · 323 · TORTOLÌ · Marina San Gemiliano
Bivio Carmine · Elini · M. Bonghi · Santa · Lido Orri
Ilbono · Scerri · Giusta
M. Arbo · Cumbulas · Elurci · Nurta · Turuddis
1031 · LANUSEI · M.Tarè · Sellersu
Gáiro · (590) · Nur. sa 'Iha Manna · Punta su Mástixi
Taquisara · Cant. · Perda · Moru
Sarcerei · Garcina · Torre di Bari
198 · Pizzo de Coccu · 1 1 Martalè
Forrus · 772 · Gáiro · Cea · Nur. sa Crasto
24 · 122 · Gáiro · Sant' Elena · Loceri · Sardo
M. Paúlis · 390 · Bari
Ósini · 695 · Nur. sa Púliga · Torre di Bari
M. Mela · Vécchio · Cea · Gruxi de Ferru · Uleri
974 · Ósini · M.Astili
Grotta · Nuovo · 424
su Mármuri · Ulássai · Ponte San Paolo · Cardedu
Coccorone · Jerzu · Trunconi · Gáiro · Nostra Signora
Planu · Santa · Pizzu 'e Monte · Cardedu · di Buoncammino
Bárbara · 828 · Cant. · Casa Meloni · Genna · Museddu
M. Lumburau · Genna · Brocca · Masoni
Punta Coróngiu · (267) · e Crésia · sa Perda Pera
1008 · Sant' · Bonu · le Grázie · M. Arista
110 · Antóniu · 125 · 447
Genna · 868 · Alústia · Brancu su Landiri · Báia di Gáiro
su Ludu · Pizzu de Poddini · 631 · Marina di Gáiro
Pauli · (825) · Nur. de Gessidu · Ponte
Bruncu Niada · 25 · su Crabiolu · 75 · M. Ferru
838 · Nur. di Taccu · M. Arbu · 875
Nur. s'Ulimu · 812 · Punta
Corte Pórcus · Cant. · San Pedru · M. Cauli · Cartuccedu
Truttúris · 872 · Monte Codi · 546 · Arcu de · 598
San Pietro · M. Codi · Pedru Pabali · Sárrala de Susu · Capo Sferracavallo
Superduseddu · Luda · 849 · Cea Arcis · 233
Teterenia · Arrubiu · Floris · Aleri · Punta Moros
San · Perdasdefogu · Nur. de su Pred · sa Foxi
Salvatore · (599) · Ponte Coróngiu · Nur. de sa Teria · Manna
Truncone · Nur. is Casadas · M. Siddu · Punta Moros
16 · 584 · Nur. su Tettioni
Tintinali · Calavrigus · Murcu · Anastasi · Torre San Giovanni di Sárrala
M. Rasu · Cumida Gadoni · 599 · Melisenda
111 · 646 · Nur. s'Ulimu · M. is Cróbus · Barisoni · 215 · Barisoni
Perda is Furónis · Florentina · Ponte su Santu · Cúccuru Tundu
674 · Lacheddu · Piddeddu · 25 · Berritta · Barésus
Santa Maria · Cant. · Steisai
537 · Crésia · Masonedili · Porto Santoru
Cúccuru · Forru · Perdu Loi · Nur. sa Canna
Luggérras · Arriu Padentes · 589

Golfo di Orosei

108 · 109

110 · I

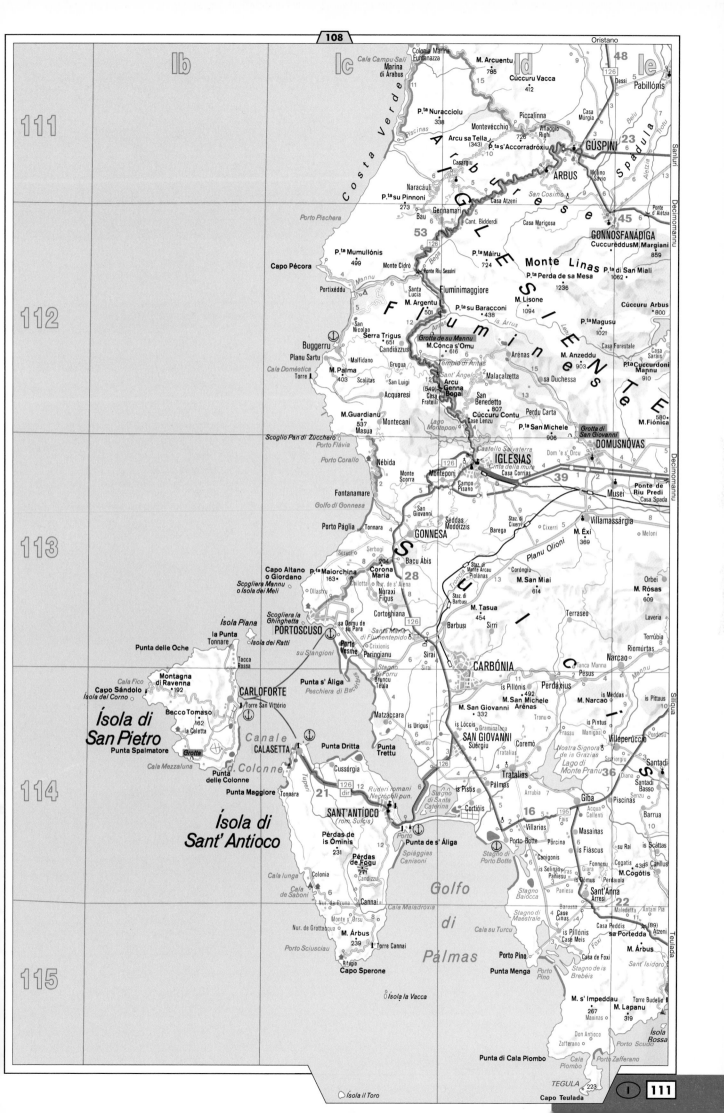

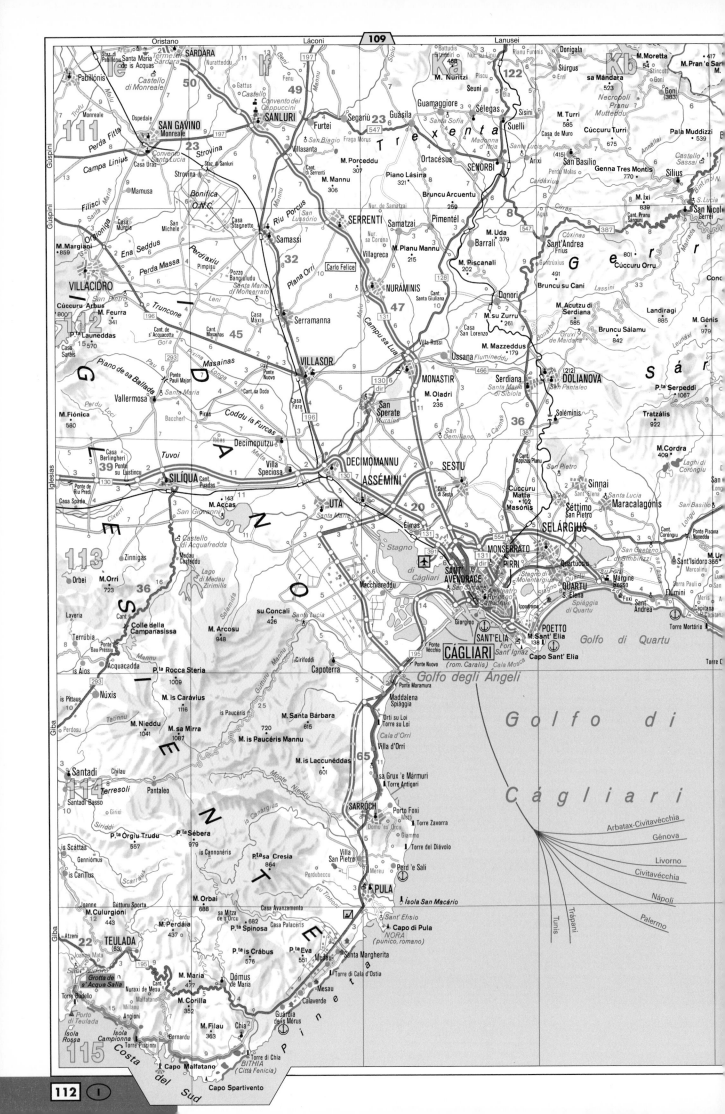

Tortoli

Kc   Kd   Ke   Kf

M. s' Ollasteddu
610

M. Cardiga
676

Perda Lada
558

M. Parrédis
630

Baccu Scóvas
613

M. Órdini
324

60

asalto 605
M. su Piroi
Cant.
de Lora 18

sa Matt' e Abramu
733

San Vito
M. Casárgius
735

Genn' Argiólas
775

M. Narba
659
M. Nieddu Mannu

P. Masenzias
700

M. Acutzu
Sarrabesu
398

ncu Coxinadróxiu
772   17   Cant.

65
Bruncu Comidai
546
Nur. de su Gattu

Cant.
Campu Omu
Convento de
is Sette Fradi
M. dei Sette Fratelli
1023

Caserma
Vécchia

cola Bove
806

M. Mareddu
707

M. Nieddu
585

Cúccuru su Nie
s' Acchilli
397

Ferricci

Solánas
Capo Boi

Capo Carbonara

75
Marcialis

P.ta s'Accettori

589

Punta de sa Cala

125

San Perdu
San Michele
Mannu

Castello
di Quirra
Quirra
Quirra

Torre di Múrtas

Isola di Quirra
Cala de s'Acqua durci
o Cala di Múrtas

Serbiola

Casa Melis
San Loren

Capo San Lorenzo

Piricoccu   10
Nur. su Franzesu

387
Bruncu Scióllas
439

Arcu
Genna Arrela

(83)
Cant.
Riu Gironi   Torre Motta

San Vincenzo
Curili Gureu
Nur. Costa Funtanas

Villaputzu

Castello Gibas

Sant' Antioco   Porto Corallo
Foce del Flumendosa

MURAVERA
Achiloni

Baccu
574   Arródas   San Giovanni
Torre Dieci Cavalli
Casa Picci

Nur. s' Oro
San   Santori
Priamo   Stagno di Saline
Torre Salinas

Picocca   Villaggio
Giuriati
Sant' Andrea

Arco dell' Angelo
Erbinu

Stagno
di Colostrai

M. Liuru
420

Stagno
di Feraxi

M. Ferru
300

Portu de s'Ilixi
Cala sa Figu

Figu Niedda
Annunziata

Camisa
Casa
Ferrato   Capo Ferrato
Porto Pirastu

Sabadi   Olia
Speciosa   M. Nai
239

Piscina Rei

M. Arbu
Fenugu   811

Castiádas
Idda

Punta di Santa Giusta

Nur. s'Orcu

Casa
Monte   Genn'e Spina   Figu Nieda
Minniminni   725   Casa
Nuxieddu   Santu Perdu
Bruncu Mont Arbu
693

Casa della Marina
Cala di Sinzias

M. Macioni
336
Santa
Bárbara   Torre
Cala Pira

M. Maria
589

i Variglioni

Villasimius
Casa
Umana   Torre di San Luigi (diruta)
Isola Serpentara

Punta Moléntis
Golfo di   Stagno   Spiággia del Simíus
Carbonara   Notteri   Torre diruta

Semáforo

Ísola dei Cávoli

Elenco dei nomi di località · Ortsnamenverzeichnis
Index of place names · Índice de topónimos
Índice dos topónimos · Index des localités
Register van plaatsnamen · Skorowidz miejscowości
Regstřík sídel · Helységnévjegyzek
Stednavnsfortegnelse · Ortnamnsförteckning

	Firenze	FI	46	Mb 86
	①	②	③	④

	①	②	③	④
Ⓘ	Località	Provincia	N° di pagina	Riquadro nel quale si trova il nome
Ⓓ	Ortsname	Provinz	Seitenzahl	Suchfeldangabe
ⒼⒷ	Place name	Province	Page number	Grid search reference
Ⓔ	Topónimo	Provincia	Nro. de página	Coordenadas de la casilla de localización
Ⓟ	Topónimo	Província	Nº de página	Coordenadas de localização
Ⓕ	Localité	Province	N° de page	Coordonnées
ⓃⓁ	Plaatsnaam	Provincie	Paginanummer	Zoekfeld-gegevens
ⓅⓁ	Nazwa miejscowości	Prowincja	Numer strony	Współrzędne skorowidzowe
ⒸⓏ	Městská jména	Provincie	Čislo strany	Údaje hledacího čtverce
Ⓗ	Helységnév	Tartomány	Oldalszám	Keresőhálózat megadása
ⒹⓀ	Stednavn	Provins	Sidetal	Kvadratangivelse
Ⓢ	Ortnamn	Provins	Sidnummer	Kartrudangivelse

AG	Agrigento	CL	Caltanissetta	MS	Massa-Carrara
AL	Alessandria	CN	Cuneo	MT	Matera
AN	Ancona	CO	Como	NA	Napoli
AO	Aosta	CR	Cremona	NO	Novara
AP	Ascoli Piceno	CS	Cosenza	NU	Nuoro
AQ	L'Aquila	CT	Catania	OR	Oristano
AR	Arezzo	CZ	Catanzaro	PA	Palermo
AT	Asti	EN	Enna	PC	Piacenza
AV	Avellino	FE	Ferrara	PD	Padova
BA	Bari	FG	Foggia	PE	Pescara
BG	Bergamo	FI	Firenze	PG	Perugia
BI	Biella	FC	Forlì-Cesena	PI	Pisa
BL	Belluno	FR	Frosinone	PN	Pordenone
BN	Benevento	GE	Genova	PO	Prato
BO	Bologna	GO	Gorizia	PR	Parma
BR	Brindisi	GR	Grosseto	PU	Pesaro
BS	Brescia	IM	Imperia		e Urbino
BZ	Bolzano/Bozen	IS	Isernia	PT	Pistoia
CA	Cagliari	KR	Crotone	PV	Pavia
CB	Campobasso	LC	Lecco	PZ	Potenza
CE	Caserta	LE	Lecce	RA	Ravenna
CH	Chieti	LI	Livorno	RC	Reggio
		LO	Lodi		di Calabria
		LT	Latina	RE	Reggio
		LU	Lucca		nell'Emilia
		MC	Macerata	RG	Ragusa
		ME	Messina	RI	Rieti
		MI	Milano	RM	Roma
		MN	Mantova	RN	Rimini
		MO	Modena	RO	Rovigo
				SA	Salerno
				SI	Siena
				SO	Sondrio
				SP	La Spezia
				SR	Siracusa
				SS	Sassari
				SV	Savona
				TA	Taranto
				TE	Teramo
				TN	Trento
				TO	Torino
				TP	Trapani
				TR	Terni
				TS	Trieste
				TV	Treviso
				UD	Udine
				VA	Varese
				VB	Verbano-Cusio-Ossola
				VC	Vercelli
				VE	Venezia
				VI	Vicenza
				VR	Verona
				VT	Viterbo
(RSM)	San Marino			VV	Vibo Valentia
(SCV)	Città del Vaticano				

A

Abano Terme PD 24 Me 76
Abbadia Cerreto LO 21 Kd 77
Abbadia Lariana LC 11 Kb 73
Abbadia San Salvatore SI 55 Me 91
Abbasanta OR 109 Ie 108
Abbatéggio PE 63 Pa 95
Abbiategrasso MI 21 If 76
Abetone PT 45 Ld 84
Abriola PZ 78 Qe 105
Abtei = Badia BZ 4 Mf 69
Acate RG 98 Pc 126
Accadía FG 72 Qc 102
Accéglio CN 32 Gf 82
Accettura MT 79 Ra 106
Acciano AQ 63 Oe 95
Accúmoli RI 58 Ob 92
Acerenza PZ 73 Qf 104
Acerno SA 77 Qa 104
Acerra NA 70 Pc 103
Aci Bonaccorsi CT 94 Qa 123
Aci Castello CT 94 Qa 123
Aci Catena CT 94 Qa 123
Acireale CT 94 Qa 123
Aci Sant'Antonio CT 94 Qa 123
Acquacanina MC 52 Ob 90
Acquafondata FR 70 Of 99
Acquaformosa CS 84 Ra 110
Acquafredda BS 23 Lc 77
Acqualagna PU 52 Ne 87
Acquanegra Cremonese CR 36 Kf 78
Acquanegra sul Chiese MN 23 Lc 78
Acquapendente VT 56 Mf 92
Acquappesa CS 84 Qf 112
Acquarica del Capo LE 83 Tb 109
Acquaro CZ 88 Qf 119
Acquasanta Terme AP 58 Oc 92
Acquasparta TR 57 Nd 92
Acquaviva Collecroce CB 64 Pe 97
Acquaviva delle Fonti BA 74 Rf 103
Acquaviva d'Isérnia IS 63 Pa 98
Acquaviva Picena AP 58 Oe 91
Acquaviva Plátani CL 97 Oe 123
Acquedolci ME 93 Pd 120
Ácqui Terme AL 34 Ic 80
Acri CS 84 Rc 112
Acuto FR 62 Ob 98
Adélfia BA 74 Rf 103
Adrano CT 94 Pf 122
Adrara San Martino BG 22 Kf 74
Adrara San Rocco BG 22 Kf 74
Ádria RO 39 Na 78
Adro BS 22 Kf 75
Affi VR 23 Le 75
Affile RM 62 Oa 97
Afragola NA 70 Pb 103
Áfrico Nuovo RC 89 Ra 120
Agazzano PC 35 Kc 79
Agerola NA 76 Pd 105
Ággius SS 106 Ka 103
Agira EN 93 Pd 123
Agliana PT 45 Ma 85
Agliano Terme AT 34 Ib 80
Agliè TO 19 He 76
Aglientu SS 104 Ka 102
Agna PD 25 Mf 78
Agnadello CR 21 Kd 76
Agnana Cálabra RC 89 Rb 119
Agnone IS 64 Pc 98
Agnosine BS 22 Lb 75
Agordo BL 15 Na 71
Agosta RM 62 Oa 97
Agra VA 10 Ie 72
Agrate Brianza MI 21 Kb 75
Agrate-Contúrbia NO 20 Id 75
Agrigento AG 97 Od 125
Agrópoli SA 77 Pf 106
Agugliano AN 53 Oc 87
Augugliaro VI 24 Md 77
Ahrntal = Valle Aurina BZ 4 Mf 66
Aicúrzio MI 21 Kc 75
Aidomaggiore OR 109 If 107
Aidone EN 98 Pc 124
Aielli AQ 63 Od 96
Aiello Cálabro CS 86 Ra 114
Aiello del Friuli UD 17 Ob 73
Aiello del Sábato AV 71 Pe 103
Aieta CS 83 Qe 109
Ailano CE 70 Pb 100
Ailoche BI 20 Ib 74
Airasca TO 33 Hc 79
Airola BN 71 Pd 102
Airole IM 41 Hd 85
Airuno LC 21 Kc 74
Aisone CN 40 Hb 83
Ala TN 13 Lf 74
Alà dei Sardi SS 106 Kc 105
Ala di Stura TO 18 Hb 77
Alagna PV 34 If 78
Alagna-Valsésia VC 9 Hf 73
Alanno PE 59 Of 95
Alano di Piave BL 15 Mf 73
Alàssio SV 41 Ia 84
Alatri FR 62 Oc 98
Alba CN 33 Ia 80
Alba Adriática TE 59 Of 91
Albagiara OR 109 If 110
Albairate MI 21 If 76
Albanella SA 77 Qa 106
Albano di Lucánia PZ 79 Ra 105
Albano Laziale RM 61 Ne 98
Albano Sant' Alessandro BG
22 Ke 74
Albano Vercellese VC 20 Ic 76
Albaredo Arnaboldi PV 35 Kb 78
Albaredo d'Adige VR 24 Mb 77
Albaredo per San Marco SO
11 Kd 72
Albareto MO 37 Lf 80
Albaretto della Torre CN 33 Ia 81
Albavilla CO 11 Ka 74
Albenga SV 41 Ib 84
Álbera Lígure AL 35 Ka 80
Alberobello BA 75 Sb 104
Alberona FG 71 Qa 100
Albese CO 11 Ka 74
Albettone VI 24 Md 76
Albi CZ 87 Rd 114
Albiano TN 14 Ma 72
Albiano d'Ivrea TO 19 Hf 76
Albiate MI 21 Kb 75
Albidona CS 84 Rc 109
Albignásego PD 25 Mf 76
Albinea RE 37 Ld 81
Albino BG 12 Ke 74
Albiolo CO 11 If 74
Albisola Superiore SV 42 Ic 82
Albissola Marina SV 42 Ic 82
Albizzate VA 20 Ie 74
Albonese PV 20 Ie 77
Albosàggia SO 12 Ke 71
Albugnano AT 33 Hf 78
Albuzzano PV 21 Kb 77
Álcamo TP 91 Nf 121
Alcara li Fusi ME 93 Pe 120
Aldein = Aldino BZ 14 Mb 70
Aldeno TN 13 Ma 73
Aldino = Aldein BZ 14 Mb 70
Áles OR 109 Ie 110
Alessándria AL 34 Id 79
Alessándria del Carretto CS
84 Rc 109
Alessándria della Rocca AG
96 Oc 123
Alessano LE 83 Tb 109
Alézio LE 82 Ta 108
Alfano SA 78 Qc 107
Alfedena AQ 63 Pa 98
Alfianello BS 22 La 77
Alfiano Natta AL 34 Ib 78
Alfonsine RA 39 Na 81
Alghero SS 105 Ib 105
Álgua BG 12 Ke 73
Algund = Lagundo BZ 3 Ma 68
Alì ME 94 Qc 120
Ália PA 92 Oe 122
Aliano MT 79 Rb 107
Alice Bel Colle AL 34 Ic 80
Álice Castello VC 19 Ia 76
Álice Superiore TO 19 He 76
Alife CE 70 Pb 101
Alimena PA 92 Pa 122
Aliminusa PA 92 Oe 121
Alì Terme ME 94 Qc 120
Állai OR 109 If 109
Alleghe BL 15 Mf 70
Allein AO 8 Hb 73
Allerona TR 56 Mf 92
Alliste LE 82 Ta 109
Allumiere RM 60 Mf 96
Alluvioni Cambiò AL 34 Ie 78
Almè BG 11 Kd 74
Almenno San Bartolomeo BG
21 Kd 74
Almenno San Salvatore BG 21 Kd 74
Almese TO 32 Hc 78
Alonte VI 24 Mc 76
Alpette TO 19 Hd 76
Alpignano TO 33 Hd 78
Alseno PC 36 Kf 79
Alsério CO 11 Kb 74
Altamura BA 74 Rd 104
Altare SV 42 Ib 82
Altavilla Irpina AV 71 Pe 102
Altavilla Milicia PA 92 Od 120
Altavilla Monferrato AL 34 Ic 79
Altavilla Silentina SA 77 Qa 105
Altavilla Vicentina VI 24 Mc 76
Altidona AP 53 Oe 90
Altília CS 86 Rb 114
Altino CH 64 Pc 96
Altissimo VI 24 Mb 75
Altivole TV 15 Mf 74
Alto CN 41 Hf 84
Altofonte PA 91 Ob 120
Altomonte CS 84 Ra 110
Altopàscio LU 45 Le 86
Altrei = Anterivo BZ 14 Mb 71
Alviano TR 56 Nb 93
Alvignano CE 70 Pc 101
Alvito FR 63 Oe 98
Alzano Lombardo BG 22 Ke 74
Alzano Scrívia AL 34 If 78
Alzate Brianza CO 21 Ka 74
Amalfi SA 77 Pd 105
Amándola AP 58 Oc 91
Amantea CS 86 Ra 114
Amaro UD 16 Oa 70
Amaroni CZ 86 Rc 116
Amaseno FR 69 Oc 100
Amato CZ 86 Rc 115
Amatrice RI 58 Ob 93
Ambívere BG 21 Kd 74
Amblar TN 14 Ma 70
Améglia SP 44 Kf 84
Amèlia TR 56 Nc 93
Amendolara CS 84 Rd 109
Ameno NO 10 Ic 74
Amorosi BN 70 Pc 101
Ampezzo UD 16 Ne 70
Anacapri NA 76 Pb 105
Anagni FR 62 Oa 98
Ancarano TE 35 Kd 79
Ancona AN 53 Od 87
Ándali CZ 87 Re 114
Andalo TN 13 Lf 71
Andalo Valtellino SO 11 Kc 72
Andezeno TO 33 Hf 78
Andora SV 41 Ia 85
Andorno Micca BI 19 Ia 75
Andrano LE 82 Tc 109
Andrate TO 19 Hf 75
Andrèis PN 16 Nd 71
Andretta AV 72 Qb 103
Ándria BA 73 Rb 101
Andrian = Andriano BZ 3 Mb 69
Andriano BZ 3 Mb 69
Anela SS 106 Ka 106
Anfo BS 13 Lc 74
Angera VA 10 Id 74
Anghiari AR 51 Na 87
Angiari VR 24 Mb 77
Angolo Terme BS 12 La 73
Angri SA 76 Pd 104
Angrogna TO 32 Hb 79
Anguillara Sabazia RM 61 Nb 96
Anguillara Véneta PD 25 Mf 78
Annicco CR 22 Kf 77
Annone di Brianza LC 11 Kb 74
Annone Véneto VE 16 Nd 74
Anoia Inferiore RC 89 Ra 118
Antegnate BG 22 Ke 76
Anterivo BZ 14 Mb 71
Antey-Saint-André AO 9 Hd 74
Anticoli Corrado RM 62 Nf 96
Antignano AT 33 Ia 79
Antillo ME 94 Qb 121
Antonimina RC 89 Ra 119
Antrodoco RI 57 Oa 94
Antrona-Schieranco VB 9 Ia 72
Anversa degli Abruzzi AQ 63 Oe 97
Anzano del Parco CO 11 Kb 74
Anzano di Púglia FG 72 Qb 102
Anzi PZ 79 Qf 105
Ánzio RM 68 Nd 100
Anzola dell'Emília BO 38 Mb 81
Anzola d'Óssola VB 10 Ib 72
Aosta AO 18 Hb 74
Apécchio PU 51 Nc 87
Apice BN 71 Pf 102
Apiro MC 52 Oa 88
Apollosa BN 71 Pe 102
Appiano Gentile CO 21 If 74
Appiano sulla Strada del Vino =
Eppan BZ 3 Mb 70
Appignano MC 53 Oc 88
Appignano del Tronto AP 58 Od 91
Aprica SO 12 La 71
Apricale IM 41 Hd 85
Apricena FG 65 Qc 98
Aprigliano CS 86 Rc 113
Aprília LT 68 Nd 99
Aquara SA 78 Qb 106
Áquila, L' AQ 58 Oc 94
Aquila, L' TO 32 Hb 78
Áquila di Arróscia IM 41 Hf 84
Aquileia UD 27 Ob 74
Aquilónia AV 72 Qc 103
Aquino FR 69 Oe 100
Aradeo LE 82 Ta 108
Aragona AG 97 Od 124
Aramengo AT 33 Hf 78
Arba PN 16 Ne 72
Arboréa OR 108 Id 110
Arbório VC 20 Ic 76
Árbus CA 111 Id 111
Arcade TV 15 Nb 74
Arce FR 69 Od 99
Árcene BG 21 Kd 75
Arcévia AN 52 Nf 88
Archi CH 64 Pc 96
Arcidosso GR 55 Md 91
Arcinazzo Romano RM 62 Oa 97
Arcisate VA 10 Ie 73
Arco TN 13 Lf 73
Árcola SP 44 Kf 84
Árcole VR 24 Mb 76
Arconate MI 20 Ie 75
Arcore MI 21 Kb 75
Arcugnano VI 24 Md 76
Árdara SS 106 Ie 105
Ardáuli OR 109 If 108
Ardea RM 68 Nd 99
Ardenno SO 12 Kd 71
Ardésio BG 12 Kf 73
Ardore RC 89 Ra 119
Arena VV 89 Rb 117
Arena Po PV 35 Kc 78
Arenzano GE 42 Ie 82
Arese MI 21 Ka 75
Arezzo AR 51 Mf 88
Argegno CO 11 Ka 73
Argelato BO 38 Mb 81
Argenta FE 39 Me 81
Argentera CN 40 Gf 82
Arguello CN 33 Ia 81
Argusto CZ 86 Rc 116
Ari CH 59 Pb 95
Ariano Irpino AV 71 Qa 102
Ariano nel Polésine RO 39 Na 79
Ariccia RM 61 Ne 98
Arielli CH 64 Pb 95
Arienzo CE 71 Pc 102
Arignano TO 33 Hf 78
Aritzo NU 109 Kb 109
Arizzano VB 10 Id 73
Arlena di Castro VT 56 Me 94
Arluno MI 21 If 76
Armeno NO 10 Ic 73
Armento PZ 79 Ra 107
Armo IM 41 Hf 84
Armúngia CA 113 Kc 111
Arnad AO 19 He 75
Arnara FR 69 Oc 99
Arnasco SV 41 Ia 84
Arnesano LE 82 Ta 106
Arola NA 76 Pc 105
Arona NO 10 Id 74
Arósio CO 21 Kb 74
Arpáia BN 71 Pd 102
Arpaise BN 71 Pe 102
Arpino FR 63 Od 99
Arquà Petrarca PD 24 Me 77
Arqua Polésine RO 38 Me 78
Arquata del Tronto AP 58 Ob 92
Arquata Scrívia AL 34 If 80
Arre PD 25 Mf 77
Arrone TR 57 Ne 93
Arsago Sépric VA 20 Ie 74
Arsiè BL 14 Me 73
Arsiero VI 14 Mb 74
Arsita TE 58 Oe 93
Ársoli RM 62 Oa 96
Arta Terme UD 7 Nf 70
Artegna UD 16 Oa 71
Artena RM 62 Nf 98
Artogne BS 12 La 73
Arvier AO 18 Ha 74
Arzachena SS 104 Kc 102
Árzago d'Adda BG 21 Kd 76
Árzana NU 110 Kd 109
Arzano NA 70 Pb 103
Árzene PN 16 Ne 72
Arzergrande PD 25 Na 77
Arzignano VI 24 Mb 75
Ascea SA 77 Qb 108
Asciano SI 50 Md 89
Áscoli Piceno AP 58 Od 91
Áscoli Satriano FG 72 Qd 101
Ascrea RI 62 Nf 95
Asiago VI 14 Mc 73
Asigliano Véneto VI 24 Mc 77
Asigliano Vercellese VC 20 Ic 77
Asola MN 23 Lc 77
Asolo TV 15 Mf 74
Assago MI 21 Ka 76
Assémini CA 112 Ka 113
Ássisi PG 52 Nd 90
Asso CO 11 Kb 73
Ássolo OR 109 If 110
Ássoro EN 93 Pc 123
Asti AT 34 Ib 79
Asuni OR 109 If 109
Ateleta AQ 63 Pb 97
Atella PZ 72 Qd 103
Átena Lucana SA 78 Qd 106
Atessa CH 64 Pc 96
Atina FR 63 Oe 99
Atrani SA 77 Pd 105
Atri TE 59 Of 93
Atripalda AV 71 Pe 103
Attigliano TR 56 Nb 93
Attimis UD 16 Ob 71
Atzara NU 109 Ka 109
Auditore PU 48 Nd 86
Auer = Ora BZ 14 Mb 70
Augusta SR 99 Qb 125
Auletta SA 78 Qc 105
Aulla MS 44 Kf 83
Aurano VB 10 Id 72
Aurigo IM 41 Hf 85
Auronzo di Cadore BL 5 Nc 69
Ausonia FR 69 Oe 100
Áustis NU 109 Ka 108
Avegno GE 43 Ka 82
Avelengo = Hafling BZ 3 Mb 69
Avella AV 71 Pd 103
Avellino AV 71 Pe 103
Averara BG 11 Kd 72
Aversa CE 70 Pb 103
Avetrana TA 81 Se 106
Avezzano AQ 62 Oc 96
Aviano PN 15 Nd 72
Aviático BG 12 Ke 74
Avigliana TO 32 Hc 78
Avigliano PZ 78 Qe 104
Avigliano Umbro TR 56 Nc 93
Ávio UD 23 Lf 74
Avise AO 18 Ha 74
Ávola SR 99 Qa 127
Avolasca AL 35 If 80
Ayas AO 9 Hd 74
Aymavilles AO 18 Hb 74
Azéglio TO 19 Hf 76
Azzanello CR 22 Kf 77
Azzano d'Asti AT 34 Ib 79
Azzano Decimo PN 16 Ne 73
Azzano Mella BS 22 La 76
Azzano San Paolo BG 22 Kd 75
Azzate VA 10 Ie 74
Ázzio VA 10 Ie 73
Azzone BG 12 La 72

B

Baceno VB 10 Ib 71
Bácoli NA 76 Pa 104
Badalucco IM 41 He 85
Badesi SS 106 If 103
Badia BZ 4 Mf 69
Badia Calavena VR 24 Ma 75
Badia Pavese PV 35 Kc 78
Badia Polésine RO 38 Mc 78
Badia Tedalda AR 51 Nb 86
Badolato CZ 89 Rd 117
Bagaladi RC 88 Qe 120
Bagheria PA 91 Od 120
Bagnacavallo RA 47 Mf 82
Bagnara Cálabra RC 88 Qe 119
Bagnara di Romagna RA 47 Me 82
Bagnária PV 35 Ka 80
Bagnária Arsa UD 16 Ob 73
Bagnasco CN 41 Ia 83
Bagnática BG 22 Ke 75
Bagni di Lucca LU 45 Ld 84
Bagno a Ripoli FI 46 Mc 86
Bagno di Romagna FC 47 Mf 85
Bagnoli del Trigno IS 64 Pc 98
Bagnoli di Sopra PD 25 Mf 77
Bagnoli Irpino AV 71 Qa 103
Bagnolo Cremasco CR 21 Kd 76
Bagnolo del Salento LE 82 Tc 108
Bagnolo di Po RO 38 Mc 78
Bagnolo in Piano RE 37 Ld 80
Bagnolo Mella BS 22 La 76
Bagnolo Piemonte CN 32 Hb 80
Bagnolo San Vito MN 37 Lf 78
Bagnone MS 44 Kf 83
Bagnorégio VT 56 Na 93
Bagolino BS 13 Lc 74
Báia e Latina CE 70 Pb 101
Baiano AV 71 Pd 103
Baiardo IM 41 He 85
Báiro TO 19 He 76
Baiso RE 37 Ld 82
Balangero TO 19 Hd 77
Baldichieri d'Asti AT 33 Ia 79
Baldissero Canavese TO 19 He 76
Baldissero d'Alba CN 33 Hf 80
Baldissero Torinese TO 33 He 78
Balestrate PA 91 Oa 120
Balestrino SV 41 Ia 84
Ballábio LC 11 Kc 73
Ballao CA 112 Kc 111
Balme TO 18 Hb 77
Balmúccia VC 9 Ia 73
Balocco VC 20 Ib 76
Balsorano Nuovo AQ 63 Od 98
Balvano PZ 78 Qd 105
Balzola AO 18 Hb 75
Bánari SS 106 Ie 105
Banchette TO 19 He 76
Bánnio Anzino VB 9 Ia 72
Banzi PZ 73 Ra 103
Baone PD 24 Md 77
Barádili OR 109 If 110
Baragiano PZ 78 Qd 104
Baranello CB 71 Pd 99
Barano d'Íschia NA 76 Of 104
Barasso VA 10 Ie 73
Barátili San Pietro OR 108 Id 109
Barbania TO 19 Hd 77
Bárbara AN 52 Oa 87
Barbarano Romano VT 60 Na 95
Barbarano Vicentino VI 24 Md 76
Barbaresco CN 33 Ia 80
Barbariga BS 22 La 76
Barbata BG 22 Ke 76
Barberino di Mugello FI 46 Mb 84
Barberino Val d'Elsa FI 50 Ma 87
Barbian = Barbiano BZ 4 Mc 69
Barbianello PV 35 Kb 78
Barbiano BZ 4 Mc 69
Barbona PD 38 Me 78
Barcellona Pozzo di Gotto ME
94 Qb 120
Barchi PU 52 Nf 86
Bàrcis PN 15 Nd 71
Bard AO 19 He 75
Bardello VA 10 Ie 73
Bardi PR 36 Ke 81
Bardineto SV 41 Ia 83
Bardolino VR 23 Le 75
Bardonècchia TO 32 Ge 78
Baréggio MI 21 If 76
Barengo NO 20 Ic 75
Baressa OR 109 If 110
Barete AQ 58 Ob 94
Barga LU 45 Lc 84
Bargagli GE 43 Kb 82
Barge CN 32 Hb 80
Barghe BS 23 Lc 74
Bari BA 74 Rf 102
Bariano BG 22 Ke 76
Baricella BO 38 Md 81
Barile PZ 72 Qe 103
Bari Sardo NU 110 Kd 109
Barisciano AQ 58 Od 95
Barlassina MI 21 Kb 75
Barletta BA 73 Rb 101
Barni CO 11 Kb 73
Barolo CN 33 Hf 81
Barone Canavese TO 19 Hf 77
Baronissi SA 77 Pe 104
Barrafranca EN 98 Pb 124
Barrali CA 112 Ka 112
Barrea AQ 63 Of 98
Barùmini CA 109 Ka 110
Barzago LC 21 Kb 74
Barzana BG 21 Kd 74
Barzanò LC 21 Kb 74
Bárzio LC 11 Kc 73
Basaluzzo AL 34 Ie 80
Bascapè PV 21 Kb 77
Baschi TR 56 Nb 92
Basciano TE 58 Oe 93
Baselga di Pinè TN 14 Mb 72
Basélice BN 71 Pf 100
Basiano MI 21 Kc 75
Basicò ME 94 Qa 120
Basíglio MI 21 Ka 76
Basiliano UD 16 Oa 72
Bassano Bresciano BS 22 La 77
Bassano del Grappa VI 14 Me 74
Bassano in Teverina VT 56 Nb 94
Bassano Romano VT 61 Nb 95
Bassiano LT 68 Oa 99
Bassignana AL 34 Ie 78
Bastia Mondovì CN 41 Hf 82
Bastia Umbra PG 52 Nd 90
Bastida de' Dossi PV 35 If 78
Bastida Pancarana PV 35 Ka 78
Bastiglia MO 37 Lf 80
Battáglia Terme PD 24 Me 77
Battifollo CN 41 Hf 83
Battipaglia SA 77 Pf 105
Battuda PV 21 Ka 77
Baucina PA 91 Od 121
Bauladu OR 108 Ie 108
Baunei NU 110 Ke 108
Baveno VB 10 Ic 73
Bazzano BO 38 Ma 81
Bédero Valcúvia VA 10 Ie 73
Bedizzole BS 23 Lc 76
Bedollo TN 14 Mb 71
Bedónia PR 36 Kd 81
Bedulita BG 11 Kd 74
Bée VB 10 Id 73
Beinasco TO 33 Hd 78
Beinette CN 41 Hd 82
Belcastro CZ 87 Re 114
Belfiore VE 16 Ne 74
Belforte all'Isauro PU 47 Nc 86
Belforte del Chienti MC 53 Ob 89
Belforte Monferrato AL 34 Id 81
Belgioioso PV 35 Kb 78
Belgirate VB 10 Id 73
Bella CZ 86 Rb 115
Bellágio CO 11 Kb 72
Bellano LC 11 Kb 72
Bellante TE 58 Oe 92
Bellária RN 47 Nc 84
Bellegra RM 62 Oa 97
Bellino CN 32 Gf 81
Bellinzago Lombardo MI 21 Kc 75
Bellinzago Novarese NO 20 Id 75
Bellona CE 70 Pb 102
Bellosguardo SA 78 Qb 106
Belluno BL 15 Nb 72
Bellusco MI 21 Kc 75
Belmonte Cálabro CS 86 Ra 114
Belmonte Castello FR 69 Oe 99
Belmonte del Sánnio IS 64 Pc 98
Belmonte in Sabina RI 62 Nf 95
Belmonte Mezzagno PA 91 Oc 120
Belpasso CT 94 Pf 123
Belsito CS 86 Rb 113
Belvedere di Spinello KR 87 Rf 113
Belvedere Langhe CN 33 Hf 81
Belvedere Maríttimo CS 83 Qf 111
Belvedere Ostrense AN 52 Oa 87
Belvéglio AT 34 Ib 80
Belvì NU 109 Kb 109
Bema SO 11 Kd 72
Bene Lário CO 11 Ka 72
Benestare RC 89 Ra 119
Benetutti SS 106 Kb 106
Bene Vagienna CN 33 He 81
Benevello CN 33 Ia 81
Benevento BN 71 Pe 102
Benna BI 19 Ia 75
Bentivóglio BO 38 Mc 81
Berbenno BG 11 Kd 73
Berbenno di Valtellina SO 12 Ke 71
Berceto PR 36 Kf 81
Berchidda SS 106 Kb 104
Beregazzo con Figliaro CO 21 If 74
Bereguardo PV 21 If 77
Bergamasco AL 34 Ic 80
Bergamo BG 22 Ke 74
Bergantino RO 38 Mb 78
Bergeggi SV 42 Ic 83
Bérgolo CN 33 Ia 81
Berlingo BS 22 La 76
Bernalda MT 80 Re 106
Bernaréggio MI 21 Kc 75
Bernate Ticino MI 20 Ie 76
Bernezzo CN 40 Hc 82
Berra FE 39 Mf 79
Bersone TN 13 Ld 73
Bertinoro FC 47 Na 84
Bertiolo UD 16 Oa 73
Bertónico LO 22 Kd 77
Berzano di San Pietro AT 33 Hf 78
Berzano di Tortona AL 35 If 79
Berzo-Demo BS 12 Lb 72
Berzo Inferiore BS 12 Lb 73
Berzo San Fermo BG 22 Kf 74
Besana Brianza MI 21 Kb 74
Besano VA 10 If 73
Besate MI 21 If 77
Besenello TN 13 Ma 73
Besenzone PC 36 Kf 79
Besnate VA 20 Ie 74
Besozzo VA 10 Id 73
Bessude SS 106 Ie 105
Béttola PC 35 Kd 80
Bettona PG 56 Nc 90
Béura-Cardezza VB 10 Ib 72
Bevagna PG 57 Nd 91
Beverino SP 44 Ke 83
Bevilacqua VR 24 Mc 77
Bezzecca TN 13 Le 73
Biancavilla CT 94 Pf 123
Bianchi CS 86 Rc 114
Bianco RC 89 Ra 120
Biandrate NO 20 Ic 76
Biandronno VA 10 Ie 73
Bianzano BG 12 Kf 74
Bianzè VC 19 Ia 77
Bianzone SO 12 La 71
Biassono MI 21 Kb 75
Bibbiano RE 37 Lc 81
Bibbiena AR 50 Me 86
Bibbona LI 49 Ld 89
Bibiana TO 32 Hb 80
Bíccari FG 72 Qb 100
Bicinicco UD 16 Ob 73
Bidoni OR 109 If 108
Biella BI 19 Ia 75
Bienno BS 12 Lb 73
Bieno TN 14 Md 72
Biéntina PI 49 Ld 86
Bigarello MN 23 Lf 77
Binago CO 21 If 74
Binasco MI 21 Ka 77
Binetto BA 74 Re 102
Bióglio BI 19 Ia 75
Bionaz AO 8 Hc 73
Bione BS 22 Lb 74
Birori NU 109 Ie 107
Bisáccia AV 72 Qc 102
Bisacquino PA 91 Ob 122
Biscéglie BA 73 Rd 101
Bisegna AQ 63 Oe 97
Bisenti TE 58 Oe 93
Bisignano CS 84 Rb 111
Bistagno AL 34 Ic 80
Bisùschio VA 10 If 73
Bitetto BA 74 Re 102
Bitonto BA 74 Re 102
Bitritto BA 74 Re 102
Bitti NU 107 Kc 106
Bivona AG 91 Oc 123
Bivongi RC 89 Rc 118
Bizzarone CO 11 If 73
Bleggio Inferiore TN 13 Le 72
Bleggio Superiore TN 13 Le 72
Blello BG 11 Kd 73
Blera VT 60 Na 95
Blessagno CO 11 Ka 73
Blévio CO 11 Ka 73
Blufi PA 92 Pa 122
Boara Pisani PD 38 Me 78
Bóbbio PC 35 Kc 80
Bòbbio Pellice TO 32 Ha 80
Boca NO 20 Ic 75
Bocchigliero CS 85 Re 112
Boccioleto VC 9 Ia 73
Bocenago TN 13 Le 72
Bódio-Lomnago VA 10 Ie 74
Boffalora d'Adda LO 21 Kc 76
Boffalora Sopra Ticino MI 20 Ie 76
Bogliasco GE 43 Ka 82
Bognanco VB 10 Ib 72
Bogogno NO 20 Id 75
Boissano SV 42 Ib 84
Bojano CB 69 Pc 100
Bolano SP 44 Kf 83
Bolbeno TN 13 Le 72
Bólgare BG 22 Ke 75
Bollate MI 21 Ka 75
Bollengo TO 19 Hf 76
Bologna BO 38 Mc 81
Bolognano PE 63 Of 95
Bolognetta PA 91 Oc 121
Bolognola MC 58 Ob 91
Bolótana NU 106 If 107
Bolsena VT 56 Mf 93
Boltiere BG 21 Kd 75
Bolzano = Bozen BZ 4 Mb 69
Bolzano Novarese NO 10 Ic 74
Bolzano Vicentino VI 24 Md 75
Bomarzo VT 56 Nb 94
Bomba CH 64 Pc 96
Bompensiere CL 97 Oe 124
Bompietro PA 92 Pa 122
Bomporto MO 37 Ma 80
Bonárcado OR 108 Id 108
Bonassola SP 43 Kd 83
Bonate Sopra BG 21 Kd 74
Bonate Sotto BG 21 Kd 75
Bonavigo VR 24 Mb 77
Bondeno MN 37 Mc 79
Bondo TN 13 Ld 72
Bondone TN 13 Ld 74
Bonea BN 71 Pd 102
Bonefro CB 65 Pf 98
Bonemerse CR 36 La 78
Bonifati CS 83 Qf 111
Bonito AV 71 Pf 102
Bonnánaro SS 106 Ie 105
Bono SS 106 Ka 106
Bonorva SS 106 Ie 106
Bonvicino CN 33 Hf 81
Borbona RI 57 Oa 93
Borca di Cadore BL 5 Nb 70
Bordano UD 16 Oa 71
Bordighera IM 41 Hd 86
Bordolano CR 22 Kf 77
Bore PR 36 Ke 80
Boretto RE 37 Ld 79
Borgarello PV 21 Ka 77
Borgaro Torinese TO 19 Hd 78
Borgetto PA 91 Oa 120
Borghetto d'Arroscia IM 41 Hf 84
Borghetto di Borbera AL 35 If 80
Borghetto di Vara SP 44 Ke 83
Borghetto Lodigiano LO 21 Kc 77
Borghetto Santo Spírito SV 42 Ib 84
Borghi FC 47 Nc 84
Bórgia CZ 86 Rd 116
Borgiallo TO 19 Hd 76
Bórgio-Verezzi SV 42 Ic 83
Borgo a Mozzano LU 45 Ld 85
Borgo d'Ale VC 19 Ia 76
Borgo di Terzo BG 22 Kf 74
Borgoforte MN 37 Le 78
Borgofranco d'Ivrea TO 19 He 75
Borgofranco sul Po MN 38 Mb 78
Borgolavezzaro NO 20 Ie 77
Borgomale CN 33 Ia 81
Borgomanero NO 20 Ic 74
Borgomaro IM 41 Hf 85
Borgomasino TO 19 Hf 76
Borgone Susa TO 32 Hb 78
Borgonovo Val Tidone PC 35 Kc 78
Borgo Pace PU 51 Nb 87
Borgo Priolo PV 35 Ka 79
Borgoratto Alessandrino AL 34 Id 79
Borgoratto Mormorolo PV 35 Ka 79
Borgoricco PD 25 Mf 75
Borgorose RI 62 Ob 95
Borgo San Dalmazzo CN 41 Hc 82
Borgo San Giacomo BS 22 Kf 76
Borgo San Giovanni LO 21 Kc 77
Borgo San Lorenzo FI 46 Mc 85
Borgo San Martino AL 34 Ic 78
Borgo San Siro PV 21 If 77
Borgosatollo BS 22 Lb 76
Borgosésia VC 20 Ib 74
Borgo Ticino NO 20 Id 74
Borgo Tossignano BO 46 Md 83
Borgo Val di Taro PR 36 Ke 82
Borgo Valsugana TN 14 Mc 72
Borgo Velino RI 57 Oa 94
Borgo Vercelli VC 20 Ic 76
Bórmida SV 42 Ib 82
Bòrmio SO 2 Lc 70
Bornasco PV 21 Kb 77
Borno BS 12 Lb 73
Boroneddu OR 109 If 108
Bórore NU 109 Ie 107
Borrello CH 64 Pb 97
Borriana BI 19 Ia 76
Borso del Grappa TV 14 Me 74
Bortigali NU 109 If 107
Bortigiádas SS 106 Ka 103
Borutta SS 106 Ie 105
Borzonasca GE 43 Kc 82
Bosa NU 108 Id 107

Abano Terme – Bosa (I) 115

Bosaro RO 38 Me 79
Boschi Sant'Anna VR 24 Mb 77
Bosco Chiesanuova VR 23 Ma 75
Bosco Marengo AL 34 Id 80
Bosconero TO 19 He 77
Boscoreale NA 76 Pc 104
Boscotrecase NA 76 Pc 104
Bosentino TN 14 Mb 72
Bósia CN 33 Ia 81
Bósio AL 34 Ie 81
Bosísio Parini LC 11 Kb 74
Bosnasco PV 35 Kb 78
Bóssico BG 12 La 73
Botricello CZ 87 Rf 115
Botrugno LE 82 Tb 108
Bottanuco BG 21 Kc 75
Botticino BS 22 Lb 75
Bóttidda SS 106 Ka 106
Bova RC 89 Qf 121
Bovalino RC 89 Ra 120
Bova Marina RC 95 Qf 121
Bóvegno BS 12 Lb 74
Bóves CN 41 Hd 82
Bovezzo BS 22 Lb 75
Boville Érnica FR 62 Oc 99
Bovino FG 72 Qc 101
Bovísio-Masciago MI 21 Ka 75
Bovolenta PD 25 Mf 77
Bovolone VR 24 Ma 77
Bozen = Bolzano BZ 4 Mb 69
Bózzole AL 34 Id 79
Bózzolo MN 37 Lc 78
Bra TN 33 Hf 80
Bracca BG 12 Ke 73
Bracciano RM 61 Nb 96
Bracigliano SA 77 Pe 104
Bràies = Prags BZ 5 Na 68
Brallo di Pregola PV 35 Kb 80
Brancaleone Superiore RC 89 Ra 121
Brandico BS 22 La 76
Brandizzo TO 19 He 77
Branzi BG 12 Ke 72
Branzoll = Bronzolo BZ 14 Mb 70
Braone BS 12 Lb 73
Brébbia VA 10 Id 73
Breda di Piave TV 25 Nb 74
Brégano VA 10 Id 73
Breganze VI 24 Md 74
Bregnano CO 21 Ka 74
Breguzzo TN 13 Ld 72
Bréia VC 10 Ib 74
Brembate BG 21 Kd 74
Brembate di sopra BG 21 Kd 74
Brembilla BG 11 Kd 73
Brémbio LO 21 Kd 77
Breme PV 34 Id 78
Brendola VI 24 Mc 76
Brenna CO 21 Ka 74
Brenner = Brennero BZ 4 Mc 67
Brennero = Brenner BZ 4 Mc 67
Breno BS 12 Lb 73
Brenta VA 10 Id 73
Brentino VR 23 Lf 75
Brentónico TN 13 Lf 74
Brenzone VR 23 Le 74
Brescello RE 37 Lc 79
Brescia BS 22 Lb 75
Brèsimo TN 13 Lf 70
Bressana-Bottarone PV 35 Ka 78
Bressanone = Brixen BZ 4 Md 68
Bressanvido VI 24 Md 75
Bresso MI 21 Kb 75
Brez TN 13 Ma 70
Brezzo di Bedero VA 10 Ie 73
Briaglia CN 36 Hf 82
Briático VV 86 Ra 116
Bricherásio TO 32 Hb 80
Brienno CO 11 Ka 73
Brienza PZ 78 Qd 106
Briga Alta CN 41 He 83
Briga Novarese NO 20 Ic 74
Brignano-Frascata AL 35 Ka 80
Brignano Gera d'Adda BG 22 Kd 75
Bríndisi BR 81 Sf 105
Bríndisi Montagna PZ 79 Qf 105
Brínzio VA 10 Ie 73
Briona NO 20 Ic 76
Brione BS 22 La 75
Brione TN 13 Lf 72
Briosco MI 21 Kb 74
Brisighella RA 47 Me 83
Brissago Valtravaglia VA 10 Ie 73
Brissogne AO 18 Hc 74
Brittoli PE 59 Of 95
Brivio LC 21 Kc 74
Brixen = Bressanone BZ 4 Md 68
Broccostella RI 63 Od 98
Brogliano VI 24 Md 75
Brognaturo VV 89 Rc 117
Brolo ME 93 Pe 120
Brondello CN 32 Hc 81
Broni PV 35 Kb 78
Bronte CT 93 Pe 122
Bronzolo BZ 14 Mb 70
Brossasco CN 32 Hc 81
Brosso TO 19 He 76
Brovello VB 10 Id 73
Brózolo TO 33 Ia 78
Brughério MI 21 Kb 75
Brúgine PD 25 Mf 77
Brugnato SP 44 Ke 83
Brugnera PN 15 Nd 73
Bruino TO 33 Hc 78
Brumano BG 11 Kc 73
Brunate CO 11 Ka 73
Bruneck = Brunico BZ 4 Mf 68
Brunello VA 20 Ie 74
Brunico = Bruneck BZ 4 Mf 68
Bruno AT 34 Ic 80
Brusaporto BG 22 Ke 75
Brusasco TO 33 Ia 78
Brusciano NA 70 Pc 103
Brusimpiano VA 10 If 73
Brusnengo BI 20 Ib 75
Brusson AO 9 He 74
Bruzolo TO 36 Hb 78
Bruzzano Zeffírio RC 89 Ra 120
Bubbiano MI 21 If 77
Búbbio AT 34 Ib 80
Buccheri SR 99 Pf 126
Bucchiánico CH 59 Pb 95
Bucciano BN 71 Pd 102
Buccinasco MI 21 Ka 76
Buccino SA 78 Qc 105
Búcine AR 50 Md 88
Budduso SS 106 Kb 105
Budóia PN 15 Nc 72
Budoni NU 107 Kc 104
Búdrio BO 38 Md 81
Buggerru CA 111 Ic 112
Buggiano PT 45 Le 85

Bugnara AQ 63 Of 96
Buguggiate VA 10 Ie 74
Búia UD 16 Oa 71
Bulciago LC 21 Kb 74
Bulgarograsso CO 21 If 74
Bultei SS 106 Ka 106
Bulzi SS 106 If 103
Buonabitácolo SA 78 Qd 107
Buonalbergo BN 71 Pf 101
Buonconvento SI 50 Mc 90
Buonvicino CS 83 Qf 110
Burago di Mólgora MI 21 Kc 75
Burcei CA 112 Kc 112
Búrgio AG 96 Ob 123
Búrgos SS 106 If 105
Burgstall = Pòstal BZ 3 Ma 69
Buriasco TO 32 Hc 79
Burolo TO 19 Hf 76
Buronzo VC 20 Ib 76
Busachi OR 109 If 108
Busalla GE 35 If 81
Busana RE 44 Lb 82
Busano TO 19 Hd 77
Busca CN 33 Hc 81
Buscate MI 20 Ie 75
Buscemi SR 99 Pf 126
Busnago MI 21 Kc 75
Bússero MI 21 Kc 75
Busseto PR 36 La 79
Bussi sul Tirino PE 63 Oe 95
Busso CB 71 Pd 99
Bussolengo VR 23 Le 76
Bussoleno TO 36 Ha 78
Busto Arsízio VA 20 Ie 75
Busto Garolfo MI 20 If 75
Butera CL 98 Pb 125
Buti PI 49 Ld 86
Buttapietra VR 23 Lf 77
Buttigliera Alta TO 32 Hc 78
Buttigliera d'Asti AT 33 Hf 78
Búttrio UD 17 Ob 72

C

Cabella Lígure AL 35 Ka 80
Cabiate CO 21 Ka 75
Càbras OR 108 Id 109
Caccamo PA 92 Od 121
Caccuri KR 87 Re 113
Ca' d'Andrea CR 36 Lb 78
Cadegliano VA 10 Ie 73
Cadelbosco di Sopra RE 37 Ld 80
Cadeo PC 36 Ke 79
Caderzone TN 13 Le 72
Cadóneghe PD 25 Mf 76
Cadorago CO 21 Ka 74
Cadrezzate VA 10 Id 74
Caerano di San Marco TV 15 Mf 74
Cafasse TO 19 Hd 77
Caggiano SA 78 Qc 105
Cagli PU 52 Nd 87
Càgliari CA 112 Ka 113
Cáglio CO 11 Kb 73
Cagnano Amiterno AQ 58 Ob 94
Cagnano Varano FG 66 Qe 98
Cagno CO 11 If 73
Cagnò TN 13 Ma 70
Caianello CE 70 Pa 101
Caiazzo CE 70 Pc 101
Càines BZ 3 Ma 68
Caino BS 22 Lb 75
Caiolo SO 12 Ke 71
Cairano AV 72 Qc 103
Cairate VA 20 If 74
Cáiro Montenotte SV 42 Ib 82
Caivano NA 70 Pb 103
Calabritto AV 77 Qb 104
Calamandrana AT 34 Ib 80
Calamónaci AG 96 Ob 123
Calangiànus SS 106 Kb 103
Calanna RC 95 Qe 119
Calasca Castiglione VB 9 Ia 72
Calascibetta EN 93 Pb 123
Calàscio AQ 58 Oc 95
Calasetta CA 111 Ic 114
Calatabiano CT 94 Qb 122
Calatafimi TP 90 Nf 121
Calavino TN 13 Lf 72
Calcata VT 61 Nc 95
Calceránica al Lago TN 14 Mb 72
Calci PI 49 Ld 86
Calciano MT 79 Rb 105
Calcináia PI 49 Ld 86
Calcinate BG 22 Ke 75
Calcinato BS 23 Lc 76
Cálcio BG 22 Ke 76
Calco LC 21 Kc 74
Caldarola MC 53 Ob 90
Caldaro sulla Strada del Vino = Kaltern BZ 14 Mb 70
Calderara di Reno BO 38 Mb 81
Caldes TN 13 Lf 70
Caldiero VR 24 Ma 76
Caldogno VI 24 Mc 75
Caldonazzo TN 14 Mb 72
Calendasco PC 35 Kd 78
Calenzano FI 46 Ma 85
Calestano PR 36 La 81
Cálice al Cornovíglio SP 44 Ke 83
Cálice Lígure SV 42 Ib 83
Calimera LE 82 Tb 107
Calitri AV 72 Qc 103
Calizzano SV 41 Ia 83
Callabiana BI 19 Ia 75
Calliano AT 34 Ib 78
Calliano TN 13 Ma 73
Calolziocorte LC 11 Kc 74
Calopezzati CS 85 Re 111
Calosso AT 34 Ib 80
Caloveto CS 85 Re 111
Caltabellotta AG 96 Ob 123
Caltagirone CT 98 Pd 125
Caltanissetta CL 97 Pa 124
Caltavuturo PA 92 Of 122
Caltignaga NO 20 Id 75
Calto RO 38 Mb 79
Caltrano VI 14 Mc 74
Calúsco d'Adda BG 21 Kc 74
Caluso TO 19 Hf 77
Calvagese della Riviera BS 23 Lc 75
Calvánico SA 77 Pe 104
Calvatone CR 37 Lc 78
Calvello PZ 79 Qf 106
Calvene VI 14 Mc 74
Calvenzano BG 21 Kd 76
Calvera PZ 79 Ra 108
Calvi BN 71 Pf 102
Calvi dell'Úmbria TR 57 Nd 94
Calvignano PV 35 Ka 79
Calvignasco MI 21 Ka 77
Calvi Risorta CE 70 Pa 101

Calvisano BS 22 Lb 76
Calvizzano NA 70 Pb 103
Camagna Monferrato AL 34 Ic 78
Camaiore LU 44 Lb 85
Camairago LO 22 Ke 77
Camandona BI 19 Ia 75
Camastra AG 97 Oe 125
Cambiago MI 21 Kc 75
Cambiano TO 33 He 79
Cambiasca VB 10 Id 73
Camburzano BI 19 Hf 76
Camerana CN 41 Ia 82
Camerano AN 53 Od 87
Camerano Casasco AT 33 Ia 79
Camerata Cornello BG 12 Kd 73
Camerata Nuova RM 62 Oa 96
Camerata Picena AN 53 Oc 87
Càmeri NO 20 Id 76
Camerino MC 52 Oa 90
Cameroni, i FG 65 Qc 96
Camerota SA 83 Qc 108
Camigliano CE 70 Pb 101
Caminata PC 35 Kb 79
Camini RC 89 Rc 118
Camino AL 34 Ib 78
Camino al Tagliamento UD 16 Nf 73
Camisano CR 22 Ke 76
Camisano Vicentino VI 24 Me 75
Cammarata AG 97 Od 123
Camo CN 34 Ia 80
Camogli GE 43 Ka 82
Campagna SA 77 Qa 105
Campagna Lúpia VE 25 Na 76
Campagnano di Roma RM 61 Nc 96
Campagnático GR 55 Mb 91
Campagnola Cremasca CR 22 Ke 76
Campagnola Emilia RE 37 Lc 79
Campana CS 85 Re 112
Camparada MI 21 Kb 75
Campégine RE 37 Ld 80
Campello sul Clitunno PG 57 Ne 92
Campertogno VC 9 Ia 74
Campi Bisénzio FI 46 Ma 86
Campíglia Cervo BI 19 Hf 75
Campíglia dei Bérici VI 24 Md 77
Campiglia Marittima LI 54 Ld 90
Campiglione TO 32 Hb 80
Campione d'Italia CO 11 If 73
Campi Salentina LE 82 Ta 106
Campitello di Fassa TN 4 Me 70
Campli TE 58 Oe 92
Campobasso CB 64 Pd 99
Campobello di Licata AG 97 Of 125
Campobello di Mazara TP 96 Ne 123
Campo Cálabro RC 95 Qd 119
Campochiaro CB 71 Pd 100
Campodársego PD 25 Mf 76
Campodenno TN 13 Lf 71
Campo di Giove AQ 63 Pa 96
Campodimele LT 69 Od 100
Campo di Trens BZ 4 Mc 67
Campodoro PD 24 Me 76
Campofelice di Fitália PA 91 Oc 122
Campofelice di Roccella PA 92 Of 121
Campofilone AP 53 Oe 90
Campofiorito PA 91 Ob 122
Campoformido UD 16 Oa 72
Campofranco CL 97 Oe 123
Campogalliano MO 37 Lc 80
Campolattaro BN 71 Pe 101
Campoli Appennino FR 63 Oe 98
Campolieto CB 64 Pe 99
Campo Lígure GE 34 Ie 81
Campolongo BL 5 Nd 69
Campolongo al Torre UD 17 Oc 73
Campolongo Maggiore VE 25 Na 77
Campolongo sul Brenta VI 14 Md 73
Campomaggiore PZ 79 Ra 105
Campomarino CB 65 Qa 97
Campomorone GE 34 If 81
Campo nell'Elba LI 54 VII
Camponogara VE 25 Na 76
Cámpora SA 78 Qb 107
Camporeale PA 91 Oa 121
Camporgiano LU 45 Lb 84
Camporosso IM 41 Hf 85
Camporotondo di Fiastrone MC 53 Ob 90
Camporotondo Etneo CT 94 Qa 123
Camposampiero PD 24 Me 75
Camposano NA 71 Pd 103
Camposanto MO 38 Ma 80
Campospinoso PV 35 Ka 78
Campotosto AQ 58 Oc 93
Campo Túres BZ 4 Mf 67
Camugnano BO 46 Ma 83
Canale TN 4 Me 70
Canale d'Agordo BL 15 Mf 70
Canale Monterano RM 60 Na 96
Canal San Bovo TN 14 Me 71
Canaro RO 38 Md 79
Canazei TN 4 Me 70
Cancellara PZ 78 Qf 104
Cancello ed Arnone CE 70 Pa 102
Canda RO 38 Mc 78
Candela FG 72 Qd 102
Candelo BI 19 Ia 75
Cándia Canavese TO 19 Hf 77
Candia Lomellina PV 34 Id 77
Candiana PD 25 Mf 77
Cándida AV 71 Pf 103
Candídoni CZ 89 Ra 117
Cándiolo TO 33 Hd 78
Canegrate MI 21 If 75
Canelli AT 34 Ib 80
Canepina VT 56 Nb 94
Càneva PN 15 Nc 73
Canevino PV 35 Kb 79
Canicatti AG 97 Of 124
Canicattini Bagni SR 99 Qa 126
Canino VT 55 Me 94
Canischio TO 19 Hd 76
Canistro AQ 62 Oc 97
Canna CS 79 Rd 108
Cannalonga SA 78 Qb 107
Cannara PG 57 Nd 91
Cánnero Riviera VB 10 Id 72
Canneto Pavese PV 35 Kb 78
Canneto sull'Óglio MN 37 Lc 78
Cannóbio VB 10 Id 72
Cánnole LE 82 Tc 108
Cánolo RC 89 Rb 119
Canósa di Púglia BA 73 Ra 101
Canosa Sannita CH 59 Pb 95
Cansano AQ 63 Pa 96
Cantagallo PO 46 Ma 84
Cantalice RI 57 Nf 94

Cantalupa TO 32 Hb 79
Cantalupo in Sabina RI 61 Nd 95
Cantalupo Lígure AL 35 Ka 80
Cantalupo nel Sánnio IS 70 Pc 99
Cantello VA 10 If 73
Canterano RM 62 Oa 97
Cantiano PU 52 Nd 88
Cantóira TO 18 Hc 76
Cantù CO 21 Ka 74
Canzano TE 58 Oe 93
Canzo CO 11 Kb 73
Caorle VE 26 Nf 75
Caorso PC 36 Kf 78
Capáccio SA 77 Qa 106
Capaci PA 91 Ob 120
Capálbio GR 55 Mc 94
Capànnoli PI 49 Le 87
Capànnori LU 45 Ld 85
Capena RM 61 Nd 95
Capergnánica CR 22 Kd 77
Capestrano AQ 63 Oe 95
Capiago CO 11 Ka 74
Capistrano VV 86 Rb 116
Capistrello AQ 62 Oc 97
Capitignano SA 77 Pf 104
Capizzi ME 93 Pc 122
Capizzone BG 22 Kf 74
Capodimonte VT 56 Mf 93
Capo di Ponte BS 12 Lb 72
Capo d'Orlando ME 93 Pe 120
Capodrise CE 70 Pb 102
Capoliveri LI 54 VII
Capolona AR 51 Mf 87
Caponago MI 21 Kc 75
Caporciano AQ 63 Oe 95
Capoterra CA 112 If 113
Capovalle BS 13 Lc 74
Cappadócia AQ 62 Ob 96
Cappella de' Picenardi CR 22 Lb 78
Cappella sul Tavo PE 59 Pa 94
Capracotta IS 64 Pb 98
Capráia e Limite FI 49 Ma 86
Capráia Isola LI 54 II
Caprànica VT 61 Nb 95
Caprárica di Lecce LE 82 Tb 107
Caprarola VT 61 Nb 95
Capraúna CN 41 Hf 84
Caprese Michelángelo AR 51 Mf 87
Caprezzo VB 10 Id 72
Capri NA 76 Pb 105
Capriana TN 14 Mb 71
Capriano del Colle BS 22 La 76
Capriata d'Orba AL 34 Id 80
Capriate San Gervasio BG 21 Kd 75
Capriati a Volturno CE 70 Pa 100
Càprie TO 32 Hb 78
Capríglia Irpina AV 71 Pe 103
Capríglio PR 44 Kf 82
Caprile BI 20 Ib 74
Capri Leone ME 93 Pe 120
Capriolo BS 22 Kf 75
Capriva del Friuli GO 17 Oc 73
Capurso BA 74 Rf 102
Caraffa del Bianco RC 89 Ra 120
Caraffa di Catanzaro CZ 86 Rc 115
Caráglio CN 40 Hc 82
Caramagna Piemonte CN 33 He 80
Caramánico Terme PE 63 Pa 96
Carano TN 14 Mc 71
Carapelle Calvísio AQ 58 Oe 95
Carasco GE 43 Kb 82
Carassai AP 53 Oe 90
Carate Brianza MI 21 Kb 75
Carate-Urio CO 11 Ka 73
Caravággio BG 22 Kd 76
Caravino TO 19 Hf 76
Caravóncia IM 41 Hf 84
Carbognano VT 61 Nb 95
Carbonara al Ticino PV 35 Ka 78
Carbonara di Nola NA 71 Pd 103
Carbonara di Po MN 38 Mb 78
Carbonate CO 21 If 74
Carbonera TV 25 Nb 74
Carbónia CA 111 Id 113
Cárcare SV 42 Ib 82
Cárceri PD 24 Md 77
Carcóforo VC 9 Ia 73
Cardano al Campo VA 20 Ie 75
Cardé CN 33 Hc 80
Cardeto RC 88 Qe 120
Cardezza, Béura- VB 10 Id 72
Cardinale CZ 89 Rc 117
Cardito NA 70 Pb 103
Careggine LU 44 Lb 84
Carema TO 18 He 75
Carenno LC 11 Kc 74
Carentino AL 34 Ic 80
Careri RC 89 Ra 119
Caresana VC 20 Ic 77
Caresanablot VC 20 Ib 76
Carezzano AL 34 If 80
Carfizzi KR 87 Rf 113
Cargeghe SS 105 Id 104
Cariati CS 86 Rf 112
Carife AV 72 Qb 102
Carignano TO 33 Hd 79
Carimate CO 21 Ka 74
Carinaro CE 70 Pb 103
Carini PA 91 Ob 120
Carínola CE 70 Of 101
Carísio VC 20 Ib 76
Carísolo TN 13 Le 72
Carlantino FG 65 Pf 99
Carlazzo CO 11 Ka 72
Carlentini SR 99 Qa 125
Carlino UD 16 Oa 74
Carloforte CA 111 Ib 114
Carlópoli CZ 86 Rc 114
Carmagnola TO 33 He 79
Carmiano LE 82 Ta 106
Carmignano PO 45 Ma 86
Carmignano di Brenta PD 24 Me 75
Carnago VA 20 Ie 74
Carnate MI 21 Kc 75
Caróbbio degli Ángeli BG 22 Ke 75
Carolei CS 86 Rb 113
Carona BG 12 Ke 72
Carónia ME 93 Pc 121
Caronno-Pertusella VA 21 Ka 75
Caronno Varesino VA 20 Ie 74
Carosino TA 81 Sc 106
Carovigno BR 75 Sd 104
Carovilli IS 64 Pb 98
Carpaneto Piacentino PC 36 Ke 79
Carpanzano CS 86 Rb 114

Carpásio IM 41 Hf 85
Carpegna PU 47 Nb 86
Carpi MO 37 Lf 80
Carpiano MI 21 Kb 77
Carpignano Salentino LE 82 Tc 107
Carpignano Sesia NO 20 Ic 75
Carpineti RE 37 Ld 82
Carpineto della Nora PE 59 Of 94
Carpineto Romano RM 62 Oa 99
Carpineto Sinello CH 64 Pd 96
Carpino FG 66 Qf 98
Carpinone IS 64 Pb 99
Carrara SS 44 La 84
Carrara San Giorgio PD 25 Me 77
Carrara Santo Stefano PD 25 Me 77
Carre VI 24 Md 74
Carrè AO 18 Ha 75
Carrega Lígure AL 35 Ka 81
Carro SP 43 Kd 83
Carródano-Inferiore SP 44 Kd 83
Carròsio AL 34 Ie 81
Carrù CN 33 Hf 82
Carsóli AQ 62 Oa 96
Cartignano CN 32 Hb 82
Cartoceto PU 48 Nf 86
Cartósio AL 34 Ic 81
Cartura PD 25 Mf 77
Carugate MI 21 Kb 75
Carugo CO 21 Ka 74
Carúnchio CH 64 Pd 97
Carvico BG 21 Kc 74
Carzano TN 14 Mc 72
Casabona KR 87 Rf 113
Casacalenda CB 64 Pf 98
Casacanditella CH 63 Pb 95
Casagiove CE 70 Pa 102
Caságlia, Tórbole BS 22 La 75
Casalánguida CH 64 Pd 96
Casalática PR 36 La 80
Casalbeltrame NO 20 Ic 76
Casalbordino CH 64 Pd 96
Casálbore AV 71 Qa 101
Casalborgone TO 33 Hf 78
Casalbuono SA 78 Qe 107
Casalbuttano ed Uniti CR 22 Kf 77
Casál Cermelli AL 34 Id 79
Casalcíprano CB 64 Pd 99
Casál di Principe CE 70 Pa 102
Casalduni BN 71 Pe 101
Casalécchio di Reno BO 38 Mb 82
Casale Corte Cerro VB 10 Ic 73
Casale Cremasco CR 22 Ke 76
Casale di Scódósia PD 24 Mc 77
Casaléggio Novara NO 20 Id 76
Casale Litta VA 20 Ie 74
Casale Maríttimo PI 49 Ld 89
Casale Monferrato AL 34 Ic 78
Casaleone VR 24 Mb 78
Casale sul Sile TV 25 Nb 75
Casaletto Ceredano CR 21 Kd 77
Casaletto di Sopra CR 22 Ke 76
Casaletto Lodigiano LO 21 Kc 77
Casaletto Spartano SA 78 Qd 108
Casaletto Váprio CR 21 Kd 76
Casalfiumanese BO 46 Md 83
Casalgrande RE 37 Le 81
Casalgrasso CN 33 Hd 79
Casalincontrada CH 59 Pa 95
Casalino NO 20 Id 76
Casalmaggiore CR 37 Lc 79
Casalmaiocco LO 21 Kc 76
Casalmorano CR 22 Kf 77
Casalmoro MN 22 Lb 76
Casalnoceto AL 35 If 79
Casalnuovo di Nápoli NA 70 Pc 103
Casalnuovo Monterotaro FG 65 Qa 99
Casaloldo MN 23 Lc 77
Casalpusterlengo LO 22 Kd 77
Casalromano MN 23 Lc 77
Casalserugo PD 25 Mf 77
Casaluce CE 70 Pb 102
Casalvécchio di Púglia FG 65 Qa 99
Casalvécchio Sículo ME 94 Qb 121
Casal Velino SA 77 Qa 107
Casalvieri FR 63 Oe 99
Casalvolone NO 20 Ic 76
Casalzuigno VA 10 Id 73
Casamarciano NA 71 Pd 103
Casamássima BA 74 Rf 103
Casamicciola Terme NA 76 Of 104
Casandrino NA 70 Pb 103
Casanova Elvo VC 20 Ib 76
Casanova Lerrone SV 41 Ia 84
Casanova Lonati PV 35 Kb 78
Casape RM 62 Nf 97
Casapesenna CE 70 Pa 103
Casapinta BI 20 Ib 75
Casaprota RI 61 Ne 95
Casapulla CE 70 Pb 102
Casarano LE 82 Ta 108
Casargo LC 11 Kc 72
Casarile MI 21 Ka 77
Casarsa della Delizia PN 16 Ne 73
Casarza Lígure GE 43 Kc 83
Casasco AL 35 If 80
Casasco d'Intelvi CO 11 Ka 73
Casatenovo LC 21 Kb 74
Casatisma PV 35 Ka 78
Casavatore NA 70 Pb 103
Casazza BG 12 Ke 74
Càscia PG 57 Oa 92
Casciago VA 10 Ie 73
Casciana Terme PI 49 Ld 87
Cáscina PI 49 Ld 86
Cascinette d'Ivrea TO 19 Hf 76
Casei Gerola PV 35 If 78
Caselette TO 33 Hc 78
Casella GE 35 If 81
Caselle in Pittari SA 78 Qd 107
Caselle Landi LO 36 Ke 78
Caselle Lurani LO 21 Kc 77
Caselle Torinese TO 19 Hd 77
Caserta CE 70 Pc 102
Casier TV 25 Nb 75
Casignana RC 89 Ra 120
Casina RE 37 Lc 81
Casirate d'Adda BG 21 Kd 76
Caslino d'Erba CO 11 Kb 73
Casnate CO 21 If 74
Casnigo BG 12 Kf 73
Casola di Napoli NA 76 Pd 104
Cásola in Lunigiana MS 44 La 83
Càsola Valsénio RA 46 Md 83
Càsole d'Elsa SI 49 Ma 88
Casóli CH 64 Pc 96
Casorate Primo PV 21 If 77
Casorate Sempione VA 20 Ie 75

Casorezzo MI 20 If 75
Casória NA 70 Pb 103
Casorzo AT 34 Ib 78
Caspéria RI 61 Nd 94
Caspòggio SO 12 Ke 71
Cassa, La TO 19 Hc 77
Cassacco UD 16 Oa 71
Cassago Brianza LC 21 Kb 74
Cassano allo Jónio CS 84 Rb 110
Cassano d'Adda MI 21 Kc 75
Cassano delle Murge BA 74 Re 103
Cassano Irpino AV 71 Qa 103
Cassano Magnago VA 20 Ie 75
Cassano Spinola AL 34 If 80
Cássaro SR 99 Pf 125
Cassíglio BG 12 Ke 73
Cassina de'Pecchi MI 21 Kc 75
Cassina Rizzardi CO 21 Ka 74
Cassinasco AT 34 Ib 80
Cassina Valsassina LC 11 Kc 73
Cassine AL 34 Ic 80
Cassinelle AL 34 Id 81
Cassinetta di Lugagnano MI 21 If 76
Cassino FR 70 Of 100
Cassola VI 14 Me 74
Cassolnovo PV 20 Ie 76
Castagnaro VR 38 Mc 78
Castagneto Carducci LI 49 Ld 90
Castagneto Po TO 33 Hf 78
Castagnito CN 33 Ia 80
Castagnole delle Lanze AT 33 Ia 80
Castagnole Monferrato AT 34 Ib 79
Castagnole Piemonte TO 33 Hd 79
Castana PV 35 Ka 78
Cástano Primo MI 20 Ie 75
Castéggio PV 35 Ka 78
Castegnato BS 22 La 75
Castegnero VI 24 Md 76
Castelbaldo PD 38 Mc 78
Castél Baronia AV 72 Qb 102
Castelbelforte MN 23 Lf 77
Castelbellino AN 52 Oa 88
Castelbello-Ciàrdes = Kastelbell-Tschars BZ 3 Lf 69
Castelbianco SV 41 Ia 84
Castél Boglione AT 34 Ic 80
Castel Bolognese RA 47 Me 83
Castelbottáccio CB 64 Pe 98
Castelbuono PA 92 Pa 121
Castél Campagnano CE 70 Pc 101
Castel Castagna TE 58 Oe 93
Castelcívita SA 78 Qb 106
Castel Colonna AN 52 Oa 86
Castel Condino TN 13 Ld 73
Castelcovati BS 22 Kf 76
Castelcucco TV 15 Mf 73
Casteldáccia PA 91 Od 120
Castel d'Aiano BO 45 Lf 83
Castel d'Ario MN 23 Lf 77
Castel d'Azzano VR 23 Lf 76
Casteldelci PU 47 Na 86
Casteldelfino CN 32 Ha 81
Castel del Giúdice IS 64 Pb 97
Castel del Monte AQ 58 Oe 94
Castel del Piano GR 55 Md 91
Castel del Rio BO 46 Mc 83
Castel di Cásio BO 45 Ma 83
Castel di Ieri AQ 63 Oe 96
Castel di Iudica CT 98 Pd 124
Castel di Lama AP 58 Oe 91
Castél di Lúcio ME 93 Pb 121
Castél di Sangro AQ 63 Pa 98
Castél di Sasso CE 70 Pb 101
Castel di Tora RI 62 Nf 95
Casteldidone CR 37 Lc 78
Castelfidardo AN 53 Od 88
Castelfiorentino FI 49 Lf 87
Castel Focognano AR 50 Me 87
Castelfondo TN 13 Lf 70
Castelforte LT 70 Oe 101
Castelfranci AV 71 Qa 103
Castelfranco di Sopra AR 50 Md 87
Castelfranco di Sotto PI 49 Le 86
Castelfranco Emilia MO 37 Ma 81
Castelfranco in Miscano BN 71 Qa 101
Castelfranco Veneto TV 25 Mf 74
Castel Frentano CH 64 Pc 95
Castel Gabbiano CR 22 Ke 76
Castel Gandolfo RM 61 Nd 98
Castel Giórgio TR 56 Mf 92
Castel Goffredo MN 23 Lc 77
Castelgomberto VI 24 Mc 75
Castelgrande PZ 78 Qc 104
Castel Guelfo di Bologna BO 38 Md 82
Castelguglielmo RO 38 Md 78
Castelguidone CH 64 Pd 97
Castellabate SA 77 Pf 107
Castellafiume AQ 62 Oc 97
Castell' Alfero AT 34 Ib 79
Castellalto TE 58 Oe 92
Castellammare del Golfo TP 90 Nf 120
Castellammare di Stábia NA 76 Pc 104
Castellamonte TO 19 He 76
Castellana Grotte BA 74 Sa 103
Castellana Sícula PA 92 Pa 122
Castellaneta TA 80 Rf 105
Castelláfia AL 35 If 80
Castellanza VA 20 Ie 75
Castellar CN 32 Hc 81
Castellarano RE 37 Le 81
Castellar Guidobono AL 35 If 79
Castellaro SV 41 Ia 84
Castell'Arquato PC 36 Kf 79
Castell'Azzara GR 55 Me 92
Castellazzo Bórmida AL 34 Id 79
Castellazzo Novarese NO 20 Ic 75
Castelleone CR 22 Ke 76
Castelleone di Suasa AN 52 Nf 87
Castellero AT 33 Ia 79
Castelletto Cervo BI 20 Ib 75
Castelletto d'Erro AL 34 Ic 81
Castelletto di Branduzzo PV 35 Ka 78
Castelletto Merli AL 34 Ib 79
Castelletto Molina AT 34 Ic 80
Castelletto Monferrato AL 34 Id 79
Castelletto Sopra Ticino NO 20 Id 74
Castelletto Stura CN 34 Hd 82
Castelletto Uzzone CN 34 Ib 82
Castelli TE 58 Oe 93
Castelli Calépio BG 22 Kf 75
Castellina in Chianti SI 50 Mb 88
Castellinaldo CN 33 Ia 80
Castellina Marittima PI 49 Ld 87
Castellino del Biferno CB 64 Pe 98
Castellino Tánaro CN 41 Hf 82
Castelliri FR 63 Od 98
Castello Cabiáglio VA 10 Ie 73
Castello d'Agogna PV 20 Id 77

Castello d'Argile **BO** 38 Mb 80
Castello dell' Acqua **SO** 12 Kf 72
Castello del Matese **CE** 70 Pc 100
Castello di Annone **AT** 34 Ib 79
Castello di Cisterna **NA** 70 Pc 103
Castello di Gódego **TV** 25 Mf 74
Castello di Serravalle **BO** 45 Ma 82
Castello Lavazzo **BL** 15 Nb 71
Castello Molina di Fiemme **TN** 14 Mc 71
Castello Tesino **TN** 14 Md 72
Castellúcchio **MN** 23 Ld 78
Castellúccio dei Sáuri **FG** 72 Qc 101
Castellúccio Inferiore **PZ** 84 Qf 108
Castellúccio Superiore **PZ** 84 Qf 108
Castellúccio Valmaggiore **FG** 72 Qb 100
Castell 'Umberto **ME** 93 Pe 120
Castel Madama **RM** 62 Nf 97
Castel Maggiore **BO** 38 Mc 81
Castelmagno **CN** 40 Ha 82
Castelmarte **CO** 11 Kb 73
Castelmassa **RO** 38 Mb 78
Castelmàuro **CB** 64 Pe 98
Castel Mella **BS** 22 La 76
Castelmezzano **PZ** 79 Ra 105
Castelmola **ME** 94 Qb 121
Castel Morrone **CE** 70 Pc 102
Castelnovetto **PV** 20 Id 77
Castelnovo Bariano **RO** 38 Mb 78
Castelnovo del Friuli **PN** 16 Nf 71
Castelnovo di Sotto **RE** 37 Ld 80
Castelnovo ne'Monti **RE** 45 Lc 82
Castelnuovo **TN** 14 Mc 72
Castelnuovo Belbo **AT** 34 Ic 80
Castelnuovo Berardenga **SI** 50 Mc 88
Castelnuovo Bocca d'Adda **LO** 36 Kf 78
Castelnuovo Bórmida **AL** 34 Id 80
Castelnuovo Bozzente **CO** 21 If 74
Castelnuovo Calcea **AT** 34 Ib 80
Castelnuovo Cilento **SA** 77 Qb 107
Castelnuovo del Garda **VR** 23 Le 76
Castelnuovo della Dáunia **FG** 65 Qa 99
Castelnuovo di Ceva **CN** 36 Ia 82
Castelnuovo di Conza **SA** 78 Qb 104
Castelnuovo di Farfa **RI** 61 Ne 95
Castelnuovo di Garfagnana **LU** 45 Lc 84
Castelnuovo di Porto **RM** 61 Nd 96
Castelnuovo di Val di Cécina **PI** 49 Lf 89
Castelnuovo Don Bosco **AT** 33 Hf 78
Castelnuovo Magra **SP** 44 La 84
Castelnuovo Nigra **TO** 19 Hd 76
Castelnuovo Parano **FR** 69 Oe 100
Castelnuovo Rangone **MO** 37 Lf 81
Castelnuovo Scrívia **AL** 34 If 79
Castelpagano **BN** 71 Pe 100
Castelpetroso **IS** 70 Pc 99
Castelpizzuto **IS** 70 Pb 99
Castelplánio **AN** 52 Oa 88
Castelpoto **BN** 71 Pe 102
Castelraimondo **MC** 52 Oa 89
Castel Ritaldi **PG** 57 Ne 92
Castel Rocchero **AT** 34 Ic 80
Castelrotto = Kastelruth **BZ** 4 Md 69
Castel Rozzone **BG** 21 Kd 75
Castel San Giórgio **SA** 77 Pe 104
Castel San Giovanni **PC** 35 Kc 78
Castel San Lorenzo **SA** 78 Qb 106
Castel San Niccolò **AR** 46 Me 86
Castel San Pietro Romano **RM** 62 Nf 97
Castel San Pietro Terme **BO** 46 Md 82
Castel Sant'Ángelo **RI** 57 Oa 94
Castelsantángelo sul Nera **MC** 57 Oa 91
Castel Sant'Elia **VT** 61 Nc 95
Castel San Vincenzo **IS** 63 Pa 99
Castelsaraceno **PZ** 79 Qf 108
Castelsardo **SS** 106 Ie 103
Castelséprio **VA** 20 If 74
Castelsilano **KR** 87 Re 113
Castelspina **AL** 34 Id 80
Casteltérmini **AG** 97 Od 123
Castelveccana **VA** 10 Id 73
Castelvécchio Calvísio **AQ** 58 Oe 95
Castelvécchio di Rocca Barbena **SV** 41 Ia 84
Castelvècchio Subèquo **AQ** 63 Oe 96
Castelvénere **BN** 71 Pd 101
Castelverde **CR** 22 Kf 77
Castelverrino **IS** 64 Pc 98
Castelvétere in Val Fortore **BN** 71 Pf 100
Castelvétere sul Calore **AV** 71 Pf 103
Castelvetrano **TP** 90 Ne 122
Castelvetro di Modena **MO** 37 Lf 81
Castelvetro Piacentino **PC** 36 Kf 78
Castel Viscardo **TR** 56 Mf 92
Castelvisconti **CR** 22 Kf 77
Castel Vittório **IM** 41 Hd 85
Castèl Volturno **CE** 70 Of 102
Castenaso **BO** 38 Mc 81
Castenedolo **BS** 22 Lb 76
Castiádas **CA** 113 Kd 113
Castiglione a Casáuria **PE** 63 Of 95
Castiglione Chiavarese **GE** 43 Kc 83
Castiglione Cosentino **CS** 86 Rb 112
Castiglione d'Adda **LO** 22 Kd 77
Castiglione dei Pèpoli **BO** 46 Ma 84
Castiglione del Genovesi **SA** 77 Pf 104
Castiglione del Lago **PG** 51 Na 90
Castiglione della Pescàia **GR** 54 Lf 92
Castiglione delle Stiviere **MN** 23 Lc 76
Castiglione di Garfagnana **LU** 45 Lc 84
Castiglione d'Intelvi **CO** 11 Ka 73
Castiglione di Sicília **CT** 94 Qa 121
Castiglione d'Òrcia **SI** 55 Md 90
Castiglione Falletto **CN** 33 Hf 81
Castiglione in Teverina **VT** 56 Nb 93
Castiglione Messer Marino **CH** 64 Pc 97
Castiglione Messer Raimondo **TE** 59 Of 93
Castiglione Olona **VA** 20 If 74
Castiglione Tinella **CN** 34 Ia 80
Castiglione Torinese **TO** 33 He 78
Castiglion Fibocchi **AR** 50 Me 87
Castiglion Fiorentino **AR** 51 Mf 88
Castignano **AP** 58 Od 91
Castilenti **TE** 59 Of 93
Càstino **CN** 33 Ia 81
Castione Andevenno **SO** 12 Ke 71
Castione della Presolana **BG** 12 La 73
Castions di Strada **UD** 16 Oa 73
Castiraga-Vidardo **LO** 21 Kc 77
Casto **BS** 22 Lb 74
Castorano **AP** 58 Oe 91
Castrezzato **BS** 22 Kf 75
Castri di Lecce **LE** 82 Tb 107
Castrignano de'Greci **LE** 82 Tb 107
Castrignano del Capo **LE** 83 Tc 110
Castro **BG** 12 La 74
Castro **LE** 82 Tc 108
Castrocaro Terme **FC** 47 Mf 83
Castrocielo **FR** 69 Oe 99
Castro dei Volsci **FR** 69 Oc 99
Castrofilippo **AG** 97 Oe 124
Castrolíbero **CS** 86 Rb 113
Castronno **VA** 20 If 74
Castronuovo di Sant'Andrea **PZ** 79 Rb 107
Castronuovo di Sicília **PA** 92 Od 122
Castropignano **CB** 64 Pd 99
Castroreale **ME** 94 Qb 120
Castrorégio **CS** 84 Rc 109
Castrovíllari **CS** 84 Rb 110
Catània **CT** 99 Qa 123
Catanzaro **CZ** 87 Rd 115
Catenanuova **EN** 93 Pe 123
Catignano **PE** 59 Of 94
Cattòlica **RN** 48 Ne 85
Cattólica Eraclea **AG** 96 Oc 124
Caulónia **RC** 89 Rc 118
Cautano **BN** 71 Pd 102
Cavacurta **LO** 22 Ke 77
Cava de'Tirreni **SA** 77 Pe 104
Cavaglià **BI** 19 Ia 76
Cavaglietto **NO** 20 Ic 75
Caváglio d'Agogna **NO** 20 Ic 75
Cavaglio Spóccia **VB** 10 Id 72
Cavagnolo **TO** 33 Ia 78
Cavaiòn Veronese **VR** 23 Le 75
Cavalese **TN** 14 Mc 71
Cavallasca **CO** 11 Ka 73
Cavallerleone **CN** 33 Hd 80
Cavallermaggiore **CN** 33 He 80
Cavallino **LE** 82 Tb 107
Cavallírio **NO** 20 Ic 75
Cava Manara **PV** 35 Ka 78
Cavareno **TN** 14 Ma 70
Cavargna **CO** 11 Ka 72
Cavária **VA** 20 Ie 74
Cavárzere **VE** 25 Na 78
Cavaso del Tomba **TV** 15 Mf 73
Cavasso Nuovo **PN** 16 Ne 71
Cavatore **AL** 34 Ic 81
Cavazzo Càrnico **UD** 16 Nf 70
Cave **RM** 62 Nf 98
Cavedago **TN** 13 Lf 71
Cavèdine **TN** 13 Lf 72
Cavenago d'Adda **LO** 21 Kd 77
Cavenago di Brianza **MI** 21 Kc 75
Cavernago **BG** 22 Ke 75
Cavezzo **MO** 37 Ma 79
Cavizzana **PR** 13 Lf 70
Cavour **TO** 32 Hc 80
Cavriago **RE** 37 Ld 80
Cavriana **MN** 23 Ld 76
Cavríglia **AR** 50 Mc 87
Cazzago Brábbia **VA** 10 Ie 74
Cazzago San Martino **BS** 22 Kf 75
Cazzano di Tramigna **VR** 24 Mb 76
Cazzano Sant'Andrea **BG** 12 Kf 74
Ceccano **FR** 69 Ob 99
Cécima **PV** 35 Ka 79
Cécina **LI** 49 Lf 89
Cedègolo **BS** 12 Lb 72
Cedrasco **SO** 12 Ke 71
Cefalà Diana **PA** 91 Oc 121
Cefalù **PA** 92 Pa 120
Ceggia **VE** 26 Nd 74
Céglie Messápica **BR** 81 Sd 105
Celano **AQ** 63 Od 96
Celenza sul Trigno **CH** 64 Pd 97
Celenza Valfortore **FG** 65 Pf 99
Célico **CS** 86 Rc 113
Cella Dati **CR** 36 Lb 78
Cellamare **BA** 74 Rf 102
Cella Monte **AL** 34 Ic 78
Cellara **CS** 86 Rb 113
Cellarengo **AT** 33 Hf 79
Cellática **BS** 22 La 75
Celle di Bulgheria **SA** 83 Qc 108
Celle di Macra **CN** 32 Hb 82
Celle di San Vito **FG** 72 Qb 101
Celle Enomondo **AT** 33 Ia 79
Celle Ligure **SV** 42 Id 82
Celleno **VT** 56 Na 93
Céllere **VT** 56 Me 93
Cellino Attanásio **TE** 59 Of 93
Cellino San Marco **BR** 82 Sf 106
Céllio **VC** 20 Ib 74
Céllole **CE** 70 Of 101
Cembra **TN** 14 Mb 71
Cenadi **CZ** 86 Rc 116
Cenate Sopra **BG** 22 Ke 74
Cenate Sotto **BG** 22 Ke 74
Cencenighe Agordino **BL** 15 Mf 70
Cene **BG** 12 Ke 74
Ceneselli **RO** 38 Mc 78
Céngio **SV** 42 Ia 82
Centallo **CN** 33 Hd 81
Centa San Nicolò **TN** 14 Mb 73
Cento **FE** 38 Mb 80
Céntola **SA** 83 Qb 108
Centrache **CZ** 86 Rc 116
Centúripe **EN** 93 Pe 123
Cepagatti **PE** 59 Pa 94
Ceppaloni **BN** 71 Pe 102
Ceppo Morelli **VB** 9 Ia 73
Ceprano **FR** 69 Od 99
Cerami **EN** 93 Pd 122
Cerànesi **GE** 34 Ie 81
Cerano **NO** 20 Ie 76
Cerano d'Intelvi **CO** 11 Ka 73
Ceranova **PV** 21 Kb 77
Ceraso **SA** 78 Qb 107
Cercemaggiore **CB** 71 Pe 100
Cercenasco **TO** 33 Hc 79
Cercepíccola **CB** 71 Pd 100
Cerchiara di Calábria **CS** 84 Rc 109
Cerchio **AQ** 63 Od 96
Cercino **SO** 11 Kc 71
Cercivento-Inferiore **UD** 6 Nf 69
Cércola **NA** 76 Pc 103
Cerda **PA** 92 Oe 121
Cerea **VR** 24 Mb 77
Ceregnano **RO** 39 Mf 78
Cerenzía **KR** 87 Re 113
Céres **TO** 18 Hc 77
Ceresara **MN** 23 Ld 77
Cereseto **AL** 34 Ib 78
Ceresole Alba **CN** 33 He 80
Ceresole Reale **TO** 18 Hb 76
Cerete Alto **BG** 12 Kf 73
Ceretto Lomellina **PV** 20 Id 77
Cergnago **PV** 20 Ie 77
Ceriale **SV** 42 Ib 84
Ceriana **IM** 41 He 85
Ceriano Laghetto **MI** 21 Ka 75
Cerignale **PC** 35 Kb 80
Cerignola **FG** 73 Qf 101
Cerisano **CS** 86 Rb 113
Cermenate **CO** 21 Ka 74
Cèrmes = Tscherms **BZ** 3 Ma 69
Cermignano **TE** 58 Oe 93
Cernóbbio **CO** 11 Ka 73
Cernusco Lombardone **LC** 21 Kc 74
Cernusco sul Navíglio **MI** 21 Kb 75
Cerreto Castello **BI** 19 Ia 75
Cerreto d'Asti **AT** 33 Ia 78
Cerreto d'Esi **AN** 52 Nf 89
Cerreto di Spoleto **PG** 57 Nf 92
Cerreto Grue **AL** 35 If 79
Cerreto Guidi **FI** 45 Lf 86
Cerreto Laziale **RM** 62 Nf 97
Cerreto Sannita **BN** 71 Pd 101
Cerretto Langhe **CN** 33 Ia 81
Cerrina Monferrato **AL** 34 Ib 78
Cerrione **BI** 19 Ia 76
Cerro al Lambro **MI** 21 Kb 75
Cerro al Volturno **IS** 63 Pa 99
Cerro Maggiore **MI** 21 If 75
Cerro Tánaro **AT** 34 Ic 79
Cerro Veronese **VR** 23 Ma 75
Cersósimo **PZ** 84 Rc 108
Certaldo **FI** 49 Ma 87
Certosa di Pavia **PV** 21 Ka 77
Cerva **CZ** 87 Re 114
Cervara di Roma **RM** 62 Oa 97
Cervarese Santa Croce **PD** 24 Md 76
Cervaro **FR** 70 Of 100
Cervasca **CN** 41 Hc 82
Cervatto **VC** 9 Ia 73
Cerveno **BS** 12 Lb 72
Cervere **CN** 33 He 81
Cervesina **PV** 35 If 78
Cervéteri **RM** 60 Na 97
Cèrvia **RA** 47 Nc 83
Cervicati **CS** 84 Ra 111
Cervignano d'Adda **LO** 21 Kc 76
Cervignano del Friuli **UD** 27 Ob 74
Cervinara **AV** 71 Pd 102
Cervino **CE** 70 Pc 102
Cervo **IM** 41 Ia 85
Cerzeto **CS** 84 Ra 111
Cesa **CE** 70 Pb 103
Cesana Brianza **CO** 11 Kb 73
Cesana Torinese **TO** 32 Ge 79
Cesano Boscone **MI** 21 Ka 76
Cesano Maderno **MI** 21 Ka 75
Césara **VB** 10 Ic 73
Cesarò **ME** 93 Pe 121
Cesate **MI** 21 Ka 75
Cesena **FC** 47 Nb 84
Cesenàtico **FC** 47 Nc 83
Cesinali **AV** 71 Pe 103
Césio **IM** 41 Hf 84
Cesiomaggiore **BL** 15 Mf 72
Cessalto **TV** 16 Nd 74
Cessaniti **VV** 89 Ra 117
Cessapalombo **MC** 53 Ob 90
Céssole **AT** 34 Ib 81
Cetara **SA** 77 Pe 105
Ceto **BS** 12 Lb 72
Cetona **SI** 56 Mf 91
Cetraro **CS** 84 Qf 111
Ceva **CN** 41 Ia 82
Cevo **BS** 12 Lc 72
Challand-Saint-Anselme **AO** 19 He 74
Challand-Saint-Victor **AO** 19 He 74
Chambave **AO** 9 Hd 74
Chamois **AO** 9 Hd 73
Champdepraz **AO** 19 Hd 74
Champorcher **AO** 19 Hd 75
Charvensod **AO** 18 Hb 74
Châtillon **AO** 9 Hd 74
Cherasco **CN** 33 Hf 81
Cherémule **SS** 106 Ie 105
Chialamberto **TO** 18 Hb 76
Chiampo **VI** 24 Mb 75
Chianche **AV** 71 Pe 102
Chianciano Terme **SI** 56 Me 90
Chianni **PI** 49 Ld 88
Chianocco **TO** 18 Ha 77
Chiaramonte Gulfi **RG** 98 Pe 126
Chiaramonti **SS** 106 Ie 104
Chiarano **TN** 13 Le 73
Chiaravalle **AN** 53 Ob 87
Chiaravalle Centrale **CZ** 86 Rc 116
Chiari **BS** 22 Kf 75
Chiaromonte **PZ** 79 Rb 108
Chiáuci **IS** 64 Pc 98
Chiávari **GE** 43 Kb 83
Chiavenna **SO** 11 Kc 70
Chiaverano **TO** 19 Hf 76
Chiènes = Kiens **BZ** 4 Me 68
Chieri **TO** 33 He 78
Chiesa in Valmalenco **SO** 12 Ke 71
Chiesanuova **TO** 19 Hd 76
Chies d'Alpago **BL** 15 Nc 71
Chiesina Uzzanese **PT** 45 Le 85
Chieti **CH** 59 Pb 94
Chièuti **FG** 65 Qb 97
Chieve **CR** 21 Kd 77
Chignolo d'Isola **BG** 21 Kd 75
Chignolo Po **PV** 35 Kc 78
Chióggia **VE** 25 Nb 77
Chiomonte **TO** 32 Gf 78
Chiópris **UD** 17 Oc 73
Chitignano **AR** 51 Mf 87
Chiuduno **BG** 22 Ke 75
Chiuppano **VI** 14 Mc 74
Chiuro **SO** 12 Kf 71
Chiusa = Klausen **BZ** 4 Md 69
Chiusa di Pésio **CN** 41 Hd 83
Chiusa di San Michele **TO** 32 Hb 78
Chiusaforte **UD** 6 Ob 70
Chiusánico **IM** 41 Hf 85
Chiusano d'Asti **AT** 33 Ia 79
Chiusano di San Doménico **AV** 71 Pf 103
Chiusa Sclàfani **PA** 91 Ob 122
Chiusavécchia **IM** 41 Hf 85
Chiusdino **SI** 50 Ma 90
Chiusi **SI** 56 Mf 90
Chiusi della Verna **AR** 51 Mf 86
Chivasso **TO** 19 Hf 77
Ciampino **RM** 61 Nd 98
Cianciana **AG** 96 Oc 123
Ciano d'Enza **RE** 37 Lc 81
Cibiana di Cadore **BL** 15 Nb 70
Cicagna **GE** 43 Kb 72
Cicala **CZ** 86 Rc 114
Cicciano **NA** 71 Pd 103
Cicerale **SA** 77 Qa 106
Ciciliano **RM** 62 Nf 97
Cicognola **NO** 35 Kb 78
Cicognolo **CR** 22 La 78
Cigliano **VC** 19 Hf 77
Cigliè **CN** 41 Hf 82
Cígole **BS** 22 La 77
Cimadolmo **TV** 15 Nc 74
Cimbergo **BS** 12 Lb 72
Címego **TN** 13 Ld 73
Ciminà **RC** 89 Ra 119
Ciminna **PA** 92 Od 121
Cimitile **NA** 71 Pd 103
Cimolàis **PN** 15 Nc 71
Cimone **TN** 13 Ma 73
Cináglio **AT** 33 Ia 79
Cineto Romano **RM** 62 Nf 96
Cingia de'Botti **CR** 36 Lb 78
Cìngoli **MC** 52 Ob 88
Cinigiano **GR** 55 Mc 91
Cinisello Balsamo **MI** 21 Kb 75
Cínisi **PA** 91 Oa 120
Cino **SO** 11 Kc 71
Cinquefrondi **RC** 89 Ra 118
Cintano **TO** 19 Hd 76
Cinte Tesino **TN** 14 Md 77
Cinto Caomaggiore **VE** 16 Ne 74
Cinto Eugáneo **PD** 24 Md 77
Cinzano **TO** 33 Hf 78
Ciorlano **CE** 70 Pa 100
Cipressa **IM** 41 Hf 85
Circello **BN** 71 Pe 100
Ciriè **TO** 19 Hd 77
Cirigliano **MT** 79 Rb 106
Cirimido **CO** 21 If 74
Cirò **KR** 85 Sa 112
Cirò Marina **KR** 85 Sa 112
Cis **TN** 13 Lf 70
Cisano Bergamasco **BG** 21 Kc 74
Cisano sul Neva **SV** 41 Ia 84
Ciserano **BG** 21 Kd 75
Cislago **VA** 21 If 75
Cisliano **MI** 21 If 76
Cismon del Grappa **VI** 14 Me 73
Cison di Valmarino **TV** 15 Na 73
Cissone **CN** 33 Ia 81
Cisterna d'Asti **AT** 33 Hf 79
Cisterna di Latina **LT** 68 Ne 99
Cisternino **BR** 75 Sc 104
Citerna **PG** 51 Na 87
Cittadella **PD** 24 Me 75
Città della Pieve **PG** 56 Na 91
Città del Vaticano **SCV** 61 Nc 97
Città di Castello **PG** 51 Nb 88
Cittàducale **RI** 57 Nf 94
Cittanova **RC** 89 Ra 118
Cittàreale **RI** 57 Oa 93
Città Sant'Àngelo **PE** 59 Pa 93
Cittiglio **VA** 10 Id 73
Civate **LC** 11 Kb 73
Civenna **CO** 11 Kb 73
Civezza **IM** 41 Hf 85
Civezzano **TN** 14 Ma 72
Civiasco **VC** 10 Ib 74
Cividale del Friuli **UD** 17 Oc 72
Cividate al Piano **BG** 22 Ke 75
Cividate Camuno **BS** 12 Lb 73
Civita **CS** 84 Rb 110
Civita **PG** 57 Oa 92
Civitacampomarano **CB** 64 Pe 98
Civita d'Antino **AQ** 62 Oc 97
Civitaluparella **CH** 64 Pb 97
Civitanova del Sánnio **IS** 64 Pc 99
Civitanova Marche **MC** 53 Oe 89
Civitaquana **PE** 59 Of 95
Civitavècchia **RM** 60 Me 96
Civitella Alfedena **AQ** 63 Of 98
Civitella Casanova **PE** 59 Of 94
Civitella d'Agliano **VT** 56 Nb 93
Civitella del Tronto **TE** 58 Oe 92
Civitella di Romagna **FC** 47 Mf 84
Civitella in Val di Chiana **AR** 50 Me 88
Civitella Messer Raimondo **CH** 63 Pb 96
Civitella Paganico **GR** 55 Mb 91
Civitella Roveto **AQ** 62 Oc 97
Civitella San Páolo **RM** 61 Nd 95
Civo **SO** 11 Kd 71
Claino-Osteno **CO** 11 Ka 72
Claùt **PN** 15 Nc 71
Clauzetto **PN** 16 Nf 71
Clavesana **CN** 33 Hf 82
Claviere **TO** 32 Ge 79
Cles **TN** 13 Lf 70
Cleto **CS** 86 Ra 114
Clívio **VA** 11 If 73
Cloz **TN** 13 Ma 70
Clusone **BG** 12 Kf 73
Coassolo Torinese **TO** 19 Hc 77
Coazze **TO** 32 Hb 78
Coazzolo **AT** 33 Ia 80
Coccáglio **BS** 22 Kf 75
Cocconato **AT** 33 Ia 78
Cócquio-Trevisago **VA** 10 Ie 73
Cocullo **AQ** 63 Oe 96
Codevigo **PD** 25 Na 77
Codevilla **CN** 41 Hf 83
Codigoro **FE** 39 Na 80
Codognè **TV** 15 Nc 73
Codogno **LO** 36 Ke 78
Codròipo **UD** 16 Nf 73
Codrongianos **SS** 105 Ie 105
Cóggiola **BI** 20 Ia 74
Cogliate **MI** 21 Ka 75
Cogne **AO** 18 Hb 75
Cogoleto **GE** 42 Id 82
Cogollo di Céngio **VI** 14 Mc 74
Cogorno **GE** 43 Kc 83
Colazza **NO** 10 Ic 74
Colbòrdolo **PU** 48 Ne 86
Colcavagno **AT** 33 Ia 78
Cólere **BG** 12 La 73
Colfelice **FR** 69 Od 99
Coli **PC** 35 Kc 80
Còlico **LC** 11 Kc 71
Collagna **RE** 44 Lb 82
Collalto Sabino **RI** 62 Oa 96
Collarmele **AQ** 63 Od 96
Collazzone **PG** 56 Nc 91
Collebeato **BS** 22 La 75
Colle Brianza **LC** 21 Kb 74
Collécchio **GR** 55 Ma 93
Collécchio **PR** 36 Lb 80
Collecorvino **PE** 59 Pa 94
Colle d'Anchise **CB** 71 Pd 99
Colledara **TE** 58 Oe 93
Colledimácine **CH** 63 Pb 96
Colledimezzo **CH** 64 Pc 97
Colle di Tora **RI** 62 Nf 95
Colle di Val d'Elsa **SI** 50 Ma 88
Colleferro **RM** 62 Oa 98
Collegiove **RI** 62 Oa 95
Collegno **TO** 33 Hd 78
Collelongo **AQ** 63 Od 97
Collepardo **FR** 62 Oc 98
Collepasso **LE** 82 Ta 108
Collepietro **AQ** 63 Oe 95
Colleretto Castelnuovo **TO** 19 Hd 76
Colleretto Giacosa **TO** 19 He 76
Collesalvetti **LI** 49 Lc 87
Colle Sannita **BN** 71 Pf 100
Collesano **PA** 92 Of 121
Colle Santa Lucia **BL** 5 Mf 70
Colletorto **CB** 65 Pf 99
Colle Umberto **TV** 15 Nb 73
Collevécchio **RI** 61 Nd 94
Colliano **SA** 78 Qb 104
Colli a Volturno **IS** 63 Pa 99
Colli del Tronto **AP** 58 Oe 91
Collinas **CA** 109 If 111
Cóllio **BS** 12 Lc 74
Colli sul Velino **RI** 57 Ne 93
Collobiano **VC** 20 Ib 76
Colloredo di Monte Albano **UD** 16 Oa 72
Colmurano **MC** 53 Oc 89
Colobraro **MT** 79 Rc 107
Cologna Veneta **VR** 24 Mc 77
Cologne **BS** 22 Kf 75
Cologno al Sério **BG** 22 Ke 75
Colognola ai Colli **VR** 24 Mb 76
Cologno Monzese **MI** 21 Kb 75
Colonna **RM** 61 Ne 97
Colonnella **TE** 58 Of 91
Colonno **CO** 11 Ka 73
Colorina **SO** 12 Ke 71
Colorno **PR** 37 Lc 79
Colósimi **CS** 86 Rc 114
Colturano **MI** 21 Kb 76
Colzate **BG** 12 Ke 73
Comábbio **VA** 10 Id 74
Comácchio **FE** 39 Na 80
Comano **MS** 44 La 83
Comazzo **LO** 21 Kc 76
Comegliáns **UD** 6 Ne 69
Comélico Superiore **BL** 5 Nc 69
Comério **VA** 10 Ie 73
Comezzano-Cizzago **BS** 22 Kf 76
Comignago **NO** 20 Id 74
Cómiso **RG** 98 Pd 127
Comitini **AG** 97 Od 124
Comiziano **NA** 71 Pd 103
Commessàggio **MN** 37 Ld 78
Commezzadura **TN** 13 Le 70
Como **CO** 11 Ka 73
Compiano **PR** 36 Kd 82
Comunanza **AP** 58 Oc 91
Comùn Nuovo **BG** 22 Kd 75
Cona **VE** 25 Mf 77
Conca Casale **IS** 70 Pa 100
Conca dei Marini **SA** 77 Pd 105
Conca della Campània **CE** 70 Of 101
Concamarise **VR** 24 Ma 77
Concei **TN** 13 Le 73
Concerviano **RI** 62 Nf 95
Concesio **BS** 22 Lb 75
Conco **VI** 14 Md 74
Concórdia Sagittària **VE** 16 Ne 74
Concórdia sulla Sécchia **MO** 37 Lf 79
Concorezzo **MI** 21 Kb 75
Condino **TN** 13 Ld 73
Condofuri **RC** 88 Qf 120
Condove **TO** 32 Hb 78
Condrò **ME** 94 Qb 119
Conegliano **TV** 15 Nb 73
Confienza **PV** 20 Id 77
Configni **RI** 57 Nd 94
Conflenti Inferiore **CZ** 86 Rb 114
Coniolo **AL** 34 Ic 78
Consélice **RA** 39 Me 81
Conselve **PD** 25 Mf 77
Consiglio di Rumo **CO** 11 Kb 71
Contarina **RO** 39 Nb 78
Contessa Entellina **PA** 91 Ob 122
Contigliano **RI** 57 Ne 94
Contrada **AV** 71 Pe 103
Controguerra **TE** 58 Oe 91
Controne **SA** 77 Qb 105
Contúrbia, Agrate- **NO** 20 Id 75
Contursi Terme **SA** 77 Qb 105
Conversano **BA** 74 Sa 103
Conza della Campania **AV** 72 Qb 103
Conzano **AL** 34 Ic 78
Copertino **LE** 82 Ta 107
Copiano **PV** 21 Kb 77
Copparo **FE** 39 Me 79
Corana **PV** 35 Ka 78
Corato **BA** 73 Rc 102
Corbara **SA** 77 Pd 104
Corbetta **MI** 21 If 76
Córbola **RO** 39 Na 78
Corchiano **VT** 61 Nc 94
Corciano **PG** 51 Nb 90
Cordenons **PN** 16 Ne 72
Cordignano **TV** 15 Nc 73
Cordovado **PN** 16 Nf 73
Còredo **TN** 13 Ma 70
Coréglia Antelminelli **LU** 45 Ld 84
Coreglia Lígure **GE** 43 Kb 82
Coreno Ausónio **FR** 69 Qe 100
Corfinio **AQ** 63 Of 96
Cori **LT** 62 Nf 99
Coriano **RE** 45 Lc 83
Corigliano Cálabro **CS** 84 Rd 111
Corigliano d'Ótranto **LE** 82 Tb 108
Corinaldo **AN** 52 Oa 87
Cório **TO** 19 Hd 77
Coritis **UD** 17 Oc 70
Corleone **PA** 91 Ob 122
Corleto Monforte **SA** 78 Qc 106
Corleto Perticara **PZ** 79 Ra 106
Cormano **MI** 21 Ka 75
Cormòns **GO** 17 Oc 73
Corna Imagna **BG** 11 Kd 73
Cornalba **BG** 12 Ke 73
Cornale **PV** 35 If 78
Cornaredo **MI** 21 If 76
Cornate d'Adda **MI** 21 Kc 75
Cornedo all'Isarco **BZ** 4 Mc 70
Cornedo Vicentino **VI** 24 Mb 75
Cornegliano Laudense **LO** 21 Kc 77
Corneliano d'Alba **CN** 33 Hf 80
Corníglio **PR** 44 La 82
Corno di Rosazzo **UD** 17 Oc 73
Corno Gióvine **LO** 36 Ke 78
Cornovécchio **LO** 36 Ke 78
Cornuda **TV** 15 Mf 73
Corréggio **RE** 37 Le 80
Correzzana **MI** 21 Kb 75
Correzzola **PD** 25 Na 77
Corrido **CO** 11 Ka 72
Corridònia **MC** 53 Od 89
Corrópoli **TE** 58 Of 92
Corsano **SI** 50 Mb 89
Córsico **MI** 21 Ka 76
Corsione **AT** 33 Ia 78
Cortàccia sulla Strada del Vino = Kurtatsch **BZ** 14 Mb 71
Cortale **CZ** 86 Rc 115
Cortandone **AT** 33 Ia 79
Cortanze **AT** 33 Ia 78
Cortazzone **AT** 33 Ia 79
Corte Brugnatella **PC** 35 Kb 80
Corte de'Cortesi **CR** 22 Kf 77
Corte de'Frati **CR** 22 La 77
Corte Franca **BS** 22 Kf 75
Cortemaggiore **PC** 36 Kf 79
Cortemília **CN** 34 Ia 81
Corteno Golgi **BS** 12 Lb 72
Cortenova **LC** 11 Kc 72
Cortenuova **FI** 49 Lf 86
Corteolona **PV** 35 Kc 78
Corte Palásio **LO** 21 Kd 77
Cortiglione **AT** 34 Ic 80
Cortina d'Ampezzo **BL** 5 Na 69
Cortina sulla Strada del Vino **BZ** 14 Mb 71
Cortino **TE** 58 Od 93
Cortona **AR** 51 Mf 89
Corvara **PE** 63 Of 95
Corvara = Corvara in Badia **BZ** 4 Mf 69
Corvara in Badia **BZ** 4 Mf 69
Corvino San Quirico **PV** 35 Ka 78
Corzano **BS** 22 Kf 76
Coseano **UD** 16 Nf 72
Cosenza **CS** 86 Rb 113
Cósio d'Arróscia **IM** 41 He 84
Còsio Valtellino **SO** 11 Kc 72
Cosoleto **RC** 88 Qf 119
Cossano Belbo **CN** 34 Ib 80
Cossano Canavese **TO** 19 Hf 76
Cossato **BI** 20 Ia 75
Cosséria **SV** 42 Ib 82
Cossignano **AP** 58 Oe 91
Cossogno **VB** 10 Ic 73
Cossoine **SS** 106 Ie 106
Cossombrato **AT** 33 Ia 79
Costabissara **VI** 24 Mc 75
Costacciaro **PG** 52 Ne 88
Costa de Nóbili **PV** 35 Kc 78
Costa di Mezzate **BG** 22 Ke 75
Costa di Rovigo **RO** 38 Me 78
Costa di Serina **BG** 12 Ke 73
Costa Masnaga **LC** 11 Kb 74
Costanzana **VC** 20 Ic 77
Costarainera **IM** 41 Hf 85
Costa Valle Imagna **BG** 11 Kc 74
Costa Volpino **BG** 12 La 73
Costermano **VR** 23 Le 75
Costigliole d'Asti **AT** 33 Ia 80
Costigliole Saluzzo **CN** 33 Hc 81
Cotignola **RA** 47 Mf 82
Cotronei **KR** 87 Re 114
Cottanello **RI** 57 Ne 94
Courmayeur **AO** 8 Gf 74
Covo **BG** 22 Ke 76
Cozzo **PV** 20 Id 77
Craco **MT** 79 Rc 106
Crandola Valsassina **LC** 11 Kc 72
Cravagliana **VC** 10 Ib 73
Cravanzana **CN** 33 Ia 81
Cravéggia **VB** 10 Ic 72
Creazzo **VI** 24 Mc 75
Crécchio **CH** 59 Pc 95
Credaro **BG** 22 Kf 75
Credera-Rubbiano **CR** 22 Kd 77
Crema **CR** 22 Kd 76
Cremella **LC** 21 Kb 74
Cremenaga **VA** 10 Ie 72
Cremeno **LC** 11 Kc 73
Crémia **CO** 11 Kb 72
Cremolino **AL** 34 Id 81
Cremona **CR** 36 Kf 78
Cremosano **CR** 22 Kd 76
Crescentino **VC** 19 Ia 77
Crespadoro **VI** 24 Mb 75
Crespano del Grappa **TV** 14 Me 73
Crespellano **BO** 38 Ma 81
Crespiática **LO** 21 Kd 76
Créspina **PI** 49 Ld 87
Crespino **RO** 39 Mf 79
Cressa **NO** 20 Ic 75
Crevacuore **BI** 20 Ib 74
Crevalcore **BO** 38 Ma 80
Crevoladòssola **VB** 10 Ib 71
Crispano **NA** 70 Pb 103
Crispiano **TA** 80 Sb 105
Crissolo **CN** 32 Ha 80
Crocefieschi **GE** 35 If 81
Crocetta del Montello **TV** 15 Na 73
Crodo **VB** 10 Ib 71
Crognaleto **TE** 58 Oc 93
Cropalati **CS** 85 Re 111
Crópani **PZ** 84 Ra 108
Crosa **BI** 20 Ib 75
Crosía **CS** 85 Re 111
Crosio della Valle **VA** 20 Ie 74
Crotone **KR** 87 Sa 114
Crotta d'Adda **CR** 36 Ke 78
Crova **VC** 20 Ib 77
Croviana **TN** 13 Lf 70
Crúcoli **KR** 85 Sa 112
Cuasso al Monte **VA** 10 If 73
Cuccaro Monferrato **AL** 34 Ic 79
Cúccaro Vétere **SA** 78 Qb 108
Cucciago **CO** 21 Ka 74
Cucéglio **TO** 19 He 76
Cuggiono **MI** 20 Ie 76
Cugliate **VA** 10 Ie 73
Cúglieri **OR** 108 Id 107
Cúgnoli **PE** 59 Of 95
Cumiana **TO** 32 Hc 79
Cumignano sul Navíglio **CR** 22 Ke 76
Cunardo **VA** 10 Ie 73
Cúneo **CN** 41 Hd 82
Cunevo **TN** 13 Lf 71
Cúnico **AT** 33 Ia 78
Cuorgnè **TO** 19 Hd 76
Cupello **CH** 64 Pe 96
Cupra Marittima **AP** 53 Of 90
Cupramontana **AN** 52 Oa 88
Cura Carpignano **PV** 21 Kb 77
Curcúris **OR** 109 Ie 110
Curéggio **NO** 20 Ic 75
Curiglia **VA** 10 Ie 72
Curinga **CZ** 86 Rb 116
Curino **BI** 20 Ib 75
Curno **BG** 21 Kd 74
Curon Venosta = Graun im Vinschgau **BZ** 3 Ld 68
Cursi **LE** 82 Tb 108
Cúrsolo **VB** 10 Id 72
Curtarolo **PD** 25 Me 75
Curtatone **MN** 23 Le 78
Curti **CE** 70 Pb 102
Cusago **MI** 21 Ka 76
Cusano Milanino **MI** 21 Ka 75
Cusano Mutri **BN** 71 Pd 100
Cusino **CO** 11 Ka 72
Cùsio **BG** 11 Kd 72
Custonaci **TP** 90 Ne 120
Cutigliano **PT** 45 Le 84
Cutro **KR** 87 Rf 114
Cutrofiano **LE** 82 Tb 108
Cuvéglio **VA** 10 Ie 73
Cúvio **VA** 10 Ie 73

Castello d'Argile – Cúvio (I) **117**

D

Dairago MI 20 If 75
Dálmine BG 21 Kd 75
Dàmbel TN 13 Ma 70
Danta di Cadore BL 5 Nc 69
Daone TN 13 Ld 73
Darè TN 13 Le 72
Darfo BS 12 La 73
Dasà VV 89 Rb 117
Davagna GE 43 Ka 82
Davério VA 10 Ie 74
Dávoli CZ 89 Rc 117
Dázio SO 11 Kd 71
Decimomannu CA 112 If 113
Decimoputzu CA 112 If 112
Decollatura CZ 86 Rc 114
Dego SV 42 Ib 82
Deiva Marina SP 43 Kc 83
Delèbio SO 11 Kc 72
Délia CL 97 Of 124
Delianuova RC 88 Qf 119
Deliceto FG 72 Qc 101
Dello BS 22 La 76
Demonte CN 40 Hb 83
Dénice AL 34 Ib 81
Denno TN 13 Ma 71
Dernice AL 35 Ka 80
Deróvere CR 36 Lb 78
Deruta PG 56 Nc 91
Dérvio LC 11 Kb 72
Desana VC 20 Ic 77
Desenzano del Garda BS 23 Ld 76
Désio MI 21 Kb 75
Desulo NU 109 Kb 108
Deutschnofen = Nova Ponente BZ 14 Mc 70
Diamante CS 83 Qe 110
Diano Arentino IM 41 Ia 85
Diano Castello IM 41 Ia 85
Diano d'Alba CN 33 Ia 81
Diano Marina IM 41 Ia 85
Diano San Pietro IM 41 Ia 85
Dicomano FI 46 Md 85
Dignano UD 16 Nf 72
Dimaro TN 13 Lf 70
Dinami VV 89 Ra 117
Dipignano CS 86 Rb 113
Diso LE 82 Tc 108
Divignano NO 20 Id 75
Dizzasco CO 11 Ka 73
Dobbiaco = Toblach BZ 5 Nb 68
Doberdò del Lago GO 17 Oc 74
Dogliani CN 33 Hf 81
Dogliola CH 64 Pd 97
Dogna UD 6 Ob 70
Dolcè VR 23 Le 75
Dolceacqua IM 41 Hd 85
Dolcedo IM 41 Hf 85
Dolegna del Collio GO 17 Oc 72
Dolianova CA 112 Kb 112
Dolo VE 25 Na 76
Dolzago LC 21 Kb 74
Dománico CS 86 Rb 113
Domaso CO 11 Kb 71
Domegge di Cadore BL 5 Nc 70
Domicella AV 71 Pd 103
Domodóssola VB 10 Ib 72
Dómus de Maria CA 112 If 115
Domusnóvas CA 111 Id 113
Don TN 14 Ma 70
Donada RO 39 Nb 78
Donato BI 19 Hf 75
Dongo CO 11 Kb 72
Donnas AO 19 He 75
Donori CA 112 Ka 112
Dorf Tirol = Tirolo BZ 3 Ma 68
Dorgali NU 110 Kd 107
Dório LC 11 Kb 72
Dormelletto NO 20 Id 74
Dorno PV 35 If 78
Dorsino TN 13 Lf 72
Dorzano BI 19 Ia 76
Dosimo, Pérsico- CR 36 La 78
Dósolo MN 37 Ld 79
Dossena BG 12 Ke 73
Dosso del Liro CO 11 Kb 71
Doues AO 8 Hb 73
Dovàdola FC 47 Mf 84
Dovera CR 21 Kd 76
Dozza BO 46 Md 82
Dragoni CE 70 Pb 101
Drápia VV 88 Qf 117
Drena TN 13 Lf 73
Drènchia UD 17 Od 71
Dresano MI 21 Kc 76
Drezzo CO 11 If 73
Drizzona CR 36 Lb 78
Drò TN 13 Lf 73
Dronero CN 32 Hc 82
Druento TO 33 Hd 78
Druogno VB 10 Ic 72
Dualchi NU 109 If 107
Dubino SO 11 Kc 71
Due Carrare PD 25 Me 77
Dueville VI 24 Md 75
Dugenta BN 70 Pc 102
Duino-Aurisina TS 17 Od 74
Dumenza VA 10 Ie 72
Duno VA 10 Ie 73
Durazzano BN 70 Pc 102
Durónia CB 64 Pc 99
Dusino-San Michele AT 33 Hf 79

E

Éboli SA 77 Qa 105
Édolo BS 12 Lb 71
Egna = Neumarkt BZ 14 Mb 71
Élice PE 59 Of 93
Elini NU 110 Kd 109
Ello LC 11 Kc 74
Elva CN 32 Ha 81
Emarese AO 9 He 74
Émpoli FI 49 Lf 86
Éndine Gaiano BG 12 Kf 74
Enego VI 14 Me 73
Enemonzo VD 16 Nf 70
Enna VI 98 Pb 123
Enneberg = Marebbe BZ 4 Mf 68
Entrácque CN 40 Hc 83
Entrático BG 22 Kf 74
Envie CN 32 Hc 80
Episcopía PZ 84 Ra 108
Eppan = Appiano sulla Strada del Vino BZ 3 Mb 70
Eraclea VE 26 Nd 75
Erba CO 11 Kb 73
Erbè VR 23 Lf 77
Erbezzo VR 23 Lf 75
Erbusco BS 22 Kf 75
Érchie BR 81 Se 106
Ercolano NA 76 Pc 104
Érice TP 90 Nd 120
Erli SV 41 Ia 84
Erto PN 15 Nc 71
Erve LC 11 Kc 73
Esanatóglia MC 52 Nf 89
Escalaplano NU 109 Kc 111
Escolca NU 109 Ka 110
Ésine BS 12 Lb 73
Ésino Lario LC 11 Kb 72
Espéria FR 69 Oe 100
Esporlatu SS 106 If 106
Este PD 24 Md 77
Esterzili NU 109 Kb 110
Etroubles AO 8 Hb 73
Eupílio CO 11 Kb 73
Exilles TO 32 Gf 78

F

Fàbbrica Curone AL 35 Ka 80
Fàbbriche LU 45 Ld 84
Fabbrico RE 37 Le 79
Fabriano AN 62 Nf 88
Fàbrica di Roma VT 61 Nb 94
Fabrízia VV 89 Rb 118
Fabro TR 56 Na 91
Faedis UD 17 Ob 72
Faedo TN 14 Ma 71
Faedo Valtellino SO 12 Kf 71
Faenza RA 47 Mf 83
Faeto FG 71 Qa 101
Fagagna UD 16 Oa 72
Faggeto Lario CO 11 Ka 73
Faggiano RE 37 Ld 81
Fagnano Alto AQ 63 Od 95
Fagnano Castello CS 84 Ra 111
Fagnano Olona VA 20 If 75
Faícchio BN 70 Pc 101
Fai della Paganella TN 13 Ma 71
Falcade BL 14 Me 70
Falciano del Mássico CE 70 Of 102
Falconara Albanese CS 86 Ra 113
Falconara Maríttima AN 53 Oc 87
Falcone ME 94 Qa 120
Faléria VT 61 Nc 95
Falerna CZ 86 Rb 114
Falerone AP 53 Oc 90
Fallo CH 63 Pb 97
Falmenta VB 10 Id 72
Faloppio CO 21 If 74
Falvaterra FR 69 Od 99
Fàlzes BZ 4 Mf 68
Fanano MO 45 Le 83
Fano PU 48 Oa 85
Fano Adriano TE 58 Od 93
Fara Filiorum Petri CH 63 Pb 95
Fara Gera d'Adda BG 21 Kd 75
Fara in Sabina RI 61 Ne 95
Fara Novarese NO 20 Ic 75
Fara Olivana con Sola BG 22 Ke 76
Fara San Martino CH 63 Pb 96
Fara Vicentino VI 14 Md 74
Fardella PZ 79 Rb 108
Farigliano CN 33 Hf 81
Faríndola PE 58 Oe 94
Farini PC 35 Kd 80
Farnese VT 55 Me 93
Farra d' Alpago BL 15 Nb 72
Farra di Soligo TV 15 Na 73
Farra d'Isonzo GO 17 Oc 73
Fasano BR 75 Sc 103
Fáscia GE 35 Kb 81
Fauglia PI 49 Ld 87
Fàule CN 33 Hd 80
Favale di Málvaro GE 43 Kb 82
Favara AG 97 Od 125
Fàver TN 14 Mb 71
Favignana TP 90 Nc 121
Fávria TO 19 Hd 77
Feisóglio CN 33 Ia 81
Feldthurns = Velturno BZ 4 Md 68
Feletto TO 19 He 77
Felino PR 36 Lb 80
Felitto SA 78 Qb 106
Felizzano AL 34 Ic 79
Felónica MN 38 Mc 79
Feltre BL 15 Mf 72
Fenegrò CO 21 If 74
Fenestrelle TO 32 Ha 78
Fénis AO 19 Hc 74
Ferentillo TR 57 Ne 93
Ferentino FR 62 Ob 98
Ferla SR 99 Pf 126
Fermignano PU 52 Nd 86
Fermo AP 53 Oe 90
Ferno VA 20 Ie 75
Feroleto Antico CZ 86 Rc 115
Feroleto della Chiesa RC 89 Ra 118
Ferrandina MT 79 Rc 106
Ferrara FE 38 Md 79
Ferrara di Monte Baldo VR 23 Le 74
Ferrazzano CB 71 Pe 99
Ferrera di Varese VA 10 Ie 73
Ferrera Erbognone PV 34 If 78
Ferrere AT 33 Hf 79
Ferriere GE 43 Ka 82
Ferruzzano RC 89 Ra 120
Fiamignano RI 62 Oa 95
Fiano TO 19 Hd 77
Fiano Romano RM 61 Nd 95
Fiastra MC 52 Oa 90
Fiavè TN 13 Le 72
Ficarazzi PA 91 Oc 120
Ficarolo RO 38 Mc 79
Ficarra ME 93 Pe 120
Ficulle TR 56 Na 91
Fidenza PR 36 La 79
Fiè allo Sciliar = Völs am Schlern BZ 4 Mc 69
Fiera di Primiero TN 14 Me 71
Fierozzo TN 14 Mb 72
Fiesco CR 22 Ke 77
Fiésole FI 46 Mb 86
Fiesse BS 22 Lb 77
Fiesso d'Artico VE 25 Mf 76
Fiesso Umbertiano RO 38 Md 79
Figino Serenza CO 21 Ka 74
Figliaro CO 11 If 74
Figline PO 46 Ma 85
Figline Valdarno FI 50 Mc 87
Figline Vegliaturo CS 86 Rb 113
Filacciano RM 61 Nd 95
Filadélfia VV 86 Rb 116
Filago BG 21 Kd 75
Filandari VV 89 Ra 117
Filattiera MS 44 Kf 83
Filettino FR 62 Ob 97
Filetto CH 63 Pb 95
Filiano PZ 72 Qe 104
Filighera PV 21 Kb 77
Filignano IS 70 Pa 99
Filogaso VV 86 Rb 116
Filottrano AN 53 Oc 88
Finale Emília MO 38 Mb 79
Finale Lígure SV 42 Ib 83
Fino del Monte BG 12 Kf 73
Fino Mornasco CO 21 Ka 74
Fiorano al Serio BG 21 Ke 74
Fiorano Canavese TO 19 He 76
Fiorano Modenese MO 37 Le 81
Fiordimonte MC 52 Oa 90
Fiorenzuola d'Arda PC 36 Kf 79
Firenze FI 46 Mb 86
Firenzuola FI 46 Mc 84
Firmo CS 84 Rb 110
Fisciano SA 77 Pe 104
Fiuggi FR 62 Ob 98
Fiumalbo MO 45 Ld 83
Fiumara RC 95 Qe 119
Fiumedinisi ME 94 Qc 120
Fiumefreddo Brúzio CS 86 Ra 113
Fiumefreddo di Sicília CT 94 Qb 122
Fiume Véneto PN 16 Ne 73
Fiumicello FC 46 Me 85
Fiumicino RM 61 Nb 98
Fiuminata MC 52 Nf 89
Fivizzano MS 44 La 83
Flaibano UD 16 Nf 72
Flavon TN 13 Lf 71
Flero BS 22 La 76
Floresta ME 94 Pf 121
Florídia SR 99 Qa 126
Florinas SS 105 Ie 105
Flúmeri AV 72 Qa 102
Fluminimaggiore CA 111 Id 112
Flussío NU 108 Id 107
Fobello VC 9 Ia 73
Fóggia FG 72 Qd 100
Foglianise BN 71 Pd 102
Fogliano Redipuglia GO 17 Oc 73
Foglizzo TO 19 He 77
Foiano della Chiana AR 51 Me 89
Foiano di Val Fortore BN 71 Pf 100
Folgaria TN 14 Ma 73
Folignano PC 36 Kd 79
Foligno PG 57 Ne 91
Follina TV 15 Na 73
Follo SP 44 Kf 83
Follònica GR 54 Le 91
Fómbio LO 36 Kd 78
Fondachelli Fantina ME 94 Qb 121
Fondi LT 69 Oc 100
Fondo TN 14 Ma 70
Fonni NU 109 Kb 108
Fontainemore AO 19 He 75
Fontanafredda PN 15 Nd 73
Fontana Liri Inferiore FR 63 Od 99
Fontanarosa AV 71 Qa 102
Fontanelice BO 46 Md 83
Fontanella BG 22 Ke 76
Fontanellato PR 36 La 79
Fontanelle TV 15 Nc 73
Fontaneto d'Agogna NO 20 Ic 75
Fontanetto Po VC 20 Ib 77
Fontanigorda GE 35 Kb 81
Fontanile AT 34 Ic 80
Fontaniva PD 24 Me 75
Fonte TV 15 Mf 74
Fontècchio AQ 63 Od 95
Fontechiari FR 63 Oe 98
Fontegreca CE 70 Pb 100
Fonteno BG 12 Kf 74
Fontevivo PR 36 La 79
Fonzaso BL 14 Me 72
Fòppolo BG 12 Ke 72
Forano RI 61 Nd 95
Force AP 58 Oc 91
Fórchia BN 71 Pd 102
Forcola SO 12 Ke 71
Fordongiánus OR 109 Ie 109
Forenza PZ 73 Qf 103
Foresto Sparso BG 22 Kf 74
Forgària nel Friuli UD 16 Nf 71
Forino AV 71 Pe 103
Forío NA 76 Of 104
Forlì FC 47 Na 83
Forlimpòpoli FC 47 Na 83
Formazza VB 10 Ic 70
Formello RM 61 Nc 96
Formia LT 69 Od 101
Formícola CE 70 Pb 101
Formigara CR 22 Ke 77
Formígine MO 37 Le 81
Formigliana VC 20 Ib 76
Formignana FE 39 Mf 79
Fornace TN 14 Mb 72
Fornelli IS 63 Pa 99
Forni Avoltri UD 6 Ne 69
Forni di Sopra UD 15 Nd 70
Forni di Sotto UD 16 Nd 70
Forno Canavese TO 19 Hd 76
Forno di Zoldo BL 15 Na 70
Fornovo di Taro PR 36 La 80
Fornovo San Giovanni BG 22 Kd 76
Forte dei Marmi LU 44 La 85
Fortezza = Franzensfeste BZ 4 Md 68
Fortunago PV 35 Ka 79
Forza d'Agrò ME 94 Qb 121
Fosciándora LU 45 Lc 84
Fosdinovo MS 44 La 84
Fossa AQ 62 Oc 95
Fossacèsia CH 64 Pc 95
Fossalta di Piave VE 25 Nc 75
Fossalta di Portogruaro VE 16 Nf 74
Fossalto CB 64 Pd 98
Fossano CN 33 He 81
Fossato di Vico PG 52 Ne 89
Fossato Serralta CZ 86 Rd 115
Fossò VE 25 Na 76
Fossoli BZ 37 Lf 80
Fossombrone PU 52 Ne 86
Foza VI 14 Md 73
Frabosa Soprana CN 41 He 83
Frabosa Sottana CN 41 He 83
Fraconalto AL 34 If 81
Fragagnano TA 81 Sc 106
Fragneto l'Abate BN 71 Pe 101
Fragneto Monforte BN 71 Pe 101
Fraine CH 64 Pc 97
Framura SP 43 Kd 83
Francavilla al Mare CH 59 Pb 94
Francavilla Angitola VV 86 Rb 116
Francavilla Bísio AL 34 Ie 80
Francavilla d'Ete AP 53 Od 89
Francavilla di Sicília ME 94 Qa 121
Francavilla Fontana BR 81 Sd 105
Francavilla in Sinni PZ 79 Rb 108
Francavilla Maríttima CS 84 Rc 110
Fráncica VV 89 Ra 117
Francofonte SR 99 Pf 125
Francolise CE 70 Pa 101
Franzensfeste = Fortezza BZ 4 Md 68
Frascaro AL 34 Id 80
Frascarolo PV 34 Id 78
Frascati RM 61 Ne 98
Frascineto CS 84 Rb 109
Frassilongo TN 14 Mb 72
Frassinelle Polésine RO 38 Me 79
Frassinello Monferrato AL 34 Ic 78
Frassineto Po AL 34 Id 78
Frassinetto TO 19 Hd 76
Frássino SV 41 Ia 83
Frassinoro MO 45 Ld 83
Frasso Sabino RI 61 Ne 95
Frasso Telesino BN 71 Pd 102
Frattamaggiore NA 70 Pb 103
Frattaminore NA 70 Pb 103
Fratta Polésine RO 38 Md 78
Fratta Todina PG 56 Nc 91
Fratte Rosa PU 52 Nf 87
Frazzanò ME 93 Pe 120
Fregona TV 15 Nb 72
Freienfeld = Campo di Trens BZ 4 Mc 67
Fresagrandinária CH 64 Pd 97
Fresonara AL 34 Id 80
Frigento AV 71 Qa 102
Frignano CE 70 Pb 103
Frinco AT 33 Ia 78
Frisa CH 64 Pc 95
Frisanco PN 16 Ne 71
Front TO 19 Hd 77
Frontino PU 47 Nc 86
Frontone PU 52 Ne 87
Frosinone FR 62 Oc 99
Frosolone IS 64 Pc 99
Frossasco TO 32 Hc 79
Frugarolo AL 34 Id 79
Fubine AL 34 Ic 79
Fucècchio FI 49 Le 86
Fuipiano Valle Imagna BG 11 Kd 73
Fumane VR 23 Lf 75
Fumone FR 62 Ob 98
Funès BZ 4 Md 69
Furci CH 64 Pd 96
Furci Sículo ME 94 Qc 121
Fúrnari ME 94 Qa 120
Furore SA 76 Pd 105
Furtei CA 112 If 111
Fuscaldo CS 84 Ra 112
Fusignano RA 39 Mf 82
Fusine SO 12 Ke 71
Futani SA 78 Qb 108

G

Gabbioneta CR 22 Lb 77
Gabiano AL 34 Ib 78
Gabicce Mare PU 48 Ne 85
Gaby AO 19 Hf 74
Gadesco CR 36 La 78
Gadoni NU 109 Kb 109
Gaeta LT 69 Od 101
Gaggi ME 94 Qb 121
Gaggiano MI 21 Ka 76
Gàggio Montano BO 45 Lf 83
Gaglianico BI 19 Ia 75
Gagliano Aterno AQ 63 Oe 96
Gagliano Castelferrato EN 93 Pd 122
Gagliano del Capo LE 83 Tc 109
Gagliato CZ 86 Rc 116
Gagliole MC 52 Oa 89
Gaiarine TV 15 Nc 73
Gáiba RO 38 Mc 79
Gaiola CN 40 Hc 82
Gaiole in Chianti SI 50 Mc 88
Gáiro NU 110 Kd 109
Gáis BZ 4 Mf 67
Galati Mamertino ME 93 Pe 120
Galatina LE 82 Tb 107
Galàtone LE 82 Ta 108
Gàlatro RC 89 Ra 118
Galbiate LC 11 Kc 73
Galeata FC 47 Mf 85
Galgagnano LO 21 Kc 76
Gallarate VA 20 Ie 75
Gallese VT 56 Nc 94
Galliate NO 20 Ie 76
Galliate Lombardo VA 10 Ie 74
Galliàvola PV 34 Ie 78
Gallicano LU 45 Lc 84
Gallicano nel Lázio RM 61 Ne 97
Gallícchio PZ 79 Ra 107
Galliera BO 38 Mc 80
Galliera Véneta PD 24 Me 75
Gallinaro FR 63 Oe 99
Gallio VI 14 Md 73
Gallípoli LE 82 Sf 108
Gallodoro ME 94 Qb 121
Gallo Matese CE 70 Pb 100
Gallúccio CE 70 Of 100
Galtelli NU 107 Kd 106
Galzignano Terme PD 24 Me 77
Gamalero AL 34 Id 80
Gámbara BS 22 Lb 77
Gambarana PV 34 Ie 78
Gambasca CN 32 Hb 81
Gambassi Terme FI 49 Lf 87
Gambatesa CB 71 Pf 99
Gambellara VI 24 Mb 76
Gamberale CH 63 Pb 97
Gambèttola FC 47 Nb 84
Gambolò PV 20 If 77
Gambugliano VI 24 Mc 75
Gandellino BG 12 Kf 72
Gandino BG 12 Kf 74
Gandosso BG 22 Kf 75
Gangi PA 93 Pb 122
Garaguso MT 79 Rb 105
Garbagna AL 35 If 80
Garbagna Novarese NO 20 Id 76
Garbagnate Milanese MI 21 Ka 75
Garbagnate Monastero LC 21 Kb 74
Garda VR 23 Le 75
Gardone Riviera BS 23 Ld 75
Gardone Val Trompia BS 22 La 74
Garéssio CN 41 Ia 83
Gargallo NO 20 Ic 74
Gargazon = Gargazzone BZ 3 Ma 69
Gargazzone = Gargazon BZ 3 Ma 69
Gargnano BS 23 Ld 74
Garlasco PV 21 If 77
Garlate LC 11 Kc 74
Garlenda SV 41 Ia 84
Garniga Terme TN 13 Ma 72
Garzeno CO 11 Kb 72
Garzigliana TO 32 Hc 79
Gasperina CZ 86 Rd 116
Gàssino Torinese TO 33 He 78
Gattàtico RE 37 Lc 80
Gatteo a Mare FC 47 Nc 84
Gattico NO 20 Ic 74
Gattinara VC 20 Ic 75
Gavardo BS 23 Lc 75
Gavazzana AL 34 If 80
Gavello RO 39 Mf 78
Gaverina Terme BG 12 Kf 74
Gavi AL 34 Ie 80
Gavignano RM 62 Oa 98
Gavirate VA 10 Ie 73
Gavoi NU 109 Kb 108
Gavorrano GR 54 Lf 91
Gazoldo degli Ippòliti MN 23 Ld 77
Gazzada VA 10 Ie 74
Gazzaniga BG 12 Ke 74
Gazzo PD 24 Me 75
Gazzola PC 35 Kd 79
Gazzo Veronese VR 23 Ma 78
Gazzuolo MN 37 Ld 78
Gela CL 98 Pb 126
Gemmano RN 48 Nd 85
Gemona del Friuli UD 16 Oa 71
Gemónio VA 10 Id 73
Genazzano RM 62 Nf 97
Genga AN 52 Nf 88
Genivolta CR 22 Kf 77
Genola CN 33 Hd 81
Genoni NU 109 Ka 110
Genova GE 43 If 82
Genuri CA 109 If 110
Genzano di Lucánia PZ 73 Ra 103
Genzano di Roma RM 61 Ne 98
Genzone PV 21 Kb 77
Gerace RC 89 Rb 119
Geraci Sículo PA 92 Pa 121
Gera Lário CO 11 Kc 71
Gerano RM 62 Nf 97
Gerenzago PV 21 Kc 77
Gerenzano VA 21 If 75
Gergei NU 109 Ka 110
Germagnano TO 19 Hc 77
Germagno VB 10 Ic 73
Germásino CO 11 Kb 72
Germignaga VA 10 Ie 72
Gerocarne VV 89 Rb 117
Gerola Alta SO 11 Kd 72
Gerosa BG 21 Kd 73
Gerre de'Caprioli CR 36 La 78
Gésico CA 109 Ka 111
Gessate MI 21 Kc 75
Gessopalena CH 64 Pb 96
Gésturi CA 109 Ka 110
Gesualdo AV 71 Qa 102
Ghedi BS 22 Lb 76
Ghemme NO 20 Ic 75
Ghiffa VB 10 Id 73
Ghilarza OR 109 If 108
Ghisalba BG 22 Ke 75
Ghislarengo VC 20 Ic 75
Giacciano Baruchella RO 38 Mc 78
Giaglione TO 36 Gf 78
Giánico BS 12 La 73
Giano Umbria PG 57 Nd 91
Giano Vetusto CE 70 Pb 101
Giardinello PA 91 Oa 120
Giardini-Naxos ME 94 Qb 121
Giarole AL 34 Id 78
Giarratana RG 99 Pe 126
Giarre CT 94 Qb 122
Giave SS 106 Ie 106
Giaveno TO 32 Hc 78
Giávera del Montello TV 15 Na 74
Giba CA 111 Id 114
Gibellina TP 90 Nf 122
Giffenga BI 20 Ib 76
Giffone RC 89 Ra 118
Giffoni sei Casali SA 77 Pf 104
Giffoni Valle Piana SA 77 Pf 104
Gignese VB 10 Ic 73
Gignod AO 8 Hb 74
Gildone CB 71 Pe 99
Gimigliano CZ 86 Rd 115
Ginestra PZ 72 Qe 103
Ginestra degli Schiavoni BN 71 Qa 101
Ginosa TA 80 Re 105
Giói SA 78 Qb 107
Giòia dei Marsi AQ 63 Oe 97
Giòia del Colle BA 74 Rf 104
Giòia Sannítica CE 70 Pc 101
Giòia Táuro RC 88 Qf 118
Gioiosa Iónica RC 89 Rb 118
Gioiosa Marea ME 94 Pf 119
Giove TR 56 Nb 93
Giovinazzo BA 74 Re 101
Giovo TN 14 Ma 71
Girasole NU 110 Ke 109
Girifalco CZ 86 Rc 116
Girónico CO 11 If 74
Gissi CH 64 Pd 96
Giuggianello LE 82 Tc 108
Giugliano in Campania NA 70 Pb 103
Giuliana PA 91 Ob 122
Giuliano di Roma FR 69 Ob 99
Giuliano Teatino CH 59 Pb 95
Giulianova TE 59 Of 92
Giuncugnano LE 44 Lb 83
Giungano SA 77 Qa 106
Giurdignano LE 82 Tc 108
Giussago VE 16 Nf 74
Giussano MI 21 Kb 74
Giusténice SV 42 Ib 83
Giustino TN 13 Le 72
Giusvalla SV 42 Ic 82
Givoletto TO 19 Hc 78
Gizzeria CZ 86 Rb 115
Glorenza = Glurns BZ 3 Ld 68
Glurns = Glorenza BZ 3 Ld 68
Godega di Sant'Urbano TV 15 Nc 73
Godiasco PV 35 Ka 79
Godrano PA 91 Oc 121
Gòito MN 23 Ld 77
Golasecca VA 20 Id 74
Golferenzo PV 35 Kb 79
Golfo Aranci SS 107 Kd 103
Gómbito CR 22 Ke 77
Gonars UD 16 Ob 73
Goni CA 112 Kb 111
Gonnesa CA 111 Ic 113
Gonnoscodina OR 109 If 110
Gonnosfanádiga CA 111 Id 112
Gonnosnò OR 109 If 110
Gonnostramatza OR 109 If 110
Gonzaga MN 37 Le 79
Gordona SO 11 Kc 71
Gorga RM 62 Oa 99
Gorgo al Monticano TV 15 Nd 74
Gorgoglione MT 79 Ra 106
Gorgonzola MI 21 Kc 75
Goriano Sicoli AQ 63 Oe 96
Gorìzia GO 17 Od 73
Gorlago BG 22 Ke 75
Gorla Maggiore VA 20 If 75
Gorla Minore VA 20 If 75
Gorle BG 22 Ke 74
Gornate Olona VA 20 If 74
Gorno BG 12 Ke 73
Goro FE 39 Nb 79
Gorreto GE 35 Kb 81
Gorzegno CN 33 Ia 81
Gosaldo BL 15 Mf 71
Gossolengo PC 35 Kd 79
Gottasecca CN 36 Ia 82
Gottolengo BS 22 Lb 77
Govone CN 33 Ia 80
Gozzano NO 10 Ic 74
Gradara PU 48 Ne 85
Gradisca UD 16 Nf 72
Gradisca d'Isonzo GO 17 Oc 73
Grado GO 27 Oc 75
Gràdoli VT 56 Mf 93
Graffignana LO 21 Kc 77
Graffignano VT 56 Nb 93
Graglia BI 19 Hf 75
Gragnano NA 76 Pd 104
Gragnano Trèbbiense PC 35 Kd 78
Grammichele CT 98 Pd 125
Grana AT 34 Ib 79
Granaglione BO 45 Lf 84
Granarolo dell'Emília BO 38 Mc 81
Grancona VI 24 Mc 76
Grandate CO 11 Ka 74
Grándola ed Uniti CO 11 Ka 72
Graniti ME 94 Qb 121
Granozzo NO 20 Id 76
Grántola VA 10 Ie 73
Grantorto PD 24 Me 75
Granze PD 38 Me 78
Grassano MT 79 Rb 105
Grassóbbio BG 22 Ke 75
Gratteri PA 92 Of 121
Graun im Vinschgau = Curon Venosta BZ 3 Ld 68
Grauno TN 14 Mb 71
Gravedona CO 11 Kb 72
Gravellona Lomellina PV 20 Ie 77
Gravellona Toce VB 10 Ic 73
Gravere TO 36 Ha 78
Gravina di Catánia CT 94 Qa 123
Gravina di Púglia BA 73 Rc 104
Grazie, le SP 44 Ke 84
Grazzanise CE 70 Pa 102
Grazzano Badóglio AT 34 Ib 78
Gréccio RI 57 Ne 94
Greci AV 72 Qb 101
Gréggio VC 20 Ic 76
Gremiasco AL 35 Ka 80
Gressan AO 18 Hb 74
Gressoney-la-Trinité AO 9 He 73
Gressoney-Saint-Jean AO 9 He 74
Greve in Chianti FI 50 Mb 87
Grezzago MI 21 Kc 75
Grezzana VR 23 Lf 75
Griante CO 11 Kb 72
Gricignano di Aversa CE 70 Pb 103
Grignasco NO 20 Ib 74
Grigno TN 14 Md 72
Grimacco UD 17 Od 72
Grimaldi CS 86 Rb 114
Grinzane Cavour CN 33 Hf 81
Grisignano di Zocco VI 24 Md 76
Grisolia CS 83 Qf 110
Grizzana Morandi BO 46 Ma 83
Grognardo AL 34 Ic 81
Gromo BG 12 Kf 73
Grondona AL 35 If 80
Grone BG 22 Kf 74
Grontardo CR 22 La 77
Gropello Cairoli PV 21 If 77
Gropparello PC 36 Ke 80
Groscavallo TO 18 Hb 76
Gròsio SO 12 Lb 71
Grosotto SO 12 Lb 71
Grosseto GR 55 Ma 92
Grosso TO 19 Hd 77
Grottaferrata RM 61 Nd 98
Grottáglie TA 81 Sc 105
Grottaminarda AV 71 Qa 102
Grottammare AP 53 Of 91
Grottazzolina AP 53 Od 90
Grotte AG 97 Oe 124
Grotte di Castro VT 56 Mf 92
Grotteria RC 89 Rb 118
Gròttole MT 79 Rc 105
Grottolella AV 71 Pf 103
Gruaro VE 16 Ne 74
Grugliasco TO 33 Hd 78
Grumello Cremonese ed Uniti CR 22 Kf 77
Grumello del Monte BG 22 Kf 75
Grumento Nova PZ 79 Qf 107
Grumes TN 14 Mb 71
Grumo Áppula BA 74 Re 102
Grùmolo delle Abbadesse VI 24 Md 7
Grumo Nevano NA 70 Pb 103
Gsies = Valle di Casies BZ 5 Nb 68
Guagnano LE 82 Sf 106
Gualdo MC 53 Ob 90
Gualdo Cattáneo PG 57 Nd 91
Gualdo Tadino PG 52 Ne 89
Gualtieri RE 37 Ld 79
Gualtieri Sicaminò ME 94 Qb 120
Guamaggiore CA 112 Ka 111
Guanzate CO 21 If 74
Guarcino FR 62 Ob 98
Guardabosone VC 20 Ib 74
Guardamíglio LO 36 Kd 78
Guardavalle CZ 89 Rd 117
Guarda Véneta RO 38 Me 79
Guardea TR 56 Nb 93
Guardiagrele CH 63 Pb 95
Guardialfiera CB 64 Pe 98
Guárdia Lombardi AV 72 Qb 103
Guárdia Perticara PZ 79 Ra 106
Guárdia Piemontese CS 84 Ra 112
Guardiarégia CB 71 Pd 100
Guárdia Sanframondi BN 71 Pd 101
Guardistallo PI 49 Ld 89
Guarene CN 33 Ia 80
Guásila CA 112 Ka 111
Guastalla RE 37 Ld 79
Guazzora AL 34 Ie 78
Gúbbio PG 52 Nd 88
Gudo Visconti MI 21 If 76
Guglionesi CB 65 Pf 97
Guidizzolo MN 23 Ld 77
Guidònia-Montecèlio RM 61 Ne 97
Guíglia MO 45 Lf 82
Guilmi CH 64 Pc 97
Gurro VB 10 Id 72
Gúspini CA 111 Id 111
Gussago BS 22 La 75
Gussola CR 36 Lb 78

H

Hafling = Avelengo BZ 3 Mb 69
Hône AO 19 He 75

118 (I) Dairago – Hône

I

Idro **BS** 23 Lc 74
Iglesias **CA** 111 Id 113
Igliano **CN** 41 Hf 82
Ilbono **NU** 110 Kd 109
Illasi **VR** 24 Ma 76
Illorai **SS** 106 Ka 106
Imbersago **LC** 21 Kc 74
Imer **TN** 14 Me 72
Ímola **BO** 46 Me 82
Imperia **IM** 41 Ia 85
Impruneta **FI** 50 Mb 86
Inarzo **VA** 10 Ie 74
Incisa in Val d'Arno **FI** 50 Mc 87
Incisa Scapaccino **AT** 34 Ic 80
Incudine **BS** 12 Lb 71
Induno Olona **VA** 10 Ie 73
Ingria **TO** 19 Hd 76
Innichen = San Càndido **BZ** 5 Nb 68
Intragna **VB** 10 Id 72
Intròbio **LC** 11 Kc 73
Introd **AO** 18 Ha 74
Introdàcqua **AQ** 63 Of 96
Introzzo **LC** 11 Kb 72
Inverigo **CO** 21 Kb 74
Inverno-Monteleone **PV** 21 Kc 77
Inverso Pinasca **TO** 32 Hb 79
Inveruno **MI** 20 Ie 75
Invòrio Inferiore **NO** 10 Ic 74
Inzago **MI** 21 Kc 75
Ionadi **VV** 89 Ra 117
Irgoli **NU** 107 Kd 106
Irma **BS** 12 Lb 74
Irsina **MT** 79 Rb 104
Isasca **CN** 32 Hc 81
Isca sullo Ionio **CZ** 89 Rd 117
Íschia **NA** 76 Of 104
Íschia di Castro **VT** 55 Me 93
Ischitella **FG** 66 Qf 97
Iseo **BS** 22 La 75
Isera **TN** 13 Lf 73
Isérnia **IS** 64 Pb 99
Ísili **NU** 109 Ka 110
Isnello **PA** 92 Pa 121
Isolabella **TO** 33 Hf 79
Isolabona **IM** 41 Hd 85
Ísola d'Asti **AT** 34 Ia 79
Ísola del Cantone **GE** 35 If 81
Ísola del Gran Sasso d'Itália **TE** 58 Od 93
Ísola della Scala **VR** 23 Lf 77
Ísola delle Fémmine **PA** 91 Ob 119
Ísola del Liri **FR** 63 Od 98
Ísola del Piano **PU** 48 Ne 86
Ísola di Capo Rizzuto **KR** 87 Sa 115
Ísola di Fondra **BG** 12 Ke 73
Ísola Dovarese **CR** 22 Lb 78
Ísola Rizza **VR** 24 Mb 77
Ísola Sant'António **AL** 34 Ie 78
Isolato **SO** 11 Kb 70
Isola Vicentina **VI** 24 Mc 75
Isorella **BS** 22 Lb 77
Ispani **SA** 83 Qd 108
Íspica **RG** 100 Pf 128
Ispra **VA** 10 Id 73
Issiglio **TO** 19 He 76
Issime **AO** 19 He 74
Isso **BG** 22 Ke 76
Issogne **AO** 19 Hd 75
Istrana **TV** 25 Na 74
Itála **ME** 94 Qc 120
Itri **LT** 69 Od 101
Ittireddu **SS** 106 If 105
Íttiri **SS** 105 Id 105
Ivano Fracena **TN** 14 Md 72
Ivrea **TO** 19 Hf 76
Izano **CR** 22 Ke 76

J

Jacurso **CZ** 86 Rc 115
Jelsi **CB** 71 Pe 99
Jenesien = San Genèsio Atesino **BZ** 4 Mb 69
Jenne **RM** 62 Oa 97
Jerago **VA** 20 Ie 74
Jerzu **NU** 110 Kd 110
Jesi **AN** 53 Ob 87
Jesolo **VE** 26 Nd 75
Jolanda di Savoia **FE** 39 Mf 79
Jóppolo **VV** 88 Qf 117
Jóppolo Giancáxio **AG** 97 Od 124
Jovençan **AO** 18 Hb 74

K

Kaltern = Caldaro sulla Strada del Vino **BZ** 14 Mb 70
Karneid = Cornedo all'Isarco **BZ** 4 Mc 70
Kastelbell = Castelbello **BZ** 3 Lf 69
Kastelruth = Castelrotto **BZ** 4 Md 69
Kiens = Chiènes **BZ** 4 Me 68
Klausen = Chiusa **BZ** 4 Md 69
Kuens = Càines **BZ** 3 Ma 68
Kurtatsch = Cortàccia sulla Strada del Vino **BZ** 14 Mb 71
Kurtinig = Cortina sulla Strada del Vino **BZ** 14 Mb 71

L

Laas = Lasa **BZ** 3 Ld 69
Labico **RM** 62 Nf 98
Labro **RI** 57 Ne 93
La Cassa **TO** 19 Hc 77
Lacchiarella **MI** 21 Ka 77
Lacco Ameno **NA** 76 Of 104
Lacedónia **AV** 72 Qc 102
Làces = Latsch **BZ** 3 Le 69
Láconi **NU** 109 Ka 109
Ladispoli **RM** 60 Na 97
Laerru **SS** 106 If 104
Laganadi **RC** 95 Qe 119
Laghi **VI** 14 Mb 74
Láglio **CO** 11 Ka 73
Lagnasco **CN** 33 Hd 81
Lago **CS** 86 Ra 113
Lagonegro **PZ** 78 Qe 108
Lagosanto **FE** 39 Na 80
Lagundo **BZ** 3 Ma 68
Laiguéglia **SV** 41 Ia 85
Lainate **MI** 21 Ka 75
Laino **CO** 11 Ka 72
Laino Borgo **CS** 84 Qf 109
Laino Castello **CS** 84 Qf 109
Laion **BZ** 4 Md 69
Làives **BZ** 14 Mb 70
Lajatico **PI** 49 Le 88
Lajen = Laion **BZ** 4 Md 69
Lállio **BG** 21 Kd 75
La Lóggia **TO** 33 Hd 77
La Maddalena **SS** 104 Kc 101
Lama dei Peligni **CH** 63 Pb 96
Lama Mocogno **MO** 45 Le 83
Lambrugo **CO** 21 Kb 74
Lamézia Terme **CZ** 86 Rb 115
Lamon **BL** 14 Me 72
La Morra **CN** 33 Hf 81
Lampedusa **AG** 96 III
Lamporécchio **PT** 45 Lf 86
Lamporo **VC** 19 Ia 77
Lana **BZ** 3 Ma 69
Lanciano **CH** 64 Pc 95
Landiona **NO** 20 Ic 76
Landriano **PZ** 21 Kb 77
Langhirano **PR** 36 Lb 81
Langosco **PV** 20 Id 77
Lanusei **NU** 110 Kd 109
Lanúvio **RM** 61 Ne 98
Lanzada **SO** 12 Kf 71
Lanzo d'Intelvi **CO** 11 If 73
Lanzo Torinese **TO** 19 Hc 77
Lapedona **AP** 53 Oe 90
Lapío **AV** 71 Pf 103
Lappano **CS** 86 Rb 113
L'Àquila **AQ** 58 Oc 94
L'Aquila **TO** 32 Hb 78
Larciano **PT** 45 Lf 85
Lardaro **TN** 13 Ld 73
Lardirago **PV** 21 Kb 77
Lari **PI** 49 Ld 87
Lariano **RM** 62 Ne 98
Larino **CB** 65 Pf 98
Lasa = Laas **BZ** 3 Ld 69
La Salle **AO** 18 Ha 74
Làscari **PA** 92 Of 121
Lasino **TN** 13 Lf 72
Lasnigo **CO** 11 Kb 73
La Spèzia **SP** 44 Ke 84
Lastebasse **VI** 14 Mb 73
Lastra a Signa **FI** 46 Ma 86
Látera **VT** 56 Me 93
Laterina **AR** 50 Me 87
Laterza **TA** 80 Re 105
La Thuile **AO** 18 Gf 74
Latiano **BR** 81 Se 105
Latina **LT** 68 Nf 100
Latisana **UD** 16 Nf 74
Latrónico **PC** 79 Ra 108
Latsch = Làces **BZ** 3 Le 69
Lattárico **CS** 84 Ra 112
Làuco **UD** 6 Nf 70
Laureana Cilento **SA** 77 Qa 107
Laureana di Borrello **RC** 89 Ra 118
Laurein = Lauregno **BZ** 13 Ma 70
Laurengo **BZ** 13 Ma 70
Laurenzana **PZ** 79 Qf 106
Lauría **PZ** 83 Qf 108
Lauriano **TO** 33 Hf 78
Laurino **SA** 78 Qc 106
Laurito **SA** 78 Qc 108
Làuro **AV** 71 Pd 103
Lavagna **GE** 43 Kb 83
Lavagno **VR** 24 Ma 76
La Valle = Wengen **BZ** 4 Mf 69
La Valle Agordina **BL** 15 Na 71
Lavarone **TN** 14 Mb 73
Lavello **PZ** 72 Qe 102
Lavena Ponte Tresa **VA** 10 If 73
Laveno Mombello **VA** 10 Id 73
Lavenone **BS** 23 Lc 74
Laviano **SA** 78 Qb 104
Lavis **TN** 13 Ma 72
Lazise **VR** 23 Le 76
Lazzate **MI** 21 Ka 75
Lecce **LE** 82 Tb 106
Lecce nei Marsi **AQ** 63 Oe 97
Lecco **LC** 11 Kc 73
Leffe **BG** 12 Kf 74
Leggiuno **VA** 10 Id 73
Legnago **VR** 24 Mb 77
Legnano **MI** 21 If 75
Legnaro **PD** 25 Mf 76
Legnaro **SP** 44 Kd 83
Lei **NU** 109 If 107
Leifers = Làives **BZ** 14 Mb 70
Leinì **TO** 19 He 77
Léivi **GE** 43 Kb 82
Lèmie **TO** 18 Hb 77
Lendinara **RO** 38 Md 78
Leni **ME** 88 II
Lenna **BG** 12 Kd 73
Lenno **CO** 11 Ka 73
Leno **BS** 22 Lb 76
Lénola **LT** 69 Oc 100
Lenta **VC** 20 Ic 75
Lentate sul Séveso **MI** 21 Ka 74
Lentella **CH** 64 Pe 96
Lentiai **BL** 15 Na 72
Lentini **SR** 99 Pf 125
Lentula **PT** 46 Ma 84
Leonessa **RI** 57 Nf 93
Leonforte **EN** 93 Pc 123
Leporano **TA** 81 Sc 106
Lequile **LE** 82 Ta 107
Léquio Bèrria **CN** 33 Ia 81
Léquio Tanaro **CN** 33 Hf 81
Lercara Friddi **PA** 92 Od 122
Lérici **SP** 44 Kf 84
Lerma **AL** 34 Ie 81
Lesa **NO** 10 Id 73
Lesegno **CN** 41 Hf 82
Lesignano de Bagni **PR** 36 Lb 81
Lèsina **FG** 65 Qc 97
Lesmo **MI** 21 Kb 75
Léssolo **TO** 19 He 76
Lessona **BI** 20 Ib 75
Lestizza **UD** 16 Oa 73
Letino **CE** 70 Pb 100
Letojanni **ME** 94 Qb 121
Léttere **NA** 76 Pd 104
Lettomanoppello **PE** 63 Pa 95
Lettopalena **CH** 63 Pa 96
Lévanto **SP** 43 Kd 83
Levate **BG** 21 Kd 75
Leverano **LE** 82 Ta 107
Lévice **CN** 33 Ia 81
Lèvico Terme **TN** 14 Mb 72
Levone **TO** 19 Hd 77
Lèzzeno **CO** 11 Kb 73
Líberi **CE** 70 Pb 101
Librizzi **ME** 94 Pf 120
Licata **AG** 97 Of 126
Licciana Nardi **MS** 44 La 83
Licenza **RM** 62 Nf 96
Licodía Eubéa **CT** 98 Pe 126
Lierna **LC** 11 Kb 73
Lignana **VC** 20 Ib 77
Lignano Sabbiadoro **UD** 26 Oa 74
Ligónchio **RE** 45 Lb 83
Ligosullo **UD** 6 Oa 69
Lillianes **AO** 19 He 75
Limana **BL** 15 Na 72
Limátola **BN** 70 Pc 102
Limbadi **VV** 88 Qf 117
Limbiate **MI** 21 Ka 75
Límena **PD** 25 Me 76
Limido Comasco **CO** 21 If 74
Límina **ME** 94 Qb 121
Límite, Capráia e **FI** 49 Lf 86
Limone Piemonte **CN** 41 Hd 83
Limone sul Garda **BS** 13 Le 74
Limosano **CB** 64 Pd 98
Linarolo **PV** 35 Kb 78
Linguaglossa **CT** 94 Qa 121
Lioni **AV** 72 Qb 103
Lípari **ME** 88 II
Lipomo **CO** 11 Ka 74
Lírio **PV** 35 Kb 79
Liscate **MI** 21 Kc 76
Líscia **CH** 64 Pd 97
Lisciano Niccone **PG** 51 Na 89
Lisignago **TN** 14 Ma 71
Lísio **CN** 41 Hf 83
Lissone **MI** 21 Kb 75
Liveri **NA** 71 Pd 103
Livigno **SO** 2 La 69
Livinallongo del Col di Lana **BL** 4 Mf 70
Livo **CO** 11 Kb 71
Livo **TN** 13 Lf 70
Livorno **LI** 48 Lb 87
Livorno Ferráris **VC** 19 Ia 77
Livraga **LO** 21 Kd 77
Lizzanello **LE** 82 Tb 107
Lizzano **TA** 81 Sc 106
Lizzano in Belvedere **BO** 45 Lf 84
Loano **SV** 41 Ib 84
Loazzolo **AT** 34 Ib 80
Locana **TO** 19 Hc 76
Locate di Triulzi **MI** 21 Kb 76
Locatello **BG** 11 Kd 73
Locate Varesino **CO** 21 If 74
Loceri **NU** 110 Kd 109
Locorotondo **BA** 75 Sb 104
Locri **RC** 89 Rb 119
Lóculi **NU** 107 Kd 106
Lodè **NU** 107 Kd 105
Lodi **LO** 21 Kc 77
Lodi Vécchio **LO** 21 Kc 77
Lodrino **BS** 22 Lb 74
Loggia, la **AG** 97 Oe 125
Loggia, la **LE** 82 Tb 106
Loggia, la **TO** 19 Hd 77
Lóggia, La **TO** 33 Hd 77
Lograto **BS** 22 La 76
Loiano **BO** 46 Mb 83
Lóiri **SS** 107 Kd 103
Lomagna **LC** 21 Kc 75
Lomaso **TN** 13 Lf 72
Lomazzo **CO** 21 Ka 74
Lombardore **TO** 19 He 77
Lombriasco **TO** 33 Hd 79
Lomello **PV** 34 Ie 78
Lomnago, Bódio- **VA** 10 Ie 74
Lona **TN** 14 Mb 71
Lonate Ceppino **VA** 20 If 74
Lonate Pozzolo **VA** 20 Ie 75
Lonato **BS** 23 Lc 76
Londa **FI** 46 Md 85
Longano **IS** 70 Pb 99
Longare **VI** 24 Md 76
Longarone **BL** 15 Nb 71
Longhena **BS** 22 La 76
Longi **ME** 93 Pe 120
Longiano **FC** 47 Nb 84
Longobardi **CS** 86 Ra 113
Longobucco **CS** 85 Rd 112
Longone al Segrino **CO** 11 Kb 73
Longone Sabino **RI** 62 Nf 95
Lonigo **VI** 24 Mc 76
Loranzè **TO** 19 He 76
Loreggia **PD** 25 Mf 75
Loréglia **VB** 10 Ic 73
Lorenzago di Cadore **BL** 5 Nc 70
Lorenzana **PI** 49 Ld 87
Loreo **RO** 39 Na 78
Loreto **AN** 53 Od 88
Loreto Aprutino **PE** 59 Of 94
Loria **TV** 25 Mf 74
Loro Ciuffenna **AR** 50 Md 87
Loro Piceno **MC** 53 Oc 89
Lorsica **GE** 43 Kb 82
Lòsine **BS** 12 Lb 72
Lotzorai **NU** 110 Ke 109
Lóvere **BG** 12 La 73
Lóvero **SO** 12 Lb 71
Lozio **BS** 12 Lb 72
Lozza **VA** 20 If 74
Lozzo Atestino **PD** 24 Md 77
Lozzo di Cadore **BZ** 5 Nc 70
Lózzolo **BI** 20 Ib 75
Lu **AL** 34 Ic 79
Lubriano **VT** 56 Na 93
Lucca **LU** 45 Lc 85
Lucca Sícula **AG** 96 Ob 123
Lucera **FG** 72 Qb 99
Lucignano **AR** 50 Me 89
Lucinasco **IM** 41 Hf 85
Lucino, Montano- **CO** 11 If 74
Lucito **CB** 64 Pe 98
Luco dei Marsi **AQ** 62 Oc 97
Lúcoli **AQ** 62 Oc 95
Lugagnano Val d'Arda **PC** 36 Ke 80
Lugnacco **TO** 19 He 76
Lugnano in Teverina **TR** 56 Nb 93
Lugo **RA** 39 Mf 82
Lugo di Vicenza **VI** 14 Mc 74
Luino **VA** 10 Ie 73
Luisago **CO** 21 Ka 74
Lula **NU** 107 Kc 106
Lumarzo **GE** 43 Ka 82
Lumezzane **BS** 22 Lb 74
Lunamatrona **CA** 109 If 111
Lunano **PU** 47 Nc 86
Lungavilla **PV** 35 Ka 78
Lungro **CS** 84 Ra 100
Luogosano **AV** 71 Pf 103
Luogosanto **SS** 104 Kb 102
Lupara **CB** 64 Pe 98
Lurago d'Erba **CO** 21 Kb 74
Lurago Marinone **CO** 21 If 74
Lurano **BG** 22 Kd 75
Lúras **SS** 106 Kb 103
Lurate Caccívio **CO** 11 If 74
Lusciano **CE** 70 Pb 103
Lüsen = Luson **BZ** 4 Me 68
Luserna **TN** 14 Mb 73
Luserna San Giovanni **TO** 32 Hb 80
Lusernetta **TO** 32 Hb 80
Lusévera **UD** 16 Ob 71
Lúsia **PD** 38 Md 78
Lusiana **VI** 14 Md 74
Lusigliè **TO** 19 He 77
Luson = Lüsen **BZ** 4 Me 68
Lustra **SA** 77 Qa 107
Luvinate **VA** 10 Ie 73
Luzzana **BG** 22 Kf 74
Luzzara **RE** 37 Ld 79
Luzzi **CS** 84 Rb 112

M

Maccagno **VA** 10 Ie 72
Maccastorna **LO** 36 Ke 78
Mácchia d'Isérnia **IS** 70 Pa 99
Macchiagódena **IS** 70 Pc 99
Mácchia Valfortore **CB** 65 Pf 99
Macello **TO** 32 Hc 79
Macerata **MC** 53 Oc 89
Macerata Campania **CE** 70 Pb 102
Macerata Féltria **PU** 47 Nc 86
Machério **MI** 21 Kb 75
Maclódio **BS** 22 La 76
Macomér **NU** 109 Ie 107
Macra **CN** 32 Ha 82
Macugnaga **VB** 9 Hf 73
Maddalena, La **SS** 104 Kc 101
Maddaloni **CE** 70 Pc 102
Madignano **CR** 22 Ke 77
Madone **BG** 21 Kd 75
Madonna del Sasso **VB** 10 Id 74
Maenza **LT** 69 Ob 99
Mafalda **CB** 64 Pe 97
Magasa **BS** 23 Ld 74
Magdeleine, la **AO** 9 Hd 73
Magenta **MI** 20 If 76
Maggiora **NO** 20 Ic 74
Magherno **PV** 21 Kb 77
Magione **BO** 46 Mb 82
Magisano **CZ** 87 Rd 114
Magliano Alfieri **CN** 33 Ia 80
Magliano Alpi **CN** 41 He 82
Magliano de'Marsi **AQ** 62 Oc 96
Magliano di Tenna **AP** 53 Od 90
Magliano in Toscana **GR** 55 Mb 93
Magliano Romano **RM** 61 Nc 96
Magliano Sabina **RI** 57 Nc 94
Magliano Vétere **SA** 78 Qb 106
Máglie **LE** 82 Tb 108
Magliolo **SV** 42 Ib 83
Maglione **TO** 19 Hf 76
Magnacavallo **MN** 38 Ma 78
Magnago **MI** 20 Ie 75
Magnano **PZ** 19 Hf 76
Magnano in Riviera **UD** 16 Oa 71
Magomádas **NU** 108 Id 107
Magréglio **CO** 11 Kb 73
Magrè sulla Strada del Vino = Margreid **BZ** 14 Mb 71
Maida **CZ** 86 Rb 115
Maierà **CS** 83 Qf 110
Maierato **VV** 86 Rb 116
Maiolati Spontini **AN** 52 Oa 88
Maiolo **PU** 47 Nb 85
Maiori **SA** 77 Pd 105
Mairago **LO** 21 Kd 77
Mairano **PV** 22 La 76
Maissana **SP** 43 Kd 82
Majano **UD** 16 Oa 71
Malagnino **CR** 36 La 78
Malalbergo **BO** 38 Md 80
Malborghetto-Valbruna **UD** 6 Oc 70
Malcesine **VR** 13 Le 74
Malè **TN** 13 Lf 70
Malegno **BS** 12 Lb 73
Maleo **LO** 36 Ke 78
Malesco **VB** 10 Ic 72
Maletto **CT** 94 Pf 122
Malfa **ME** 88 II
Malgesso **VA** 20 Id 73
Malgrate **LC** 11 Kc 73
Malito **CS** 86 Rb 114
Mállare **SV** 42 Ib 83
Mâlles Venosta = Mals im Vinschgau **BZ** 3 Ld 68
Malnate **VA** 10 If 74
Malo **VI** 24 Mc 75
Malonno **BS** 12 Lb 72
Malosco **TN** 14 Ma 70
Mals im Vinschgau = Mâlles Venosta **BZ** 3 Ld 68
Maltignano **AP** 58 Oe 91
Malvagna **ME** 94 Qa 121
Malvicino **AL** 34 Ic 81
Malvito **CS** 84 Ra 111
Mámmola **RC** 89 Rb 118
Mamoiada **NU** 109 Kb 107
Manciano **AR** 55 Md 93
Manciano **GR** 51 Mf 88
Mandanici **ME** 94 Qb 120
Mándas **CA** 109 Ka 111
Mandatoríccio **CS** 86 Rf 112
Mandela **RM** 62 Nf 96
Mandello del Làrio **LC** 11 Kb 73
Mandello Vitta **NO** 20 Ic 76
Mandúria **TA** 81 Sd 106
Manerba del Garda **BS** 22 Ld 75
Manerbio **BS** 22 La 76
Manfredónia **FG** 66 Qf 99
Mango **CN** 33 Ia 80
Mangone **CS** 86 Rb 113
Maniago **PN** 16 Ne 71
Manocalzati **AV** 71 Pf 103
Manoppello **PE** 63 Pa 95
Mansuè **TV** 15 Nd 74
Manta **CN** 33 Hc 81
Mantello **SO** 11 Kc 71
Mantova **MN** 37 Le 78
Manzano **TN** 17 Oc 73
Manziana **RM** 60 Na 96
Mapello **BG** 21 Kd 74
Mara **SS** 105 Id 106
Maracalagónis **CA** 112 Kb 113
Marano di Nápoli **NA** 70 Pb 103
Marano di Valpolicella **VR** 23 Lf 75
Marano Equo **RM** 62 Oa 97
Marano Lagunare **UD** 16 Oa 74
Marano Marchesato **CS** 86 Ra 113
Marano Principato **CS** 86 Rb 113
Marano sul Panaro **MO** 37 Lf 82
Marano Ticino **NO** 20 Ic 75
Marano Vicentino **VI** 24 Mc 74
Maranzana **AT** 34 Ic 80
Maratea **PZ** 83 Qe 109
Marcallo con Casone **MI** 20 If 76
Marcaria **MN** 37 Ld 78
Marcedusa **KR** 87 Rf 114
Marcellina **RM** 61 Ne 96
Marcellinara **CZ** 86 Rc 115
Marcetelli **RI** 62 Oa 95
Marcheno **BS** 22 Lb 74
Marchirolo **VA** 10 Ie 73
Marciana **LI** 49 Ld 86
Marciana Marina **LI** 54 VII
Marcianise **CE** 70 Pb 102
Marciano della Chiana **AR** 50 Me 89
Marcignago **PV** 21 Ka 77
Marcon **VE** 25 Nb 75
Marebbe **BZ** 4 Mf 68
Marene **CN** 33 He 80
Marengo **AL** 34 Id 79
Mareno di Piave **TV** 15 Nb 73
Marentino **TO** 33 Hf 78
Maretto **AT** 33 Ia 79
Margarita **CN** 41 He 82
Margherita di Savóia **FG** 73 Ra 100
Margno **LC** 11 Kc 72
Margreid = Magrè sulla Strada del Vino **BZ** 14 Mb 71
Mariana Mantovana **MN** 23 Lc 77
Mariano Comense **CO** 21 Ka 74
Mariano del Friuli **GO** 17 Oc 73
Marianópoli **CL** 92 Of 123
Marigliánella **NA** 70 Pc 103
Marigliano **NA** 71 Pc 103
Marina di Gioiosa Ionica **RC** 89 Rb 119
Marineo **PA** 91 Oc 121
Marino **RM** 61 Nd 98
Marlengo **BZ** 3 Ma 68
Marliana **PT** 45 Le 85
Marling = Marlengo **BZ** 3 Ma 68
Marmentino **BS** 12 Lb 74
Marmirolo **MN** 23 Le 77
Mármora **CN** 32 Ha 82
Marnate **VA** 21 If 75
Marone **BS** 12 La 74
Marópati **RC** 89 Ra 118
Marostica **VI** 14 Md 74
Marradi **FI** 46 Md 84
Marrúbiu **OR** 108 Id 110
Marságlia **CN** 41 Hf 82
Marsala **TP** 90 Nc 122
Marsciano **PG** 56 Nb 91
Mársico Nuovo **PZ** 78 Qe 106
Mársicovétere **PZ** 78 Qe 106
Marta **VT** 56 Mf 93
Martano **LE** 82 Tb 107
Martell = Martello **BZ** 3 Le 69
Martellago **VE** 25 Na 75
Martello = Martell **BZ** 3 Le 69
Martignacco **UD** 16 Oa 72
Martignana di Po **CR** 37 Lc 78
Martignano **LE** 82 Tb 107
Martina Franca **TA** 75 Sc 104
Martinengo **BG** 22 Ke 75
Martiniana Po **CN** 32 Hc 81
Martinsicuro **TE** 59 Of 91
Martirano **CZ** 86 Rb 114
Martirano Lombardo **CZ** 86 Rb 114
Mártis **SS** 106 Ie 104
Mártone **RC** 89 Rb 118
Marudo **LO** 21 Kc 77
Marúggio **TA** 81 Sd 107
Marzabotto **BO** 46 Mb 82
Marzano **PV** 21 Kb 77
Marzano Appio **CE** 70 Pa 101
Marzano di Nola **AV** 71 Pd 103
Marzi **CS** 86 Rb 113
Márzio **VA** 10 Ie 73
Masainas **CA** 111 Id 114
Masate **MI** 21 Kc 75
Máscali **CT** 94 Qb 122
Mascalucia **CT** 94 Qa 123
Maschito **PZ** 73 Qe 103
Masciago Primo **VA** 10 Ie 73
Maser **TV** 15 Mf 74
Masera **VB** 10 Ib 72
Maserada sul Piave **TV** 15 Nb 74
Maserà di Padova **PD** 25 Mf 77
Masi **PD** 38 Mc 78
Másio **AL** 34 Ic 79
Masi Torello **FE** 39 Me 80
Masliánico **CO** 11 Ka 73
Masone **GE** 34 Ie 81
Mason Vicentino **VI** 24 Md 74
Massa **MS** 44 La 84
Massa d'Albe **AQ** 62 Oc 96
Massa di Somma **NA** 76 Pc 103
Massa e Cozzile **PT** 45 Le 85
Massa Fermana **AP** 53 Oc 90
Massa Fiscáglia **FE** 39 Mf 80
Massafra **TA** 80 Sa 105
Massalengo **LO** 21 Kc 77
Massa Lombarda **RA** 39 Me 82
Massa Lubrense **NA** 76 Pc 105
Massa Maríttima **GR** 54 Lf 90
Massa Martana **PG** 57 Nd 92
Massanzago **PD** 25 Mf 75
Massarosa **LU** 45 Lb 85
Massazza **BI** 19 Ia 76
Massello **TO** 32 Ha 79
Masserano **BI** 20 Ib 75
Massignano **AP** 53 Oe 90
Massimeno **TN** 13 Le 72
Massimino **SV** 41 Ia 83
Massino Visconti **VB** 10 Id 73
Massiola **VB** 10 Ib 73
Masúllas **OR** 109 Ie 110
Matèlica **MC** 52 Oa 89
Matera **MT** 79 Rd 104
Mathi **TO** 19 Hd 77
Matino **LE** 82 Ta 108
Matrice **CB** 64 Pe 99
Máttie **TO** 36 Ha 78
Mattinata **FG** 66 Ra 98
Mazara del Vallo **TP** 91 Nd 123
Mazzano **BS** 22 Lb 75
Mazzano Romano **RM** 61 Nc 95
Mazzarino **CL** 98 Pb 125
Mazzarrà Sant'Andrea **ME** 94 Qa 120
Mazzarrone **CT** 98 Pd 126
Mazzè **TO** 19 Hf 77
Mazzin **TN** 4 Md 70
Mazzo di Valtellina **SO** 12 Lb 71
Meana Sardo **NU** 109 Ka 109
Meano **TO** 32 Ha 79
Meda **MI** 21 Ka 75
Mede **PV** 34 Ie 78
Medea **GO** 17 Oc 73
Medesano **PR** 36 La 80
Medicina **PT** 45 Ld 85
Medíglia **MI** 21 Kb 76
Medolago **BG** 21 Kc 75
Médole **MN** 23 Lc 77
Medolla **MO** 38 Ma 79
Meduna di Livenza **TV** 16 Nd 74
Meduno **PN** 16 Ne 71
Megliadino San Fidénzio **PD** 24 Mc 77
Megliadino San Vitale **PD** 24 Md 77
Méina **NO** 10 Id 74
Mel **BL** 15 Na 72
Melara **RO** 38 Mb 78
Melazzo **AL** 34 Ic 81
Méldola **FC** 47 Na 84
Mele **GE** 42 Ie 82
Melegnano **MI** 21 Kb 76
Melendugno **LE** 82 Tc 107
Meleti **LO** 36 Ke 78
Melfi **PZ** 72 Qd 103
Melia **ME** 94 Qb 121
Melicuccà **RC** 88 Qf 119
Melicucco **RC** 89 Ra 118
Melilli **SR** 99 Qa 125
Melissa **KR** 87 Sa 113
Melissano **LE** 82 Ta 109
Mélito di Nápoli **NA** 70 Pb 103
Mélito di Porto Salvo **RC** 95 Qe 121
Melito Irpino **AV** 71 Qa 102
Melizzano **BN** 71 Pd 102
Melle **CN** 32 Hb 81
Mello **SO** 11 Kd 71
Melpignano **LE** 82 Tb 108
Méltina **BZ** 3 Mb 69
Melzo **MI** 21 Kc 76
Menággio **CO** 11 Kb 72
Menarola **SO** 11 Kb 71
Mencónico **PV** 35 Kb 80
Mendática **IM** 41 He 84
Mendicino **CS** 86 Rb 113
Menfi **AG** 96 Nf 123
Mentana **RM** 61 Nd 96
Méolo **VE** 25 Nc 75
Meran = Merano **BZ** 3 Ma 68
Merana **AL** 34 Ib 81
Merano = Meran **BZ** 3 Ma 68
Merate **LC** 21 Kc 74
Mercallo **VA** 20 Id 74
Mercatello sul Metáuro **PU** 51 Nb 87
Mercatino Conca **PU** 48 Nc 85
Mercato San Severino **SA** 77 Pe 104
Mercato Saraceno **FC** 47 Nb 85
Mercenasco **TO** 19 He 76
Mercogliano **AV** 71 Pe 103
Mereto di Tomba **UD** 16 Oa 72
Mergo **AN** 52 Oa 88
Mergozzo **VB** 10 Ic 73
Merì **ME** 94 Qb 119
Merlara **PD** 24 Mc 78
Merlino **LO** 21 Kc 76
Merone **CO** 11 Kb 74
Mesagne **BR** 81 Se 105
Mese **SO** 11 Kc 71
Mesenzana **VA** 10 Ie 73
Mésero **MI** 20 Ie 76
Mésola **FE** 39 Nb 79
Mesoraca **KR** 87 Re 114
Messina **ME** 95 Qd 119
Mestre **VE** 25 Nb 76
Mestrino **PD** 24 Me 76
Meta **NA** 76 Pc 105
Meugliano **TO** 19 He 76
Mezzago **MI** 21 Kc 75
Mezzana **TN** 13 Le 70
Mezzana Bigli **PV** 34 Ie 78
Mezzana Mortigliengo **BI** 20 Ia 75
Mezzana Rabattone **PV** 35 Ka 78
Mezzane di Sotto **VR** 24 Ma 76
Mezzánego **GE** 43 Kc 82
Mezzani **PR** 37 Lc 79
Mezzanino **PV** 35 Kb 78
Mezzano **TR** 14 Me 71
Mezzegra **CO** 11 Ka 72
Mezzenile **TO** 18 Hc 77
Mezzocorona **TN** 13 Ma 71
Mezzojuso **PA** 91 Oc 121
Mezzoldo **BG** 12 Kd 72
Mezzolombardo **TN** 13 Ma 71
Mezzomerico **NO** 20 Id 75
Miagliano **BI** 19 Ia 75
Miane **TV** 15 Na 73
Miasino **NO** 10 Ic 74
Miazzina **VB** 10 Id 73
Micigliano **RI** 57 Oa 94
Miggiano **LE** 82 Tb 109
Migliánico **CH** 59 Pb 94
Migliano **AV** 71 Pd 103
Migliarino **FE** 39 Mf 80
Migliaro **FE** 39 Mf 80
Miglierina **CZ** 86 Rc 115
Migliónico **MT** 79 Rd 105
Mignánego **GE** 35 If 81
Mignano Monte Lungo **CE** 70 Of 100
Milano **MI** 21 Kb 76
Milazzo **ME** 94 Qb 119
Milena **AG** 97 Oe 124
Mileto **VV** 89 Ra 117
Mílis **OR** 108 Id 108
Militello in Val di Catánia **CT** 99 Pe 125
Militello Rosmarino **ME** 93 Pe 120
Millésimo **SV** 42 Ib 82
Milo **CT** 94 Qa 122
Milzano **BS** 22 Lb 77
Mineo **CT** 98 Pe 125
Minerbe **VR** 24 Mb 77
Minerbio **BO** 38 Mc 81
Minervino di Lecce **LE** 82 Tc 108
Minervino Murge **BA** 73 Ra 102
Minori **SA** 77 Pd 105
Minturno **LT** 69 Oe 101
Minucciano **LU** 44 Lb 83
Mióglia **SV** 34 Ic 82
Mira **VE** 25 Na 76
Mirabella Eclano **AV** 71 Pf 102
Mirabella Imbáccari **CT** 98 Pc 125
Mirabello **FE** 38 Mc 80
Mirabello Monferrato **AL** 34 Ic 78
Mirabello Sannítico **CB** 71 Pe 99
Miradolo Terme **PV** 35 Kc 78
Miranda **IS** 64 Pb 99
Mirándola **MO** 37 Ma 79
Mirano **VE** 25 Na 76
Mirto **ME** 93 Pe 120
Misano Adriático **RN** 48 Ne 85
Misano di Gera d'Adda **BG** 21 Kd 76
Misilmeri **PA** 91 Oc 120
Misinto **MI** 21 Ka 75
Misságlia **LC** 21 Kb 74
Missanello **PZ** 79 Ra 107
Misterbianco **CT** 99 Qa 123
Mistretta **ME** 93 Pc 121
Moasca **AT** 34 Ib 80
Mocónesi **GE** 43 Kb 82
Modena **MO** 37 Lf 81
Módica **RG** 99 Pe 127
Modigliana **FC** 47 Me 84
Módolo **NU** 108 Id 107
Modugno **BA** 74 Re 102
Moena **TN** 14 Md 70
Moggio **LC** 11 Kc 73
Mòggio Udinese **UD** 6 Oa 70
Móglia **MN** 37 Lf 79
Mogliano **MC** 53 Oc 89
Mogliano Véneto **TV** 25 Nb 75
Mogorella **OR** 109 If 109
Mógoro **OR** 109 Ie 110
Moiano **BN** 71 Pd 102
Moimacco **UD** 17 Ob 72
Móio Alcántara **ME** 94 Qa 121
Móio de'Calvi **BG** 12 Ke 73

Idro – Móio de'Calvi (I) 119

Móio della Civitella **SA** 78 Qb 107
Moiola **CN** 40 Hc 83
Mola di Bari **BA** 74 Sa 102
Molare **AL** 34 Id 81
Molazzana **LU** 45 Lc 84
Molfetta **BA** 74 Rd 101
Molina Aterno **AQ** 63 Oe 96
Molina di Ledro **TN** 13 Le 73
Molinara **BN** 71 Pf 101
Molinella **BO** 38 Md 81
Molini di Triora **IM** 41 He 84
Molino dei Torti **AL** 34 If 78
Molise **CB** 64 Pc 99
Moliterno **PZ** 78 Qf 107
Móllia **VC** 9 Ia 73
Molóchio **RC** 89 Ra 119
Mölten = Méltina **BZ** 3 Mb 69
Molteno **LC** 11 Kb 74
Moltrásio **CO** 11 Ka 73
Molvena **VI** 14 Md 74
Molveno **TN** 13 Lf 72
Mombaldone **AT** 34 Ib 81
Mombarcaro **CN** 36 Ia 82
Mombaróccio **PU** 48 Nf 86
Mombaruzzo **AT** 34 Ic 80
Mombasiglio **CN** 36 Hf 82
Mombello di Torino **TO** 33 Hf 78
Mombello Monferrato **AL** 34 Ib 78
Mombercelli **AT** 34 Ib 80
Momo **NO** 20 Id 75
Mompantero **TO** 18 Ha 77
Mompeo **RI** 61 Ne 95
Momperone **AL** 35 Ka 79
Monacilioni **CB** 64 Pe 99
Monale **AT** 33 Ia 79
Monasterace **RC** 89 Rd 118
Monastero Bórmida **AT** 34 Ib 81
Monastero di Lanzo **TO** 18 Hc 77
Monastero di Vasco **CN** 41 He 82
Monasterolo Casotto **CN** 41 Hf 83
Monasterolo del Castello **BG**
12 Kf 74
Monasterolo di Savigliano **CN**
33 Hd 80
Monastier di Treviso **TV** 25 Nc 75
Monastir **CA** 112 Ka 112
Moncalieri **TO** 33 He 78
Moncalvo **AT** 34 Ib 78
Moncenisio **TO** 18 Gf 77
Moncestino **AL** 33 Ia 78
Monchiero **CN** 33 Hf 81
Mónchio delle Corti **PR** 44 La 82
Monclássico **TN** 13 Lf 70
Moncrivello **VC** 19 Hf 77
Moncucco Torinese **AT** 33 Hf 78
Mondaino **RN** 48 Nd 85
Mondávio **PU** 52 Nf 86
Mondolfo **PU** 48 Oa 86
Mondovì **CN** 41 He 82
Mondragone **CE** 70 Of 102
Monéglia **GE** 43 Kc 83
Monesiglio **CN** 33 Ia 82
Monfalcone **GO** 17 Oc 74
Monforte d'Alba **CN** 33 Hf 81
Monforte San Giórgio **ME** 94 Qc 120
Monfumo **TV** 15 Mf 74
Mongardino **BO** 46 Mb 82
Monghidoro **BO** 46 Mb 83
Mongiana **VV** 89 Rb 117
Mongiardino Lígure **AL** 35 Ka 81
Mongiuffi **ME** 94 Qb 121
Mongrando **BI** 19 Hf 75
Mongrassano **CS** 84 Ra 111
Monguelfo **BZ** 5 Na 68
Monguzzo **CO** 21 Kb 74
Moniga del Garda **BS** 23 Ld 75
Monleale **AL** 34 If 79
Monno **BS** 12 Lb 71
Monópoli **BA** 75 Sb 103
Monreale **CA** 112 Ie 111
Monreale **PA** 91 Ob 120
Monrupino **TS** 17 Oe 74
Monsampietro Mórico **AP** 53 Od 90
Monsampolo del Tronto **AP** 58 Oe 91
Monsano **AN** 53 Ob 87
Monsélice **PD** 24 Me 77
Monsummano Terme **PT** 45 Le 85
Montà **CN** 33 Hf 80
Montabone **AT** 34 Ic 80
Montacuto **AL** 35 Ka 80
Montafia **AT** 33 Ia 79
Montágano **CB** 64 Pe 99
Montagna **TN** 14 Mb 70
Montagna in Valtellina **SO** 12 Kf 71
Montagnana **PD** 24 Mc 77
Montagnareale **ME** 94 Pf 120
Montagne **TN** 13 Le 72
Montaguto **AV** 72 Qb 101
Montaione **FI** 49 Lf 87
Montalbano Elicona **ME** 94 Qa 120
Montalbano Iónico **MT** 80 Rd 107
Montalcino **SI** 55 Mc 90
Montaldeo **AL** 34 Ie 80
Montaldo Bórmida **AL** 34 Id 80
Montaldo di Mondovì **CN** 41 Hf 83
Montaldo Roero **CN** 33 Hf 80
Montaldo Scarampi **AT** 34 Ib 79
Montaldo Torinese **TO** 33 He 78
Montale **PT** 45 Ma 85
Montalenghe **TO** 19 He 76
Montallegro **AG** 96 Oc 124
Montalto delle Marche **AP** 58 Od 91
Montalto di Castro **VT** 60 Md 94
Montalto Dora **TO** 19 Hf 76
Montalto Lígure **IM** 41 He 85
Montalto Pavese **PV** 35 Kb 79
Montalto Uffugo **CS** 84 Ra 112
Montan = Montagna **BZ** 14 Mb 70
Montanaso Lombardo **LO** 21 Kc 77
Montanera **CN** 33 Hd 82
Montano Antília **SA** 78 Qc 108
Montano-Lucino **CO** 11 If 74
Montappone **AP** 53 Oc 90
Montaquila **IS** 70 Pa 99
Montásola **RI** 57 Ne 94
Montáuro **CZ** 86 Rd 116
Montázzoli **CH** 64 Pc 97
Monte Argentàrio **GR** 55 Ma 94
Montebello della Battaglia **PV**
35 Ka 79
Montebello di Bertona **PE** 59 Of 94
Montebello Iónico **RC** 95 Qe 121
Montebello sul Sangro **CH** 64 Pb 97
Montebello Vicentino **VI** 24 Mc 76
Montebelluna **TV** 15 Na 74
Montebruno **GE** 35 Kb 81
Montebuono **RI** 57 Nd 94
Montecalvo in Fóglia **PU** 48 Nd 86
Montecalvo Irpino **AV** 71 Qa 101
Montecalvo Versíggia **PV** 35 Kb 79
Montecarlo **LU** 45 Ld 85
Montecarotto **AN** 52 Oa 87
Montecassiano **MC** 53 Oc 88
Montecastello **AL** 34 Id 79
Monte Castello di Víbio **PG** 56 Nc 91
Montecastrilli **TR** 57 Nc 93
Montecatini Terme **PT** 45 Le 85
Montecatini Val di Cecina **PI** 49 Le 88
Monte Cavallo **MC** 57 Nf 91
Montecchia di Crosara **VR** 24 Mb 76
Montécchio **PG** 56 Nb 92
Montécchio Emília **RE** 37 Lc 80
Montécchio Maggiore **VI** 24 Mc 75
Montécchio Precalcino **VI** 24 Md 75
Monte Cerignone **PU** 47 Nc 85
Montechiaro d'Acqui **AL** 34 Ic 81
Montechiaro d'Asti **AT** 33 Ia 78
Montechiarúgolo **PR** 37 Lc 80
Monteciccardo **PU** 48 Ne 86
Montecilfone **CB** 64 Pf 97
Monte Colombo **RN** 48 Nd 85
Montecómpatri **RM** 61 Ne 98
Montecopiolo **PU** 47 Nc 85
Montecórice **SA** 77 Pf 107
Montecorvino Pugliano **SA** 77 Pf 104
Montecorvino Rovella **SA** 77 Pf 104
Montecósaro **MC** 53 Od 89
Monte Cremasco **CR** 21 Kd 76
Montecrestese **VB** 10 Ib 71
Montecreto **MO** 45 Le 83
Monte di Malo **VI** 24 Mb 75
Montedinove **AP** 58 Od 91
Monte di Prócida **NA** 76 Pa 104
Montedoro **CL** 97 Oe 124
Montefalcione **AV** 71 Pf 103
Montefalco **PG** 57 Nd 91
Montefalcone Appennino **AP**
58 Oc 91
Montefalcone di Val Fortore **BN**
71 Qa 101
Montefalcone nel Sànnio **CB**
64 Pd 97
Montefano **MC** 53 Oc 88
Montefelcino **PU** 48 Ne 86
Monteferrante **CH** 64 Pc 97
Montefiascone **VT** 56 Na 93
Montefino **TE** 59 Of 93
Montefiore Conca **RN** 48 Nd 85
Montefiore dell'Aso **AP** 53 Oe 90
Montefiorino **MO** 45 Ld 82
Monteflávio **RM** 61 Ne 96
Monteforte Cilento **SA** 77 Qb 106
Monteforte d'Alpone **VR** 24 Mb 76
Monteforte Irpino **AV** 71 Pe 103
Montefortino **AP** 58 Oc 91
Montefranco **TR** 57 Ne 93
Montefrédane **AV** 71 Pe 103
Montefusco **AV** 71 Pf 102
Montegabbione **TR** 56 Na 91
Montegalda **VI** 24 Md 76
Montegaldella **VI** 24 Md 76
Montegallo **AP** 58 Ob 91
Monte Giberto **AP** 53 Od 90
Montegioco **AL** 34 If 79
Montegiordano **CS** 84 Rd 108
Montegiórgio **AP** 53 Od 90
Montegranaro **AP** 53 Od 89
Montegridolfo **RN** 48 Ne 85
Montegrino Valtravàglia **VA** 10 Ie 73
Montegrosso d'Asti **AT** 34 Ib 80
Montegrosso Pian Latte **IM**
41 He 84
Montegrotto Terme **PD** 24 Me 77
Monteiasi **TA** 81 Sc 105
Monte Isola **BS** 22 La 77
Montelabbate **PU** 48 Ne 85
Montelánico **RM** 62 Oa 99
Montelapiano **CH** 64 Pc 97
Monteleone, Inverno **PV** 21 Kc 77
Monteleone di Fermo **AP** 53 Od 90
Monteleone di Púglia **FG** 72 Qb 101
Monteleone di Spoleto **PG** 57 Nf 93
Monteleone d'Orvieto **TR** 56 Na 91
Monteleone Rocca Dória **SS**
105 Id 106
Monteleone Sabino **RI** 62 Nf 95
Montelepre **PA** 91 Ob 120
Montelibretti **RM** 61 Ne 96
Montella **AV** 71 Qa 103
Montello **BG** 22 Ke 75
Montelongo **CB** 65 Pf 98
Montelparo **AP** 53 Od 90
Montelupo Albese **CN** 33 Ia 81
Montelupo Fiorentino **FI** 49 Ma 86
Montelupone **MC** 53 Od 88
Montemaggiore al Metáuro **PU**
48 Nf 86
Montemaggiore Belsito **PA**
92 Oe 121
Montemagno **AT** 34 Ib 79
Montemale di Cuneo **CN** 40 Hc 82
Montemarano **AV** 71 Pf 103
Montemarciano **AR** 50 Md 87
Monte Marenzo **LC** 11 Kc 74
Montemarzino **AL** 34 If 79
Montemésola **TA** 81 Sc 105
Montemezzo **CO** 11 Kc 71
Montemignáio **AR** 46 Md 86
Montemiletto **AV** 71 Pf 102
Montemilone **PZ** 73 Qf 102
Montemitro **CB** 64 Pd 97
Montemónaco **AP** 58 Ob 91
Montemurlo **PO** 46 Ma 85
Montemurro **PZ** 79 Qf 107
Montenars **UD** 16 Oa 71
Montenero di Bisáccia **CB** 64 Pe 97
Montenerodomo **CH** 64 Pb 97
Montenero Sabino **RI** 61 Ne 95
Montenero Val Cocchiara **IS** 63 Pa 98
Monteodorísio **CH** 64 Pd 96
Montepaone **CZ** 86 Rc 116
Monteparano **TA** 81 Sc 106
Monte Pórzio **PU** 48 Oa 86
Monte Pórzio Catone **RM** 61 Ne 98
Monteprandone **AP** 58 Of 91
Montepulciano **SI** 50 Me 90
Monterado **AN** 48 Oa 86
Monterchi **AR** 51 Na 88
Montereale **AQ** 58 Ob 93
Montereale Valcellina **PN** 16 Nd 71
Monterénzio **BO** 46 Mc 83
Monteriggioni **SI** 50 Mb 88
Monte Rinaldo **AP** 53 Od 90
Monte Roberto **AN** 52 Oa 88
Monteroduni **IS** 70 Pb 99
Monte Romano **VT** 60 Mf 95
Monteroni d'Árbia **SI** 50 Mc 89
Monteroni di Lecce **LE** 82 Ta 107
Monterosi **VT** 61 Nb 95
Monterosso al Mare **SP** 44 Kd 84
Monterosso Almo **RG** 99 Pe 126
Monterosso Cálabro **VV** 86 Rb 116
Monterosso Grana **CN** 40 Hb 82
Monterotondo **RM** 61 Nd 96
Monterotondo Maríttimo **GR** 49 Lf 90
Monterubbiano **AP** 53 Oe 90
Monte San Biágio **LT** 69 Oc 100
Monte San Giácomo **SA** 78 Qd 106
Monte San Giovanni Campano **FR**
63 Od 99
Monte San Giovanni in Sabina **RI**
61 Ne 95
Monte San Giusto **MC** 53 Od 89
Monte San Martino **MC** 53 Oc 90
Montesano Salentino **LE** 82 Tb 109
Montesano sulla Marcellana **SA**
78 Qe 107
Monte San Pietrángeli **AP** 53 Od 89
Monte San Pietro **BO** 46 Ma 82
Monte San Savino **AR** 50 Me 89
Monte Santa Maria Tiberina **PG**
51 Na 88
Monte Sant'Ángelo **FG** 66 Qf 98
Monte San Vito **AN** 53 Ob 87
Montesárchio **BN** 71 Pd 102
Montescaglioso **MT** 80 Rd 105
Montescano **PV** 35 Kb 78
Montescheno **VB** 10 Ib 72
Montescudáio **PI** 49 Ld 89
Montescudo **RN** 48 Nd 85
Montese **MO** 45 Lf 83
Monteségale **PV** 35 Ka 79
Montesilvano **PE** 59 Pb 93
Montespértoli **FI** 49 Ma 87
Monteu da Po **TO** 33 Hf 78
Monte Urano **AP** 53 Od 89
Monteu Roero **CN** 33 Hf 80
Montevago **AG** 91 Nf 122
Montevarchi **AR** 50 Md 87
Montevécchia **LC** 21 Kc 74
Montevéglio **BO** 38 Ma 82
Monteverde **AV** 72 Qd 102
Monteverdi Maríttimo **PI** 49 Le 89
Monteviale **VI** 24 Mc 75
Monte Vidon Combatte **AP** 53 Od 90
Monte Vidon Corrado **AP** 53 Oc 90
Montezémolo **CN** 36 Ia 82
Monti **SS** 106 Kc 104
Montiano **FC** 47 Nb 84
Monticelli Brusati **BS** 22 La 75
Monticelli d'Ongina **PC** 36 Kf 78
Monticelli Pavese **PV** 35 Kc 78
Monticello Brianza **LC** 21 Kb 74
Monticello Conte Otto **VI** 24 Md 75
Monticello d'Alba **CN** 33 Hf 80
Montichiari **BS** 23 Lc 76
Monticiano **SI** 50 Mb 90
Montieri **GR** 49 Ma 90
Montíglio **AT** 33 Ia 78
Montignoso **MS** 44 La 84
Montirone **BS** 22 Lb 76
Montjovet **AO** 19 Hd 74
Montódine **CR** 22 Ke 77
Montóggio **GE** 35 Ka 81
Montone **PG** 51 Nb 88
Montópoli di Sabina **RI** 61 Ne 95
Montópoli in Val d'Arno **PI** 49 Le 86
Montórfano **CO** 11 Ka 74
Montório al Vomano **TE** 58 Od 93
Montório nei Frentani **CB** 65 Pf 98
Montorio Romano **RM** 61 Ne 96
Montoro Inferiore **AV** 77 Pe 104
Montoro Superiore **AV** 77 Pe 104
Montorso Vicentino **VI** 24 Mb 76
Montottone **AP** 53 Od 90
Montresta **NU** 105 Id 106
Montù Beccaria **PV** 35 Kb 78
Monvalle **VA** 10 Id 73
Monza **MI** 21 Kb 75
Monzambano **MN** 23 Le 76
Monzuno **BO** 46 Mb 83
Moos in Passeier = Moso in Passiria
BZ 3 Ma 67
Morano Cálabro **CS** 84 Ra 109
Morano sul Po **AL** 34 Ic 78
Moransengo **AT** 33 Ia 78
Moraro **GO** 17 Oc 73
Morazzone **VA** 20 Ie 74
Morbegno **SO** 11 Kd 72
Morbello **AL** 34 Ic 81
Morciano di Léuca **LE** 83 Tb 109
Morciano di Romagna **RN** 48 Nd 85
Morcone **BN** 71 Pd 100
Mordano **BO** 47 Me 82
Morengo **BG** 22 Ke 75
Móres **SS** 106 If 105
Moresco **AP** 53 Oe 90
Moretta **CN** 33 Hd 80
Morfasso **PC** 36 Ke 80
Morgano **TV** 25 Na 75
Morgex **AO** 8 Ha 74
Morgongiori **OR** 109 Ie 110
Mori **TN** 13 Lf 73
Moriago della Battáglia **TV** 15 Na 73
Moricone **RM** 61 Ne 96
Morigerati **SA** 78 Qd 108
Morimondo **MI** 21 If 76
Morino **AQ** 62 Oc 97
Moriondo Torinese **TO** 33 Hf 78
Morlupo **RM** 61 Nd 96
Mormanno **CS** 84 Qf 109
Mornago **VA** 20 Ie 74
Mornese **AL** 34 Ie 81
Mornico al Sério **BG** 22 Ke 75
Mornico-Losana **PV** 35 Kb 78
Morolo **FR** 62 Ob 99
Morozzo **CN** 41 He 82
Morra, La **CN** 33 Hf 81
Morra De Sanctis **AV** 72 Qb 103
Morro d'Alba **AN** 52 Ob 87
Morro d'Oro **TE** 59 Of 93
Morrone del Sánnio **CB** 64 Pe 98
Morro Reatino **RI** 57 Ne 93
Morrovalle **MC** 53 Od 89
Morsano al Tagliamento **PN** 16 Nf 73
Morsasco **AL** 34 Id 80
Mortara **PV** 20 Ie 77
Mortegliano **UD** 16 Oa 73
Morterone **LC** 11 Kc 73
Moruzzo **UD** 16 Oa 72
Moscazzano **CR** 22 Kd 77
Moschiano **AV** 71 Pd 103
Mosciano Sant'Ángelo **TE** 59 Of 92
Moscufo **PE** 59 Pa 94
Moso in Passiria = Moos in Passeier
BZ 3 Ma 67
Mossa **GO** 17 Od 73
Mossano **VI** 24 Md 76
Mosso Santa Maria **BI** 19 Ia 75
Motta Baluffi **CR** 36 Lb 78
Motta Camastra **ME** 94 Qb 121
Motta d'Affermo **ME** 93 Pb 121
Motta de'Conti **VC** 20 Ic 77
Motta di Livenza **TV** 16 Nd 74
Mottafollone **CS** 84 Ra 111
Mottalciata **BI** 20 Ib 76
Motta Montecorvino **FG** 71 Qa 99
Motta San Giovanni **RE** 95 Qe 120
Motta Santa Lucia **CZ** 86 Rb 114
Motta Sant'Anastásia **CT** 99 Pf 123
Motta Visconti **MI** 21 If 77
Motteggiana **MN** 37 Le 78
Móttola **TA** 80 Sa 105
Mozzagrogna **CH** 64 Pc 95
Mozzánica **BG** 22 Kd 76
Mozzate **CO** 21 If 75
Mozzecane **VR** 23 Le 77
Mozzo **BG** 21 Kd 74
Múccia **MC** 52 Oa 90
Múggia **TS** 27 Oe 75
Muggiò **MI** 21 Kb 75
Mugnano del Cardinale **AV**
71 Pd 103
Mugnano di Nápoli **NA** 70 Pb 103
Mühlbach = Rio di Pusteria **BZ**
4 Md 68
Mühlwald = Selva dei Molini **BZ**
4 Me 67
Mulazzano **LO** 21 Kc 76
Mulazzo **MS** 44 Kf 83
Mura **BS** 23 Lc 75
Muravera **CA** 113 Kd 112
Murazzano **CN** 33 Ia 82
Murello **CN** 33 Hd 80
Murialdo Piano **SV** 41 Ia 83
Murisengo **AL** 33 Ia 78
Murlo **SI** 50 Mc 90
Muro Leccese **LE** 82 Tc 108
Muro Lucano **PZ** 78 Qc 104
Múros **SS** 105 Id 104
Muscoline **BS** 23 Lc 75
Musei **CA** 111 Ie 113
Musile di Piave **VE** 25 Nd 75
Musso **CO** 11 Kb 72
Mussolente **VI** 14 Me 74
Mussomeli **CL** 97 Oe 123
Muzzana del Turgnano **UD**
16 Oa 74
Muzzano **BI** 19 Hf 75

N

Nago-Tórbole **TN** 13 Lf 73
Nälles = Nals **BZ** 3 Mb 69
Nals = Nälles **BZ** 3 Mb 69
Nanno **TN** 13 Ma 71
Nanto **VI** 24 Md 76
Nápoli **NA** 76 Pb 103
Narbolía **OR** 108 Id 108
Narcao **CA** 111 Ie 113
Nardò **LE** 82 Ta 107
Nardodipace **VV** 89 Rc 118
Narni **TR** 57 Nd 93
Naro **AG** 97 Oe 125
Narzole **CN** 33 Hf 81
Nasino **SV** 41 Ia 84
Naso **ME** 93 Pe 120
Naturno = Naturns **BZ** 3 Lf 69
Naturns = Naturno **BZ** 3 Lf 69
Natz-Schabs = Naz Sciáves **BZ**
4 Md 68
Nave **BS** 22 Lb 75
Navelli **AQ** 63 Oe 95
Nave San Rocco **TN** 13 Ma 71
Naz = Natz **BZ** 4 Md 68
Nazzano **RM** 61 Nd 95
Ne **GE** 43 Kc 82
Nebbiuno **NO** 10 Id 74
Negrar **VR** 23 Lf 75
Neirone **GE** 43 Ka 82
Néive **CN** 33 Ia 80
Nembro **BG** 22 Ke 74
Nemi **RM** 61 Ne 98
Némoli **PZ** 83 Qe 108
Neoneli **OR** 109 If 108
Nepi **VT** 61 Nc 95
Nereto **TE** 58 Oe 92
Nérola **RM** 61 Ne 96
Nervesa della Battáglia **TV** 15 Nb 74
Nerviano **MI** 21 If 75
Néspolo **RI** 62 Oa 96
Nesso **CO** 11 Ka 73
Netro **BI** 19 Hf 75
Nettuno **RM** 68 Nd 100
Neumarkt = Egna **BZ** 14 Mb 71
Neviano **LE** 82 Ta 108
Neviano degli Arduini **PR** 36 Lb 81
Neviglie **CN** 33 Ia 80
Niardo **BS** 12 Lb 73
Nibbiano **PC** 35 Kb 79
Nibbiola **NO** 20 Id 76
Nibionno **LC** 21 Kb 74
Nichelino **TO** 33 Hd 78
Nicolosi **CT** 94 Qa 123
Nicorvo **PV** 20 Id 77
Nicosia **EN** 93 Pc 122
Nicótera **VV** 88 Qf 117
Niederdorf = Villabassa **BZ** 5 Na 68
Niella Belbo **CN** 33 Ia 81
Niella Tánaro **CN** 41 Hf 82
Nimis **UD** 16 Ob 71
Nirasca **IM** 74 Hf 84
Niscemi **CL** 98 Pc 126
Nissoría **EN** 93 Pc 123
Nizza di Sicília **ME** 94 Qc 121
Nizza Monferrato **AT** 34 Ib 80
Noale **VE** 25 Na 75
Noasca **TO** 18 Hb 76
Nocara **CS** 79 Rc 108
Nocciano **PE** 59 Of 94
Nocera Inferiore **SA** 76 Pd 104
Nocera Superiore **SA** 77 Pe 104
Nocera Terinese **CZ** 86 Rb 114
Nocera Umbra **PG** 52 Ne 90
Noceto **PR** 36 La 80
Noci **BA** 74 Sa 104
Nocíglia **LE** 82 Tb 108
Noépoli **PZ** 79 Rb 108
Nogara **VR** 23 Ma 77
Nogaredo **TN** 13 Lf 73
Nogarole Rocca **VR** 23 Lf 77
Nogarole Vicentino **VI** 24 Mb 75
Noicáttaro **BA** 74 Rf 102
Nola **NA** 71 Pd 103
Nole **TO** 19 Hd 77
Noli **SV** 42 Ic 83
Nomáglio **TO** 19 He 75
Nomi **TN** 13 Ma 73
Nonántola **MO** 37 Ma 80
None **TO** 33 Hd 79
Nónio **VB** 10 Ic 73
Noragùgume **NU** 109 If 107
Norbello **OR** 109 If 108
Norcia **PG** 57 Oa 92
Norma **LT** 68 Nf 99
Nosate **MI** 20 Ie 75
Notaresco **TE** 59 Of 93
Noto **SR** 99 Qa 127
Novafeltria **PU** 47 Nb 85
Novagli **BS** 23 Lc 76
Novaledo **TN** 14 Mc 71
Nova Levante = Welschnofen **BZ**
14 Mc 70
Nova Milanese **MI** 21 Kb 75
Nova Ponente = Deutschnofen **BZ**
14 Mc 70
Novara **NO** 20 Id 76
Novara di Sicília **ME** 94 Qa 120
Nova Siri **MT** 79 Rd 108
Novate Mezzola **SO** 11 Kc 71
Novate Milanese **MI** 21 Ka 75
Nove **VI** 24 Md 74
Novedrate **CO** 21 Ka 74
Novellara **RE** 37 Le 79
Novello **CN** 33 Hf 81
Noventa di Piave **VE** 25 Nd 75
Noventa Pádovana **PD** 25 Mf 76
Noventa Vicentina **VI** 24 Md 77
Novi di Módena **MO** 37 Lf 79
Novíglio **MI** 21 Ka 76
Novi Lígure **AL** 34 Ie 80
Novi Vélia **SA** 78 Qb 107
Nóvoli **LE** 82 Ta 106
Nucetto **CN** 36 Ia 82
Nughedu di San Nicolò **SS**
106 Ka 105
Nughedu Santa Vittória **OR**
109 If 108
Nule **SS** 106 Kb 106
Nulvi **SS** 106 Ie 104
Numana **AN** 53 Od 87
Nuoro **NU** 109 Kc 107
Nurachi **OR** 108 Id 109
Nurágus **NU** 109 Ka 110
Nurallao **NU** 109 Ka 110
Nuráminis **CA** 112 Ka 112
Nureci **OR** 109 If 110
Nurri **NU** 109 Kb 110
Nus **AO** 19 Hc 74
Nusco **AV** 71 Qa 103
Nuvolento **BS** 13 Lc 75
Nuvolera **BS** 13 Lc 75
Núxis **CA** 112 Ie 114

O

Occhieppo inferiore **BI** 19 Hf 75
Occhieppo superiore **BI** 19 Hf 75
Occhiobello **RO** 38 Md 79
Occimiano **AL** 34 Ic 78
Ocre **RI** 57 Nf 93
Odalengo Grande **AL** 33 Ia 78
Odalengo Piccolo **AL** 34 Ib 78
Oderzo **TV** 15 Nc 74
Odolo **BS** 23 Lc 75
Ofena **AQ** 58 Oe 95
Offagna **AN** 53 Oc 87
Offanengo **CR** 22 Ke 76
Offida **AP** 58 Oe 91
Offlaga **BS** 22 La 76
Oggébbio **VB** 10 Id 72
Oggiona-Santo Stéfano **VA** 20 Ie 74
Oggiono **LC** 11 Kb 74
Ogliánico **TO** 19 He 76
Ogliastro Cilento **SA** 77 Qa 106
Olang = Valdáora **BZ** 4 Mf 68
Ólbia **SS** 107 Kc 103
Olcenengo **VC** 20 Ib 76
Oldenico **VC** 20 Ic 76
Oléggio **NO** 20 Id 75
Oléggio Castello **NO** 10 Id 74
Olévano di Lomellina **PV** 20 Ie 77
Olévano Romano **RM** 62 Oa 97
Olévano sul Tusciano **SA** 77 Qa 105
Olgiate Comasco **CO** 11 If 74
Olgiate Molgora **LC** 21 Kc 74
Olgiate Olona **VA** 20 If 75
Olginate **LC** 11 Kc 74
Olíena **NU** 110 Kc 107
Olivadi **CZ** 86 Rc 116
Oliva Gessi **PV** 35 Ka 79
Oliveri **ME** 94 Qa 120
Oliveto Citra **SA** 77 Qb 104
Oliveto Lário **LC** 11 Kb 73
Oliveto Lucano **MT** 79 Rb 105
Olivetta San Michele **IM** 41 Hd 85
Olívola **AL** 34 Ic 78
Ollastra Simáxis **OR** 109 Ie 109
Ollolai **NU** 109 Kb 107
Ollomont **AO** 8 Hb 73
Olmedo **SS** 105 Ic 105
Olmeneta **CR** 22 Kf 77
Olmo al Brembo **BG** 12 Kd 72
Olmo Gentile **AT** 34 Ib 81
Oltre il Colle **BG** 12 Ke 73
Oltressenda Alta **BG** 12 Kf 73
Oltrona di San Mamette **CO** 21 If 74
Olzai **NU** 109 Ka 107
Ome **BS** 22 La 75
Omegna **VB** 10 Ic 73
Omignano **SA** 77 Qa 107
Onanì **NU** 107 Kc 106
Onanò **VT** 56 Me 92
Oncino **CN** 32 Hb 80
Oneta **BG** 12 Ke 73
Onifai **NU** 107 Kd 106
Oniferi **NU** 109 Kb 107
Onore **BG** 12 Kf 73
Ono San Pietro **BS** 12 Lb 72
Onzo **SV** 41 Ia 84
Ópera il Crocione **MI** 21 Kb 76
Opi **AQ** 63 Oe 98
Oppeano **VR** 24 Ma 77
Óppido Lucano **PZ** 79 Qf 104
Óppido Mamertina **RC** 89 Qf 119
Ora = Auer **BZ** 14 Mb 70
Orani **NU** 109 Kb 107
Oratino **CB** 64 Pd 99
Orbassano **TO** 33 Hd 78
Orbetello **GR** 55 Mb 94
Orciano di Pésaro **PU** 52 Nf 86
Orciano Pisano **PI** 49 Ld 88
Orco-Feglino **SV** 42 Ib 83
Ordona **FG** 72 Qd 101
Orero **GE** 43 Kb 82
Orgiano **VI** 24 Mc 76
Orgósolo **NU** 109 Kc 107
Ória **BR** 81 Sd 106
Orícola **AQ** 62 Oa 96
Oríggio **VA** 21 If 75
Orino **VA** 10 Ie 73
Orio al Serio **BG** 22 Ke 74
Ório Canavese **TO** 19 He 77
Orio Litta **LO** 35 Kd 78
Oriolo **CS** 84 Rc 108
Oriolo Romano **VT** 80 Na 96
Oristano **OR** 108 Id 109
Ormea **CN** 41 Hf 84
Ormelle **TV** 15 Nc 74
Ornago **MI** 21 Kc 75
Ornavasso **VB** 10 Ic 73
Ornica **BG** 11 Kd 72
Orosei **NU** 107 Ke 106
Orotelli **NU** 109 Ka 107
Órria **SA** 77 Qb 107
Orroli **NU** 109 Kb 110
Orsago **TV** 15 Nc 73
Orsara Bórmida **AL** 34 Id 80
Orsara di Púglia **FG** 72 Qb 101
Orsenigo **CO** 11 Ka 74
Orsogna **CH** 64 Pb 95
Orsomarso **CS** 83 Qe 110
Ortacésus **CA** 112 Ka 111
Orta di Atella **CE** 70 Pb 103
Orta Nova **FG** 72 Qe 101
Orta San Giúlio **NO** 10 Ic 74
Orte **VT** 56 Nc 94
Ortelle **LE** 82 Tc 108
Ortezzano **AP** 53 Od 90
Ortignano Raggiolo **AR** 50 Me 86
Ortisei = Sankt Ulrich **BZ** 4 Md 69
Ortona **CH** 59 Pc 94
Ortona dei Marsi **AQ** 63 Oe 97
Ortonovo **SP** 44 La 84
Ortovero **SV** 41 Ia 84
Ortúcchio **AQ** 63 Od 97
Ortueri **NU** 109 If 108
Orune **NU** 107 Kc 106
Orvieto **TR** 56 Na 92
Orvínio **RI** 62 Nf 96
Orzinuovi **BS** 22 Kf 76
Orzivecchi **BS** 22 Kf 76
Osasco **TO** 32 Hb 79
Osásio **TO** 33 Hd 79
Óschiri **SS** 106 Ka 104
Osidda **NU** 106 Kb 105
Osíglia **SV** 41 Ia 83
Ósilo **SS** 105 Ie 104
Ósimo **AN** 53 Oc 88
Ósini Vécchio **NU** 110 Kd 110
Ósio Sopra **BG** 21 Kd 75
Ósio Sotto **BG** 21 Kd 75
Osmate **VA** 10 Id 74
Osnago **LC** 21 Kc 75
Osoppo **UD** 16 Oa 71
Ospedaletti **IM** 41 He 86
Ospedaletto **TN** 14 Md 72
Ospedaletto d'Alpinolo **AV** 71 Pe 103
Ospedaletto Euganeo **PD** 24 Md 77
Ospedaletto Lodigiano **LO** 35 Kd 78
Ospitale di Cadore **BL** 15 Nb 70
Ospitaletto **BS** 22 La 75
Ossago Lodigiano **LO** 21 Kd 77
Ossana **TN** 13 Le 71
Ossi **SS** 105 Id 104
Ossimo **BS** 12 Lb 73
Ossona **MI** 21 If 76
Ossúccio **CO** 11 Ka 73
Ostana **CN** 32 Hb 80
Ostellato **FE** 39 Mf 80
Osteno, Claino- **CO** 11 Ka 72
Ostiano **CR** 22 Lb 77
Ostíglia **MN** 38 Ma 78
Ostra **AN** 52 Oa 87
Ostra Vétere **AN** 52 Oa 87
Ostuni **BR** 75 Sd 104
Otranto **LE** 82 Tc 108
Otrícoli **TR** 57 Nc 94
Ottana **NU** 109 Ka 107
Ottati **SA** 78 Qb 106
Ottaviano **NA** 76 Pc 103
Ottíglio **AL** 34 Ib 78
Ottobiano **PV** 34 Ie 78
Ottone **PC** 35 Kb 81
Oulx **TO** 32 Ge 78
Ovada **AL** 34 Id 81
Ovaro **UD** 6 Ne 70
Ovíglio **AL** 34 Ic 79
Ovíndoli **AQ** 62 Od 96
Ovodda **NU** 109 Ka 108
Oyace **AO** 8 Hc 73
Ozegna **TO** 19 He 76
Ozieri **SS** 106 Ka 105
Ozzano dell'Emília **BO** 38 Mc 82
Ozzano Monferrato **AL** 34 Ic 78
Ózzero **MI** 21 If 76

P

Pabillónis **CA** 109 Ie 111
Paceco **TP** 90 Nd 121
Pace del Mela **ME** 94 Qb 119
Pacentro **AQ** 63 Of 96
Pachino **SR** 100 Qa 128
Paciano **PG** 56 Na 90
Padenghe sul Garda **BS** 23 Lc 76
Padergnone **TN** 13 Lf 72
Paderna **AL** 34 If 80
Paderno d'Adda **LC** 21 Kc 75
Paderno del Grappa **TV** 15 Me 73
Paderno Dugnano **MI** 21 Ka 75
Paderno Franciacorta **BS** 22 La 75
Paderno Ponchielli **CR** 22 Kf 77
Padova **PD** 25 Me 76
Pádria **SS** 105 Id 106
Padru **SS** 107 Kd 104
Padula **SA** 78 Qd 106
Paduli **BN** 71 Pf 102
Paesana **CN** 32 Hb 80
Paese **TV** 25 Na 74
Pagani **SA** 77 Pd 104
Pagánico Sabino **RI** 62 Oa 95
Pagazzano **PR** 22 Kd 75
Pagliara **ME** 94 Qc 121
Paglieta **CH** 64 Pd 95
Pagnacco **UD** 16 Oa 72
Pagno **CN** 32 Hc 81
Pagnona **LC** 11 Kc 72
Pago del Vallo di Láuro **AV**
71 Pd 103
Pago Veiano **BN** 71 Pf 101
Paisco-Loveno **BS** 12 Lb 72
Paitone **BS** 13 Lc 75
Paladina **BG** 21 Kd 74
Palagano **MO** 45 Ld 83
Palagianello **TA** 80 Rf 105
Palagiano **TA** 80 Sa 105
Palagonia **CT** 99 Pe 125
Palàia **PI** 49 Le 87
Palanzano **PR** 44 Lb 82
Palata **CB** 64 Pe 97
Palau **SS** 104 Kc 101
Palazzago **BG** 21 Kd 74
Palazzo Adriano **PA** 91 Oc 122
Palazzo Canavese **TO** 19 Hf 76
Palazzolo Acréide **SR** 99 Pf 126
Palazzolo dello Stella **UD** 16 Oa 74
Palazzolo sull'Oglio **BS** 22 Kf 75
Palazzolo Vercellese **VC** 20 Ib 77
Palazzo Pignano **CR** 21 Kd 76
Palazzo San Gervásio **PZ** 73 Qf 103
Palazzuolo sul Sènio **FI** 46 Md 84
Palena **CH** 63 Pa 97
Palermiti **CZ** 86 Rc 116
Palermo **PA** 91 Oc 120
Palestrina **RM** 62 Nf 97
Palestro **PV** 20 Id 77
Paliano **FR** 62 Oa 98

120 (I) **Móio della Civitella – Paliano**

Palizzi **RC** 95 Qf 121
Pallagorio **KR** 87 Rf 113
Pallanzeno **VB** 10 Ib 72
Pállare **SV** 42 Ib 82
Palma Campania **NA** 71 Pd 103
Palma di Montechiaro **AG** 97 Oe 125
Palmanova **UD** 16 Ob 73
Palmariggi **LE** 82 Tc 108
Palmas Arboréa **OR** 108 Id 109
Palmi **RC** 88 Qf 118
Palmiano **AP** 58 Oc 91
Pálmoli **CH** 64 Pd 97
Palo del Colle **BA** 74 Re 102
Palombara Sabina **RM** 61 Ne 96
Palombaro **CH** 63 Pb 96
Palomonte **SA** 78 Qb 105
Palosco **BG** 22 Ke 75
Palù **VR** 24 Ma 77
Palù del Fèrsina **TN** 14 Mb 72
Paludi **CS** 85 Re 111
Paluzza **UD** 6 Nf 69
Pamparato **CN** 41 Hf 83
Pancalieri **TO** 33 Hd 79
Pancarana **PV** 35 Ka 78
Panchià **TN** 14 Md 71
Pandino **CR** 21 Kd 76
Panettieri **CS** 86 Rc 114
Panicale **PG** 56 Na 90
Pannarano **BN** 71 Pe 102
Panni **FG** 72 Qb 101
Pantelleria **TP** 96 I
Pantigliate **MI** 21 Kb 76
Páola **CS** 86 Ra 112
Paolisi **BN** 71 Pd 102
Papasídero **CS** 83 Qf 109
Papozze **RO** 39 Na 79
Parabiago **MI** 21 If 75
Parábita **LE** 82 Ta 108
Parático **BS** 22 Kf 75
Parcines = Partschins **BZ** 3 Ma 68
Paré **CO** 11 If 74
Parella **TO** 19 He 76
Parenti **CS** 86 Rc 114
Parete **CE** 70 Pa 103
Pareto **AL** 34 Ic 81
Parghelia **VV** 88 Qf 116
Parlasco **LC** 11 Kb 72
Parma **PR** 37 Lb 80
Parodi Lígure **AL** 34 Ie 80
Paroldo **CN** 36 Ia 82
Parolise **AV** 71 Pf 103
Parona **PV** 20 Ie 77
Parrano **TR** 56 Na 91
Parre **BG** 12 Kf 73
Partanna **TP** 91 Nf 122
Partinico **PA** 91 Oa 120
Partschins = Parcines **BZ** 3 Ma 68
Paruzzaro **NO** 10 Ic 74
Parzánica **BG** 12 La 74
Pasian di Prato **UD** 16 Oa 72
Pasiano di Pordenone **PN** 16 Nd 73
Paspardo **BS** 12 Lc 72
Passerano **AT** 33 Hf 78
Passignano sul Trasimeno **PG** 51 Na 89
Passirano **BS** 22 La 75
Pastena **FR** 69 Oc 100
Pastorano **CE** 70 Pb 101
Pastrengo **VR** 23 Le 76
Pasturana **AL** 34 Ie 80
Pasturo **LC** 11 Kc 73
Paternò **CT** 94 Pf 123
Paterno **PZ** 78 Qe 106
Paterno Cálabro **CS** 86 Rb 113
Paternópoli **AV** 71 Qa 103
Pátrica **FR** 69 Ob 99
Pattada **SS** 106 Ka 105
Patti **ME** 94 Pf 120
Patu' **LE** 83 Tb 109
Pau **OR** 109 Ie 110
Paularo **UD** 6 Oa 69
Paùli Arbarei **CA** 109 If 111
Paulilatino **OR** 109 Ie 108
Paullo **MI** 21 Kc 76
Paupisi **BN** 71 Pd 101
Pavarolo **TO** 33 He 78
Pavia **PV** 21 Ka 77
Pavia di Údine **UD** 16 Ob 73
Pavone Canavese **TO** 19 He 76
Pavone del Mella **BS** 22 Lb 77
Pavullo nel Frignano **MO** 45 Le 82
Pazzano **MO** 45 Le 82
Pèccioli **PI** 49 Le 87
Pecco **TO** 19 He 76
Pecetto di Valenza **AL** 34 Id 79
Pecetto Torinese **TO** 33 He 78
Pecorara **PC** 35 Kc 79
Pedace **CS** 86 Rc 113
Pedara **AP** 58 Oc 91
Pedaso **AP** 53 Of 90
Pedavena **BL** 15 Mf 72
Pedemonte **VI** 14 Mb 73
Pederobba **TV** 15 Mf 73
Pedesina **SO** 11 Kd 72
Pedivigliano **CS** 86 Rb 114
Pedrengo **BG** 22 Ke 74
Péglio **CO** 11 Kb 71
Péglio **PU** 51 Nc 86
Pegognaga **MN** 37 Lf 79
Péia **BG** 12 Kf 74
Pejo **TN** 13 Ld 70
Pélago **FI** 46 Mc 86
Pella **NO** 10 Ic 74
Pellegrino Parmense **PR** 36 Kf 80
Pellezzano **SA** 77 Pe 104
Péllio Intelvi **CO** 11 Ka 72
Pellizzano **TN** 13 Le 71
Pelugo **TN** 13 Le 72
Penango **AT** 34 Ib 78
Pennabilli **PU** 47 Nb 86
Pennadomo **CH** 64 Pb 96
Penna in Teverina **TR** 56 Nc 94
Pennapiedimonte **CH** 63 Pb 96
Penna San Giovanni **MC** 53 Oc 90
Pènna Sant'Andrèa **TE** 58 Oe 93
Penne **PE** 59 Of 94
Pentone **CZ** 86 Rd 115
Perano **CH** 64 Pc 96
Perarolo di Cadore **BL** 15 Nb 70
Perca **BZ** 4 Mf 68
Percha = Perca **BZ** 4 Mf 68
Percile **RM** 62 Nf 96
Perdasdefogu **NU** 110 Kc 110
Perdáxius **CA** 111 Id 114
Perdifumo **SA** 77 Qa 107
Perego **LC** 21 Kb 74
Pereto **AQ** 62 Oa 96
Perfugas **SS** 106 If 104
Pèrgine Valdarno **AR** 50 Me 88
Pèrgine Valsugana **TN** 14 Mb 72
Pèrgola **PU** 52 Nf 87
Perignano **PI** 49 Ld 87
Perinaldo **IM** 41 Hd 85
Perito **SA** 77 Qa 107
Perledo **LC** 11 Kb 72
Perletto **CN** 34 Ib 81
Perlo **CN** 41 Ia 82
Perloz **AO** 19 He 75
Pernúmia **PD** 24 Me 77
Pero **MI** 21 Ka 76
Perosa Argentina **TO** 32 Hb 79
Perosa Canavese **TO** 19 He 76
Perrero **TO** 32 Ha 79
Pérsico-Dosimo **CR** 36 La 78
Pertengo **VC** 20 Ic 77
Pértica Alta **BS** 12 Lb 74
Pértica Bassa **BS** 22 Lc 74
Pertosa **SA** 78 Qc 105
Pertúsio **TO** 19 Hd 76
Perùgia **PG** 51 Nc 90
Pèsaro **PU** 48 Nf 85
Pescáglia **LU** 45 Lc 85
Pescantina **VR** 23 Lf 76
Pescara **FE** 38 Me 79
Pescara **PE** 59 Pb 94
Pescarolo ed Uniti **CR** 22 La 77
Pescassèroli **AQ** 63 Oe 98
Pescate **LC** 11 Kc 73
Pesche **IS** 64 Pb 99
Péschici **FG** 66 Ra 97
Peschiera Borromeo **MI** 21 Kb 76
Peschiera del Garda **VR** 23 Ld 76
Pescia **PT** 45 Le 85
Pescina **AQ** 63 Od 96
Pescina **FI** 46 Mb 85
Pescocostanzo **AQ** 63 Pa 97
Pescolanciano **IS** 64 Pc 98
Pescopagano **PZ** 72 Qc 103
Pescopennataro **IS** 64 Pb 97
Pescorocchiano **RI** 62 Oa 95
Pesco Sannita **BN** 71 Pe 101
Pescosansonesco **PE** 63 Of 95
Pescosólido **FR** 63 Od 98
Pessano **MI** 21 Kc 75
Pessina Cremonese **CR** 22 Lb 77
Pessinetto **TO** 18 Hc 77
Petacciato **CB** 64 Pf 96
Petília Policastro **KR** 87 Re 114
Petina **SA** 78 Qc 105
Petralia Soprana **PA** 92 Pa 122
Petralia Sottana **PA** 92 Pa 122
Petrella Salto **RI** 62 Oa 95
Petrella Tifernina **CB** 64 Pe 98
Petriano **PU** 48 Ne 86
Petriolo **MC** 53 Oc 89
Petrítoli **AP** 53 Od 90
Petrizzi **CZ** 86 Rc 116
Petronà **CZ** 87 Re 114
Petruro Irpino **AV** 71 Pe 102
Pettenasco **NO** 10 Ic 73
Pettinengo **BI** 19 Ia 75
Pettineo **ME** 93 Pb 121
Pettoranello del Molise **IS** 64 Pb 99
Pettorano sul Gízio **AQ** 63 Of 97
Pettorazza Grimani **RO** 25 Mf 78
Peveragno **CN** 41 Hd 82
Pezzana **VC** 20 Ic 77
Pezzaze **BS** 12 Lb 74
Pezzolo Valle Uzzone **CN** 34 Ib 81
Pfalzen = Fàlzes **BZ** 4 Mf 68
Pfatten = Vádena **BZ** 14 Mb 70
Pfitsch = Val di Vizze **BZ** 4 Mc 67
Piacenza **PC** 36 Kd 78
Piacenza d'Adige **PD** 38 Md 78
Piadena **CR** 36 Lc 78
Piagge **PU** 48 Nf 86
Piaggine **SA** 78 Qc 106
Piana Críxia **SV** 34 Ib 81
Piana degli Albanesi **PA** 91 Ob 121
Piana di Monte Verna **CE** 70 Pb 101
Pian Camuno **BS** 12 La 73
Piancastagnàio **SI** 55 Me 91
Piancogno **BS** 12 Lb 73
Piandimeleto **PU** 47 Nc 86
Pian di Scó **AR** 50 Md 87
Piane Crati **CS** 86 Rb 113
Pianella **PE** 59 Pa 94
Pianello del Lario **CO** 11 Kb 72
Pianello Val Tidone **PC** 35 Kc 79
Pianengo **CR** 22 Ke 76
Pianezza **TO** 33 Hd 78
Pianezze **VI** 14 Md 74
Piánico **BG** 12 La 74
Pianiga **VE** 25 Na 76
Piano di Sorrento **NA** 76 Pc 105
Pianópoli **CZ** 86 Rc 115
Pianoro **BO** 46 Mc 82
Piansano **VT** 56 Me 93
Piantedo **SO** 11 Kc 72
Piário **BG** 12 Kf 73
Piasco **CN** 32 Hc 81
Piateda **SO** 12 Kf 71
Piatto **BI** 19 Ia 75
Piazza al Sèrchio **LU** 44 Lb 83
Piazza Armerina **EN** 98 Pc 124
Piazza Brembana **BG** 12 Kd 73
Piazzatorre **BG** 12 Kd 72
Piazzola sul Brenta **PD** 24 Me 75
Piazzolo **BG** 12 Kd 73
Picciano **PE** 59 Of 94
Picerno **PZ** 78 Qd 105
Picinisco **FR** 63 Of 99
Pico **FR** 69 Od 100
Piea **AT** 33 Ia 78
Piedicavallo **BI** 19 Hf 74
Piedimonte Étneo **CT** 94 Qb 122
Piedimonte Matese **CE** 70 Pc 100
Piedimonte San Germano **FR** 69 Oe 100
Piedimulera **VB** 10 Ib 72
Piegaro **PG** 56 Na 91
Pienza **SI** 50 Me 90
Pieránica **CR** 21 Kd 76
Pietrabbondante **IS** 64 Pc 98
Pietrabruna **IM** 41 Hf 85
Pietracamela **TE** 58 Od 93
Pietracatella **CB** 64 Pf 99
Pietracupa **FR** 69 Oc 99
Pietradefusi **AV** 71 Pf 102
Pietra de'Giorgi **PV** 35 Kb 78
Pietraferrazzana **CH** 64 Pc 97
Pietrafitta **SI** 50 Mb 88
Pietragalla **PZ** 78 Qf 104
Pietra Ligure **SV** 42 Ib 84
Pietralunga **PG** 51 Nc 88
Pietra Marazzi **AL** 34 Id 79
Pietramelara **CE** 70 Pa 101
Pietramontecorvino **FG** 65 Qa 99
Pietranico **PE** 63 Of 95
Pietrapáola **CS** 86 Re 112
Pietrapertosa **PZ** 79 Ra 105
Pietraperzia **EN** 98 Pa 124
Pietrapórzio **CN** 40 Ha 82
Pietraróia **BN** 71 Pd 100
Pietrarúbbia **PU** 47 Nc 86
Pietrasanta **LU** 44 Lb 85
Pietrastornina **AV** 71 Pe 103
Pietravairano **CE** 70 Pa 101
Pietrelcina **BN** 71 Pf 101
Pieve Albignola **PV** 35 If 78
Pieve a Nievole **PT** 45 Le 85
Pieveboviagliana **MC** 52 Oa 90
Pieve d'Alpago **BL** 15 Nb 71
Pieve del Cáiro **PV** 34 Ie 78
Pieve di Bono **TN** 13 Ld 73
Pieve di Cadore **BL** 5 Nc 70
Pieve di Cento **BO** 38 Mb 80
Pieve di Coriano **MN** 38 Ma 78
Pieve di Ledro **TN** 13 Le 73
Pieve di Soligo **TV** 15 Na 73
Pieve di Teco **IM** 41 Hf 84
Pieve d'Olmi **CR** 36 La 78
Pieve Emanuele **MI** 21 Kb 76
Pieve Fissiraga **LO** 21 Kc 77
Pieve Fosciana **LU** 45 Lc 84
Pieve Ligure **GE** 43 Ka 82
Pievepélago **MO** 45 Ld 83
Pieve Porto Morone **PV** 35 Kc 78
Pieve San Giácomo **CR** 36 La 78
Pieve Santo Stéfano **AR** 51 Na 86
Pieve Tesino **TN** 14 Md 72
Pieve Torina **MC** 52 Oa 90
Pieve Vergonte **VB** 10 Ib 72
Píglio **FR** 62 Oa 98
Pigna **IM** 41 Hd 85
Pignataro Interamna **FR** 69 Oe 100
Pignataro Maggiore **CE** 70 Pb 101
Pignola **PZ** 78 Qe 105
Pignone **SP** 44 Ke 83
Pigra **CO** 11 Ka 73
Pila **VC** 9 Ia 74
Pimentél **CA** 112 Ka 112
Pimonte **NA** 76 Pd 104
Pinarolo Po **PV** 35 Ka 78
Pinasca **TO** 32 Hb 79
Píncara **RO** 38 Md 79
Pinerolo **TO** 32 Hb 79
Pineto **TE** 59 Pa 93
Pino d'Asti **AT** 33 Hf 78
Pino sulla Sponda Lago Maggiore **VA** 10 Ie 72
Pino Torinese **TO** 33 He 78
Pinzano al Tagliamento **PN** 16 Nf 71
Pinzolo **TN** 13 Le 71
Piòbbico **PU** 51 Nd 87
Piòbesi d'Alba **CN** 33 Hf 80
Piòbesi Torinese **TO** 33 Hd 79
Piode **VC** 9 Ia 74
Pioltello **MI** 21 Kb 76
Piombino **LI** 54 Ld 91
Piombino Dese **PD** 25 Mf 75
Piòraco **MC** 52 Nf 89
Piossasco **MC** 33 Hc 79
Piovà Massáia **AT** 33 Ia 78
Piove di Sacco **PD** 25 Na 77
Piovene-Rocchette **VI** 14 Mc 74
Pióvera **AL** 34 Ie 79
Piozzano **PC** 35 Kc 79
Piozzo **CN** 33 Hf 81
Piráino **ME** 93 Pf 120
Pisa **PI** 49 Lc 86
Pisano **NO** 10 Ic 74
Piscina **TO** 32 Hc 79
Piscìotta **SA** 82 Qb 108
Pisogne **BS** 12 La 74
Pisoniano **RM** 62 Nf 97
Pisticci **MT** 79 Rd 106
Pistóia **PT** 45 Lf 85
Pistolesa **BI** 19 Ia 75
Piteglio **PT** 45 Le 84
Pitigliano **GR** 55 Me 93
Piùbega **MN** 23 Ld 77
Piuro **SO** 11 Kc 70
Piverone **TO** 19 Hf 76
Pizzale **PV** 35 Ka 78
Pizzighettone **CR** 22 Ke 77
Pizzo **VV** 86 Ra 116
Pizzoferrato **CH** 64 Pb 97
Pizzoli **AQ** 58 Ob 94
Pizzone **IS** 63 Pa 99
Pizzoni **VV** 89 Rb 117
Placánica **RC** 89 Rc 118
Pláttaci **CS** 84 Rc 109
Platania **CZ** 86 Rb 114
Plati **RC** 89 Rb 119
Plaus **BZ** 3 Ma 69
Plésio **CO** 11 Kb 72
Ploaghe **SS** 106 Ie 104
Plódio **SV** 42 Ib 82
Pocapáglia **CN** 33 Hf 80
Pocenia **UD** 16 Oa 74
Podenzana **MS** 44 Kf 83
Podenzano **PC** 36 Kd 79
Pofi **FR** 69 Oc 99
Poggiardo **LE** 82 Tc 108
Poggibonsi **SI** 50 Ma 88
Póggio a Caiano **PO** 46 Ma 86
Póggio Berni **RN** 47 Nc 84
Póggio Bustone **RI** 57 Nf 93
Póggio Catino **RI** 61 Ne 95
Poggiodomo **PG** 57 Nf 92
Poggiofiorito **CH** 64 Pb 95
Póggio Imperiale **FG** 65 Qc 98
Poggiomarino **NA** 76 Pd 104
Póggio Mirteto **RI** 61 Ne 95
Póggio Moiano **RI** 62 Nf 95
Póggio Nativo **RI** 61 Ne 95
Póggio Picenze **AQ** 58 Od 95
Poggioreale **TP** 91 Oa 122
Póggio Renático **FE** 38 Mc 80
Poggiorsini **BA** 73 Rb 103
Póggio Rusco **MN** 38 Ma 79
Póggio San Lorenzo **RI** 61 Nf 95
Póggio San Marcello **AN** 52 Oa 87
Póggio Sannita **IS** 64 Pc 98
Póggio San Vicino **MC** 52 Oa 88
Poggiridenti **SO** 12 Kf 71
Pogliano Milanese **MI** 21 If 75
Pognana Lario **CO** 11 Ka 73
Pognano **BG** 22 Kd 75
Pogno **NO** 10 Ic 74
Poiana Maggiore **VI** 24 Mc 77
Poirino **TO** 33 Hf 79
Polaveno **BS** 22 La 75
Polcenigo **PN** 15 Nc 72
Polesella **RO** 38 Me 79
Polesine Parmense **PR** 36 La 78
Poli **RM** 62 Nf 97
Polía **VV** 86 Rb 116
Policoro **MC** 80 Re 107
Polignano a Mare **BA** 75 Sb 103
Polinago **MO** 45 Le 82
Polino **TR** 57 Nf 93
Polístena **RC** 89 Ra 118
Polizzi Generosa **PA** 92 Of 122
Polla **SA** 78 Qc 105
Pollein **AO** 18 Hc 74
Pöllena-Trócchia **NA** 76 Pc 103
Pollenza **MC** 53 Oc 89
Póllica **SA** 77 Qa 107
Póllina **PA** 92 Pa 121
Pollone **BI** 19 Hf 75
Pollutri **CH** 64 Pd 96
Polonghera **CN** 33 Hd 80
Polpenazze del Garda **BS** 23 Lc 75
Polverara **PD** 25 Mf 77
Polverigi **AN** 53 Oc 87
Pomarance **PI** 49 Lf 89
Pomaretto **TO** 32 Hb 79
Pomárico **MT** 79 Rd 105
Pomarolo **TN** 13 Ma 73
Pomaro Monferrato **AL** 34 Id 78
Pómbia **NO** 20 Id 75
Pomèzia **RM** 61 Nd 99
Pomigliano d'Arco **NA** 70 Pc 103
Pompei **NA** 76 Pd 104
Pompeiana **IM** 41 Hf 85
Pompiano **BS** 22 Kf 76
Pomponesco **MN** 37 Ld 79
Pompu **OR** 109 Ie 110
Poncarale **BS** 22 La 76
Ponderano **BI** 19 Ia 75
Ponna **CO** 11 Ka 72
Ponsacco **PI** 49 Ld 87
Ponso **PD** 24 Md 77
Pontassieve **FI** 46 Mc 86
Pontboset **AO** 19 Hd 75
Pont Canavese **TO** 19 Hd 76
Ponte **BN** 71 Pe 101
Pontebba **UD** 6 Ob 70
Ponte Buggianese **PT** 45 Le 85
Pontecagnano-Faiano **SA** 77 Pf 105
Pontécchio Polésine **RO** 39 Me 78
Pontechianale **CN** 32 Ha 81
Pontecorvo **FR** 69 Od 100
Pontecurone **AL** 35 If 79
Pontedássio **IM** 41 Hf 85
Ponte dell'Olio **PC** 36 Kd 79
Pontedera **PI** 49 Ld 87
Ponte di Legno **BS** 13 Lc 71
Ponte di Piave **TV** 25 Nc 74
Ponte Gardena = Waidbruck **BZ** 4 Md 69
Ponte in Valtellina **SO** 12 Kf 71
Ponte Lambro **CO** 11 Kb 73
Pontelandolfo **BN** 71 Pe 101
Pontelatone **CE** 70 Pb 101
Pontelongo **PD** 25 Mf 77
Ponte nelle Alpi **BL** 15 Nb 71
Ponte Nizza **PV** 35 Ka 79
Ponte Nossa **BG** 12 Kf 73
Pontenure **PC** 36 Ke 79
Ponteránica **BG** 22 Kd 74
Ponte San Nicolò **PD** 25 Mf 76
Ponte San Pietro **BG** 21 Kd 74
Pontestura **AL** 34 Ib 78
Pontevico **BS** 22 La 77
Pontey **AO** 9 Hd 74
Ponti **AL** 34 Ic 81
Pontinia **LT** 68 Oa 100
Pontinvrea **SV** 42 Ic 82
Pontirolo Nuovo **BG** 21 Kd 75
Ponti sul Mincio **MN** 23 Ld 76
Pontóglio **BS** 22 Ke 75
Pontrémoli **MS** 44 Kf 82
Pont-Saint-Martin **AO** 19 He 75
Ponza **LT** 68 Nf 103
Ponzano di Fermo **AP** 53 Od 90
Ponzano Monferrato **AL** 34 Ib 78
Ponzano Romano **RM** 61 Nd 95
Ponzano Véneto **TV** 25 Nb 74
Ponzone **AL** 34 Ic 81
Pòpoli **PE** 63 Of 95
Poppi **AR** 50 Me 86
Porano **TR** 56 Na 92
Porcari **LU** 45 Ld 85
Porcia **PN** 16 Nd 73
Pordenone **PN** 16 Nd 73
Porlezza **CO** 11 Ka 72
Pornàssio **IM** 41 Hf 84
Porpetto **UD** 16 Ob 73
Porrétta Terme **BO** 45 Lf 84
Portacomaro **AT** 34 Ib 79
Portálbera **PV** 35 Kb 78
Porte **TO** 32 Hb 79
Pórtici **NA** 76 Pb 104
Pórtico di Caserta **CE** 70 Pb 102
Portico-San Benedetto **FC** 47 Me 84
Portigliola **RC** 89 Rb 119
Porto Azzurro **LI** 54 VII
Portobuffole **TV** 15 Nd 73
Portocannone **CB** 65 Qa 97
Porto Cerésio **VA** 11 If 73
Porto Cesáreo **LE** 81 Sf 107
Porto Empédocle **AG** 97 Od 125
Portoferráio **LI** 54 VII
Portofino **GE** 43 Kb 83
Portogruaro **VE** 16 Ne 74
Portomaggiore **FE** 39 Me 80
Porto Mantovano **MN** 23 Le 77
Portopalo di Capo Pássero **SR** 100 Qa 128
Porto Recanati **MC** 53 Od 88
Porto San Giòrgio **AP** 53 Oe 89
Porto Sant'Elpídio **AP** 53 Oe 89
Portoscuso **CA** 111 Ic 113
Porto Tolle **RO** 39 Nb 79
Porto Tórres **SS** 105 Ic 103
Porto Valtraváglia **VA** 10 Id 73
Portovénere **SP** 44 Ke 84
Porto Viro **RO** 39 Nb 78
Portula **BI** 19 Ia 75
Posada **NU** 107 Ke 105
Posina **VI** 14 Mb 74
Positano **SA** 76 Pc 105
Possagno **TV** 15 Mf 73
Posta **RI** 57 Oa 93
Posta Fibreno **FG** 63 Oe 98
Pòstal **BZ** 3 Ma 69
Postalèsio **SO** 12 Ke 71
Postiglione **SA** 77 Qb 105
Póstua **VC** 20 Ib 74
Potenza **PZ** 78 Qe 105
Potenza Picena **MC** 53 Od 88
Pove del Grappa **VI** 14 Me 74
Povegliano **TV** 15 Nb 74
Povegliano Veronese **VR** 23 Lf 76
Poviglio **RE** 37 Ld 79
Povoletto **UD** 16 Ob 72
Pozza di Fassa **TN** 14 Md 70
Pozzáglia Sabino **RI** 62 Nf 96
Pozzáglio **CR** 22 La 77
Pozzaglio **RG** 100 Pf 128
Pozzilli **IS** 70 Pa 99
Pozzo d'Adda **MI** 21 Kc 75
Pozzolengo **BS** 23 Ld 76
Pozzoleone **VI** 24 Md 75
Pozzol Groppo **AL** 35 If 79
Pózzolo Formigaro **AL** 34 Ie 80
Pozzomaggiore **SS** 105 Id 106
Pozzonovo **PD** 24 Me 77
Pozzuoli **NA** 76 Pa 104
Pozzuolo del Friuli **UD** 16 Oa 73
Pozzuolo Martesana **MI** 21 Kd 75
Pradalunga **BG** 12 Ke 74
Pradamano **UD** 16 Ob 72
Prad am Stilfserjoch = Prato allo Stèlvio **BZ** 3 Ld 69
Pradlèves **CN** 40 Hb 82
Pragelato **TO** 32 Gf 78
Prags = Bràies **BZ** 5 Na 68
Práia a Mare **CS** 83 Qe 109
Praiano **SA** 76 Pd 105
Pralboino **BS** 22 Lb 77
Prali **TO** 32 Ha 79
Pralormo **TO** 33 Hf 79
Pralungo **BI** 19 Ia 75
Pramaggiore **VE** 16 Ne 74
Pramollo **TO** 32 Hb 79
Prarolo **VC** 20 Ic 77
Prarostino **TO** 32 Hb 79
Prasco **AL** 34 Id 81
Prascorsano **TO** 19 Hd 76
Praso **TN** 13 Ld 73
Prata Camportàccio **SO** 11 Kc 71
Prata d'Ansidónia **AQ** 63 Od 95
Prata di Pordenone **PN** 16 Nd 73
Prata di Principato Ultra **AV** 71 Pf 103
Prata Sannita **CE** 70 Pb 100
Pratella **CE** 70 Pb 100
Pratiglione **TO** 19 Hd 76
Prato **PO** 46 Ma 85
Prato allo Stèlvio = Prad am Stilfserjoch **BZ** 3 Ld 69
Prato Càrnico **UD** 6 Ne 69
Prátola Peligna **AQ** 63 Of 96
Prátola Serra **AV** 71 Pf 103
Prato Sésia **NO** 20 Ic 75
Pratovècchio **AR** 46 Me 86
Pravisdómini **PN** 16 Nd 74
Pray **BI** 20 Ib 75
Prazzo **CN** 32 Ha 82
Precenicco **UD** 16 Oa 74
Preci **PG** 57 Oa 91
Predàppio **FC** 47 Mf 84
Predazzo **TN** 14 Md 71
Predoi **BZ** 5 Na 66
Predore **BG** 22 Kf 74
Predosa **AL** 34 Id 80
Preganziòl **TV** 25 Nb 75
Pregnana Milanese **MI** 21 If 75
Prelà **IM** 41 Hf 85
Premana **LC** 11 Kc 72
Premariacco **UD** 17 Oc 72
Premeno **VB** 10 Id 73
Prémia **VB** 10 Ib 71
Premilcuore **FC** 47 Me 85
Prémolo **BG** 12 Kf 73
Premosello Chiovenda **VB** 10 Ib 72
Preone **UD** 16 Ne 70
Preore **TN** 13 Le 72
Prepotto **UD** 17 Oc 72
Pré-Saint-Didier **AO** 8 Gf 74
Preséglie **BS** 23 Lc 75
Presenzano **CE** 70 Pa 100
Presezzo **BG** 21 Kd 74
Presicce **LE** 83 Tb 109
Pressana **VR** 24 Mc 77
Préstine **BS** 12 Lb 73
Pretoro **CH** 63 Pa 95
Prettau = Predoi **BZ** 5 Na 66
Prevalle **BS** 23 Lc 75
Prezza **AQ** 63 Oe 96
Prezzo **TN** 13 Ld 73
Priero **CN** 36 Ia 82
Prignano Cilento **SA** 77 Qa 107
Prignano sulla Secchia **MO** 45 Le 82
Primaluna **LC** 11 Kc 72
Priocca **CN** 33 Ia 80
Priola **CN** 41 Ia 83
Priverno **LT** 69 Ob 100
Prizzi **PA** 91 Oc 122
Proceno **VT** 56 Me 92
Prócida **NA** 76 Pa 104
Propata **GE** 35 Ka 81
Prosérpio **CO** 11 Kb 73
Prossedi **LT** 69 Ob 99
Provaglio d'Iseo **BS** 22 La 75
Provaglio Val Sabbia **BS** 23 Lc 74
Proveis = Proves **BZ** 3 Lf 70
Proves **BZ** 3 Lf 70
Provvidenti **CB** 64 Pe 98
Prunetto **CN** 33 Ia 82
Puegnago del Garda **BS** 23 Lc 75
Puglianello **BN** 70 Pc 101
Pula **CA** 112 If 114
Pùlfero **UD** 17 Oc 71
Pulsano **TA** 81 Sc 106
Pumenengo **BG** 22 Kf 76
Puos d'Alpago **BL** 15 Nb 72
Pusiano **LC** 21 Kb 74
Putifigari **SS** 105 Ic 105
Putignano **BA** 74 Sa 103

Q

Quadrelle **AV** 71 Pd 103
Quadri **CH** 64 Pb 97
Quagliuzzo **TO** 19 He 76
Qualiano **NA** 70 Pa 103
Quaranti **AT** 34 Ic 80
Quaregna **BI** 19 Ia 75
Quargnento **AL** 34 Ic 79
Quarna Sopra **VB** 10 Ic 73
Quarna Sotto **VB** 10 Ic 73
Quarona **VC** 20 Ib 74
Quarrata **PT** 45 Lf 85
Quart **AO** 18 Hc 74
Quarto **NA** 70 Pa 103
Quarto d'Altino **VI** 25 Nc 75
Quartucciu **CA** 112 Kb 113
Quartu Sant'Elena **CA** 112 Kb 113
Quassolo **TO** 19 He 75
Quattórdio **AL** 34 Ic 79
Quattro Castella **RE** 37 Lc 81
Quero **BL** 15 Mf 73
Quiliano **SV** 42 Ic 83
Quincinetto **TO** 19 He 75
Quindici **AV** 71 Pd 103
Quingentole **MN** 37 Ma 78
Quintano **CR** 21 Kd 76
Quinto di Treviso **TV** 25 Na 75
Quinto Vercellese **VC** 20 Ic 76
Quinto Vicentino **VI** 24 Md 75
Quinzano d'Óglio **BS** 22 Kf 77
Quistello **MN** 37 Lf 78
Quittengo **BI** 19 Hf 75

R

Rabbi **TN** 13 Le 70
Rácale **LE** 82 Ta 109
Racalmuto **AG** 97 Oe 124
Racconigi **CN** 33 He 80
Raccuja **ME** 94 Pf 120
Racines **BZ** 4 Mb 67
Raddà in Chianti **SI** 50 Mc 88
Raddusa **CT** 98 Pd 124
Radicòfani **SI** 55 Me 91
Radicóndoli **SI** 49 Ma 89
Raffadali **AG** 97 Od 124
Ragogna **UD** 16 Nf 71
Ràgoli **TN** 13 Le 72
Ragusa **RG** 99 Pe 127
Raiano **AQ** 63 Oe 96
Ramacca **CT** 98 Pe 124
Ramiseto **RE** 80 Lb 82
Rampónio **CO** 11 Ka 72
Ráncio Valcúvia **VA** 10 Ie 73
Ranco **VA** 10 Id 74
Randazzo **CT** 94 Pf 121
Ránica **BG** 22 Ke 74
Ranzánico **BG** 12 Kf 74
Ranzo **IM** 41 Hf 84
Rapagnano **AP** 53 Od 90
Rapallo **GE** 43 Kb 82
Rapino **CH** 63 Pb 95
Rapolano Terme **SI** 50 Md 89
Rapolla **PZ** 72 Qe 103
Rapone **PZ** 72 Qd 103
Rasen Antholz = Rasun Anterselva **BZ** 5 Na 68
Rassa **VC** 9 Hf 74
Rasun Anterselva = Rasen Antholz **BZ** 5 Na 68
Rasura **SO** 11 Kd 72
Ratschings = Racines **BZ** 4 Mb 67
Ravanusa **AG** 97 Of 125
Ravarino **MO** 38 Ma 80
Ravascletto **UD** 6 Nf 69
Ravello **SA** 77 Pd 105
Ravenna **RA** 39 Nb 82
Raveo **UD** 6 Ne 70
Raviscanina **CE** 70 Pb 100
Re **VB** 10 Id 72
Rea **PV** 35 Ka 78
Realmonte **AG** 97 Oc 125
Reana del Roiale **UD** 16 Ob 72
Reano **TO** 32 Hc 78
Recale **CE** 70 Pb 102
Recanati **MC** 53 Od 88
Recco **GE** 43 Ka 82
Recetto **NO** 20 Ic 76
Recoaro Terme **VI** 24 Mb 74
Redavalle **PV** 35 Kb 78
Redondesco **MN** 23 Lc 78
Refrancore **AT** 34 Ib 79
Refróntolo **TV** 15 Nb 73
Regalbuto **EN** 93 Pd 123
Reggello **FI** 50 Md 86
Règgio di Calàbria **RC** 95 Qd 120
Reggiolo **RE** 37 Le 79
Règgio nell'Emilia **RE** 37 Ld 80
Reino **BN** 71 Pe 101
Reitano **ME** 93 Pc 121
Remanzacco **UD** 16 Ob 72
Remedello di Sopra **BS** 23 Lc 77
Rena Majore **SS** 104 Kb 102
Renate **MI** 21 Kb 74
Rende **CS** 86 Rb 113
Renòn **BZ** 4 Mc 69
Resana **TV** 25 Mf 75
Rescaldina **MI** 21 If 75
Resia **UD** 16 Ob 70
Resiutta **UD** 16 Ob 70
Resuttano **CL** 92 Pa 122
Retòrbido **PV** 35 Ka 79
Revello **CN** 32 Hc 81
Revere **MN** 38 Ma 78
Revigliasco d'Asti **AT** 33 Ia 79
Revine-Lago **TV** 15 Nb 72
Revò **TN** 13 Ma 70
Rezzago **CO** 11 Kb 73
Rezzato **BS** 22 Lb 75
Rezzo **IM** 41 Hf 84
Rezzoáglio **GE** 35 Kc 81
Rhêmes-Notre-Dame **AO** 18 Ha 75
Rhêmes-Saint-Georges **AO** 18 Ha 75
Rho **MI** 21 Ka 75
Riace **RC** 89 Rc 118
Rialto **SV** 42 Ib 83
Riano **RM** 61 Nd 96
Riardo **CE** 70 Pa 101
Ribera **AG** 96 Ob 123
Ribordone **TO** 19 Hc 76
Ricadi **VV** 88 Qf 117
Ricaldone **AL** 34 Ic 80
Riccia **CB** 71 Pe 100
Riccione **RN** 48 Nd 84
Riccò del Golfo di Spézia **SP** 44 Ke 84
Ricengo **CR** 22 Ke 76
Ricigliano **SA** 78 Qc 104
Riese Pio X **TV** 25 Mf 74
Riesi **CL** 97 Pa 125
Rieti **RI** 57 Nf 94
Riffian = Rifiano **BZ** 3 Ma 68
Rifiano = Riffian **BZ** 3 Ma 68
Rifreddo **CN** 32 Hc 81
Rignano Flamínio **RM** 61 Nc 95
Rignano Gargánico **FG** 66 Qd 98
Rignano sull'Arno **FI** 50 Mc 86
Rigolato **UD** 6 Ne 69
Rima-San Giuseppe **VC** 9 Hf 73
Rimasco **VC** 9 Ia 73
Rimella **VC** 10 Ia 73
Rímini **RN** 48 Nd 84
Rio di Pusteria **BZ** 4 Md 68
Riofreddo **RM** 62 Nf 96
Riola Sardo **OR** 108 Id 109
Riolo Terme **RA** 46 Me 83
Riolunato **MO** 45 Ld 83
Riomaggiore **SP** 44 Ke 84
Rio Marina **LI** 54 VII
Rio nell'Elba **LI** 54 VII
Rionero in Vúlture **PZ** 72 Qe 103
Rionero Sannitico **IS** 63 Pa 98
Rio Saliceto **RE** 37 Le 80
Ripabottoni **CB** 64 Pe 98
Ripacándida **PZ** 72 Qe 103
Ripalimosano **CB** 64 Pd 99
Ripalta Arpina **CR** 22 Ke 77
Ripalta Cremasca **CR** 22 Kd 77
Ripalta Guerina **CR** 22 Ke 77
Riparbella **PI** 49 Ld 88
Ripa Teatina **CH** 59 Pb 94
Ripatransone **AP** 53 Oe 90
Ripe **AN** 52 Oa 86
Ripe San Ginésio **MC** 53 Oc 90
Ripi **FR** 62 Oc 99
Riposto **CT** 94 Qb 122
Rittana **CN** 40 Hc 82
Ritten = Renòn **BZ** 4 Mc 69
Riva del Garda **TN** 13 Le 73
Riva di Solto **BG** 12 La 74
Rivalba **TO** 33 Hf 78
Riva Lígure **IM** 41 Hf 85
Rivalta Bórmida **AL** 34 Id 80
Rivalta di Torino **TO** 33 Hd 78

Palizzi – Rivalta di Torino (I) 121

Rivamonte Agordino **BL** 15 Mf 71
Rivanazzano **PV** 35 If 79
Riva presso Chieri **TO** 33 Hf 79
Rivara **TO** 19 Hd 77
Rivarolo Canavese **TO** 19 He 77
Rivarolo del Re **CR** 37 Lc 78
Rivarolo Mantovano **MN** 37 Lc 78
Rivarone **AL** 34 Ie 79
Rivarossa **TO** 19 He 77
Riva-Valdóbbia **VC** 9 Hf 73
Rive **VC** 20 Ic 77
Rive d'Arcano **UD** 16 Nf 72
Rivello **PZ** 83 Qe 108
Rivergaro **PC** 35 Kd 79
Rivignano **UD** 16 Oa 73
Rivisóndoli **AQ** 63 Pa 97
Rivodutri **RI** 57 Nf 93
Rivoli **TO** 33 Hd 78
Rivoli Veronese **VR** 23 Le 75
Rivolta d'Adda **CR** 21 Kc 76
Rizzíconi **RC** 88 Qf 118
Ro **FE** 38 Me 79
Roana **VI** 14 Mc 73
Roáschia **CN** 40 Hc 83
Roáscio **CN** 36 Ia 82
Roásio **BI** 20 Ib 75
Roatto **AT** 33 Ia 79
Robassomero **TO** 19 Hd 77
Róbbiate **LC** 21 Kc 74
Róbbio **PV** 20 Id 77
Robecchetto con Induno **MI** 20 Ie 75
Robecco d'Óglio **CR** 22 La 77
Robecco Pavese **PV** 35 Ka 78
Robecco sul Naviglio **MI** 20 If 76
Robella **TO** 33 Ia 78
Robilante **CN** 41 Hc 83
Roburent **CN** 41 Hf 83
Rocca, la **SO** 13 Lc 70
Roccabascerana **AV** 71 Pe 102
Roccabernarda **KR** 87 Rf 114
Roccabianca **PR** 36 Lb 78
Roccabruna **CN** 32 Hb 82
Rocca Canavese **TO** 19 Hd 77
Rocca Canterano **RM** 62 Oa 97
Roccacasale **AQ** 63 Of 96
Rocca Ciglié **CN** 41 Hf 82
Rocca d'Arazzo **AT** 34 Ib 79
Rocca d'Arce **FR** 69 Od 99
Roccadáspide **SA** 77 Qb 106
Rocca de'Baldi **CN** 41 He 82
Rocca de' Giorgi **PV** 35 Kb 79
Rocca d'Evandro **CE** 70 Of 100
Rocca di Botte **AQ** 62 Oa 96
Rocca di Cámbio **AQ** 62 Oc 95
Rocca di Cave **RM** 62 Nf 97
Rocca di Mezzo **AQ** 62 Od 95
Rocca di Neto **KR** 87 Rf 113
Rocca di Papa **RM** 61 Ne 98
Roccafiorita **ME** 94 Qb 121
Roccafluvione **AP** 58 Oc 91
Roccaforte del Greco **RC** 88 Qf 120
Roccaforte Lígure **AL** 35 If 80
Roccaforte Mondovì **CN** 41 He 83
Roccaforzata **TA** 81 Sc 106
Roccafranca **BS** 22 Kf 76
Roccagióvine **RM** 62 Nf 96
Roccagloriosa **SA** 83 Qc 108
Roccagorga **LT** 69 Oa 99
Rocca Grimalda **AL** 34 Id 80
Rocca Imperiale **CS** 80 Rd 108
Roccalbegna **GR** 55 Md 92
Roccalumera **ME** 94 Qc 121
Roccamandolfi **IS** 70 Pc 100
Rocca Mássima **LT** 62 Nf 98
Roccamena **PA** 91 Oa 121
Roccamonfina **CE** 70 Of 101
Roccamontepiano **CH** 63 Pa 95
Roccamorice **PE** 63 Pa 95
Roccanova **PZ** 79 Rb 107
Roccantica **RI** 61 Ne 95
Roccapalumba **PA** 92 Od 122
Rocca Pia **AQ** 63 Of 97
Roccapiemonte **SA** 77 Pe 104
Rocca Piètore **BL** 15 Mf 70
Rocca Priora **RM** 61 Ne 98
Roccaraínola **NA** 71 Pd 103
Roccaraso **AQ** 63 Pa 97
Roccaromana **CE** 70 Pb 101
Rocca San Casciano **FC** 47 Me 84
Rocca San Casciano **FC** 47 Mf 84
Rocca San Felice **AV** 72 Qa 103
Rocca San Giovanni **CH** 64 Pc 95
Rocca Santa Maria **TE** 58 Oc 92
Rocca Santo Stéfano **RM** 62 Oa 97
Roccascalegna **CH** 64 Pb 96
Roccasecca **FR** 69 Od 99
Roccasecca dei Volsci **LT** 69 Ob 100
Roccasicura **IS** 64 Pb 98
Rocca Sinibalda **RI** 62 Nf 95
Roccasparvera **CN** 40 Hc 82
Roccaspinalveti **CH** 64 Pc 97
Roccastrada **GR** 55 Ma 90
Rocca Susella **PV** 35 Ka 79
Roccavaldina **ME** 94 Qc 119
Roccaverano **AT** 34 Ib 81
Roccavignale **SV** 42 Ia 82
Roccavione **CN** 41 Hc 83
Roccavivara **CB** 64 Pd 98
Roccella Iónica **RC** 89 Rc 119
Roccella Valdémone **ME** 94 Qa 121
Rocchetta a Volturno **IS** 63 Pa 99
Rocchetta Belbo **CN** 33 Ia 81
Rocchetta di Vara **SP** 44 Ke 83
Rocchetta e Croce **CE** 70 Pa 101
Rocchetta Lígure **AL** 35 Ka 80
Rocchetta Nervina **IM** 41 Hd 85
Rocchetta Palafea **AT** 34 Ib 80
Rocchetta Sant'Antònio **FG** 72 Qc 102
Rocchetta Tánaro **AT** 34 Ib 79
Ródano **MI** 21 Kc 76
Roddi **CN** 33 Hf 80
Roddino **CN** 33 Hf 81
Rodello **CN** 33 Ia 81
Rodeneck = Rodengo **BZ** 4 Md 68
Rodengo **BZ** 4 Md 68
Rodengo-Saiano **BS** 22 La 75
Rodero **CO** 11 If 73
Rodi Gargánico **FG** 66 Qf 97
Ródigo **MN** 23 Ld 77
Rodì-milici **ME** 94 Qb 120
Roè-Volciano **BS** 23 Lc 75
Rofrano **SA** 78 Qc 107
Rogeno **LC** 11 Kb 74
Roggiano Gravina **CS** 84 Ra 111
Roghudi **RC** 88 Qf 120
Rogliano **CS** 86 Rb 113
Rognano **PV** 21 Ka 77
Rogno **BG** 12 La 73
Rògolo **SO** 11 Kc 72
Roiate **RM** 62 Oa 97
Roio del Sangro **CH** 64 Pc 97
Roisan **AO** 8 Hb 74
Roletto **TO** 32 Hb 79
Rolo **RE** 37 Lf 79
Roma **RM** 61 Nc 97
Romagnano al Monte **SA** 78 Qc 105
Romagnano Sésia **NO** 20 Ic 75
Romagnese **PV** 35 Kb 80
Romallo **TN** 13 Ma 70
Romana **SS** 105 Id 106
Romanengo **CR** 22 Ke 76
Romano Canavese **TO** 19 Hf 76
Romano d'Ezzelino **VI** 14 Me 74
Romano di Lombardia **BG** 22 Ke 75
Romàns d'Isonzo **GO** 17 Oc 73
Rombiolo **VV** 89 Ra 117
Romeno **TN** 13 Ma 70
Romentino **NO** 20 Ie 76
Rometta **ME** 94 Qc 119
Ronago **CO** 11 If 73
Roncade **TV** 25 Nc 75
Roncadelle **BS** 22 La 75
Roncaro **PV** 21 Kb 77
Roncegno **TN** 14 Mc 72
Roncello **MI** 21 Kc 75
Ronchi dei Legionari **GO** 17 Oc 74
Rónchis **UD** 16 Nf 74
Ronchi Valsugana **TN** 14 Mc 72
Ronciglione **VT** 61 Nb 95
Ronco all'Adige **VR** 24 Mb 77
Roncobello **BG** 12 Ke 73
Ronco Biellese **BI** 19 Ia 75
Ronco Briantino **MI** 21 Kc 75
Ronco Canavese **TO** 19 Hd 76
Roncoferraro **MN** 37 Lf 78
Roncofreddo **FC** 47 Nb 84
Róncola **BG** 11 Kd 74
Roncone **TN** 13 Ld 72
Ronco Scrívia **GE** 35 If 81
Rondanina **GE** 35 Kb 81
Rondissone **TO** 19 Hf 77
Ronsecco **VC** 20 Ib 77
Ronzo **TN** 13 Lf 73
Ronzone **TN** 14 Ma 70
Róppolo **BI** 19 Ia 76
Rorà **TO** 32 Hb 80
Rosà **VI** 24 Me 74
Rosarno **RC** 88 Qf 118
Rosasco **PV** 20 Id 77
Rosate **MI** 21 If 76
Rosazza **BI** 19 Hf 74
Rosciano **PE** 59 Pa 95
Roscigno Nuovo **SA** 78 Qc 106
Rose **CS** 84 Rb 112
Rosello **CH** 64 Pc 97
Roseto Capo Spúlico **CS** 84 Rd 109
Roseto degli Abruzzi **TE** 59 Pa 92
Roseto Valfortore **FG** 71 Qa 100
Rosignano Monferrato **AL** 34 Ic 78
Rosignano Solvay **LI** 49 Lc 88
Rosolina **RO** 39 Nb 78
Rosolini **SR** 100 Pf 128
Rosora **AN** 52 Oa 88
Rossa **VC** 9 Ia 73
Rossana **CN** 32 Hc 81
Rossano **CS** 85 Rd 111
Rossano Véneto **VI** 24 Me 74
Rossiglione **GE** 34 Id 81
Rosta **TO** 33 Hc 78
Rota d'Imagna **BG** 11 Kc 73
Rota Greca **CS** 84 Ra 112
Rotella **AP** 58 Od 91
Rotello **CB** 65 Qa 98
Rotonda **PZ** 84 Ra 109
Rotondella **MT** 79 Rd 108
Rotondi **AV** 71 Pd 102
Rottofreno **PC** 35 Kd 78
Rotzo **VI** 14 Mc 73
Roure **TO** 32 Ha 79
Rovagnate **LC** 21 Kc 74
Rovasenda **VC** 20 Ib 75
Rovato **BS** 22 Kf 75
Rovegno **GE** 35 Kb 81
Rovellasca **CO** 21 Ka 75
Rovello Porro **CO** 21 Ka 75
Roverbella **MN** 23 Le 77
Roverchiara **VR** 24 Mb 77
Roverè della Luna **TN** 14 Ma 71
Roveredo in Gùa **VR** 24 Mc 77
Roveredo in Piano **PN** 16 Nd 72
Rovereto **TN** 13 Ma 73
Roverè Veronese **VR** 23 Ma 75
Rovescala **PV** 35 Kb 78
Rovetta **BG** 12 Kf 73
Roviano **RM** 62 Nf 96
Rovigo **RO** 38 Me 78
Rovito **CS** 86 Rb 113
Rovolon **PD** 24 Md 76
Rozzano **MI** 21 Ka 76
Rubano **PD** 24 Me 76
Rubiana **TO** 32 Hc 78
Rubiera **RE** 37 Le 81
Ruda **UD** 17 Oc 74
Rudiano **BS** 22 Kf 76
Ruéglio **TO** 19 He 76
Ruffano **LE** 82 Tb 109
Ruffia **CN** 33 Hd 80
Ruffré **TN** 14 Ma 70
Rùfina **FI** 46 Mc 86
Ruinas **OR** 109 If 109
Ruino **PV** 35 Kb 79
Rumo **TN** 13 Lf 70
Ruoti **PZ** 78 Qe 104
Russi **RA** 47 Na 82
Rutigliano **BA** 74 Sa 102
Rutino **SA** 77 Qa 107
Ruviano **CE** 70 Pc 101
Ruvo del Monte **PZ** 72 Qd 103
Ruvo di Púglia **BA** 73 Rc 102

S

Sabáudia **LT** 68 Oa 101
Sàbbia **VC** 10 Ib 73
Sàbbio Chiese **BS** 23 Lc 75
Sabbioneta **MN** 37 Lc 79
Sacco **SA** 78 Qc 106
Saccolongo **PD** 24 Me 76
Sacile **PN** 15 Nc 73
Sacrofano **RM** 61 Nc 96
Sàdali **NU** 109 Kb 110
Ságama **NU** 108 Id 107
Sagliano Micca **BI** 19 Ia 75
Sagrado **GO** 17 Oc 73
Sagron **TN** 15 Mf 71
Saint-Christophe **AO** 18 Hb 74
Saint-Denis **AO** 9 Hd 74
Saint-Marcel **AO** 19 Hc 74
Saint-Nicolas **AO** 18 Ha 74
Saint-Oyen **AO** 8 Hb 73
Saint-Pierre **AO** 18 Hb 74
Saint-Rhémy-en-Bosses **AO** 8 Ha 73
Saint-Vincent **AO** 9 Hd 74
Sala Baganza **PR** 36 Lb 80
Sala Biellese **BI** 19 Hf 75
Sala Bolognese **BO** 38 Mb 81
Sala Comacina **CO** 11 Ka 73
Sala Consilina **SA** 78 Qd 106
Sala Monferrato **AL** 34 Ic 78
Salandra **MT** 79 Rb 105
Salaparuta **TP** 91 Nf 122
Salara **RO** 38 Mc 79
Salasco **VC** 20 Ib 77
Salassa **TO** 19 Hd 76
Salbertrand **TO** 32 Gf 78
Salcedo **VI** 14 Md 74
Salcito **CB** 64 Pd 98
Sale **AL** 34 Ie 79
Sale delle Langhe **CN** 41 Ia 82
Sale Marasino **BS** 22 La 74
Salemi **TP** 90 Ne 122
Salento **SA** 77 Qb 107
Salerano Canavese **TO** 19 He 76
Salerano sul Lambro **LO** 21 Kc 77
Salerno **SA** 77 Pe 104
Sale San Giovanni **CN** 36 Ia 82
Saletto **PD** 25 Mf 76
Salgareda **TV** 25 Nc 74
Sálice Salentino **LE** 82 Sf 106
Saliceto **CN** 41 Ia 82
Salisano **RI** 61 Ne 95
Sali Vercellese **VC** 20 Ib 77
Salizzole **VR** 23 Ma 77
Salle **PE** 63 Of 95
Salle, La **AO** 18 Ha 74
Salmour **CN** 33 He 81
Salò **BS** 23 Lc 75
Salorno = Salurn **BZ** 14 Mb 71
Salsomaggiore Terme **PR** 36 Kf 80
Saltara **PU** 48 Nf 86
Sáltrio **VA** 11 If 73
Saludècio **RN** 48 Nd 85
Salúggia **VC** 19 Hf 77
Salurn = Salorno **BZ** 14 Mb 71
Salussola **BI** 19 Ia 76
Saluzzo **CN** 33 Hc 81
Salve **LE** 83 Tb 109
Salvirola **CR** 22 Ke 76
Salvitelle **SA** 78 Qc 105
Salza di Pinerolo **TO** 32 Ha 79
Salza Irpina **AV** 71 Pf 103
Salzano **VE** 25 Na 75
Samarate **VA** 20 Ie 75
Samassi **CA** 112 If 112
Samatzai **CA** 112 Ka 112
Sambuca di Sicília **AG** 91 Oa 123
Sambuca Pistoiese **PT** 45 Lf 84
Sambuci **RM** 62 Nf 97
Sambuco **CN** 40 Ha 82
Sammichele di Bari **BA** 74 Rf 103
Samo **RC** 89 Ra 120
Samólaco **SO** 11 Kc 71
Samone **TN** 14 Mc 72
Samone **TO** 19 He 76
Sampèyre **CN** 32 Hb 81
Samugheo **OR** 109 If 109
Sanárica **LE** 82 Tc 108
San Bartolomeo al Mare **IM** 41 Ia 85
San Bartolomeo in Galdo **BN** 71 Qa 100
San Bartolomeo Val Cavargna **CO** 11 Ka 72
San Basile **CS** 84 Ra 110
San Basílio **CA** 112 Kb 111
San Bassano **CR** 22 Ke 77
San Bellino **RO** 38 Md 78
San Benedetto Belbo **CN** 33 Ia 82
San Benedetto dei Marsi **AQ** 63 Od 96
San Benedetto del Tronto **AP** 58 Of 91
San Benedetto in Perillis **AQ** 63 Oe 95
San Benedetto Po **MN** 37 Lf 78
San Benedetto Ullano **CS** 84 Ra 112
San Benedetto Val di Sambro **BO** 46 Mb 83
San Benigno Canavese **TO** 19 He 77
San Bernardino Verbano **VB** 10 Ic 73
San Biágio della Cima **IM** 41 Hd 85
San Biágio di Callalta **TV** 25 Nc 74
San Biágio Plátani **AG** 97 Od 123
San Biágio Saracinisco **FR** 63 Of 99
San Biase **CB** 64 Pd 98
San Bonifacio **VR** 24 Mb 76
San Buono **CH** 64 Pd 97
San Calógero **VV** 89 Ra 117
San Càndido **BZ** 5 Nb 68
San Canziàn d'Isonzo **GO** 17 Oc 74
San Carlo Canavese **TO** 19 Hd 77
San Casciano dei Bagni **SI** 56 Mf 91
San Casciano in Val di Pesa **FI** 50 Mb 87
San Cassiano **LE** 82 Tb 108
San Cataldo **CL** 97 Of 124
San Cesário di Lecce **LE** 82 Ta 107
San Cesario sul Panaro **MO** 37 Ma 81
San Chírico Nuovo **PZ** 79 Ra 104
San Chírico Raparo **PZ** 79 Ra 107
San Cipirello **PA** 91 Ob 121
San Cipriano d'Aversa **CE** 70 Pa 103
San Cipriano Picentino **SA** 77 Pf 104
San Cipriano Po **PV** 35 Kb 78
San Clemente **RN** 48 Nd 85
San Colombano al Lambro **LO** 21 Kc 77
San Colombano Belmonte **TO** 19 Hd 76
San Colombano-Certénoli **GE** 43 Kb 82
San Cono **CT** 98 Pc 125
San Cosmo Albanese **CS** 84 Rc 111
San Costantino Albanese **PZ** 84 Rb 108
San Costantino Cálabro **VV** 89 Ra 117
San Costanzo **PU** 48 Oa 86
San Cristóforo **AL** 34 Ie 80
San Damiano al Colle **PV** 35 Kb 78
San Damiano d'Asti **AT** 33 Ia 79
San Damiano Macra **CN** 32 Hb 82
San Daniele del Friuli **UD** 16 Nf 72
San Daniele Po **CR** 36 La 78
San Demétrio Corone **CS** 84 Rc 111
San Demétrio ne'Vestini **AQ** 63 Od 95
San Didero **TO** 32 Hb 78
Sandigliano **BI** 19 Ia 75
Sand in Taufers = Campo Tùres **BZ** 4 Mf 67
San Dònaci **BR** 81 Sf 106
San Donà di Piave **VE** 26 Nd 75
San Donato di Lecce **LE** 82 Tb 107
San Donato di Ninea **CS** 84 Ra 110
San Donato Milanese **MI** 21 Kb 76
San Donato Val di Comino **FR** 63 Oe 98
San Dorligo della Valle **TS** 27 Oe 75
Sandrigo **VI** 24 Md 75
San Fedele Intelvi **CO** 11 Ka 73
San Fele **PZ** 72 Qd 104
San Felice, Senale **BZ** 3 Ma 69
San Felice a Cancello **CE** 71 Pc 102
San Felice Circeo **LT** 68 Oa 101
San Felice del Benaco **BS** 23 Ld 75
San Felice del Molise **CB** 64 Pe 97
San Felice sul Panaro **MO** 38 Ma 79
San Ferdinando **CE** 88 Qf 118
San Ferdinando di Púglia **FG** 73 Ra 101
San Fermo della Battáglia **CO** 11 Ka 74
San Fili **CS** 86 Ra 112
San Filippo del Mela **ME** 94 Qb 119
San Fiorano **LO** 36 Ke 78
San Fior di Sopra **TV** 15 Nb 73
San Floriano del Cóllio **GO** 17 Od 73
San Floro **CZ** 86 Rd 115
San Francesco al Campo **TO** 19 Hd 77
San Fratello **ME** 93 Pd 120
Sanfré **CN** 33 He 80
Sanfront **CN** 32 Hb 81
Sangano **TO** 33 Hc 78
San Gavino Monreale **CA** 112 Ie 111
San Gémini **TR** 57 Nd 93
San Genèsio Atesino = Jenesien **BZ** 4 Mb 69
San Genésio ed Uniti **CO** 21 Ka 77
San Gennaro Vesuviano **NA** 71 Pb 103
San Germano Chisone **TO** 32 Hb 79
San Germano dei Bérici **VI** 24 Mc 76
San Germano Vercellese **VC** 20 Ib 76
San Gervásio Bresciano **BS** 22 La 77
San Giacomo degli Schiavoni **CB** 65 Pf 97
San Giacomo delle Segnate **MN** 37 Ma 79
San Giàcomo Filippo **SO** 11 Kc 70
San Giácomo Vercellese **VC** 20 Ib 76
Sangiano **VA** 10 Id 73
San Gillio **TO** 33 Hd 78
San Gimignano **SI** 49 Ma 88
San Ginésio **MC** 53 Ob 90
Sangineto **CS** 84 Qf 111
San Giorgio a Cremano **NA** 76 Pc 104
San Giórgio Albanese **CS** 84 Rc 111
San Giórgio a Liri **FR** 69 Oe 100
San Giorgio Canavese **TO** 19 He 76
San Giorgio della Richinvelda **PN** 16 Ne 72
San Giórgio delle Pèrtiche **PD** 25 Mf 75
San Giórgio del Sánnio **BN** 71 Pf 102
San Giórgio di Lomellina **PV** 34 Ie 77
San Giórgio di Mántova **MN** 23 Le 77
San Giórgio di Nogaro **UD** 16 Oa 74
San Giórgio di Pésaro **PU** 48 Nf 86
San Giórgio di Piano **BO** 38 Mc 81
San Giorgio in Bosco **PD** 24 Me 75
San Giórgio Iónico **TA** 81 Sc 106
San Giórgio la Molara **BN** 71 Pf 101
San Giórgio Lucano **MT** 79 Rc 108
San Giórgio Monferrato **AL** 34 Ic 78
San Giórgio Morgeto **RC** 89 Ra 118
San Giórgio Piacentino **PC** 36 Ke 79
San Giórgio Scarampi **AT** 34 Ib 81
San Giorgio su Legnano **MI** 21 If 75
San Giorio di Susa **TO** 36 Ha 78
San Giovanni al Natisone **UD** 17 Oc 73
San Giovanni a Piro **SA** 83 Qc 108
San Giovanni Bianco **BG** 12 Kd 73
San Giovànni d'Asso **SI** 50 Md 90
San Giovanni del Dosso **MN** 38 Ma 79
San Giovanni di Gerace **RC** 89 Rb 118
San Giovanni Gémini **AG** 97 Od 123
San Giovanni Ilarione **VR** 24 Mb 75
San Giovanni Incárico **FR** 69 Od 99
San Giovanni in Croce **CR** 37 Lc 78
San Giovanni in Fiore **CS** 87 Re 113
San Giovanni in Galdo **CB** 64 Pe 99
San Giovanni in Marignano **RN** 48 Ne 85
San Giovanni in Persiceto **BO** 38 Mb 81
San Giovanni la Punta **CT** 94 Qa 123
San Giovanni Lipioni **CH** 64 Pd 97
San Giovanni Lupatoto **VR** 23 Ma 76
San Giovanni Rotondo **FG** 66 Qe 98
San Giovanni Suérgiu **CA** 111 Id 114
San Giovanni Teatino **CH** 59 Pb 94
San Giovanni Valdarno **AR** 50 Md 87
San Giuliano del Sánnio **CB** 71 Pd 100
San Giuliano di Púglia **CB** 65 Pf 98
San Giuliano Milanese **MI** 21 Kb 76
San Giuliano Terme **PI** 45 Lc 86
San Giuseppe, Rima- **VC** 9 Hf 73
San Giuseppe Jato **PA** 91 Ob 121
San Giuseppe Vesuviano **NA** 76 Pd 103
San Giustino **PG** 51 Nb 87
San Giusto Canavese **TO** 19 He 77
San Godenzo **FI** 46 Md 85
San Gregorio da Sássola **RM** 62 Nf 97
San Gregório di Catánia **CT** 94 Qa 123
San Gregório d'Ippona **VV** 89 Ra 117
San Gregório Magno **SA** 78 Qc 105
San Gregório Matese **CE** 70 Pc 100
San Gregorio nelle Alpi **BL** 15 Mf 72
Sanguinetto **VR** 24 Ma 77
Sankt Christina in Gröden = Santa Cristina Valgardena **BZ** 4 Me 69
Sankt Jakob in Pfitsch = San Giácomo **BZ** 14 Mb 70
Sankt Leonhard in Passeier = San Leonardo in Passiria **BZ** 3 Mb 68
Sankt Lorenzen = San Lorenzo di Sebato **BZ** 4 Mf 68
Sankt Martin in Passeier = San Martino in Passiria **BZ** 3 Mb 68
Sankt Martin in Thurn = San Martino in Badia **BZ** 4 Mf 68
Sankt Pankraz in Ulten = San Pancràzio **BZ** 3 Ma 69
Sankt Ulrich = Ortisei **BZ** 4 Md 69
Sankt Vigil = San Vigilio **BZ** 4 Mf 68
San Lázzaro di Sávena **BO** 38 Mc 82
San Leo **PU** 47 Nc 85
San Leonardo **UD** 17 Oc 72
San Leonardo in Passiria = Sankt Leonhard in Passeier **BZ** 3 Mb 68
San Léucio del Sánnio **BN** 71 Pe 102
San Lorenzello **BN** 71 Pd 101
San Lorenzo **RC** 88 Qe 120
San Lorenzo al Mare **IM** 41 Hf 85
San Lorenzo Bellizzi **CS** 84 Rb 109
San Lorenzo del Vallo **CS** 84 Rb 111
San Lorenzo di Sebato **BZ** 4 Mf 68
San Lorenzo in Banale **TN** 13 Lf 72
San Lorenzo in Campo **PU** 52 Nf 87
San Lorenzo Isontino **GO** 17 Oc 73
San Lorenzo Maggiore **BN** 71 Pd 101
San Lorenzo Nuovo **VT** 56 Mf 92
San Luca **RC** 89 Ra 120
San Lúcido **CS** 86 Ra 113
San Lupo **BN** 71 Pd 101
Sanluri **CA** 112 If 111
San Mango d'Aquino **CZ** 86 Rb 114
San Mango Piemonte **SA** 77 Pe 104
San Mango sul Calore **AV** 71 Pf 103
San Marcellino **CE** 70 Pb 103
San Marcello **AN** 52 Ob 87
San Marcello Pistoiese **PT** 45 Le 84
San Marco Argentano **CS** 84 Ra 111
San Marco d'Alúnzio **ME** 93 Pe 120
San Marco dei Cavoti **BN** 71 Pf 101
San Marco Evangelista **CE** 70 Pc 102
San Marco in Lámis **FG** 66 Qd 98
San Marco la Cátola **FG** 71 Qa 99
San Marino (RSM) **47** Nc 85
San Martino Alfieri **AT** 33 Ia 80
San Martino al Tagliamento **PN** 16 Ne 72
San Martino Buon Albergo **VR** 23 Ma 76
San Martino Canavese **TO** 19 He 76
San Martino d'Agri **PZ** 79 Ra 107
San Martino dall'Argine **MN** 37 Lc 78
San Martino del Lago **CR** 36 Lb 78
San Martino di Finita **CS** 84 Ra 112
San Martino di Lúpari **PD** 25 Me 75
San Martino di Venezze **RO** 25 Mf 78
San Martino in Badia **BZ** 4 Mf 68
San Martino in Passiria **BZ** 3 Mb 68
San Martino in Pénsilis **CB** 65 Qa 97
San Martino in Rio **RE** 37 Le 80
San Martino in Strada **LO** 21 Kd 77
San Martino Sannita **BN** 71 Pf 102
San Martino Siccomário **PV** 35 Ka 78
San Martino sulla Marrucina **CH** 63 Pb 95
San Martino Valle Caudina **AV** 71 Pd 102
San Marzano di San Giuseppe **TA** 81 Sd 106
San Marzano Oliveto **AT** 34 Ib 80
San Marzano sul Sarno **SA** 77 Pd 104
San Mássimo **CB** 70 Pc 100
San Matteo della Decima **BO** 38 Mb 80
San Maurizio Canavese **TO** 19 Hd 77
San Maurízio d'Opáglio **NO** 10 Ic 74
San Màuro Castelverde **PA** 92 Pb 121
San Màuro Cilento **SA** 77 Qa 107
San Màuro di Saline **VR** 24 Ma 75
San Mauro Forte **MT** 79 Rb 106
San Màuro la Bruca **SA** 82 Qb 108
San Màuro Marchesato **KR** 87 Rf 114
San Màuro Páscoli **FC** 47 Nc 84
San Màuro Torinese **TO** 33 He 78
San Michele all'Adige **TN** 14 Ma 71
San Michele al Tagliamento **VE** 16 Nf 74
San Michele di Ganzaría **CT** 98 Pc 125
San Michele di Serino **AV** 71 Pf 103
San Michele Mondovì **CN** 36 Hf 82
San Michele Salentino **BR** 81 Sd 105
San Miniato **PI** 49 Lf 86
San Nazário **VI** 14 Md 73
San Nazzaro **BN** 71 Pf 102
Sannazzaro de'Burgondi **PV** 35 If 78
San Nazzaro Sésia **NO** 20 Ic 76
San Nazzaro Val Cavargna **CO** 11 Ka 72
Sannicandro di Bari **BA** 74 Re 102
Sannicandro Gargánico **FG** 65 Qd 97
Sannicola **LE** 82 Ta 108
San Nicola Arcella **CS** 83 Qe 109
San Nicola Baronia **AV** 72 Qb 102
San Nicola da Crissa **VV** 89 Rb 117
San Nicola dell'Alto **KR** 87 Rf 113
San Nicola la Strada **CE** 70 Pc 102
San Nicola Manfredi **BN** 71 Pe 102
San Nicolò d'Arcidano **OR** 108 Id 110
San Nicolò di Comélico **BL** 5 Nc 69
San Nicolò Gerrei **CA** 112 Kb 112
San Pancràzio = Sankt Pankraz **BZ** 3 Ma 69
San Pancrázio Salentino **BR** 81 Sf 106
San Páolo **BS** 22 Kf 76
San Paolo Albanese **PZ** 84 Rc 108
San Páolo Bel Sito **NA** 71 Pd 103
San Páolo Cervo **BI** 19 Hf 75
San Páolo d'Argon **BG** 22 Ke 74
San Pàolo di Civitate **FG** 65 Qb 98
San Páolo di Jesi **AN** 52 Ob 88
San Páolo-Solbrito **AT** 33 Hf 79
San Pelagio **TS** 17 Od 74
San Pellegrino Terme **BG** 12 Kd 73
San Pier d'Isonzo **GO** 17 Oc 73
San Pier Niceto **ME** 94 Qc 120
San Piero a Sieve **FI** 46 Mb 85
San Piero Patti **ME** 94 Pf 120
San Pietro al Natisone **UD** 17 Oc 72
San Pietro al Tánagro **SA** 78 Qc 106
San Pietro a Máida **CZ** 86 Rc 115
San Pietro Apóstolo **CZ** 86 Rc 114
San Pietro Avellana **IS** 63 Pb 98
San Pietro Clarenza **CT** 94 Qa 123
San Pietro di Cadore **BL** 5 Nd 69
San Pietro di Caridà **RC** 89 Ra 117
San Pietro di Feletto **TV** 15 Nb 73
San Pietro di Morúbio **VR** 24 Mb 77
San Pietro in Amantea **CS** 86 Ra 114
San Pietro in Cariano **VR** 23 Lf 75
San Pietro in Casale **BO** 38 Mc 80
San Pietro in Cerro **PC** 36 Kf 78
San Pietro Infine **CE** 70 Of 100
San Pietro in Gu **PD** 24 Md 75
San Pietro in Guarano **CS** 86 Rb 112
San Pietro in Lama **LE** 82 Ta 107
San Pietro Mosezzo **NO** 20 Id 76
San Pietro Mussolino **VI** 24 Mb 75
San Pietro Val Lémina **TO** 32 Hb 79
San Pietro Vernótico **BR** 82 Ta 106
San Pietro Viminário **PD** 25 Me 77
San Pio delle Cámere **AQ** 63 Od 95
San Polo dei Cavalieri **RM** 61 Nf 96
San Polo d'Enza **RE** 37 Lc 81
San Polo di Piave **TV** 15 Nc 74
San Polo Matese **CB** 70 Pc 100
San Ponso **TO** 19 Hd 76
San Possidónio **MO** 37 Lf 79
San Potito Sannítico **CE** 70 Pc 100
San Potito Ultra **AV** 71 Pf 103
San Prisco **CE** 70 Pb 102
San Procópio **RC** 88 Qf 119
San Próspero **MO** 37 Lf 80
San Quìrico d'Òrcia **SI** 55 Md 90
San Quirino **PN** 16 Nd 72
San Raffaele Cimena **TO** 33 Hf 78
San Remo **IM** 41 He 85
San Roberto **RC** 95 Qe 119
San Rocco al Porto **LO** 36 Ke 78
San Romano in Garfagnana **LU** 45 Lc 83
San Rufo **SA** 78 Qc 106
San Salvatore di Fitália **ME** 93 Pe 120
San Salvatore Monferrato **AL** 34 Id 79
San Salvatore Telesino **BN** 71 Pc 10
San Salvo **CH** 64 Pe 96
San Sebastiano al Vesuvio **NA** 76 Pc 103
San Sebastiano Curone **AL** 35 Ka 80
San Sebastiano da Po **TO** 33 Hf 78
San Secondo di Pinerolo **TO** 32 Hb 79
San Secondo Parmense **PR** 36 Lb 79
Sansepolcro **AR** 51 Na 87
San Severino Lucano **PZ** 84 Ra 108
San Severino Marche **MC** 52 Ob 89
San Severo **FG** 65 Qc 98
San Sóssio Baronia **AV** 72 Qb 102
San Sóstene **CZ** 89 Rc 117
San Sosti **CS** 84 Ra 111
San Sperate **CA** 112 Ka 112
Sant'Abbòndio **CO** 11 Kb 72
Santa Brígida **BG** 11 Kd 72
Santa Caterina Albanese **CS** 84 Ra 111
Santa Caterina dello Iònio **CZ** 89 Rd 117
Santa Caterina Villarmosa **CL** 97 Pa 123
Santa Cesárea Terme **LE** 82 Tc 108
Santa Cristina d'Aspromonte **RC** 89 Qf 119
Santa Cristina e Bissone **PV** 35 Kc 78
Santa Cristina Gela **PA** 91 Ob 121
Santa Croce Camerina **RG** 100 Pd 128
Santa Croce del Sánnio **BN** 71 Pe 100
Santa Croce di Magliano **CB** 65 Pf 98
Santa Croce sull'Arno **PI** 49 Le 86
Santadi **CA** 111 Ie 114
Santa Doménica Taláo **CS** 83 Qf 110
Santa Doménica Vittória **ME** 94 Pf 121
Santa Elisabetta **AG** 97 Od 124
Santa Fiòra **GR** 55 Md 91
Santa Flávia **PA** 91 Od 120
Sant'Agápito **IS** 70 Pb 99
Sant'Ágata Bolognese **BO** 38 Ma 81
Sant'Ágata de'Goti **BN** 71 Pd 102
Sant'Ágata del Bianco **RC** 89 Ra 120
Sant'Ágata d'Ésaro **CS** 84 Qf 111
Sant'Ágata di Militello **ME** 93 Pd 120
Sant'Ágata di Púglia **FG** 72 Qc 102
Sant'Ágata Fèltria **PU** 47 Nb 85
Sant'Ágata Fóssili **AL** 35 If 80
Sant'Ágata li Battiati **CT** 94 Qa 123
Sant'Ágata sul Santerno **RA** 39 Mf 82
Santa Giuletta **PV** 35 Ka 78
Santa Giusta **OR** 108 Id 109
Santa Giustina **BL** 15 Na 72
Santa Giustina in Colle **PD** 25 Mf 75
Sant'Agnello **NA** 76 Pc 105
Sant'Agostino **FE** 38 Mc 80
Sant'Albano Stura **CN** 33 He 81
Sant'Aléssio in Aspromonte **RC** 88 Qe 119
Sant'Aléssio Sículo **ME** 94 Qc 121
Sant'Alessio-Vialone **PV** 21 Kb 77
Sant'Alfio **CT** 94 Qa 122
Santa Luce **PI** 49 Ld 88
Santa Lucia del Mela **ME** 94 Qb 120
Santa Lucia di Piave **TV** 15 Nb 73
Santa Lucia di Serino **AV** 71 Pf 103
Santa Margherita d'Adige **PD** 24 Md 77
Santa Margherita di Bélice **AG** 91 Oa 122
Santa Margherita di Stáffora **PV** 35 Kb 80
Santa Margherita Lígure **GE** 43 Kb 83
Santa Maria **SO** 2 Lb 70
Santa Maria a Monte **CB** 49 Le 86
Santa Maria a Vico **CE** 71 Pc 102
Santa Maria Cápua Vetere **CE** 70 Pb 102
Santa Maria del Cedro **CS** 83 Qe 11
Santa Maria della Versa **PV** 35 Kb 7
Santa Maria del Molise **IS** 70 Pc 99
Santa Maria di Licodia **CT** 94 Pf 123
Santa Maria di Sala **VE** 25 Na 76
Santa Maria Hoè **LC** 21 Kc 74
Santa Maria Imbaro **CH** 64 Pc 95
Santa Maria la Carità **NA** 76 Pd 104
Santa Maria la Fossa **CE** 70 Pa 102
Santa Maria la Longa **UD** 16 Ob 73
Santa Maria Maggiore **VB** 10 Ic 72
Santa Maria Nuova **AN** 53 Ob 88
Santa Maria Rezzònico **CO** 11 Kb 72
Santa Marina **SA** 83 Qd 108
Santa Marina Salina **ME** 88 Il
Santa Marinella **RM** 60 Mf 96
Sant'Ambrógio di Torino **TO** 32 Hc 7
Sant'Ambrógio di Valpolicella **VR** 23 Le 75
Sant'Ambrógio sul Garigliano **FR** 70 Of 100
San Tàmmaro **CE** 70 Pb 102
Sant'Anastasia **NA** 70 Pc 103
Sant'Anatólia di Narco **PG** 57 Nf 92
Sant'Andrea **ME** 94 Qc 119
Sant'Andrea Apóstolo dello Iónio **CZ** 89 Rd 117
Sant'Andrea del Garigliano **FR** 70 Of 100
Sant'Andrea di Conza **AV** 72 Qc 103
Sant'Andrea Frius **CA** 112 Kb 112
Sant'Ángelo a Cúpolo **BN** 71 Pe 102
Sant'Ángelo a Fasanella **SA** 78 Qc 106
Sant'Ángelo all'Esca **AV** 71 Pf 102
Sant'Ángelo a Scala **AV** 71 Pe 103
Sant'Ángelo d'Alife **CE** 70 Pb 100
Sant'Ángelo dei Lombardi **AV** 72 Qa 103
Sant'Ángelo del Pesco **IS** 64 Pb 97
Sant'Ángelo di Brolo **ME** 94 Pf 120
Sant'Ángelo di Piove di Sacco **PD** 25 Mf 76

122 (I) Rivamonte Agordino – Sant'Ángelo di Piove di Sacco

Sant'Ángelo in Lizzola PU 48 Ne 86
Sant'Ángelo in Pontano MC 53 Oc 90
Sant'Ángelo in Vado PU 51 Nc 87
Sant'Ángelo le Fratte PZ 78 Qd 105
Sant'Ángelo Limosano CB 64 Pd 98
Sant'Ángelo Lodigiano LO 21 Kc 77
Sant'Ángelo Lomellina PV 20 Id 77
Sant'Ángelo Muxaro AG 97 Od 124
Sant'Ángelo Romano RM 61 Ne 96
Santa Ninfa TP 90 Nf 122
Sant'Anna Arresi CA 111 Id 114
Sant'Anna d'Alfaedo VR 23 Lf 75
Sant'Ántimo NA 70 Pb 103
Sant'Antíoco CA 111 Ic 114
Sant'Antonino di Susa TO 32 Hb 78
Sant'António Abate NA 76 Pd 104
Sant'António di Gallura SS
106 Kb 103
Sant'António Ruínas OR 109 If 109
Santa Paolina AV 71 Pf 102
Sant'Apollinare FR 70 Oe 100
Sant'Arcángelo PZ 79 Rb 107
Santarcángelo di Romagna RN
47 Nc 84
Sant'Arcángelo Trimonte BN
71 Pf 101
Sant'Arpino CE 70 Pb 103
Sant'Arsenio SA 78 Qc 106
Santa Severina KR 87 Rf 114
Santa Sofia FC 47 Mf 85
Santa Sofia d'Epiro CS 84 Rb 111
Santa Teresa di Gallura SS
104 Kb 101
Santa Teresa di Riva ME 94 Qc 121
Santa Venerina CT 94 Qa 122
Santa Vittória d'Alba CN 33 Hf 80
Santa Vittòria in Matenano AP
53 Oc 90
Sant'Egídio alla Vibrata TE 58 Oe 92
Sant'Egídio del Monte Albino SA
77 Pd 104
Sant'Élena PD 24 Me 77
Sant'Élena Sánnita IS 64 Pc 99
Sant'Elía a Pianisi CB 65 Pf 99
Sant'Elía Fiumerápido FR 70 Of 99
Sant'Elpídio a Mare AP 53 Oe 89
Sante Marie AQ 62 Ob 96
Sántena TO 33 He 79
San Teodoro ME 93 Pe 121
San Teodoro NU 107 Ke 104
Santéramo in Colle BA 74 Re 104
Sant'Eufémia a Maiella PE 63 Pa 96
Sant'Eufémia d'Aspromonte RC
88 Qf 119
Sant'Eusánio del Sangro CH
64 Pc 95
Sant'Eusánio Forconese AQ
62 Od 95
Santhià VC 19 Ia 76
Santi Cosma e Damiano LT
70 Oe 101
Sant'Ilário dello Iónio RC 89 Rb 119
Sant'Ilário d'Enza RE 37 Lc 80
Sant'Ippólito PU 52 Nf 86
Sant'Olcese GE 43 If 82
San Tomaso Agordino BL 15 Mf 70
Santomenna SA 78 Qb 104
Sant'Omero TE 58 Oe 92
Sant'Omobono Imagna BG 11 Kd 73
Sant'Onófrio VV 86 Ra 116
Santopadre FR 69 Od 99
Sant'Oreste RM 61 Nd 95
Santorso VI 24 Mc 74
Sant'Òrsola TN 3 Mb 68
Santo Stèfano, Oggiona- VA 20 Ie 74
Santo Stéfano al Mare IM 41 Hf 85
Santo Stéfano Belbo CN 34 Ib 80
Santo Stéfano d'Aveto GE 35 Kc 81
Santo Stéfano del Sole AV 71 Pf 103
Santo Stéfano di Cadore BL 5 Nd 69
Santo Stéfano di Camastra ME
93 Pc 120
Santo Stéfano di Magra SP 44 Kf 84
Santo Stéfano di Rogliano CS
86 Rb 113
Santo Stéfano di Sessanio AQ
58 Od 94
Santo Stéfano in Aspromonte RC
88 Qe 120
Santo Stéfano Lodigiano LO
36 Ke 78
Santo Stéfano Quisquina AG
91 Oc 123
Santo Stéfano Roero CN 33 Hf 80
Santo Stéfano Ticino MI 21 If 76
Santo Stino di Livenza VE 26 Nd 74
Santu Lussúrgiu OR 108 Id 108
Sant'Urbano PD 38 Md 78
San Valentino in Abruzzo Citeriore
PE 63 Of 95
San Valentino Tório SA 77 Pd 104
San Venanzo TR 56 Nb 91
San Vendemiano TV 15 Nb 73
San Vero Mílis OR 108 Id 108
San Vigilio BZ 4 Mf 68
San Vincenzo LI 49 Ld 90
San Vincenzo la Costa CS 86 Ra 112
San Vincenzo Valle Roveto AQ
63 Od 97
San Vitaliano NA 71 Pc 103
San Vito CA 113 Kd 112
San Vito al Tagliamento PN 16 Ne 73
San Vito al Torre UD 17 Oc 73
San Vito Chietino CH 59 Pc 95
San Vito dei Normanni BR 81 Se 105
San Vito di Cadore BL 5 Nb 70
San Vito di Fagagna UD 16 Oa 72
San Vito di Leguzzano VI 24 Mc 74
San Vito lo Capo TP 90 Ne 119
San Vito Romano RM 62 Nf 97
San Vito sullo Iónio CZ 86 Rc 116
San Vittore del Lázio FR 70 Of 100
San Vittore Olona MI 21 If 75
Sanza SA 78 Qd 107
Sanzeno TN 13 Ma 70
San Zeno di Montagna VR 23 Le 75
San Zeno Navíglio BS 22 Lb 76
San Zenone al Lambro MI 21 Kb 77
San Zenone al Po PV 35 Kc 78
San Zenone degli Ezzelini TV
25 Me 74
Saonara PD 25 Mf 76
Saponara ME 94 Qc 119
Sappada BL 5 Nd 69
Sapri SA 83 Qd 108
Saracena CS 84 Ra 110
Saracinesco RM 62 Nf 96
Sarcedo VI 24 Mc 74
Sarconi PZ 79 Qf 107
Sárdara CA 109 Ie 111
Sardigliano AL 34 If 80
Sarego VI 24 Mc 76
Sarentino = Sarnthein BZ 4 Mb 69
Sarezzano AL 35 If 79
Sarezzo BS 22 Lb 75
Sármato PC 35 Kc 78
Sàrmede TV 15 Nc 73
Sarnano MC 53 Ob 90
Sárnico BG 22 Kf 74
Sarno SA 77 Pd 104
Sarnònico TN 14 Ma 70
Sarntal = Sarentino BZ 4 Mb 69
Saronno MI 21 Ka 75
Sarre AO 18 Hb 74
Sarroch CA 112 Ka 114
Sàrsina FC 47 Na 85
Sarteano SI 56 Mf 91
Sartirana Lomellina PV 34 Id 78
Sarule NU 109 Kb 107
Sarzana SP 44 Kf 84
Sassano SA 78 Qd 106
Sássari SS 105 Id 104
Sassello SV 42 Ic 82
Sassetta LI 49 Ld 90
Sassinoro BN 71 Pd 100
Sassocorvaro PU 48 Nc 86
Sasso di Castalda PZ 78 Qe 106
Sassofèltrio PU 48 Nd 85
Sassoferrato AN 52 Nf 88
Sasso Marconi BO 46 Mb 82
Sassuolo MO 37 Le 81
Satriano CZ 86 Rc 117
Satriano di Lucánia PZ 78 Qd 105
Sauris UD 5 Nd 70
Sauze-di Cesana TO 32 Gf 79
Sauze d'Oulx TO 32 Gf 78
Sava TA 81 Sd 106
Savelli KR 87 Re 113
Saviano NA 71 Pd 103
Savigliano CN 33 Hd 81
Savignano Irpino AV 72 Qb 101
Savignano sul Panaro MO 37 Ma 82
Savignano sul Rubicone FC 47 Nc 84
Savigno BO 46 Ma 82
Savignone GE 35 If 81
Saviore d'Adamello BS 13 Lc 72
Sávoca ME 94 Qc 121
Savogna UD 17 Oc 72
Savogna d'Isonzo GO 17 Od 73
Savóia di Lucánia PZ 78 Qd 105
Savona SV 42 Ic 83
Scafa PE 63 Pa 95
Scafati SA 76 Pd 104
Scagnello CN 36 Hf 82
Scala SA 77 Pd 105
Scala Coeli CS 85 Rf 112
Scaldasole PV 35 If 78
Scalea CS 83 Qe 110
Scalenghe TO 33 Hc 79
Scaletta Zanclea ME 94 Qc 120
Scampitella AV 72 Qb 102
Scandale KR 87 Rf 114
Scandeluzza AT 33 Ia 78
Scandiano RE 37 Ld 81
Scandicci FI 46 Mb 86
Scandolara Ravara CR 36 Lb 78
Scandolara Ripa d'Óglio CR 22 La 77
Scandríglia RI 61 Nf 96
Scanno AQ 63 Of 97
Scano di Montiferro OR 108 Id 107
Scansano GR 55 Mb 92
Scanzano Jónico MT 80 Re 107
Scanzorosciate BG 22 Ke 74
Scápoli IS 63 Pa 99
Scarlino GR 54 Lf 91
Scarmagno TO 19 He 76
Scarnafigi CN 33 Hd 80
Scarperia FI 46 Mc 84
Scena = Schenna BZ 3 Ma 68
Scerni CH 64 Pd 96
Schèggia PG 52 Nd 88
Scheggino PG 57 Ne 92
Schenna = Scena BZ 3 Ma 68
Schiavi di Abruzzo CH 64 Pc 98
Schiavon VI 24 Md 74
Schignano CO 11 Ka 73
Schilpàrio BG 12 La 72
Schio VI 24 Mb 74
Schivenóglia MN 37 Ma 79
Schlanders = Silandro BZ 3 Le 69
Schluderns = Sluderno BZ 3 Ld 68
Schnals = Senàles BZ 3 Lf 68
Sciacca AG 96 Oa 123
Sciara PA 92 Oe 121
Scicli RG 100 Pe 128
Scido RC 88 Qf 119
Scigliano CS 86 Rb 114
Scilla RC 88 Qe 119
Scillato PA 92 Of 121
Sciolze TO 33 Hf 78
Scisciano NA 71 Pc 103
Sclàfani Bagni PA 92 Of 122
Scontrone AQ 63 Pa 98
Scopa VC 9 Ia 74
Scopello VC 9 Ia 74
Scoppito AQ 58 Ob 94
Scordia CT 99 Pf 125
Scorrano LE 82 Tb 108
Scorzè VE 25 Na 75
Scúrcola Marsicana AQ 62 Oc 96
Scurelle TN 14 Mc 72
Scurzolengo AT 34 Ib 79
Seborga IM 41 He 85
Secinaro AQ 63 Oe 96
Seclì LE 82 Ta 108
Secugnago LO 21 Kd 77
Sedegliano UD 16 Nf 72
Sèdico BL 15 Na 72
Sédilo OR 109 If 107
Sédini SS 106 Ie 103
Sedriano MI 21 If 76
Sedrina BG 11 Kd 74
Sefro MC 52 Nf 90
Segariu CA 112 If 111
Seggiano GR 55 Md 91
Segni RM 62 Oa 98
Segonzano TN 14 Mb 71
Segrate MI 21 Kb 76
Segusino TV 15 Mf 73
Selárgius CA 112 Kb 113
Selci RI 61 Nd 95
Sélegas CA 112 Ka 111
Sellano PG 57 Nf 91
Sellero BS 12 Lb 72
Sellia CZ 87 Rd 115
Sellia Marina CZ 87 Re 115
Selva dei Molini BZ 4 Me 67
Selva di Cadore BL 5 Na 70
Selva di Progno VR 24 Ma 75
Selva di Val Gardena = Wolkenstein in
Gröden BZ 4 Me 69
Selvazzano Dentro PD 24 Me 76
Selve Marcone BI 19 Ia 75
Selvino BG 12 Ke 74
Seméstene SS 106 Ie 106
Semiana PV 34 Ie 78
Seminara RC 88 Qf 118
Semproniano GR 55 Md 92
Senago MI 21 Ka 75
Senàles = Schnals BZ 3 Lf 68
Senale-San Felice BZ 3 Ma 69
Séneghe OR 108 Id 108
Senérchia AV 77 Qb 104
Senigállia AN 52 Ob 86
Sénis OR 109 If 110
Senise PZ 79 Rb 108
Senna Comasco CO 21 Ka 74
Senna Lodigiana LO 35 Kd 78
Sennaríolo OR 108 Id 107
Sénnori SS 105 Id 104
Senorbì CA 112 Ka 111
Sepino CB 71 Pd 100
Seppiana VB 10 Ib 72
Sequals PN 16 Ne 71
Seravezza LU 44 Lb 85
Serdiana CA 112 Ka 112
Seregno MI 21 Kb 75
Seren del Grappa BL 14 Me 72
Sergnano CR 22 Ke 76
Seriate BG 22 Ke 74
Serina BG 12 Ke 73
Serino AV 71 Pf 103
Serle BS 22 Lb 75
Sérmide MN 38 Mb 78
Sermoneta LT 68 Nf 99
Sernáglia della Battáglia TV 15 Na 73
Sèrnio SO 12 Lb 71
Serole AT 34 Ib 81
Serracapriola FG 65 Qa 98
Serra d'Aiello CS 86 Ra 114
Serra de'Conti AN 52 Oa 87
Serradifalco CL 97 Of 124
Serralunga d'Alba CN 33 Hf 81
Serralunga di Crea AL 34 Ib 78
Serramanna CA 112 If 112
Serramazzoni MO 45 Le 82
Serramezzana SA 77 Qa 107
Serramonacesca PE 63 Pa 95
Serra Pedace CS 86 Rc 113
Serrapetrona MC 52 Ob 89
Serrara-Fontana NA 76 Of 104
Serra Riccò GE 35 If 81
Serra San Bruno VV 89 Rb 117
Serra San Quírico AN 52 Oa 88
Serra Sant'Abbóndio PU 52 Ne 88
Serrastretta CZ 86 Rc 114
Serrata RC 89 Ra 117
Serravalle a Po MN 38 Ma 78
Serravalle di Chienti MC 52 Nf 90
Serravalle Langhe CN 33 Ia 81
Serravalle Pistoiese PT 45 Le 85
Serravalle Scrívia AL 34 Ie 80
Serravalle Sésia VC 20 Ib 74
Serre SA 77 Qb 105
Serrenti CA 112 If 112
Serri NU 109 Ka 110
Serrone FR 62 Oa 97
Serrungarina PU 48 Nf 86
Sersale CZ 87 Re 114
Servigliano AP 53 Oc 90
Sessa Aurunca CE 70 Of 101
Sessa Cilento SA 77 Qa 107
Sessame AT 34 Ib 80
Sessano del Molise IS 64 Pc 99
Sesta Godáno SP 44 Kd 83
Sestino AR 51 Nb 86
Sesto = Sexten BZ 5 Nb 68
Sesto al Reghena PN 16 Ne 73
Sesto Calende VA 20 Id 74
Sesto Campano IS 70 Pa 100
Sesto ed Uniti CR 22 Kf 77
Sesto Fiorentino FI 46 Mb 85
Sèstola MO 45 Le 83
Sesto San Giovanni MI 21 Kb 75
Sestriere TO 32 Gf 79
Sestri Levante GE 43 Kc 83
Sestu CA 112 Ka 113
Settala MI 21 Kc 76
Settefrati PA 92 Of 120
Séttime AT 33 Ia 79
Settimo Alpini, Rifugio BL 15 Na 71
Séttimo Milanese MI 21 Ka 76
Séttimo Rottaro TO 19 Hf 76
Séttimo San Pietro CA 112 Kb 113
Séttimo Torinese TO 33 He 78
Séttimo Vittone TO 19 He 75
Settingiano CZ 86 Rd 115
Sétzu CA 109 If 110
Seui NU 109 Kb 109
Seulo NU 109 Kb 109
Séveso MI 21 Ka 75
Sexten = Sesto BZ 5 Nb 68
Sezzádio AL 34 Id 80
Sezze LT 68 Oa 100
Sfruz TN 13 Ma 70
Sgonico TS 17 Oe 74
Sgúrgola FR 62 Oa 98
Siamaggiore OR 108 Id 109
Siamanna OR 109 Ie 109
Siano SA 77 Pe 104
Siapiccia OR 109 Ie 109
Sicignano degli Alburni SA
78 Qb 105
Siculiana AG 96 Oc 124
Siddi CA 109 If 110
Siderno RC 89 Rb 119
Siena SI 50 Mb 89
Sigillo PG 52 Ne 89
Signa FI 46 Ma 86
Silandro = Schlanders BZ 3 Le 69
Silánus NU 109 If 107
Silea TV 25 Nb 75
Síligo SS 106 Ie 105
Silíqua CA 112 Ie 113
Silíus CA 112 Kb 111
Sillano LU 44 Lb 83
Sillavengo NO 20 Ic 75
Silvano d'Orba AL 34 Id 80
Silvano Pietra PV 35 If 78
Silvi TE 59 Pa 93
Simala OR 109 Ie 110
Simáxis OR 108 Ie 109
Simbario VV 89 Rb 117
Símeri-Crichi CZ 87 Rd 115
Sinagra ME 93 Pf 120
Sinalunga SI 50 Me 89
Sindía NU 108 Id 107
Sini OR 109 If 110
Sinio CN 33 Ia 81
Siniscóla NU 107 Ke 105
Sinnai CA 112 Kb 113
Sinópoli RC 88 Qf 119
Siracusa SR 99 Qb 126
Sirignano AV 71 Pd 103
Síris OR 109 Ie 110
Sirmione BS 23 Ld 76
Sirolo AN 53 Od 87
Sirone LC 11 Kb 74
Siror TN 14 Me 71
Sírtori LC 21 Kb 74
Sissa PR 36 Lb 79
Siurgus Donigala CA 112 Kb 111
Siziano PV 21 Kb 77
Sizzano NO 20 Ic 75
Sluderno = Schluderns BZ 3 Ld 68
Smarano TN 13 Ma 70
Smerillo AP 58 Oc 90
Soave VR 24 Mb 76
Socchieve UD 16 Ne 70
Soddì OR 109 If 108
Sogliano al Rubicone FC 47 Nb 84
Sogliano Cavour LE 82 Tb 108
Sóglio CN 33 Ia 78
Soiano del Lago BS 23 Lc 75
Solagna VI 14 Me 74
Solarino SR 99 Qa 126
Solaro MI 21 Ka 75
Solarolo RA 47 Mf 82
Solarolo Rainério CR 37 Lc 78
Solarussa OR 108 Ie 109
Solbiate CO 11 If 74
Solbiate Arno VA 20 Ie 74
Solbiate Olona VA 20 If 75
Soldano IM 41 Hd 85
Soléminis CA 112 Kb 112
Solero AL 34 Ic 79
Solesino PD 24 Me 78
Soleto LE 82 Tb 107
Solferino MN 23 Ld 76
Soliera MO 37 Lf 80
Solignano PR 36 Kf 81
Solofra AV 77 Pf 104
Solonghello AL 34 Ib 78
Solopaca BN 71 Pd 101
Solto Collina BG 12 Kf 74
Solza BG 21 Kc 74
Somáglia LO 36 Kd 78
Somano CN 33 Hf 81
Sommacampagna VR 23 Le 76
Somma Lombardo VA 20 Ie 74
Sommariva del Bosco CN 33 He 80
Sommariva Perno AT 33 Hf 80
Sommatino CL 97 Of 125
Somma Vesuviana NA 70 Pc 103
Sommo PV 35 Ka 78
Sona VR 23 Le 76
Soncino CR 22 Kf 76
Sòndalo SO 12 Lb 70
Sondrio SO 12 Ke 71
Songavazzo BG 12 Kf 73
Sònico BS 12 Lb 71
Sonnino LT 69 Ob 100
Soprana BI 19 Ib 75
Sora FR 63 Od 98
Soraga TN 14 Md 70
Soragna PR 36 La 79
Sorano GR 55 Me 92
Sórbolo PR 37 Lc 79
Sorbo San Basile CZ 86 Rd 114
Sorbo Sérpico AV 71 Pf 103
Sordévolo BI 19 Hf 75
Sordio LO 21 Kc 77
Soresina CR 22 Ke 77
Sorgà VR 23 Lf 77
Sórgono NU 109 Ka 108
Sori GE 43 Ka 82
Sorianello VV 89 Rb 117
Soriano Cálabro VV 89 Rb 117
Soriano nel Cimino VT 56 Nb 94
Sórico CO 11 Kc 71
Soriso NO 10 Ic 74
Sorisole BG 22 Kd 74
Sormano CO 11 Kb 73
Sorradile OR 109 If 108
Sorrento NA 76 Pc 105
Sorso SS 105 Id 104
Sortino SR 99 Qa 126
Sospiro CR 36 La 78
Sospirolo BL 15 Na 72
Sossano VI 24 Mc 76
Sostegno BI 20 Ib 75
Sotto il Monte Giovanni XXIII BG
21 Kc 74
Sover TN 14 Mb 71
Soverato CZ 86 Rd 116
Sóvere BG 12 Kf 73
Soveria Mannelli CZ 86 Rc 114
Soveria Símeri CZ 87 Re 115
Soverzene BL 15 Nb 71
Sovicille SI 50 Mb 89
Sovico MI 21 Kb 75
Sovizzo VI 24 Mc 75
Sovramonte BL 14 Me 72
Sozzago NO 20 Ie 76
Spadafora ME 94 Qc 119
Spádola VV 89 Rb 117
Sparanise CE 70 Pa 101
Sparone TO 19 Hd 76
Spécchia LE 82 Tb 109
Spello PG 57 Ne 91
Spera TN 14 Mc 72
Sperlinga EN 93 Pc 122
Sperlonga LT 69 Oc 101
Sperone CN 33 Hf 80
Spessa PV 35 Kb 78
Spézia, La SP 44 Ke 84
Spezzano Albanese CS 84 Rb 110
Spezzano della Sila CS 86 Rc 113
Spezzano Piccolo CS 86 Rc 113
Spiazzo TN 13 Le 72
Spigno Monferrato AL 34 Ib 81
Spigno Satúrnia LT 69 Oe 101
Spilamberto MO 37 Ma 81
Spilimbergo PN 16 Nf 72
Spilinga VV 88 Qf 117
Spinadesco CR 36 Kf 78
Spinazzola BA 73 Ra 103
Spinea VE 25 Na 76
Spineda CR 37 Lc 78
Spinete CB 70 Pc 99
Spinétoli AP 58 Oe 91
Spineto Scrívia AL 34 If 80
Spino d'Adda CR 21 Kc 76
Spinone al Lago BG 12 Kf 74
Spinoso PZ 79 Qf 107
Spirano BG 22 Kd 75
Spoleto PG 57 Ne 92
Spoltore PE 59 Pa 94
Spongano LE 82 Tc 108
Spormaggiore TN 13 Ma 71
Sporminore TN 13 Lf 71
Spotorno SV 42 Ic 83
Spresiano TV 15 Nb 74
Spriana SO 12 Ke 71
Squillace CZ 86 Rd 116
Squinzano LE 82 Ta 106
Stáffolo AN 52 Ob 88
Stagno Lombardo CR 36 La 78
Staiti RC 89 Ra 120
Staletti CZ 86 Rd 116
Stanghella PD 24 Me 78
Staranzano GO 17 Oc 74
Statte TA 80 Sb 105
Stazzano AL 34 If 80
Stazzema LU 44 Lb 85
Stazzona CO 11 Kb 72
Stefanáconi VV 89 Ra 116
Stella SV 42 Ic 82
Stella Cilento SA 77 Qa 107
Stellanello SV 41 Ia 84
Stelvio = Stilfs BZ 3 Ld 69
Stènico TN 13 Le 72
Sternatia LE 82 Tb 107
Sterzing = Vipiteno BZ 4 Mc 67
Stezzano BG 22 Kd 75
Stia AR 46 Me 86
Stienta RO 38 Md 79
Stigliano RC 89 Rc 118
Stigliano SI 50 Mb 89
Stignano RC 89 Rc 118
Stilfs = Stelvio BZ 3 Ld 69
Stilo RC 89 Rc 118
Stimigliano RI 61 Nd 95
Stio SA 78 Qb 107
Stornara FG 72 Qe 101
Stornarella FG 72 Qe 101
Storo TN 13 Ld 73
Stra PC 35 Kc 79
Strà VE 25 Mf 76
Stradella PV 35 Kb 78
Strambinello TO 19 He 76
Strambino TO 19 Hf 76
Strangolagalli FR 69 Oc 99
Stregna UD 17 Od 72
Strembo TN 13 Le 72
Stresa VB 10 Id 73
Strevi AL 34 Ic 80
Striano NA 76 Pd 104
Strigno TN 14 Md 72
Strona BI 19 Ia 75
Stroncone TR 57 Nd 94
Stróngoli KR 87 Sa 113
Stroppiana VC 20 Ic 77
Stroppo CN 32 Ha 81
Strozza BG 11 Kd 74
Sturno AV 71 Qa 102
Suardi PV 34 Ie 78
Subbiano AR 51 Mf 87
Subiaco RM 62 Oa 97
Succivo CE 70 Pb 103
Suéglio LC 11 Kb 72
Suelli CA 112 Ka 111
Suello LC 11 Kb 73
Suísio BG 21 Kc 75
Sulbiate Inferiore MI 21 Kc 75
Sulmona AQ 63 Of 96
Sulzano BS 22 La 74
Sumirago VA 20 Ie 74
Summonte AV 71 Pe 103
Suni NU 108 Id 107
Suno NO 20 Id 75
Supersano LE 82 Tb 108
Supino FR 69 Ob 99
Surano LE 82 Tc 108
Surbo LE 82 Ta 106
Susa TO 36 Ha 78
Susegana TV 15 Nb 73
Sustinente MN 37 Ma 78
Sutera CL 97 Oe 123
Sutri VT 61 Nb 95
Sùtrio UD 6 Nf 69
Suvereto LI 54 Le 90
Suzzara MN 37 Le 79

T

Taceno LC 11 Kc 72
Tadasuni OR 109 If 108
Tággia IM 41 Hf 85
Tagliacozzo AQ 62 Ob 96
Taglio di Po RO 39 Nb 78
Tagliolo Monferrato AL 34 Id 81
Taibon Agordino BL 15 Mf 71
Taino VA 10 Id 74
Tàio TN 13 Ma 71
Taipana UD 16 Ob 71
Talamello PU 47 Nb 85
Talamona SO 11 Kd 72
Taláne NU 110 Kd 108
Taléggio BG 11 Kd 73
Talla AR 50 Me 87
Talmassons UD 16 Oa 73
Tambre BL 15 Nc 72
Taormina ME 94 Qb 121
Tapogliano UD 17 Oc 73
Tarano RI 57 Nd 94
Taranta Peligna CH 63 Pb 96
Tarantasca CN 33 Hd 81
Táranto TA 80 Sb 106
Tarcento UD 16 Ob 71
Tarquínia VT 60 Me 95
Társia CS 84 Rb 111
Tàrtano SO 12 Kd 72
Tarvisio UD 7 Od 69
Tarzo TV 15 Nb 73
Tassarolo AL 34 Ie 80
Tassullo TN 13 Ma 70
Taufers im Münstertal = Tubre BZ
2 Lc 69
Taurano AV 71 Pd 103
Taurasi AV 71 Pf 102
Taurianova RC 89 Ra 118
Taurisano LE 82 Tb 109
Tavagnacco UD 16 Ob 72
Tavagnasco TO 19 He 75
Tavarnelle Val di Pesa FI 50 Mb 87
Tavazzano LO 21 Kc 77
Tavenna CB 64 Pe 97
Taverna CZ 86 Rd 114
Tavernério CO 11 Ka 74
Tavérnola Bergamasca BG 22 La 74
Tavérnole sul Mella BS 12 Lb 74
Taviano LE 82 Ta 109
Tavigliano BI 19 Ia 75
Tavoleto PU 48 Nd 85
Tavúllia PU 48 Ne 85
Teana PZ 79 Ra 108
Teano CE 70 Pa 101
Teggiano SA 78 Qd 106
Tèglio SO 12 La 71
Téglio Vèneto VE 16 Nf 74
Telese Terme BN 71 Pd 101
Telgate BG 22 Ke 75
Telti SS 106 Kc 103
Telve TN 14 Mc 72
Telve di Sopra TN 14 Mc 72
Témpio Pausánia SS 106 Ka 103
Temù BS 13 Lc 71
Tenna TN 14 Mb 72
Tenno TN 13 Le 73
Teolo PD 24 Md 76
Teor UD 16 Oa 73
Teora AV 72 Qb 103
Téramo TE 58 Oe 93
Terdobbiate NO 20 Ie 76
Terelle FR 69 Oe 99
Terenten = Terento BZ 4 Me 67
Terento BZ 4 Me 67
Terenzo PR 36 La 81
Tergu SS 106 Ie 103
Terlago TN 13 Ma 72
Terlan = Terlano BZ 3 Mb 69
Terlano = Terlan BZ 3 Mb 69
Terlizzi BA 74 Rd 102
Termeno sulla Strada del Vino =
Tramin BZ 14 Mb 70
Terme Vigliatore ME 94 Qa 120
Términi Imerese PA 92 Oe 121
Tèrmoli CB 65 Pf 96
Ternate VA 10 Ie 74
Ternengo BI 19 Ia 75
Terni TR 57 Nd 93
Terno d'Isola BG 21 Kc 74
Terracina LT 69 Ob 101
Terragnolo TN 14 Ma 73
Terralba OR 108 Id 110
Terranova da Síbari CS 84 Rc 111
Terranova dei Passerini LO 22 Kd 77
Terranova di Pollino PZ 84 Rb 109
Terranova Sappo Minúlio RC
89 Ra 119
Terranuova Bracciolini AR 50 Md 87
Terrasini PA 91 Oa 120
Terrassa Padovana PD 25 Mf 77
Terravécchia CS 85 Sa 112
Terrazzo VR 24 Mc 78
Terres TN 13 Lf 71
Terricciola PI 49 Le 87
Terrúggia AL 34 Ic 78
Tertenía NU 110 Kd 110
Terzigno NA 76 Pc 104
Terzo AL 34 Ic 80
Terzo d'Aquiléia UD 27 Ob 74
Terzolas TN 13 Lf 70
Terzório IM 41 Hf 85
Tèsero TN 14 Mc 71
Tèsimo = Tisens BZ 3 Ma 69
Tessennano VT 56 Me 94
Téstico SV 41 Ia 84
Teti NU 109 Ka 108
Teulada CA 112 Ie 115
Teverola CE 70 Pb 103
Tezze sul Brenta VI 24 Me 74
Thiene VI 24 Mc 74
Thiesi SS 106 Ie 105
Thuile, La AO 18 Gf 74
Tiana NU 109 Ka 108
Tiarno di Sopra TN 13 Ld 73
Tiarno di Sotto TN 13 Ld 73
Ticengo CR 22 Ke 76
Ticineto AL 34 Id 78
Tiers = Tires BZ 4 Mc 70
Tiggiano LE 83 Tc 109
Tiglieto GE 34 Id 81
Tigliole AT 33 Ia 79
Tignale BS 23 Ld 74
Tinnura NU 108 Id 107
Tione degli Abruzzi AQ 63 Od 95
Tione di Trento TN 13 Le 72
Tirano SO 12 La 71
Tires = Tiers BZ 4 Mc 70
Tiriolo CZ 86 Rd 115
Tirolo = Dorf Tirol BZ 3 Ma 68
Tisens = Tèsimo BZ 3 Ma 69
Tissi SS 105 Id 104
Tito PZ 78 Qe 105
Tivoli RM 61 Ne 97
Tizzano Val Parma PR 36 Lb 81
Toano RE 45 Ld 82
Toblach = Dobbiaco BZ 5 Nb 68
Tocco Cáudio BN 71 Pd 102
Tocco da Casáuria PE 63 Of 95
Toceno VB 10 Ic 72
Todi PG 56 Nc 92
Tóffia RI 61 Ne 95
Toirano SV 42 Ib 84
Tolentino MC 53 Ob 89
Tolfa RM 60 Mf 96
Tollegno BI 19 Ia 75
Tollo CH 59 Pb 94
Tolmezzo UD 16 Nf 70
Tolve PZ 79 Ra 104
Tómbolo PD 24 Me 75
Ton TN 13 Ma 71
Tonadico TN 14 Me 71
Tonara NU 109 Kb 108
Tonco AT 34 Ia 78
Tonengo TO 19 Hf 77
Tonezza del Cimone VI 14 Mb 73
Torano Castello CS 84 Ra 111
Torano Nuovo TE 58 Oe 92
Tora-Piccilli CE 70 Pa 100
Torbole-Casaglia BS 22 La 75
Torcegno TN 14 Mc 72
Torchiara SA 77 Qa 107
Torchiarolo LE 82 Ta 106
Torella dei Lombardi AV 71 Qa 103
Torella del Sánnio CB 64 Pd 99
Torgiano PG 56 Nc 90
Torgnon AO 9 Hd 74
Torino TO 33 Hd 78
Torino di Sangro CH 64 Pd 95
Toritto BA 74 Re 103
Torlino Vimercati CR 21 Kd 76
Tòrnaco NO 20 Ie 76
Tornaréccio CH 64 Pc 96
Tornata CR 37 Lc 78
Tornimparte AQ 58 Ob 95
Torno CO 11 Ka 73
Toro CB 64 Pe 99
Torpè NU 107 Ke 105
Torraca SA 78 Qd 108
Torralba SS 106 Ie 105
Torrazza Coste PV 35 Ka 79
Torrazza Piemonte TO 19 Hf 77
Torrazzo BI 19 Hf 76
Torre Annunziata NA 76 Pc 104
Torreano UD 17 Oc 72
Torrebelvicino VI 24 Mb 74
Torre Beretti PV 34 Id 78
Torre Boldone BG 22 Kd 74
Torre Bórmida CN 33 Ia 81
Torrebruna CH 64 Pd 97
Torre Cajetani FR 62 Ob 98
Torre Canavese TO 19 He 76
Torrecuso BN 71 Pe 101
Torre d'Arese PV 21 Kb 77
Torre de' Busi LC 21 Kc 74
Torre del Greco NA 76 Pc 104
Torre de' Negri PV 35 Kb 78
Torre de' Pàsseri PE 63 Of 95
Torre de'Picenardi CR 36 Lb 78
Torre de'Róveri BG 22 Ke 74
Torre di Mosto VE 26 Ne 74
Torre di Ruggiero CZ 89 Rc 117
Torre di Santa Maria SO 12 Ke 71
Torre d'Ísola PV 21 Ka 77
Torréglia PD 24 Me 77
Torregrotta ME 94 Qc 119
Torre le Nocelle AV 71 Pf 102
Torremaggiore FG 65 Qb 98
Torre Mondovì CN 36 Hf 82

Sant'Ángelo in Lizzola – Torre Mondovì (I) 123

Piante dei centri urbani · Cityplāne · City maps
Planos del centro de las ciudades · Planos de cidades
Plans des centre villes · Stadcentrumkaarten · Plany miast
Plány měst · Várostérképek · Byplaner · Stadskartor
1:20.000

I	D	GB		E	P	F
Autostrada	Autobahn	Motorway		Autopista	Auto-estrada	Autoroute
Strada a quattro corsie	Vierspurige Straße	Road with four lanes		Carretera de cuatro carriles	Estrada com quatro faixas	Route à quatre voies
Strada di attraversamento	Durchgangsstraße	Thoroughfare		Carretera de tránsito	Estrada de trânsito	Route de transit
Strada principale	Hauptstraße	Main road		Carretera principal	Estrada principal	Route principale
Altre strade	Sonstige Straßen	Other roads		Otras carreteras	Outras estradas	Autres routes
Via a senso unico - Zona pedonale	Einbahnstraße - Fußgängerzone	One-way street - Pedestrian zone		Calle de dirección única - Zona peatonal	Rua de sentido único - Zona de peões	Rue à sens unique - Zone piétonne
Informazioni - Parcheggio	Information - Parkplatz	Information - Parking place		Información - Aparcamiento	Informação - Parque de estacionamento	Information - Parking
Ferrovia principale con stazione	Hauptbahn mit Bahnhof	Main railway with station		Ferrocarril principal con estación	Linha principal ferroviária com estação	Chemin de fer principal avec gare
Altra ferrovia	Sonstige Bahn	Other railway		Otro ferrocarril	Linha ramal ferroviária	Autre ligne
Metropolitana	U-Bahn	Underground		Subterráneo	Metro	Métro
Tram	Straßenbahn	Tramway		Tranvía	Eléctrico	Tramway
Autobus per l'aeroporto	Flughafenbus	Airport bus		Autobús al aeropuerto	Autocarro c. serviço aeroporto	Bus d'aéroport
Posto di polizia - Ufficio postale	Polizeistation - Postamt	Police station - Post office		Comisaria de policia - Correos	Esquadra da polícia - Correios	Poste de police - Bureau de poste
Ospedale - Ostello della gioventù	Krankenhaus - Jugendherberge	Hospital - Youth hostel		Hospital - Albergue juvenil	Hospital - Pousada da juventude	Hôpital - Auberge de jeunesse
Chiesa - Chiesa interessante	Kirche - Sehenswerte Kirche	Church - Church of interest		Iglesia - Iglesia de interés	Igreja - Igreja interessante	Église - Église remarquable
Sinagoga - Moschea	Synagoge - Moschee	Synagogue - Mosque		Sinagoga - Mezquita	Sinagoga - Mesquita	Synagogue - Mosquée
Monumento - Torre	Denkmal - Turm	Monument - Tower		Monumento - Torre	Monumento - Torre	Monument - Tour
Caseggiato, edificio pubblico	Bebaute Fläche, öffentliches Gebäude	Built-up area, public building		Zona edificada, edificio público	Área urbana, edifício público	Zone bâtie, bâtiment public
Zona industriale	Industriegelände	Industrial area		Zona industrial	Zona industrial	Zone industrielle
Parco, bosco	Park, Wald	Park, forest		Parque, bosque	Parque, floresta	Parc, bois

NL	PL	CZ		H	DK	S
Autosnelweg	Autostrada	Dálnice		Autópálya	Motorvej	Motorväg
Weg met vier rijstroken	Droga o czterech pasach ruchu	Čtyřstopá silnice		Négysávos út	Firesporet vej	Väg med fyra körfällt
Weg voor doorgaand verkeer	Droga przelotowa	Průjezdní silnice		Átmenő út	Genemmfartsvej	Genomfartsled
Hoofdweg	Droga główna	Hlavní silnice		Főút	Hovedvej	Huvudled
Overige wegen	Drogi inne	Ostatní silnice		Egyéb utak	Andre mindre vejen	Övriga vägar
Straat met eenrichtingsverkeer - Voetgangerszone	Ulica jednokierunkowa - Strefa ruchu pieszego	Jednosměrná ulice - Pěší zóna		Egyirányú utca - Sétáló utca	Gade med ensrettet kørsel - Gågade	Enkelriktad gata - Gågata
Informatie - Parkeerplaats	Informacja - Parking	Informace - Parkoviště		Információ - Parkolóhely	Information - Parkeringplads	Information - Parkering
Belangrijke spoorweg met station	Kolej główna z dworcami	Hlavní železnice s stanice		Fővasútvonal állomással	Hovedjernbanelinie med station	Huvudjärnväg med station
Overige spoorweg	Kolej drugorzędna	Ostatní železnice		Egyéb vasútvonal	Anden jernbanelinie	Övrig järnväg
Ondergrondse spoorweg	Metro	Metro		Földalatti vasút	Underjordisk bane	Tunnelbana
Tram	Linia tramwajowa	Tramvaj		Villamos	Sporvej	Spårväg
Vliegveldbus	Autobus dojazdowy na lotnisko	Letištní autobus		Repülőtéri autóbusz	Bus til lufthavn	Flygbuss
Politiebureau - Postkantoor	Komisariat - Poczta	Policie - Poštovní úřad		Rendőrség - Postahivatal	Politistation - Posthus	Poliskontor - Postkontor
Ziekenhuis - Jeugdherberg	Szpital - Schronisko młodzieżowe	Nemocnice - Noclehárna mládeže		Kórház - Ifjúsági szálló	Sygehus - Vandrerhjem	Sjukhus - Vandrarhem
Kerk - Bezienswaardige kerk	Kościół - Kościół zabytkowy	Kostel - Zajímavý kostel		Templom - Látványos templom	Kirke - Seværdig kirke	Kyrka - Sevärd kyrka
Synagoge - Moskee	Synagoga - Meczet	Synagoga - Mešita		Zsinagóga - Mecset	Synagoge - Moské	Synagoga - Moské
Monument - Toren	Pomnik - Wieża	Pomník - Věž		Emlékmű - Torony	Mindesmærke - Tårn	Monument - Torn
Bebouwing, openbaar gebouw	Obszar zabudowany, budynek użyteczności publicznej	Zastavěná plocha, veřejná budova		Beépítés, középület	Bebyggelse, offentlig bygning	Bebyggt område, offentlig byggnad
Industrieterrein	Obszar przemysłowy	Průmyslová plocha		Iparvidék	Industriområde	Industriområde
Park, bos	Park, las	Park, les		Park, erdő	Park, skov	Park, skog

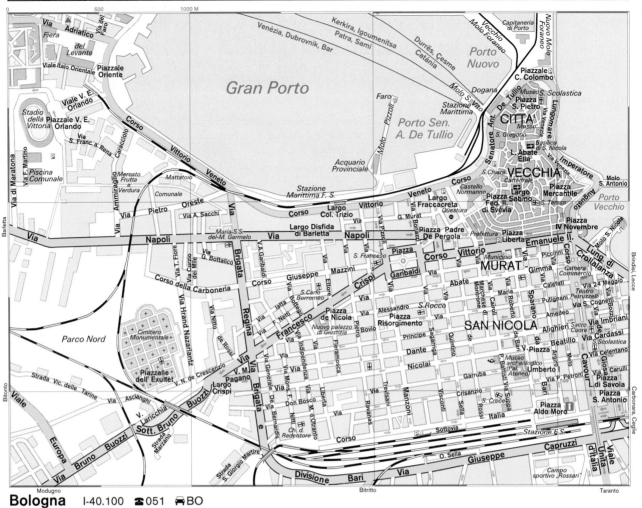

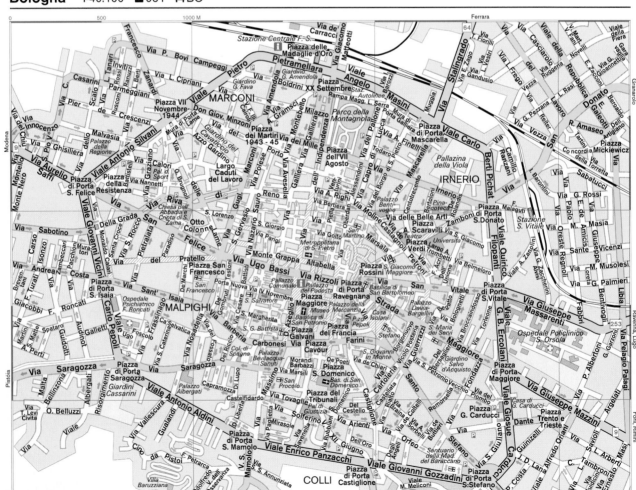

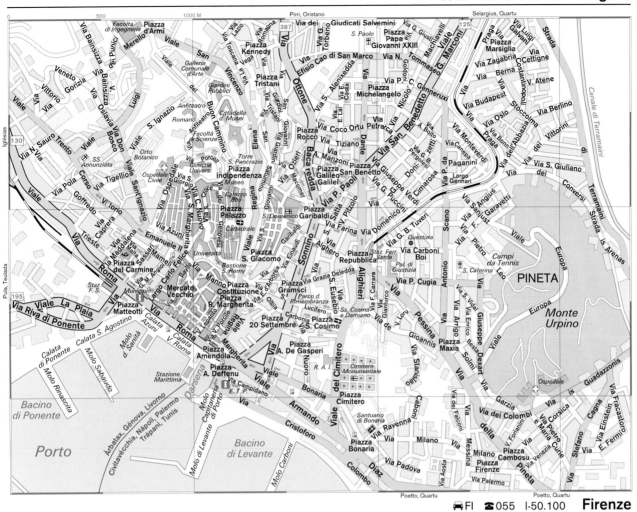

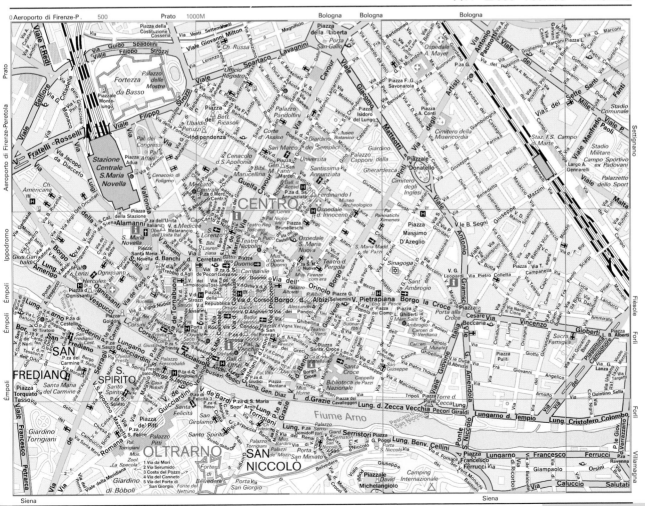

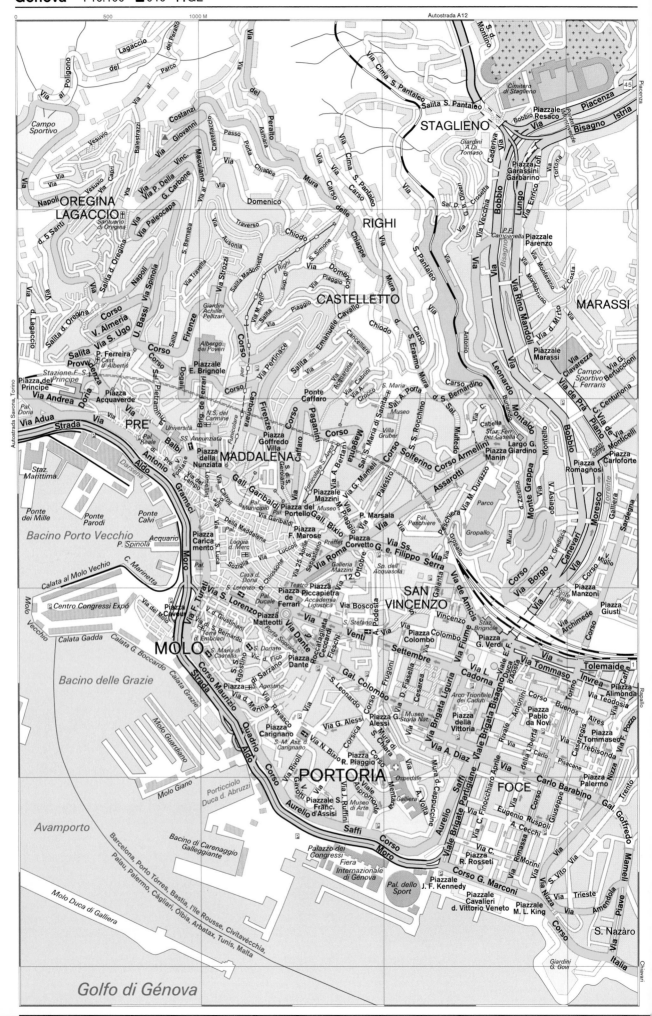

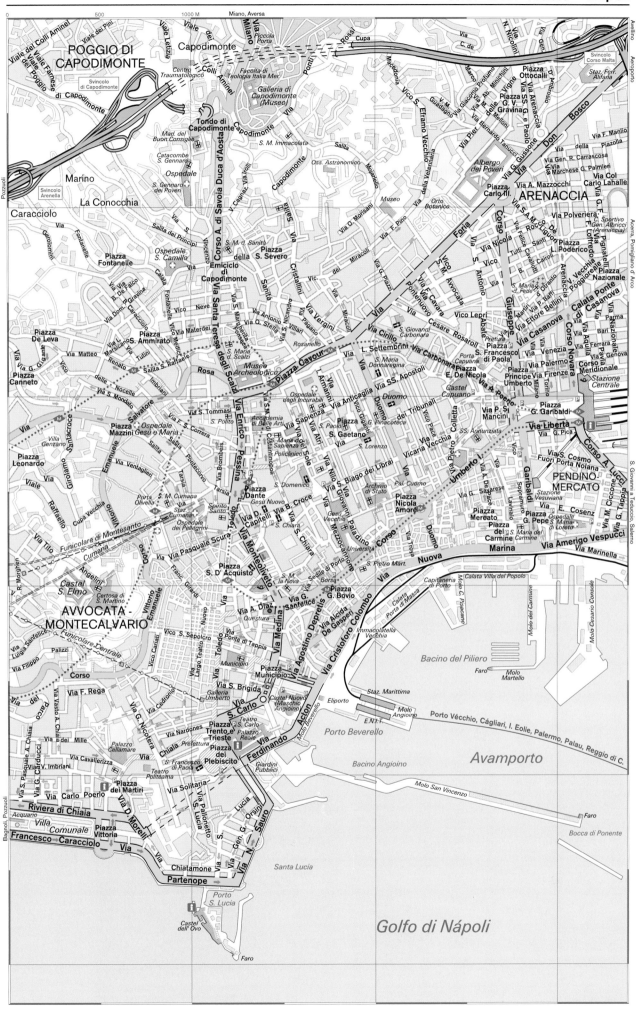

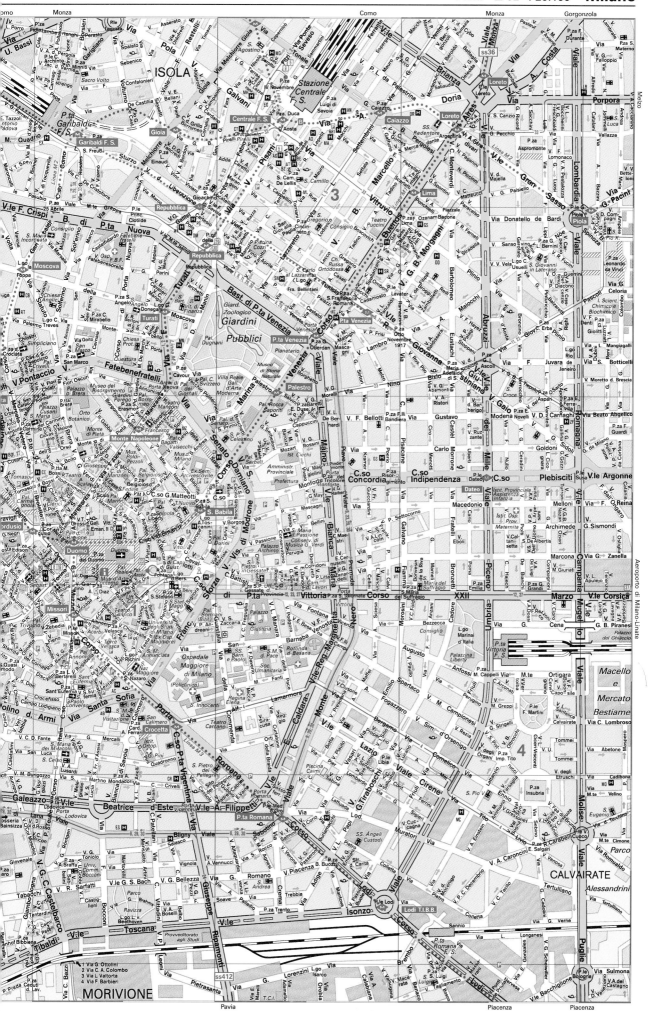

Pádova I-35.100 ☎049 🚗PD

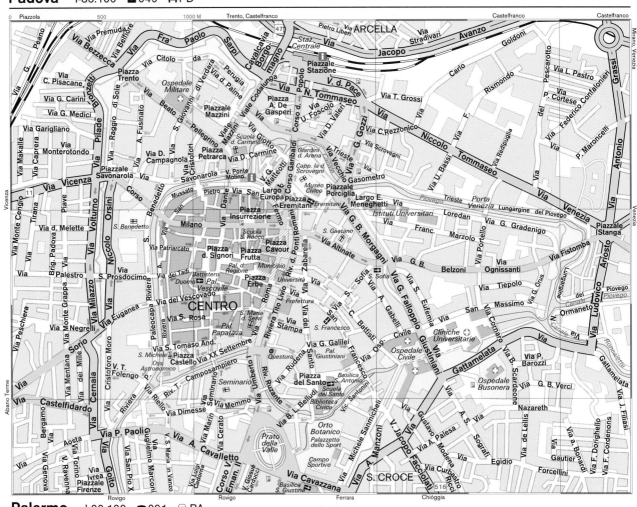

Palermo I-90.100 ☎091 🚗PA

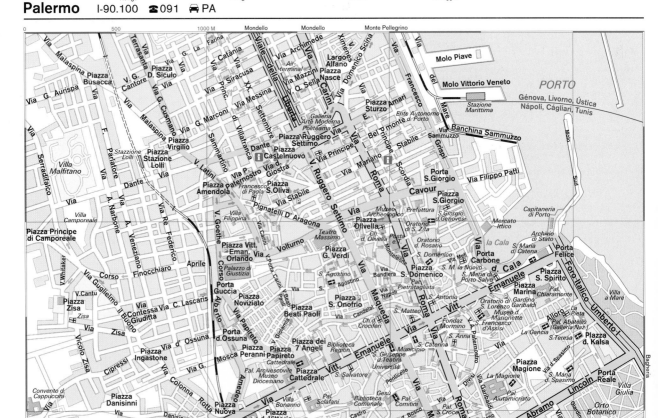

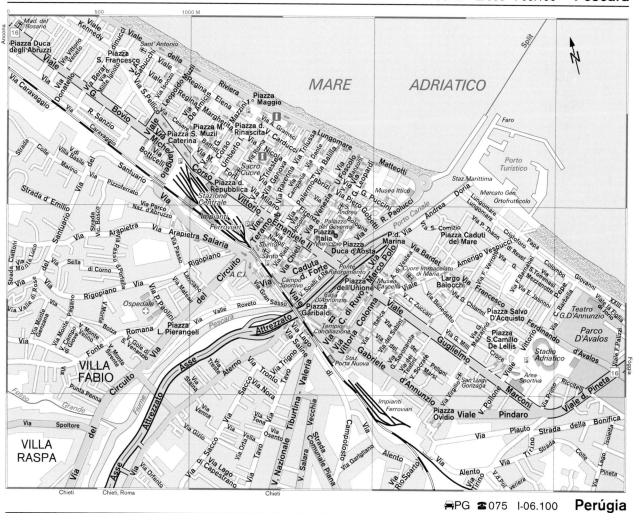

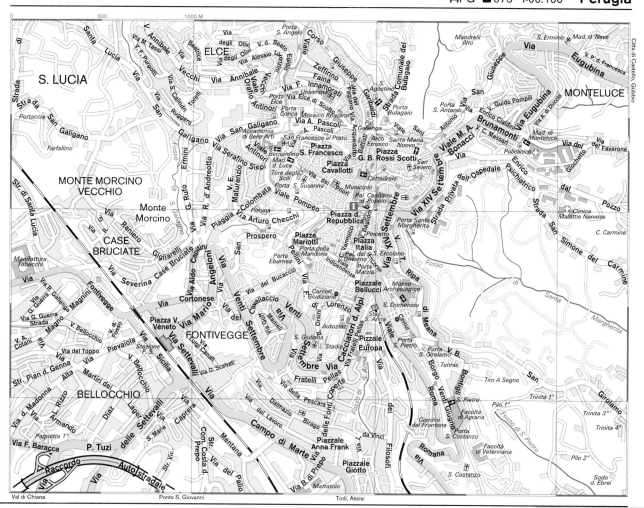

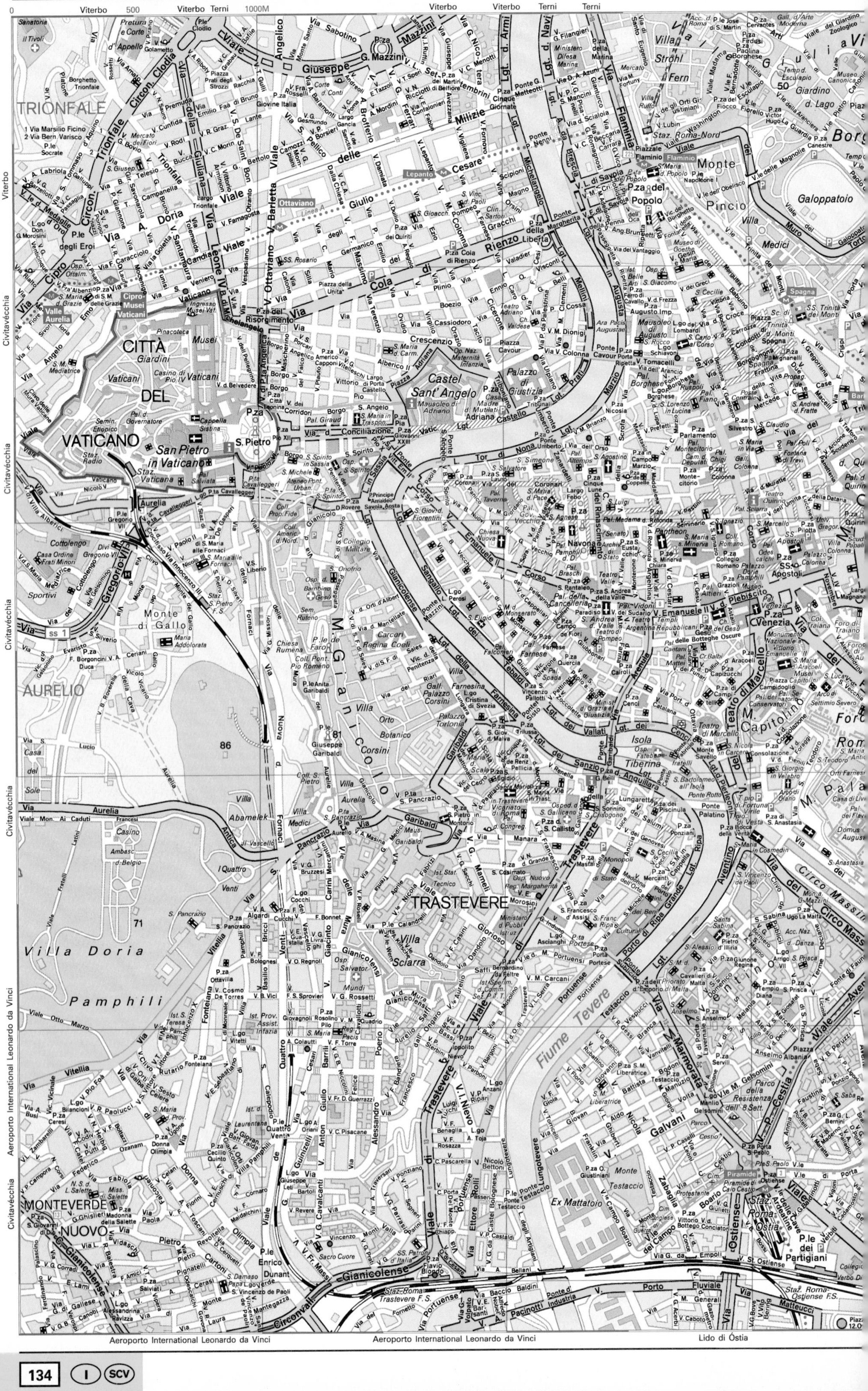

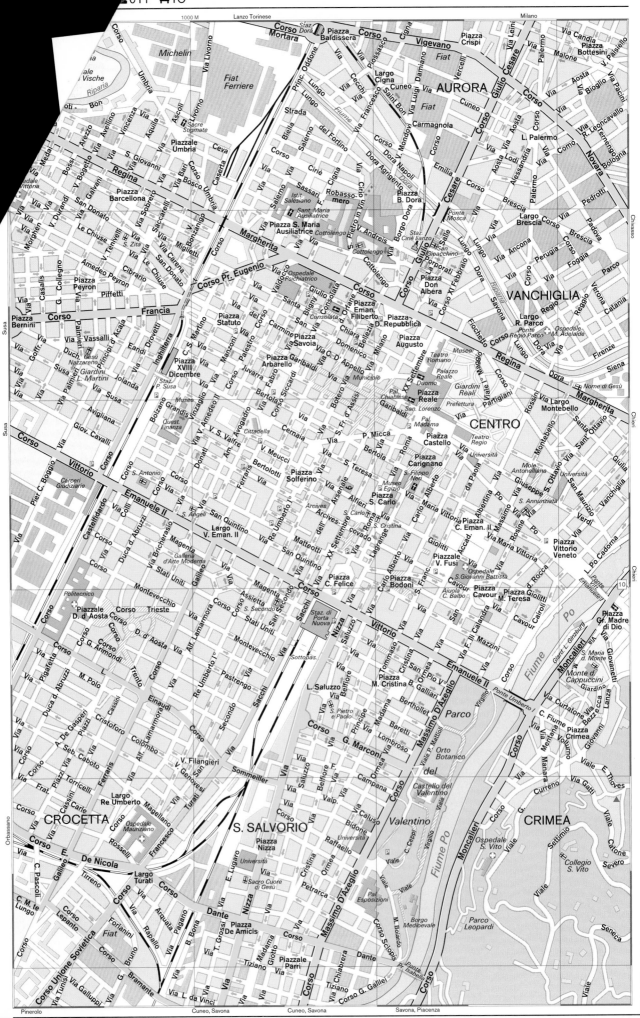

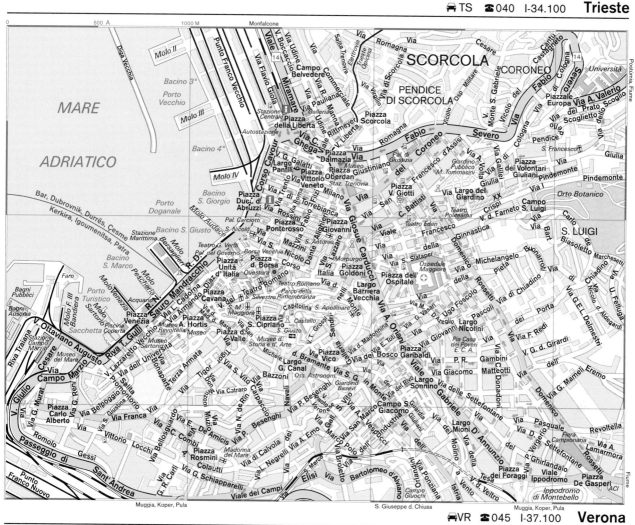

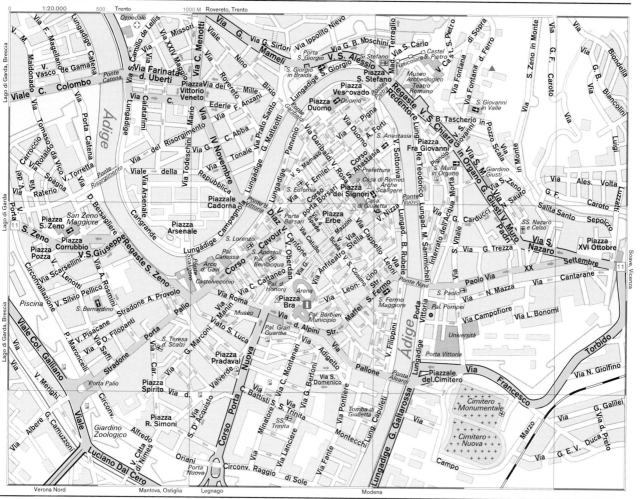

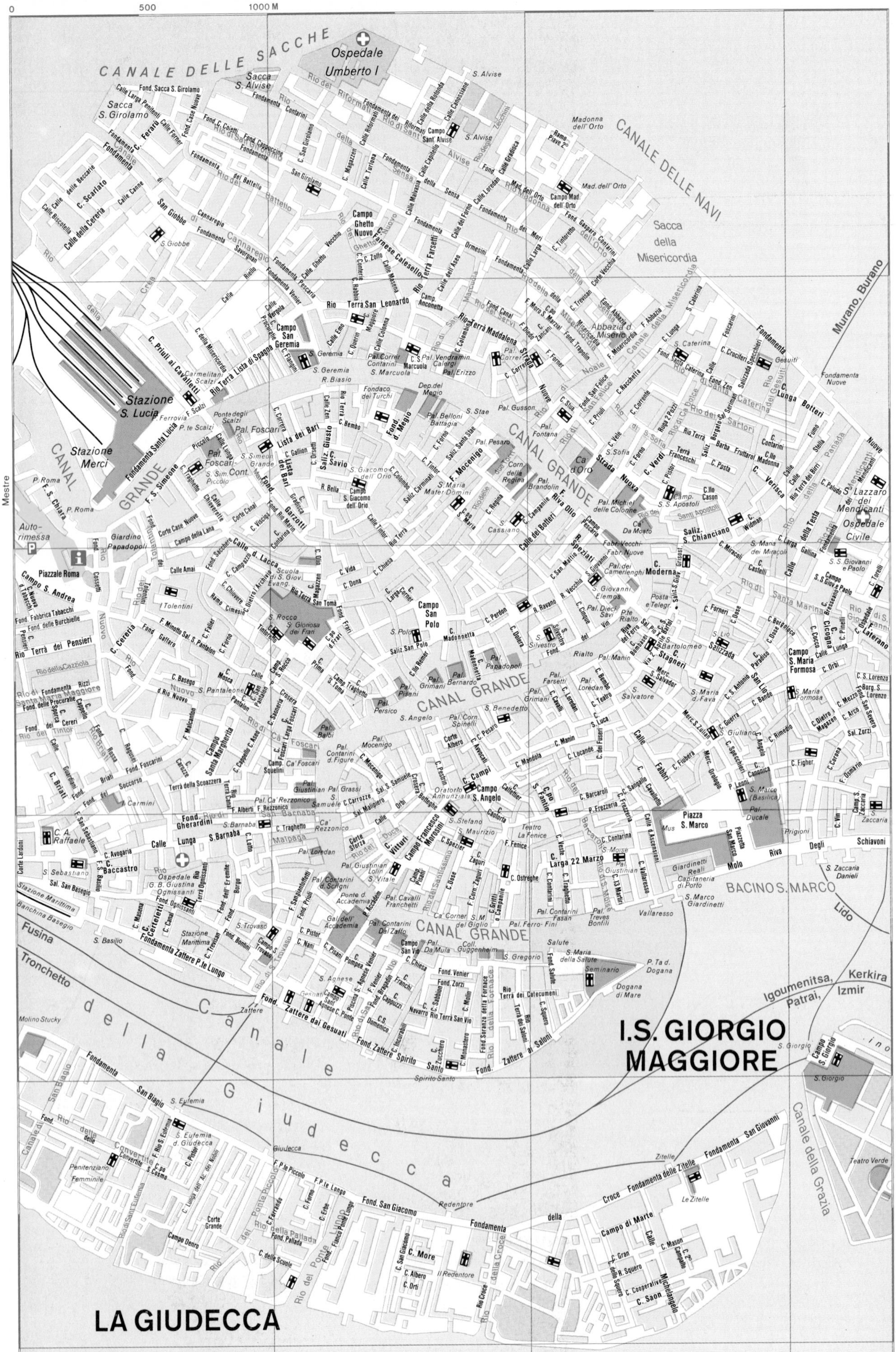

0   500   1000 M

CANALE DELLE SACCHE

Ospedale Umberto I

CANALE DELLE NAVI

Sacca S. Girolamo
Sacca S. Alvise

Murano, Burano

Sacca della Misericordia

CANAL GRANDE

Stazione S. Lucia
Stazione Merci

CANAL GRANDE

Mestre

P. Roma
F. S. Chiara
P.le Roma
Autorimessa

Piazzale Roma

Lazzaro dei Mendicanti
Ospedale Civile

Campo San Polo

Campo San Geremia

Campo San Marco
Piazza S. Marco
Pal. Ducale
Prigioni

BACINO S. MARCO

Lido

I.S. GIORGIO MAGGIORE

Igoumenitsa, Patrai,
Kerkira
Izmir

Dogana di Mare

S. Giorgio

Canale della Grazia

Teatro Verde

Tronchetto

Fusina

Canale della Giudecca

LA GIUDECCA